中国商业变革四十年

——一个学者的视角

晁钢令 ◎ 著

上海财经大学出版社

图书在版编目(CIP)数据

中国商业变革四十年：一个学者的视角/晁钢令著 . 一上海：上海财经大学出版社，2023.8
ISBN 978-7-5642-4213-8/F・4213

Ⅰ.①中⋯　Ⅱ.①晁⋯　Ⅲ.①商业改革-研究-中国-现代
Ⅳ.①F721

中国国家版本馆 CIP 数据核字(2023)第 134482 号

□ 责任编辑　石兴凤
□ 封面设计　贺加贝

中国商业变革四十年
—— 一个学者的视角

晁钢令　著

上海财经大学出版社出版发行
(上海市中山北一路 369 号　邮编 200083)
网　　　址：http://www.sufep.com
电子邮箱：webmaster@sufep.com
全国新华书店经销
上海叶大印务发展有限公司印刷装订
2023 年 8 月第 1 版　2023 年 8 月第 1 次印刷

787mm×1092mm　1/16　25.25 印张(插页:2)　467 千字
定价:88.00 元

自　序

我于 1978 年考入上海财经大学(当时叫"上海财经学院")贸易经济系,是学校复校后(该校在"文革"期间曾被撤销)的第一届学生。进校时我并不清楚"贸易经济"是学什么的,开始学习之后才明白主要是学习商业(内贸)方面的理论和技能,而且基本上是苏联的一套教学体系,因为我们的老师大多接受的就是这方面的教育和训练。后来同实践部门有所接触后发现,我们的课程体系基本上是同当时的商业管理机构完全对应的,大体上是实践部门有一个处,就有一门课,如计划、物价、储运、统计、财务等。课程内容的实务性也很强,理论方面的内容不多。只有商业经济学这门课算得上是理论方面的课程,但除了重复政治经济学中的一些内容外,也主要讲购销调存的一些业务知识。我们在大学里所接受的教育决定了我们这一代学生在现代经济学理论方面的先天不足,但对于实践方面的关注和思考能力却是现在的大学生们所不能比的。两者之间孰优孰劣难以评价,但我就这么走过来了。

我从 1982 年(大学三年级)和同班同学一起发表第一篇文章开始,到目前为止总计发表了 140 多篇文章(我不敢称其为学术论文,因为按现在的学术评价标准,大多数文章的学术性并不强)。而这个时间段正好是中国改革开放和经济发展的高潮期,国内商品流通领域也出现了翻天覆地的变化,我目睹了这一伟大的变革过程。作为一个商品流通方面的教学研究人员,自然而然地关注着这一变革的每一步,同时也利用自己所掌握的一些专业理论知识(包括后来自己所学的一些现代经济理论)参与商品流通领域的改革实践过程,包括发表论文、开展项目研究、提供咨询意见。

　　所幸的是自己的研究成果和实践经验得到了政府和企业方面一定程度上的认可。我曾经被商务部聘任为全国内贸专家,也曾被上海市商务管理部门和一些区聘任为咨询专家;先后担任过4家上市公司的独立董事,也曾被上海市国资委聘任为上海百联集团有限公司的外部董事。我的论文和研究项目曾获得过教育部人文社会科学优秀成果奖、上海市哲学社会科学优秀成果奖、上海市决策咨询优秀成果奖等奖项。我的多篇研究成果专报曾获得市级领导的肯定性批示。现在回头看来,在全国和上海商品流通领域改革开放的一些关键节点上,我的研究成果和学术观点还是具有一定的前瞻性和指导性的,对于推动我国商品流通领域改革开放的不断深入、优化和完善也还是具有一定的贡献和理论价值的。这使我感到十分欣慰,也是促动我将主要的研究成果整理出来,以梳理我的研究轨迹,同时回顾我国商品流通领域的改革历程的主要动因。

　　我国商品流通领域的改革差不多就是从我在大学读书的那段时间开始的,大体上可分为三个阶段。

　　从1978年开始到1991年左右可算是第一阶段,有人把它称为改革转型阶段。这一阶段所进行的改革主要是:将以计划分配为特征的单渠道、多环节的商品流通体系改变为多渠道、少环节的流通体系,其中包括取消部分商品的商业统购包销,允许生产企业将部分产品自行销售(工业自销);将中央级的采购供应站(一级站)下放给地方管理,并与当地的采购批发企业合并(站司合一);剥离中央和地方商业行政部门的业务职能,成立经营型公司,实现政企分离;鼓励各地建设市场化经营的交易市场和贸易中心。我记得当时著名的福民街小商品市场就是在我大学二三年级的时候发展起来的,我还专门为其写了一篇短文,发表在我们班的黑板报上。在商业企业改革方面,我国普遍推行了承包经营责任制,实行了利改税,允许部分小型商业服务企业开展租赁经营,以各种方式鼓励企业自负盈亏、自主经营。上海等地还开始试行商业企业股份制改革。上海豫园商场股份有限公司作为中国第一家商业股份制企业就是在1987年成立的。

　　第二阶段大体上是从1992年开始到2002年左右,可称其为改革发展阶段。这一阶段在邓小平同志提出发展社会主义市场经济思想的指导下,我国商品流通领域的改革与发展进入了高潮期。首先是彻底摒弃了计划经济的分配型商品流通体系,而逐步建立了市场化的流通体系。原有的采购供应站已全部转化为独立的经营性公司,同其他各类商业企业在市场上平等竞争。商品进入市场的渠道已发展为由商业公司、工业自销、交易市场等多种渠道所构成的市场化体系。同时随着全国进行现代企业制度的改革,商业企业也实行了"产权明晰,权责明确,政企分开,管理科学"的现代公司化改革,特别是上海和深圳两地的证券交易所成立以后,一大批商业企业开始上市,成为真正意义上的股份制企业;之后又进行了商业集团的组建,原商业行政局全部撤销,成立了以国资投资运营管理为主要职能的商业集团,从而完成了国有商业企业的现代化、市场化转型。

在这一阶段中,零售业的变革是极其巨大的,主要表现为一些新型零售业态的产生和发展。连锁超市、便利店、大型综合超市(大卖场)、购物中心都是在这个阶段迅速发展起来的。1992 年,国务院同意在上海等试点城市试办外商投资的商业企业,从而使一批外资零售商业开始进入中国。在这一阶段,中央又出台了允许城市土地使用权转让的相关政策,从而在上海等主要大城市中出现了以土地批租的形式引进外资,建设现代化零售商业的热潮,使得城市零售商业出现了翻天覆地的变化,中国零售商业的发展进入了前所未有的高潮。

2002 年以后,随着中国正式加入 WTO,我国商业又进入了一个新的发展阶段。除投资经营主体更加多元化,商业经营业态更加多样化之外,更具有代表性的变化是商业逐步进入电子化、网络化的时代。1999 年,阿里巴巴集团成立并建立了我国第一个网上批发贸易交易平台,2003 年又建立了以零售交易为主的淘宝网平台,并推出了第三方支付工具"支付宝"。京东集团也于 2004 年建立了京东商城网上零售平台,并建设了遍布全国的物流配送网络。从此以后,电子商务和网上购物就成为我国商业中的一股生力军,发展迅猛,至今已占到零售市场的 20% 以上。在电商的竞争压力面前,大量的实体商业企业也纷纷开辟网上业务平台和线上线下融合的经营方式。以"支付宝"和"微信支付"为代表的在线支付方式已成为大多数消费者所选择的支付方式。此外,以网络和现代化信息技术为支撑的自动购物和无人商店也在一定程度上得到了发展。商业的网络化、信息化、自动化已成为一个重要的发展趋势。

本人目睹了中国商业领域四十多年来的发展变化过程,也参与了其中部分改革与发展的实践,体会颇深。我的许多文章记录了这一伟大变革的历程,并不断贡献着自己的思想和创意。重读这些文章,就仿佛在寻找自己一路走来的脚印。我并不企望他人能从这本书中获得多大的收益和产生多大的兴趣,我只为我能把我走过的路清晰地梳理一遍,让其能在我人生的经历中固化为一段有价值的印迹而感到欣慰。

晁钢令

2023 年 5 月 1 日

目　录

城市商业篇

消费行为篇

上海商业篇

流通渠道篇

我国商品流通领域的改革应当是从流通渠道的改革开始的,即从束缚生产力的计划流通体制向解放生产力的市场流通体制的转化,开始于20世纪80年代中期,至90年代后期才基本完成。在此期间,本人发表的相关文章有十多篇,其中比较有代表性的如下:

《当前化纤织物积压的原因及解决途径》是我在大学本科学习期间和同学们合作的两篇文章之一,可以算是我的处女作吧。这是我当时在去实践单位调查实习的过程中,发现上海纺织品采购供应站化纤织物积压严重,经过分析以后所写的一篇文章。那时候对于流通渠道改革的意识还未形成,所以只是就事论事地对如何减缓化纤织物积压的问题提了些看法和建议。而现在来看,当时这个问题从根本上讲仍然是由于计划流通渠道单一所造成的,不顾市场需求的变化,对生产企业的产品实施"统购包销",必然会出现某些商品因产销不对路而滞销积压的情况。虽然文章中也提到了要扩大渠道、鼓励工业自销等措施,但并未对计划经济下的商品流通渠道提出根本性的改革建议。

《工业消费品批发体制改革的设想》和《对上海专职商业批发公司改革的再思考》这两篇文章都是在20世纪90年代初期写的,当时商品流通渠道的改革已经进入关键时期,也面临着一些问题。其中主要的问题是随着工业自销的快速发展,对专职的商业批发企业造成了很大的压力。我在充分调研的基础上发现主要还是计划经济条件下工商决然分工的思维模式没有得到改变,所以就提出了转变观念、开展工商联合经营和专职商业批发公司实现市场化转型的建议。从那以后,工商联合经营、商业批发企业多元化经营和开展总经销总代理得到了蓬勃发展,成为我国商品流通领域的普遍现象。

在以后的研究中,我发现商品流通渠道的改革必须在理论上要有一些支撑,所以我发表了两篇重要的文章,那就是《由主体管理走向行为管理——商业管理体制改革的新思路》和《从分配经济走向交换经济——以发展市场经济为目标推进流通改革》。前者主要强调了在商品流通已经成为全社会的行为而不仅是商业系统内的行为时，对商品流通的管理就应该由以主体管理为重心的系统管理转变为以行为管理为重心的社会管理，从而真正认识到商品流通已经不是一种行政系统内的活动，而是一种全社会的市场活动；后者则进一步强调了商品流通渠道的市场化改革实际上是我国对社会资源配置方式的根本转变，即由通过计划配置为主的分配型配置方式转化为以市场配置为主的交换型配置方式，从而必须按照市场规律来设定流通改革的目标和建立相应的规范。

1998 年发表的《从"疏通"走向"优化"——论中国商品流通渠道的改革方向》一文是在我国商品流通渠道变革处于转折时期所写的。所谓"转折"，主要是指商品流通渠道改革的背景和目标发生了根本的变化。从 20 世纪 80 年代开始的商品流通渠道改革，主要是为了解决计划经济条件下商品流通渠道单一而造成的产销脱节、市场商品流通不畅的问题。而到了 90 年代后期，市场商品流通已呈现多渠道并行，流通不畅的问题基本得到解决。商品流通所面临的新问题则是流通成本上升、区域保护严重、市场规范缺失、现代化程度不高等问题，从而导致流通的社会总体效益下降。因此我认为此时商品流通渠道改革的目标应当转变，即从以疏通渠道为主转向以优化渠道为主，并提出了相关的建议。这是在国内较早提出这一观点的文章，对商品流通渠道的深化改革具有一定的指导意义。然而，商品流通渠道的优化是一个艰难和长期的任务，也经历了十多年的时间，因为在非计划经济的环境下，必须通过市场本身的调节和优化过程，再加上相关法规的逐步完善才能实现。所以到了 2008 年，我写的《深化流通改革的目标是提高社会流通效率》一文仍然在强调这一问题。

在纪念改革开放 30 周年之际，我发表了一篇文章《对中国商品流通体制重大变革的评价与思考》，对 30 年来商品流通改革的整个过程进行了回顾，分别对商品流通渠道的变革、批发交易市场的发展、国有商业资本的重组、外国商业资本的进入和城市零售商业的改造等问题进行了分析和评价，并对如何深化改革的问题提出了自己的看法。现在来看，这不仅是对 30 年中国商品流通体制改革的回顾，也是对那段时间中本人学术思想的梳理。而且从那时起，对商品流通改革的关注重点开始转向商品流通现代化。

进入 21 世纪以后，随着互联网和信息技术同商业的融合，商品流通领域开始了网络化和现代化的变革。在这前所未有的变革中，传统的流通方式受到了很大的冲击，进行积极的自我调整和改造势在必行。所以到 2010 年后，我在这方面的文章也逐步增多。这里选编的《商业业态创新是新一轮流通现代化的重要标志》、《大数据时代的商业：经营与管理》、《供给侧改革与商业的先导作用》、《互联网促使商品流通业本质回归》等几篇文章都是围绕流通现代化的问题来谈的。而《关于建设现代化流通体系的认识和建议》一文虽然没有发表，但这是本人2018年5月应邀参加商务部王炳南副部长座谈会时的发言提纲，其中对于"流通现代化"的含义、特征、问题、目标以及政策建议等谈得最为系统、完整，也是我在这方面研究的一个思想总结，具有一定的理论价值和现实意义。

当前化纤织物积压的原因及解决途径[①]

党的三中全会以来,随着经济结构的调整,我国纺织工业有了很大发展,尤其是化纤织物的生产发展得更快。从 1979 年到 1981 年短短的 3 年中,全国涤棉混纺布棉布、中长布等量增加了一倍多。当前,国内市场的化纤织物货源充足,花色品种丰富,其供求矛盾已经大大趋于缓和。这种局面是新中国成立以来未曾有过的。但是,在我国化纤织物的生产和供应中也还存在一些问题,主要是一部分名牌、优质、价廉的产品供不应求,而另一部分花色品种、规格式样不对路的产品又滞销积压。据统计,全国商业部门涤纶混纺布的年末库存,1981 年比 1979 年增加了144%。拿上海来说,上海市纺织品采购供应站 1982 年 6 月底,涤棉布和中长布的库存量比 1979 年年末分别增加了两倍和十倍,每天仅支付利息就达 7.31 万元。上海市纺织品公司所属批发部中长布的库存也超过了正常储存。我们到上海市有关部门进行了调查,从中发现造成上海市部分化纤织物库存积压的主要原因是:

一、产大于销

这几年,上海市化纤织物的生产发展很快,特别是涤棉布和中长布的生产发展更为迅速。1981 年,上海市涤棉布和中长布的产量分别比 1979 年增长了 24.86%和 75.58%;而上海市采购供应站涤棉布和中长布的调拨销售量分别比 1979 年下降了 1.71%和上升了 38.2%。今年上半年,国家下达了限产决定,但上海市当年上半年度的涤棉布和中长布的产量仍超过了生产计划,尤其是中长布超产了14.2%。化纤织物发展这样快,一方面是由于当时市场畅销,有的产品在市场上供不应求;另一方面是由于化纤织物的产值高、盈利大。据了解,化纤织物各个生产环节的利润率一般要比纯棉产品的利润率高 23%-30%。正因为如此,许多工业企业为了完成产值、利润指标,不问产品是否适销对路,片面追求产值、利润,争着

[①] 本文的作者有:刘志远,晁钢令,曹阳,马慧,陈启杰。

生产化纤织物,以致产量远远超过了销售量,使库存急剧增加。

二、价格不合理

化纤织物价格不合理,可以从以下几个方面来看:第一,化纤产品与纯棉产品的比价,在国际市场上是 1∶2,而在我国则是 2∶1。第二,化纤织物的内部比价也不够合理。从去年下半年起,化纤织物的市场供应逐步由紧俏趋向滞销。为了扩大销售,去年 11 月国务院决定降低几种涤纶织物的销售价格,其平均降价幅度:进口涤纶为 15%,进口针织涤纶为 17.5%,涤棉布为 12.01%,国产针织涤纶为 20%,而中长布只有 6.35%。由于降价后,化纤织物的内部比价不合理,今年上半年中长布的市级批发销售量下降了 26.9%。第三,上海市生产的化纤织物的价格一般都要比外地同类产品高 10% 左右,这样就使上海产品的销售受到了严重的影响。如今年中长派力司畅销,上半年本市销售量达 250 多万米,但上海产品只占 20%,外地产品却占 80%,其主要原因就是外地的中长派力司的价格比上海的低 11%—20%。

三、花色品种不适销对路,供货也很不及时

如上海市纺织品采购供应站 1982 年 2 月末库存的 4 603 万米涤棉布中,出口转内销的次品占 39%,这些涤棉布大多是浅什色,不符合国内市场的需要。不少中长布的质量也在下降,花型色泽翻新缓慢,特别是那些色织中长布毛型感不强,失去了中长布应有的特点,影响了产品的信誉。近年来,随着化纤织物供需趋向缓和,消费者一般按季节需要购买商品,这样使商业经营中的时效性逐步增强。但有些工业企业却往往不能根据需要按时供货。如按成交合同,今年上半年本市需要供应印花涤棉布 672 万米,结果只供应了 365 万米。中百十店原来向有关工厂订购了一批印花涤棉,准备加工成服装在夏季供应,因没有按时供货,过了时令,便提出全部退货。可见,商品的供应时间与需求时间一脱节,就会失去销售时机,造成商品库存积压。

四、流通渠道不畅通

目前,化纤产品除少量由工业部门自销外,绝大部分由国营商业负责推销。商品流通渠道不仅比较窄,而且还存在"上通下塞"的状况。如有些化纤织物,上海有货,而外地有些城镇和农村市场上却看不见、买不到。其原因是外地二级站要货不积极,怕多进了上海货会使当地货销不出去。有些地区至今还在搞地区封锁,使上海的一些化纤织物难以进入。今年上半年,由于外地有不少二级站放弃商业部下达的调入计划,结果使上海市纺织品采购供应站的涤棉布、中长布的调拨销售实绩分别比上年

同期下降 15.2％和 43.1％。即使是上海郊区也存在着"上通下塞"的情况。如中长纤维织物，市区货源充足，需要推销，但在郊区，越到基层门市部，花色品种越少，市区花色有上百种，郊县城镇还有二三十种，可再到基层门市部，只有三四种。

五、工商利润分况欠合理，在一定程度上影响了商业企业的经营

目前，化纤织物的纺、织、染各个生产环节的利润率约为 30％－42％，而工厂企业向上海市纺织品采购供应站交售产品的工商作价办法是按规定的商业批发价格倒扣计算的，现行倒扣率仅为 7％，即各级商业批发企业总共保持 7％的进销差价。而商业部门调拨作价倒扣率为 4％，一级站仅得毛利 3％。从上海市纺织品采购供应站经营的情况看，今年 1 月份色织中长、漂白涤棉、什色涤棉等类品种实际费用水平达 4％－9％，出现亏损。工商利润分配不够合理，不仅影响一级站的经营，同时也影响二三级批发站的经营。按目前商业内部调拨作价规定，二三级批发站只取得 4％的调拨扣率。在银行利率提高以后，二级站进销差价只有 2％，如果进货后 3 个月内销不出去，就会亏本。这就使二三级批发站不愿多进货，只愿进少量热销品种，致使许多花色品种出现人为脱销现象，不利于扩大化纤织物的销售。

六、消费构成和衣着习惯发生了新变化

先从消费构成来看，根据上海市 500 户职工的家计调查，今年上半年与上年同期比较，职工家庭用于购买消费品的总金额中，穿的商品占的比例由 17.45％下降为 16.58％，用的商品由 18.42％下降为 17.48％，烧的商品由 0.89％下降为 0.83％，吃的商品则由 63.24％上升为 65.11％。职工家庭消费构成的这种变化，表明大部分职工家庭在穿的和用的方面得到基本满足和逐步改善的情况下，又把较多的购买力投向吃的方面。另据统计，今年上半年与上年同期相比，本市社会商品零售额增长 3.2％，其中穿的商品下降 9％。而在穿的商品中，化纤织物销售的下降又是比较明显的。再从衣着习惯来看，前几年，男女青年兴穿两用衫，使中长织物有一定的销售市场。去年以来，男女青年在春秋季节流行穿绒线衫，外面不穿两用衫，这种内衣外穿的情况，大大减少了中长织物的销售量。此外，由于服装款式的改变，选料转向采用尼龙丝等织物，如去年冬天兴穿滑雪衫，这也使适宜做棉袄面子、罩衫的中长织物销售受到严重影响。此外，外地来沪购买力有所下降。今年 3 月中旬和 6 月下旬，上海市纺织品公司选择了 30 户有代表性的零售店，发动广大营业员采取耳听、目测、口问的方法，进行纺织品外来购买力的调查测算。从测算资料反映，今年上半年本市纺织品市场外来购买绝对额和比重都呈下降趋势。30％零售店的日营业额为 467 122 元，其中，外来购买 118 727 元，比重为 25.42％，

与上年同期相比,绝对额下降 12.43％,比重下降 0.62％,比重下降幅度为 2.38％。在纺织品中,今年上半年涤棉布外来购买比重由上年同期的 32.21％ 下降为 28.2％,下降幅度为 12.45％。化纤布外来购买比重由上年同期的 39.89％ 下降为 35.95％,下降幅度为 9.88％。今年外来购买力减少的原因主要有两个:一是外地纺织工业发展,供应改善,就地购买增加;二是加强了市场管理,打击了经济领域的犯罪活动,使投机贩卖活动有所收敛,不正常的外来购买大量减少。

七、进口化纤织物投放市场,吸引了部分购买力

据不完全统计,自 1981 年至 1982 年 6 月底,上海纺织品站、上海针织站、上海市纺织品公司用中央和地方外汇先后进口约 5 851.9 万米化纤织物。由于大多数进口化纤织物的色泽、质量比较好,加之上年四季度后进口涤纶织物的价格大幅度下降,所以对消费者的吸引力较强,在市场上比较畅销。按上述单位同期统计,进口化纤织物的销售量为 5 041.33 万米,这在一定程度上影响了国产化纤织物的销售。

为了扩大化纤织物的销售、减少库存积压、加速资金周转、促进生产健康发展、提高经济效益,我们认为,除了要严格按照今年国家下达的限产指标组织生产以外,还可以采取以下措施:

(一)坚持以销定产是解决化纤织物产销矛盾的根本途径

商品的产销矛盾是商品内在价值和使用价值矛盾的外部反应。只有商品的使用价值得到消费者的承认,商品的价值才能实现。因此,生产的商品必须适应消费的需要,才可能求得产销平衡。生产与需求相适应,包括两方面的含义:一是生产某一类商品的总量与可能投放于这一类商品的购买力总量相适应;二是生产某一类商品的品种结构与对于这一类商品需求上的品种结构相适应。近两年化纤织物的产销矛盾主要反映为总量上产大于销,部分产品不适销对路。要做到以销定产,第一,从上到下需真正确立以销定产的思想。过去很长一段时期内,我国的市场基本上是"卖方市场",大多数消费品供不应求,产销矛盾的主要方面是生产不足,因此,以销定产的问题得不到普遍的重视。现在市场形势发生了变化,"卖方市场"正在逐步转变为"买方市场",以销定产的问题若再不引起重视,则必然会带来产销的严重不平衡,造成商品积压。第二,生产部门不能只抓产值、利润,而必须注意品种的适销对路。产值、利润固然是衡量生产企业经营好坏的重要指标,但是,如果生产出来的东西卖不出去,那么产值和利润也就是虚的。据调查,在部分化纤织物被积压的同时,也有不少深受消费者欢迎的化纤织物在农村很有市场,而生产此类产品,产值利润往往比较低,且根据市场需求经常更换品种,也会对工厂的产值和利润带来一定的影响。为了使生产单位能按需生产,我们认为,今后对各个生产单

位,不能单纯地压产值、利润指标,而必须注意它们生产的品种是否适销。对于一些生产产值、利润较低,而消费者比较欢迎的产品的工厂,产值和利润的指标就应当适当低一些;对于生产利润低,而产品确实在市场上畅销的工厂,可采用提高利润留成比例的方法鼓励生产。第三,改革化纤织物生产的管理体制,适应市场需求的变化。人们对化纤织物花色品种的需求是在经常变化的,这就要求工业生产的调头能跟得上这种变化,但随着生产专业化程度的提高,生产调头变得越来越困难。化纤织物从原料到成品要经过成纤、纺纱、织布、印染四个环节,由四个专业公司分管。一个品种要调头,一定要四家都点头,这样周期较长,等到调过头来,往往需求已发生了新的变化。我们建议,可以将生产化纤织物的各个部门组成一个联合体,统一安排生产,这样就能使生产调头快一些。第四,严格执行订货合同。现在,很多化纤织物的积压,是由于不严格执行订货合同而造成的,如有些工厂不严守交货日期,而使商品失去销售时令就是一例,因此,必须强调工商双方要严格遵守订货合同,凡有违反合同之处,应依法赔偿损失。第五,建立市场预测系统,掌握预测需求变化趋势。准确地了解需求的变化趋势,是做到以销定产的前提。要准确、全面地进行预测,必须建立一整套完整的市场预测系统,从生产直至零售,必须有专职的市场预测人员,建立专门的市场预测机构,广泛地收集国内外商情资料,认真分析长期、中期、短期的市场变化动向,作出准确的市场预测。计划部门应该十分重视预测的结果,并以此为依据安排生产。当然,完全做到以销定产,在目前看来确有困难,但至少应做到以销调产,即不断根据需求变化情况来调节生产,压缩市场滞销的品种,发展市场畅销的品种。只有真正从适应消费需求的角度来安排生产,才能使产销矛盾逐步得以解决。

(二)利用价格杠杆调节化纤织物的生产与消费

价值规律是商品经济的客观规律,在我国社会主义现阶段,自觉地利用价值规律,对于促进社会主义经济的发展有着十分重要的意义。当前,首先要适当调整化纤织物与纯棉织物的比价。近年来,化纤织物生产发展越来越快、品种越来越多,已在很大程度上取代纯棉织物,成为人们的穿着和其他生活用品的主要用料,而棉花因种植面积受到限制,生产发展有限,且棉织物价格偏低,国家财政补贴很大。因此,适当降低化纤织物的价格以鼓励消费,能够引导人们尽可能地用化纤织物来取代纯棉织物,把大部分投放在纯棉织物上的购买力逐步转到化纤织物上来。同时,化纤织物的降价,也必然会削减一部分工厂过高的工业利润,有利于促进工厂努力改善经营管理,降低生产成本,对盲目生产化纤织物的情况将有所抑制。其次,要调整化纤织物内部不合理的比价。如前所述,化纤织物内部也存在着比价不合理的状况,因此,要打开某些化纤织物的销路,就得根据化纤织物中各品种的质量及其供求情况,适当调整它们之间的比价,以求得品种上的供求平衡。最后,要严格执行国家统一的物价政策,不搞变相涨价或削价。现在某些地区某些企业擅自变动现有的化纤织物的价格,特别是搞变相削价,使得顾客存在着"看跌"心理,影响了化纤织物的正常销售。为了稳定市场,各地区各单位必须严格执行统一的物价政策,不得随意更动化纤织物的价格。

(三)进一步疏通流通渠道,努力扩大化纤织物的销售

流通渠道畅通与否,对商品销量的大小关系很大。目前,商品流通中所存在的渠道少、上通下塞的情况,就是影响化纤织物销售的重要原因之一。为了进一步疏通渠道,可以从以下几方面着手:第一,扩大流通渠道。目前化纤织物基本上由商业部门独家经营,渠道单一,很多品种不能与消费者直接见面,影响了部分化纤织物的销售。为了扩大化纤织物的销路,我国应积极发展多渠道流通,既要进一步发挥工业自销的作用,又可采用工商联营的方式,实行厂店挂钩,在一些零售企业设立化纤织物供应专柜;此外,还可以考虑让信托贸易公司、日用杂品批发部等其他商业渠道经销、代销部分化纤织物。第二,尽量减少流转环节。现在多环节、大流转的情况也给化纤织物的销售带来了一定的影响。我们认为,对于化纤织物这类需要积极推销的商品,应尽量减少流转环节。一级站除按计划向各地二级站调拨以外,还要积极向一部分交通便利的三级站直接供货。批发部门可在一些大型零售店和专业商店组织化纤织物的展销。为了克服时令性商品不能及时转运的问题,一级站可以易地设库,如在一些主要销地的中心地区设立分库,将时令性商品提早运到分库储存,与二级站成交以后,即可就近调拨。第三,大力组织化纤织物下乡。工商企业应加强对农村化纤织物需求情况的调查,特别是花色品种方面的调查,以便组织适销对路的化纤织物下乡。化纤织物在农村可考虑让大队代销店经销一部分,在交通不便的农村,甚至可以考虑让个体商贩经销化纤织物,走村串户,进行推销。商业部门还可采用巡回展销、赶集等方式送货下乡。第四,调动商业部门的经营积极性。为了提高商业部门经营化纤织物的积极性,应在化纤织物零售价格不变的情况下,适当降低化纤织物的出厂价,让出一部分工业利润给商业,以调整现行工商利润的分配比例。对于一些需要积极推销的品种,上级批发部门可扩大回扣率,让利给基层。第五,改革结算方式。目前很多基层批发企业和零售企业不敢大批购进化纤织物,主要怕一旦降价,就会造成亏损又怕滞销积压,影响资金周转。现在商业部门采取了一些新的结算方式,如先销货后付款、定期付款、延期结算等,这将在一定程度上打消基层企业的顾虑,扩大化纤织物的销售,以改变上通下塞的局面。

(四)扩大化纤织物的消费领域

生产与消费存在着互相依存、互相促进的关系,消费的发展会促进生产的发展,生产的发展又会产生新的消费需求。挖掘消费潜力、有意识地指导消费,会给生产的发展开拓广阔的前景。现在,我国化纤织物生产能力较强,适用面广,发展前途很大,努力扩大化纤织物的消费领域,就一定会使之成为我国人民的主要消费品之一,对整个国民经济将产生深远的影响。为此,一要在服装上充分利用化纤织物做面料。决定服装销路有两个因素:一是面料,二是款式。在面料既定的条件下,努力设计出与面料相适应的新颖款式,以吸引消费者购买,这是一个可以考虑的途径。不久前,上海人立服装商店抓住消费心理,利用滞销的真丝和尼龙设计出深受顾客欢迎的领结衫和滑雪衫的经验就很值得借鉴。二要改变化纤织物的混纺比例,以扩大其对于其他纺织品的代用性。如国外目前涤棉纺织品有 80∶20、70∶30 等多种混纺比例,而我国却只有 65∶35 一种,适用面过于狭窄。如果能发展一部分含涤量在 50% 以下的涤棉混纺织物,则可使其在更大程度上用来代替纯棉织物。三要开发新的消费领域。在发达国家,化纤织物有用于装饰。我们也应当在搞好穿着的同时发展装饰用布、床上用布、旅游产品和包装用品,如沙发布、腈纶毛巾被、腈纶床罩、提花窗帘、屏风、台布和涤棉床单等,此外,还应积极组织化纤织物的出口。要扩大出口,不仅要加强国际市场上对化纤织物需求情况的调研和预测,而且要组织专门工厂生产外销产品,随时根据国际市场需求变化组织生产,不断改进生产技术,提高化纤原料和成品的质量。在抓好出口的同时,当前应适当控制化纤织物和原料的进口,以利于国产化纤织物的生产和销售。

(五)提高服务质量,为消费者提供方便

随着市场形势的变化,提高服务质量,对于扩大销售的作用越来越明显。不少商业企业提出“向服务质量要销售”的口号,一些先进企业也已创造了不少提高服务质量的好经验。在此,将其大致归纳如下:(1)从批发到零售都要建立访销制度,经常调查消费需求的变化情况,以提供适销品种。对买方应做到热情、主动、耐心、周到,礼貌待人;要根据不同对象,主动介绍商品,并注意努力推销库存较多的商品。(2)批发部门可设立样品陈列室,便于客户看样选购,对外地客户,要安排专人负责接待、成交、托运等工作。对于一些边远地区,可发展邮寄销售业务,同时应加强送货工作,做到及时、安全、准确、方便,使收货单位满意。(3)零售企业要合理安排营业时间,做足“早、中、晚”三市的生意,积极开展时令商品的展销活动,增加开片等半成品的供应,增添服务项目,为消费者提供方便,努力扩大销售。同时要搞好商场和橱窗的陈列布置,使各种品种尽可能都和消费者见面,并根据时令经常更新,使消费者有新鲜感,从而吸引其购买。

(此文发表于《财经研究》1982 年第 5 期)

工业消费品批发体制改革的设想

一、工业自销系统的实质分析

工业自销系统的发展是否合理。不少人认为,商业作为一种独立的社会职能从社会经济生活中分离出来,是一大进步,可以降低社会商品流通费用,提高商品流通效率,加速资金周转。因此,建立和发展工业自销系统是不合理的。但以这样的认识来判断目前的工业自销是不够全面的。因为从产销关系来讲,事实上存在着三种基本状态:产销合一、产销分离和产销结合。产销合一,就是生产者自己销售自己的产品,这在商业出现之前是主要的商品销售形式。随着商业的出现,产品的销售活动就由商业承担,产销逐渐分离。但随着垄断资本的出现、企业规模的扩大,一些大的垄断资本集团以及大型企业开始设立隶属于自己的销售机构,把产品销售活动纳入自己的控制范围,产销重又趋向结合。然而,现代意义上的产销结合同商品经济发展初期的产销合一有着本质的区别。产销结合并不是取消生产和销售的社会分工,而是将产品和销售两大职能活动统一在一个资本集团的管理和控制之下,按统一的目标和规划进行,以实现产销活动的有机衔接,提高资本的运行效益,它是与大规模的现代化社会生产相适应的。长期以来,我国的产销活动,在微观上是产销分离的,即生产和销售活动分别由不同的企业进行,由不同的系统管理;实质上又是最大限度的产销结合,大多数生产和销售活动是置于国家的统一控制和管理之下,按严格的计划进行的。这种"大一统""大结合"同我国初级阶段的商品经济发展是不相适应的,因为个体上的产销分离使生产和流通不能有机衔接,导致社会经济活动在个体上具有盲目性,产销不对路。脱销与积压现象并存已成为我国经济生活中一直难以克服的问题。而总体上的高度集中,也并不可能克服这些弊病。由于集中的层次过高,实际上并不可能有效地控制和协调各个层次上具体的产销活动之间的衔接。解决这一问题的基本对策应是在适当的层次上实行某种形式的产销结合,统一规划在某一特定范围内的产销活动,以实现产销有机衔接。从这一认识出发,工业自销系统的建立,似乎能在一定程度上达到这一目的,或者说是我国产销结合的重要形式之一。实际上,工业自销系统的建立,在减少流通环节、加速商品周转、促进产业结构的调整等方面,确已显示了一定的优势。但目前工业自销系统的发展也确有不合理的方面,它排斥同国营商业批发企业的协调和联合,并在一种不平等的条件下同商业批发企业竞争,其结果是社会商品流通总成本的上升和总效益的下降,这有待于流通体制的进一步改革来解决。

　　工业自销系统属于什么性质,是不是国营商业,能不能成为商品流通的主渠道?这应当对不同层次的工业自销系统分别加以分析。实际上目前工业自销系统至少存在着两个不同层次:一是由工厂企业直接向外销售或通过其经营部、门市部向外销售;二是由工业公司或企业集团设立的专业销售公司专门从事商品批发销售业务。前者从本质上讲仍属于工业企业的销售职能部门,是真正意义上的工业自销;而后者实际上已成为相对独立的纯商业机构,只不过隶属工业部门管理,所以也应当纳入国营商业企业的范畴,成为商品流通主渠道的组成部分。现在有的人不承认工业自销系统是商品流通的主渠道,其主要根据是界定商业的范畴只能隶属商业部系统的行政管理范围之内。但实际上,衡量一个企业是不是商业企业,不仅看其隶属关系,主要还要看其实际上所经营的业务及其在社会经济活动中的地位。

　　工业自销系统的发展也确实带来不少问题,如造成商品流通体系经济效益下降、流通秩序混乱、物资储备和积聚困难,从而对市场的稳定构成了潜在的威胁。在这么多的问题中,我们认为,问题的主要方面是,工业自销系统和原商业流通体系各自在本系统的行政管理束缚之下进行着互不相干甚至是互相排斥的经营活动,而缺乏同步、协调、配套的改革,由此必然造成总体上的混乱和社会总效益的下降。可见,工业自销系统发展所带来的这些问题,实质上仍暴露了我国经济体制中的基本问题之一——部门或系统之间的行政割裂。如何打破这种行政割裂,实现产销之间的有机结合,是商业体制改革必须解决的难点。

二、建立商品流通新体制的设想和建议

　　如何处理工业自销系统和商业系统批发企业双峰对峙局面,即今后工业消费品的头道批发流通领域的第一道批发环节由谁经营的问题,归纳起来无非四种选择:

　　一是压缩工业自销系统,即以维持原商业系统批发销售体系为目标,通过行政和计划手段,对工业自销系统的经营企业进行削减和撤并,对其经营业务实行严格控制,只作为工业企业生产的产品在市场上的"窗口"和计划外剩余产品的销售渠道。

　　二是基本替代商业头道批发职能,即进一步发展和完善现有的工业自销系统,在其具有相当规模和能力的基础上基本替代商业的头道批发职能。也就是说,以后工业消费品的产地头道批发职能基本上由生产该产品的工业部门的销售公司来进行,商业批发公司则从工业销售公司购进商品再转手经营。

三是部分替代商业头道批发职能,即工业自销系统不是在所有商品上,也不是在全部数量上替代商业头道批发职能,仅是在一部分适应于工业自销的产品上开展头道批发业务,从数量上讲与商业的一级批发企业也保持一种相对稳定的比重。当然各种商品的销售比重的确定是有差别的。商业批发企业在部分商品和一定数量比重上同工业销售系统共同开展头道批发业务。

四是实行工商联合,建立产销结合的新型批发体制,即突破部门分割的界限。在同类产品的批发销售业务上,工业自销系统同商业的相应批发企业实行各种形式的联合,从总体上对商品的产销活动进行系统、合理的规划。对商品的供求、价格、分布及市场保障等问题做出统一安排,形成产销紧密结合、相互衔接的新型流通体制。

在以上四种选择中,第一、第二种选择显然很不现实,因为在工业自销系统已经建立、业有相当规模的情况下,要其全面后退,可能造成社会财富的巨大浪费和引起社会经济生活的剧烈震动。何况工业自销系统的建立和发展本身已经具有原商业系统所不可替代的优势和长处。反之,由工业自销系统基本替代商业头道批发,也是根本不可能的:第一,原有的商业批发体系在促进商品流通、组织商品分配、保障市场供应等方面的特定功能是难以完全替代的;第二,不同商品的性质决定了有相当部分的商品不适应工业部门自销。从目前的实际情况出发,上述第三种和第四种选择可以作为商业流通体制改革近期和远期的两种不同层次的设想,进行探讨。

从第四种选择出发,今后,工业消费品批发体制的改革可能趋向是"一个中心,三种形式"。

一个中心:打破工商系统间的行政割裂,建立以产品或行业为中心的产销衔接的批发流通体系。

三种形式:在头道批发环节可采用产销分离、产销结合和产销合一三种不同的形式。

(1)产销分离。部分保留现有的产销分离的工业消费品批发形式,由纯商业的批发公司向生产企业收购产品,经营头道批发。不过这种形式仅局限于以下范围必须进行商业储备的重要消费资料分散的中小企业生产的大部分小商品。

(2)产销结合。在产销一体化的企业集团中以企业集团内的销售公司为主来经营头道批发业务,或者是以工业部门所属的商业经营企业为主来经营头道批发业务。实现这一目标的做法可以是现有的商业一级批发企业退出头道批发环节,由工业销售公司取代或者是现有的商业批发公司并入企业集团,同工业销售公司合二为一,或直接作为企业集团的销售公司。这种形式将主要适用于大部分耐用消费品市场需求变化较大的商品、高价值和高技术的产品及生产规模较大的企业的产品。产销结合将成为今后工业消费品头道批发的主要形式。

(3)产销合一。由生产企业直接经营头道批发或直接向市场销售。这种形式主要适用于各种新产品使用面很窄的特殊消费品用户有特定要求的产品。

在部门或系统的行政割裂状态尚未消除之前,工商之间不可能实现全面联合。目前比较可行的做法是在现有的基础上进行工商销售系统之间有限度的联合和协作,并在政策上进行适当的调整,以保证这种联合和协作得以实现,简单地讲,可以归结为合理分工、平等竞争、加强协调、共担责任。

(1)合理分工。工业自销系统同原商业系统批发企业应在经营范围、经营层次和经营数量上进行适当分工。如部分适应工业自销的产品,工业自销系统已经在销售,就应维持现有比重,并逐步以工业自销系统为主经营。头道批发部分不适应工业自销的产品,则应以商业批发企业为主经营,在经营数量上,可根据不同商品的性质,合理安排工商销售系统的经营比重。对于同国计民生关系密切的商品,则应以强硬的计划形式,保证商业系统的收购和储备数量。

(2)平等竞争。在政策、法规、税赋、价格等方面应制定或调整有关规定,使工业自销系统同商业系统批发企业处于平等的环境条件下发展经营和开展竞争;应充分考虑到工商双方的有利条件和制约因素,通过政策调整,使双方都能有比较适宜的经营环境。

(3)加强协调。在同时存在工业自销系统和商业批发企业的情况下,加强协调是保证社会商品流通总体效益和保证市场稳定的必要条件。协调可分为两个层次:一是工商双方的自我协调,即建立一定的渠道,使工商双方能通过各种方式进行沟通,加强协调;二是宏观方面的总体协调,即应当建立由工业、商业、计划、物价、财税、工商行政等部门共同参与的市场协调机构,定期或不定期地对商品流通或市场供应的情况加以协调,并对工商双方销售经营活动产生有效的影响。

(4)共负责任。在商业系统作为商品流通主渠道的情况下,市场保障的责任主要是由商业部门承担。而目前工业自销急剧发展,仍要商业部门单独承担如此重任既不合理,也不可行,因此规定市场保障责任应与经营比重相一致。在某类商品的经营中,谁为主,就应由谁主要承担该类商品的市场保障责任,在经营比重相近的情况下,则应共同承担市场保障责任。

由分工协作到联合经营,可能是协调工业自销系统与商业批发系统之间矛盾并促进新型商品流通体制建设的必由之路。

(此文发表于《财贸经济》1991年第3期)

对上海专职商业批发公司改革的再思考

一、问题的界定

在讨论该题目之前,应当对其研究对象与问题有一个明确的界定。鉴于上海流通体制的历史原因,若不对所讨论的问题有一个界定,就难以看清问题的实质。

一方面,该题目的研究对象应当是原商业部系统在计划经济条件下所建立的,以执行产地商品采购和批发业务为主的专职商业批发公司。所讨论的问题应当是这些专职商业批发公司如何摆脱目前的困境,转换经营机制,重新注入活力的问题。毋庸置疑,对于这些曾经在我国商品流通经济活动中发挥过重大作用的专职商业批发公司在新形势下的前途和命运进行认真探讨,的确是商品流通体制改革中不可忽视的任务。但是它并不意味着我国整个商品流通体系中批发业的发展遇到了严重问题。应当肯定地讲,在我国向市场经济转型的改革过程中,批发商业由单渠道向多渠道发展,发展的主流是正常和健康的,所产生的经济效益和社会效益是好的。

另一方面,从研究的角度讲,又不可避免地会涉及专职商业批发公司在新的商品流通体系中的地位和作用。因此对于我国未来的商品流通体制,特别是商品流通新格局如何建立和完善应当有一个概念上的认识。对专职商业批发公司的改革,不应当仅仅探讨它们的"死活"问题,而应当将其融入重组商品批发流通体制新格局的大背景中进行研究。具体来说,在讨论专职商业批发公司的改革时,我们不应把系统和地区的分割看作不可逾越的限制条件,而应看作必须设法予以消除的障碍;不应把专职商业批发公司改革的思路局限在系统和地区的范围之内,而应当把专职商业批发公司的改革作为整个商品流通体系改革的一个组成部分来讨论。

二、问题的分析

专职商业批发公司在现代市场经济条件下存在的必然性是不容置疑的。没有专职的批发企业,产品就不可能在较低成本的情况下实现广泛的市场分布。目前,上海(以及全国)一些专业商业批发公司经营萎缩的情况并不意味着专职批发企业的历史地位和作用发生了任何动摇,而只是说明原有的专职商业批发公司随着计划经济向市场经济的转轨,在丧失了原有的垄断经营地位的情况下还未在新的市场环境中找到自己的适当位置。

一个比较普遍的看法认为,专职商业批发公司经营萎缩的重要原因之一是随着多渠道流通的发展,批发业务向其他渠道大量分流。从现象上看,这确实是一个重要原因。但是若从总体和长远的角度分析,这点理由并不一定充分。因为事实上与近几年商品流通业务的急剧发展相比,上海(以及全国)商业经营机构和人员(包括批发在内)增长的速度还是跟不上的。上海1992年社会消费品零售总额为480亿元,比1978年增长了6.89倍,而1992年上海各类商业从业人员则仅比1978年增加了1.34倍。再从上海将发展为全国乃至远东的贸易中心的目标来看,上海对批发商业机构的需要会大大增加,绝不会由于社会各类批发机构(包括工业自营批发机构)的出现,而把专职商业批发公司逼到“没饭吃”的地步。可见,根本原因仍在于专职商业批发公司未能在新的市场条件下找到其应有的位置,并理顺各种关系。

在研究专职商业批发公司现实地位时,三个情况是值得注意的。

(1)从目前问题最为严重的专职商业批发公司来看,大多是原负责在上海以采购产地产品,供应本地和全国市场为主要业务的产地型批发企业(即原来的中央级采购供应站),在多渠道流通的情况下,特别是在生产企业建立了自营批发系统之后大部分货源被截断,因而经营自然发生萎缩。加上全国各地产地工业的发展,使上海产品在全国的销售比重明显下降,这就更加剧了以产地采购供应为主要业务的专职商业批发公司经营困难。

(2)专职商业批发公司基本上是以大类商品分类经营的专业公司,经营范围相对固定,这就限制了这些专职商业批发公司寻找和把握各种可利用的市场机会来扩展自身的业务。一旦某大类商品出现市场变化或渠道分流情况,立即会使这些公司陷入困境。

(3)大多专职商业批发公司经营功能单一,除进行商品的采购供应和批发销售之外,很少向生产企业和买主提供各种附加服务,从而在生产企业和买主能自行接洽购销业务之后,当然就不愿再通过专职商业批发公司来进行。

市场的地位是依靠企业的相对优势来获取的,这是市场经济活动中的一条基本原则。专职商业批发公司若不能在组织商品流通的经济活动中体现自身的相对优势,它们就会最终失去自己的市场优势。由于社会各类批发机构的建立,特别是工业自营批发系统的形成,专职商业批发公司原有的大批量、低成本的传统经营优势已不复存在。只有在新的市场环境中建立并发展新的优势,它们才可能产生新的活力。

专职商业批发公司能否建立起新的优势,关键在于其能否适应新的市场形势、能否在新的市场形势下齐心协力。从当前的市场形势分析,大致有以下一些特征:

第一,随着生产企业朝市场导向和经营导向发展,相当一部分产品的产地批发业务会由生产企业的自营销售系统来进行。然而,随着地区间商品交流的日益频繁,销地批发业务以及转口批发业务量却可能大幅度上升。在销地批发和转口批发方面,生产企业对专职商业批发企业的依赖性可能会增强。

第二,随着市场经济的发展和人们消费水平的提高,消费的品牌偏好也会进一步增强,市场会出现以品牌为核心的销售和竞争趋向。在一定的范围内,以商品类别为主而划分的销售渠道可能会在一定程度上被以品牌为中心的销售渠道所代替。名牌产品的地域覆盖面会进一步扩大。于是,特定的品牌产品或企业寻找总经销、总代理或地区经销、地区代理的情况会有所上升。

第三,生产企业直接面向市场开展其经营,若仅从购销批发业务来看,只要具备了产品优势和一定的经济条件,依靠自身的力量是没有很大困难的。但是要使产品能很好地占领市场,扩大销量,建立稳定的销售渠道,仅靠简单的购销活动是很不够的。灵敏的信息、通畅的物流、积极的宣传,都会成为企业扩展其经营不可缺少的条件。这些条件若完全依靠生产企业来建立,是会有很大困难并且是不经济的。随着市场竞争的日益激烈和商品流通规模的日益扩大,依靠专职商业批发机构来提供这些方面的条件可能会势在必行。

三、思考与建议

根据以上的市场特征,专职商业批发公司是能够在新的形势下找到自身的市场位置的。我认为,可从以下几个方面考虑专职商业批发公司的改革和发展方向。

(一)以销地批发业务为主,发展转口批发业务

随着市场经济的发展和上海商业中心地位的确立,上海同全国各地商品物资的交流必将更为频繁。以向各地组织货源,发展商品物资交流的销地批发业务由专职商业批发公司来承担应当是具有一定优势的。此外,上海商业中心的地位也决定了其必将成为全国商品物资的重要中转地。利用专职商业批发公司的现有设备和条件积极发展转口批发业务也会成为专职商业批发公司重要的发展方向。

(二)拓宽经营范围,灵活开展经营

现在专职商业批发公司的经营范围是按计划经济条件下"保障型"的商品供应

模式划定的。在目前的条件下,若仍按照这样的经营范围开展经营无疑是自缚手脚。专职商业批发公司应根据市场的变化,拓宽经营范围,灵活开展经营,才能及时抓住各种市场机会,广开货源,提高经营效益。

(三)实行产销联合,发展总经销和总代理

在拓展经营范围的同时,部分专职商业批发公司可以同主要的生产企业集团联合,作为它们在全国或上海的总经销商或总代理商,实行以品牌为核心的商品流通渠道。一个专职商业批发公司可以只是某一生产企业或某一个品牌的独家经销商(即所谓的"一司一品"),也可以同时成为几家生产企业或几个品牌的总经销商或总代理商(即"一司多品")。

(四)增强服务功能,提高市场的相对优势

增强专职商业批发公司的服务功能是提高其市场相对优势的重要途径。专职商业批发公司应通过建立全面的信息网络,及时向货主和客户提供市场行情和供求信息;应通过建立完善的物流设施,随时为货主和客户提供包装、储存、运输和配送服务;应通过建立有效的促销系统,根据货主或客户的需要,开展广告宣传和其他促销活动。多功能的专职商业批发公司必然会对货主和客户产生很大的吸引力。

必须指出的是,实行上述功能转换时,并不一定是现有专职商业批发公司的整体转换,而应根据各种转换的实际需要,在组织结构上对现有专职商业批发公司进行调整、分解和重组。未来的商品批发流通体系,将会由一批综合批发公司、专业批发商、总经销商或总代理商、批发市场与交易所及一些多功能批发流通中心所构成。

(1)综合批发公司。其主要的特征是经营业务广泛、经营方式灵活,可根据市场需求的变化随时调整公司的经营范围,可实行经销,也可委托代理。综合批发公司规模可大可小,可以是跨行业、跨地区的大型批发企业集团,下按行业或地区的类型设置专业批发公司,也可以是小型的批发中介机构。综合批发公司适宜经营那些市场供需变化较大、供销渠道不太稳定的生产资料和消费品。在现代市场经济条件下,综合批发公司具有较强的适应能力。

(2)专业批发商。其主要特征是经营范围比较明确,经营内容比较集中,经营渠道也比较稳定。事实上,对于大部分市场供需变化不大、消费偏好不太明显,而市场分布面又很广的日用消费品来说,实行专业批发还是比较经济的。此外,对于一些技术性较强的产品,也比较适合搞专业批发。专业批发商应着力于建立产销衔接的稳定渠道。

(3)总经销商或总代理商。其主要特征是为某一生产企业或某一品牌的产品在某个地区范围内的销售活动全权负责。这在市场经济比较发达的情况下是普遍存在的经营形式,是以品牌或企业为中心的销售渠道。一般来说,所经销或代理的产品或企业必须是实力比较雄厚的,其在本地区的市场潜力比较大,品牌声誉比较好。总经销或总代理的产销关系比较密切,在条件成熟的情况下甚至可以实行产销一体化。

(4)批发市场或交易所。其主要特征是提供各种交易条件、设备、行情、通信工具、结算手段等的服务性机构,主要适宜各种交易面广、交易量大的生产资料和消费品。批发市场或交易所的关键在于能否提供足以吸引货主和客户的良好的交易条件,并具有健全、合理的交易规则。

(5)多功能批发流通中心。其特征是集商流、物流、信息流于一体的大型商品流通中心。它不但能为货主和客户提供各种办公设施、交易场所、通信联络设备,而且能设立大型的展览厅,拥有集中的仓库群和便利的交通运输设施,具有现代化的信息网络,能随时为货主和客户提供市场行情,甚至可在流通中心内设立银行分支机构,办理结算业务。在上海这种具有特殊地位的大都市建立多功能的批发流通中心是甚为必要的。

现有的专职商业批发公司在进行了准确的市场定位之后可逐步向以上各种形式的批发流通模式转化,形成新的商品流通体系。而建立这一商品批发流通体系的前提是必须打破系统和地区的分割。目前商品批发流通体制改革中存在着各系统实行"封闭性"改革的现象,系统间的改革措施互不衔接、互不配套,这对建立统一、完整的商品流通体系是不利的。只有打破系统或地区的分割,才能建立合理的商品流通体系,使专职商业批发公司真正找到出路。

(此文发表于《财经研究》1993年第12期)

论中国市场的非正规渠道

一

笔者曾在讨论类似问题的一篇文章中,把中国市场现有的商品流通渠道划分为正规渠道、非正规渠道和非法渠道。所谓正规渠道,一般是指按照正常的、合法的经营范围和交易关系从事商品购销活动的中间商组织和系统,如各地的商业批发零售企业、贸易公司和外贸进出口公司在政策容许范围内所进行的商品流通活动;所谓非法渠道,则是指明显触犯法规、危害国家与社会利益的商品交易行为及其组织者如走私、诈骗、投机倒把及违禁物品的贩卖行为等。然而对于非正规渠道却一时难以给予明确的界定。提出这一概念是基于以下一些基本情况:

(一)大量的商品是通过不透明的交易行为进行流通的

如一些国有或中外合作的大型零售商店中陈列着大量的进口商品。这些商店都没有进出口权,也没有同外贸进出口公司签订过一份进出口合同。那么这些绝对正宗的进口商品是从哪儿来的呢?店方会给你一个十分模糊的回答:从南方进的。从哪里进的,怎么交易的?局外人无法知晓。

(二)遍布各地的自发交易市场的形成

近几年来,在一些大城市和交通枢纽地区,随着自发交易行为发展,已形成了大量自发的商品交易市场,其中不少是没有正式登记和无人管理的。交易的商品小到邮票、香烟,大到钢材、汽车;有现货交易的,也有只见人不见货的。最近两年,这类交易市场甚至发展到房产和产权领域。然而对于此类市场中的交易关系和交易方式,局外人也是难以了解的,国家有关管理部门更是难以插手。如上海市工商行政管理局对全市各类交易市场真正能实施管理的不到20%。

(三)一批地下经纪人的兴起

在各类非正规的商品交易活动中,起媒介作用的常常是一批掌握一定商品信息的"经纪人",他们有的是无业人员,专门从事这方面的活动;也有的是在职人员,兼职开展这方面的交易;有的甚至将原可通过正常渠道进行的交易活动,从自己单位提出,投入地下交易。目前虽然对这些经纪人采取了组织和引导的政策,但成效甚微,如上海现已正式登记的经纪人只有 2 000 余人,然而据估计,上海现在各类经纪人实际多达 5 万余人。很多人并不愿意正式登记或以正式经纪人的身份开展活动。

以上这些商业活动具有这样一些特征:

其一,它们处于政府管理、统计与控制范围之外,其交易量、交易关系和交易方式难以知晓,形成了同正常流通渠道相并列的一条不易捉摸的"灰色渠道"。

其二,它们的利益驱动性很强,受市场波动影响很大;反过来也会对市场产生很大影响。管理上的宽紧严松能在一定程度上制约其活动,却无法完全遏制其发展。

其三,它们的交易活动往往介于合法与违纪之间、违法与犯罪之间,利用一些政策法规上的"空子",有些还受到地方有关部门的保护,因此很难说其是合法的还是非法的。

因此对于这种在中国由计划经济向市场经济转型过程中所出现的特定的商品流通现象,我们只能称其为"非正规渠道",以区别于正常的商品流通渠道和商品流通中明显的违法犯罪行为。非正规渠道在中国市场的商品流通中已占有相当的比重。据了解,目前通过非正规渠道进入市场的进口家电约占80%以上。如1991年市场销售录像机 119 万台,而通过正规渠道进入市场的只有 11 万台,还不到10%;目前正规渠道已停止进口洋烟,但市面上洋烟并未见少,上海街头有 2 000 多个贩卖洋烟的无证摊贩,销售量远远超过正规商店,其货源则全部是通过非正规渠道进入的。据有关部门介绍,目前通过非正规渠道进入市场、比重较大的商品包括家电、洋烟、汽车、纺织品、服装、钟表和洋酒等。面对这一事实,我们有必要对非正规渠道的性质、作用、形成原因和应当采取的对策做一番研究,以促进中国市场经济更加健康地发展。

二

非正规渠道的性质是否合法、算不算经济犯罪,这是正确认识"非正规渠道"现象的前提。从目前的情况和现有的法规来看,我们认为非正规渠道中交易行为有合法的部分,也有不合法的部分。如有些交易行为前半段是非法的,后半段是合法的;此地是非法的,彼地是合法的;实际是非法的,表面是合法的。以进口家电的流转情况为例,在南方一些省份,大量的家电产品是通过走私渠道进口的,被海关查处后补税、罚款或收购,但按当地政策,所缴付的金额并不高,而这些家电就可通过合法的途径进入交易市场。按理,这些产品进入内地时应实行严格的"准运证"控制,但由于当地政策开放,"准运证"控制并不严,于是大量"走私"家电,就堂而皇之地通过这样的渠道进入了内地各大城市,其"合法"与"非法"是相互交融、巧妙衔接的。这也许是非正规渠道的典型特征。

匈牙利经济学家曾对"隐形经济"(非正规渠道也属于一种"隐形经济")做过分析,并将其分为三种情况:一是不合法的而要取缔的活动;二是不合法而默许的活动;三是在正式机构外部所进行的,但国家认可和支持的活动。后两种情况就不属于经济犯罪的性质。这是由于现有法规政策,特别是计划经济条件下的法规政策,有些对市场经济的发展本身是有阻碍作用的。在未及调整的情况下,默许一部分与之不相符的经济活动的存在,本身就有利于冲破一些不必要的束缚,从而推动市场经济的发展。如上海的大型零售企业中除少数几家之外,都无商品进出口权,若不通过非正规渠道调入商品,又怎样来丰富市场,满足消费者的需要呢?

因此说,非正规渠道对中国市场经济的发展存在着正负两方面作用。从正面讲,由计划经济向市场经济的转型不可能仅仅依靠政府行为。在中国这一复杂的经济环境中,不可能将任何事情都规划得很周到,再按部就班地进行。由经济发展的客观需要而形成的一些自发经济行为(包括非正规渠道的产生),从客观上能为市场经济的完善创造条件,同时也能使一些违背市场经济发展规律的政策的弊端得以暴露。事实上,流通领域中一些目前已被认可的行为,如农贸市场、小商品市场、生产资料交易市场、经纪人、长途贩运等都是在先产生自发行为,被社会所接受之后,才为政策所认可的。若都要先得到政策的认可,市场经济的发展速度将会慢得多。然而非正规渠道产生的消极面也是不可否认的,由于其置于政府管理部门的视线以外,政府管理部门无法对其加以有效控制,在利欲的驱动之下,一些经营者对国家、社会和消费者不利的交易行为也就不断产生,其中最为严重的是:隐藏着各种逃税、漏税行为;产生了大量的假冒伪劣产品;形成了许多债务纠纷和经济案件;诱发了一批行贿受贿的经济犯罪行为;更重要的是使国民经济的各项指标出现严重偏差。所以对于非正规渠道给中国经济生活带来的正负效应,应全面评价,不能视之为异端而加以围剿,也不可任其自由发展而掉以轻心,应发挥其正面效应而抑制其负面效应,将其引导到有利于建立中国特色社会主义市场新秩序的轨道上来。

三

要对非正规渠道加以引导,首先应当分析非正规渠道形成的原因。具体来讲,形成非正规渠道的原因是错综复杂的,但是最根本的原因可能就是一条,即中国市场经济发展的不完善和与之相应的经济法规的不健全。在计划经济体制的传统影响并未消除，而市场经济运行方式已经启动的情况下，不可避免会产生两种体制，在过渡时期形成差异。这种矛盾差异的存在就会在经济活动中形成一个个管理上的"模糊区域"，而非正规渠道就是产生于这些"模糊区域"中的经济现象之一。

"双轨制"是在过渡时期特定的经济政策。计划价格和市场价格之间的差异，客观上造成了流通渠道的差异。政策可以把价格制定的方法及其适用范围分开，却不可能把统一的市场完全割裂。于是两种不同价格之间的落差促成了非正规渠道形成。因为通过非正规渠道，有可能把计划价格的商品套购出来以市场价格再投放市场。从以前的购物票证倒卖到现在的车船票倒卖，实际上都反映了"双轨制"情况下非正规渠道的活动状况。这说明市场的价值规律是无情的，你可以用行政的方法强制使价格背离这一规律，而其结果则必然会导致价格回归这一规律的"地下市场"和非正规渠道出现。

"优惠政策"也是过渡时期的一种经济政策。它使商品在不同地区和不同企业中形成了不同的交易条件，如在南方一些经济特区和开放地区，规定进口商品的关税可以减免一半左右。而在高关税的情况下，这50%的关税减免则形成了地区间同类产品价格落差。在国内地区间商品流通控制不严的情况下（这是市场经济运行方式启动后的必然结果），由这种价格落差而造成的利益也就成为非正规渠道形成的动因，如上海从南方通过非正规渠道购进大批进口彩电就是由于这一缘故。

"多元管理"是在过渡时期所出现的一种特定现象。计划经济条件下国家商业主管部门单渠道垄断商品流通的格局被打破后，市场商品流通渠道便形成多元化的格局。事实上，对市场商品流通的管理也已不是任何一个部门可以完全加以控制的。各条系统对其自己的商品流通活动有特定的管理方法。社会综合管理部门（如工商、物价、质检等）管理能力则相对比较弱。于是对同一商品流通活动，在管理上往往是政出多门，各不相同的。"多元管理"的现象，使经营者的行为有可能出现"合此法，不合彼法"，或是"谁也不管"的状况。法规与政策的权威性遭到削弱，从而就有可能使经营者在利益驱动之下充分利用这种管理政策上的差异，"打擦边球"，形成建立非正规渠道的环境条件。

"区域保护主义"也是出现在过渡时期的一种经济现象。事实上，它既是受计划经济条件下"政企不分"的传统影响，又是在向市场经济转型过程中中央集中管理权威性下降的表现。为促使改革的深入发展和调动企业与地方的积极性，中央将经济管理权力逐步下放。但是从地方角度来讲，下放的权力实际上并没有落实到企业，而主要留给了各级地方政府。在全国经济发展很不平衡的情况下，为了维护本地方的利益，各地区普遍采取了"区域保护主义"的做法。这种由各地政府所制定的"土政策",也在一定程度上造成了市场管理上的差异,于是也为非正规渠道的形成和发展创造了条件。有些地区由于保护地方利益的需要,甚至还会对一些非法的流通渠道和交易行为实施保护,更促成了流通领域的混乱状况。

综合以上原因,我们可以看到,计划经济和市场经济转型过程中,以计划经济影响为特征的分割式管理模式同以市场经济影响为特征的统一的大市场流通格局间所产生的矛盾,是形成非正规渠道的主要环境条件。

四

非正规渠道实际上在各国的经济生活中普遍存在,只是形成的原因和评价的标准有所不同。但是由于非正规渠道客观上对社会经济生活所产生的消极影响,所以一般都要采取适当的措施,加以引导和制约,将其尽可能纳入可控范围之内。以中国而言,对非正规渠道的引导和制约,更涉及社会主义市场经济体制的建立和完善。

长期以来,我国对非正规渠道的管理一是通过建立各种有针对性的管理条例,二是采取临时性的突击整治措施。然而这两者的效果都比较差。原因是:各种管理条例本身缺乏目标性和系统性,往往是"头痛治头,脚痛医脚",甚至有些条例的规定相互间也有矛盾,"空子"很大。加上原来就缺乏一套完整的管理体系,对市场的控制面很窄,一些条例根本无法落实;突击性的整治措施无持续效应,由于缺乏日常的监管系统,所以往往是风起时销声匿迹,风过后蜂拥而至。因此要真正把非正规渠道转化为规范化的市场行为,仍需做大量的工作。

从根本上讲,非正规渠道的转化仍有赖于市场经济体系的完善,这是一项长期的工作,不可能在短期内完成,但探讨一下对非正规渠道进行引导和制约的环境条件还是必要的。

首先,应当通过深化改革,促使市场交易行为的进一步规范化,消除各种不平等的交易条件,如对于形成市场交易条件的价格、汇率、利率、税率等因素,应在条件成熟的情况下逐步"并轨",消除通过非正规渠道可能获得的利益差异。与此相应,各种地区或部门中的"优惠政策"也应逐步取消,使市场交易条件在部门和地区间趋于平等,这样才能从根本上消除非正规渠道的形成条件。

其次,应当通过深化改革,建立有效的市场监控体系,调整原有的统计指标与统计方法,扩大社会经济信息网络的覆盖面与渗透度,同时,正如有关专家所指出的,加强对现金流通量的控制,强化现金管理,发展商业信用和无纸贸易,也是有效监察市场经济活动的重要手段。从控制流通工具角度着手,加强对市场交易活动的监察,就可能在一定程度上消除非正规渠道的隐蔽性。

再次,应当通过深化改革,促使市场法规体系的进一步完善,特别是执法监督系统进一步健全;应逐步弱化各部门系统对市场活动的行政干预而强化社会执法监督系统对市场活动的全面管理,使社会执法监督系统的管理范围覆盖整个市场。从执法手段上讲,应强调由"重管轻罚"转变为"轻管重罚",即由频繁的突击性整治,但对违法行为处罚不力的做法转化为以平时的常规监察管理为主,而对所发现的违法行为从重处罚,剥夺其全部违法利益,使之不敢再犯的做法。这就需要建立一支强有力的执法队伍,并采取各种措施提高执法人员的素质,确保市场法规体系的严肃性和权威性。

最后,应当通过深化改革,真正实现"政企分离",使企业成为市场活动的独立主体,从体制上和政策上消除部门和地区的保护主义,让企业能在统一的市场法规监督之下平等地在市场上开展竞争。割断政府或行政部门同企业行为在经济利益上的联系,也是逐步消除非正规渠道环境条件的重要措施之一。

(此文发表于《财贸经济》1995 年第 1 期)

由主体管理走向行为管理

——商业管理体制改革的新思路

一

　　商业活动的基本职能是媒介商品交换和平衡市场供求。而商业要真正在社会经济活动中履行其职能、发挥积极作用，就必须以商品流通活动的有序性为前提，即承担这些职能的商业企业的一切活动都能以确保商流、物流、信息流畅通为目标，并通过有序的商业行为，在交易成本合理的基础上予以实现。但由于庞大的市场规模、多变的市场需求、复杂的市场环境，以及商业企业自身利益同社会利益之间所存在的矛盾，往往使得商品流通活动的有序性不可能自然地得到保证，而必须通过一定的管理活动来促使其由无序走向有序。

　　自20世纪80年代以来的商品流通体制改革，打破了国有商业系统垄断性经营的局面，出现了多主体、多渠道、多方位的流通格局，社会化大商业得到了前所未有的发展，大大促进了市场的繁荣和社会经济的发展。但由于原计划经济条件下的商业管理体制和模式已无法对社会化的大商业实施有效的管理，商业活动的无序性也就随之增加，其主要表现为：由于缺乏统一管理，导致"政出多门"，产生了不公平的商业竞争；由于缺乏统一管理，还形成了不少管理上的漏洞，使不正当的商业行为有机可乘；由于缺乏统一管理，难以进行全社会的商业统计，使商业信息不能得到及时、准确的反应；由于缺乏统一管理，对社会商业的发展规模结构也难以全面控制，从而造成了社会商业成本的提高和社会资源的浪费。这说明随着社会化大商业的发展，若没有相应的商业管理体制和管理方法来确保其有序进行，那么其在促进社会经济发展的同时也会对社会经济带来重大的损失。

　　近年来，各地区在商业管理体制的改革方面已进行了一系列的探索，总的来看，主要表现在两个方面：一方面是原商业系统内部管理体制的改革，其主要解决的是政企不分的行政管理同独立企业的自主经营之间的矛盾；另一方面是对于社会化大商业进行统一管理的探索,其主要解决的是各系统的分散管理与建立国内统一市场之间的矛盾。两方面的改革所围绕的总体目标是企图建立一个既有利于促进全社会所有商业企业独立经营,公平竞争,又能维持社会商业活动有序进行、健康发展的商业管理体制。这些改革虽然已经在一定程度上改变了原管理体制政企不分、管理混乱的状况,但是并未从根本上解决对社会化大商业真正实施统一管理的问题。其原因在于已有的改革未从根本上解决计划经济条件下所形成的各系统对系统内企业严密的行政控制和系统之间在管理上严重的行政分割的状况。

一方面,就原商业系统内部管理体制的改革而言,虽然实行了行政局的撤并和行政性公司的转型,但政府对企业的行政管理方式尚未有根本的改变。由于市场调控机制还不完善,政府对企业的大多数调控措施仍需要通过一定的行政系统层层下达,逐渐传递到企业。不少商业公司转轨后其行政职能并未完全消除,有的只是换了一下牌子;一些行政局名亡实存,仍以集团公司之类的形式在发挥着行政管理的作用。每个企业总有一个必须唯命是从的上级,企业的所有行为仍主要以其上级的指示为准。社会综合管理职能部门对于企业的影响,相对于其行政系统的影响而言仍然很小。在这样的情况下,政企不分的行政管理状态是无法根本改变的。

另一方面,就社会商业统一管理而言,更是相距甚远。因为各个系统中的商业企业也都有自己必须唯命是从的上级,不管授权于哪个部门来统管社会商业,只要系统行政管理的架构不改变,其对于其他系统中商业企业的影响将远不如这些企业所属系统上级主管部门的影响。所以,虽然一些地方已明确由当地的商业行政管理部门来统管社会商业,但实际上仍然是以各系统的分散管理为主、以系统分割为特征的多头管理商业的现象并没有完全解决。

从管理模式的角度研究,出现以上情况的根本原因在于我国管理体制的基本模式——以主体管理为重心的系统管理模式没有得到改变。在这种管理模式中,任何企业都归属于一个行政管理系统,它的所有行为都受到这一行政系统的管束,而其他系统则不可能对该系统中的企业行为进行管理。在社会化大商业的情况下,不少系统的商业企业,其经商行为实际上已同其所属的系统(如工业、农业、教育、卫生、军队等)在行业上不相一致,但其行为却仍然要受到本系统的行政管束,而不容其他系统插手。就商业系统内部的企业而言,在这样的系统管理模式下,由于其必然要接受上级行政部门的直接管束,也很难真正有独立的经营自主权。这样的管理模式不改变,统一的商业管理体制的建立和完善将是一句空话。

二

根据以上分析,在商业管理体制的改革中似乎应更重视管理活动的另一种模式——以行为管理为重心的社会管理模式。这种模式强调通过一定的社会职能部门(如工商行政、审计、物价、质检、税务等部门)对社会上所有企业的同类行为(如商业行为),通过统一的法规体系来实行横向的控制和管理。同一企业的不同行为可能会接受来自不同方面的管理。在这种类型的管理活动中,企业的系统属性不是很重要,但企业的行为属性相当重要。从这一模式出发,政府的商业主管部门管理的主要不是商业企业而是商业行为,是从属于社会各系统的商业企业的商业行为。商业主管部门作为政府调控社会经济活动的载体之一,对全社会的商业行为实行统一的管理和调控。在这种以行为管理为重心的社会管理模式中,从企业的角度讲管理是多元化的,企业不同的经营行为将接受不同政府主管部门的管理;从政府的角度讲管理则是全方位的,其对每一种经营行为的管理面都将是覆盖全社会的。在市场经济条件下,企业一般以资产为中心开展经营,从而使其经营行为越来越突破行业的限制,而发展为多角化经营,企业的行业界限也将日益淡化。在这样的情况下,以主体管理为重心的系统管理显然不适应市场经济的客观要求,而必然会走向以行为管理为重心的社会管理。

从我国深圳市的经济管理体制中可以看到这种以行为管理为重心的社会模式的情形。如深圳市的贸易发展局是市政府主管全市商业、外贸和旅游行业的职能部门,但其并不对企业进行任何直接的控制和管理。其主要职能是:对全市内外贸和旅游业进行统筹规划,管理协调,检查监督,服务指导;具体负责制定有关的法规政策,编制有关的发展规划,参与有关的项目审批和进行必要的组织协调。其管理的覆盖面是全社会的,然而管理的对象却只是企业中同商贸旅游有关的行为。深圳的做法在一定程度上体现了市场经济和国际通行的要求。在实行市场经济体制的国家中,企业一般没有系统行政主管部门,而其行为则依法受到各有关部门的调控和管理。

当然,实行以行为管理为重心的社会管理必须以企业成为真正独立自主的现代企业和建立完善的市场调控体系为前提。在这些条件尚不具备的情况下,必要的系统管理还是不可缺的。因此要建立和完善适应市场经济的商业管理体制必须同现代企业制度的建设以及市场调控体系和行业协会的建设同步进行,这样才能有效地对全社会的商业活动实行全面管理,使其由无序发展为有序。

三

建立和完善商业管理体制的总体指导思想应是：逐步弱化以主体管理为重心的系统管理，而逐步强化以行为管理为重心的社会管理。因为：首先，商业活动已不再为国有商业所垄断而发展为全社会的活动。在非商业系统内也出现了专门从事商品流通活动的商业企业和商业行为。其次，原商业行政管理机构事实上只能对系统内的商业企业实施管理职能。而非商业系统的商业企业因都有自己的系统归属而主要接受本系统的行政管理，从而使全社会的商业活动出现系统分割、分散管理的无序状态。最后，以主体管理为重心的系统管理不仅不能从根本上改变全社会商业管理的分散无序状态，而且因为主要以行政性的直接干预为手段，所以也难以解决政企不分的状况，从而使企业的经营活动仍然受到限制。新型的商业管理体制的建立应力求达到以下一些目标：(1)商业行政管理机构必须能对全社会的商业活动实施有效的管理。(2)任何企业的商业活动不再因受到其行政系统的管束而游离于商业行政管理机构的管理范围之外。(3)商业行政管理机构应以企业的行为管理(包括对非商业企业的商业行为管理)为主，而不是直接对企业本身进行管理。其主要职能应当是对所有企业的商业行为实施统一规划、政策调控、间接管理和行政监督，以确保国内市场的统一性和有序性。(4)商业管理体制的改革能同现代企业制度的建设以及市场调控体系的建立相互配套、融为一体，共同形成适应市场经济发展的社会经济管理体系。

新型的商业管理体制并不仅仅是建立一些行政管理机构。要真正形成以行为管理为重心的社会管理，新型的管理体制应当是由行政管理、法规管理、经济管理和行业自律管理等系统相配套而组成的社会管理系统。

(一)行政管理系统

建立一套从中央到地方分层设置的商业行政管理机构，其基本职能应是：对全社会的商业活动进行总体规划；制定适应于所有商业企业和商业行为的统一政策；掌握全社会商业活动实施调控所必要的审批手段；对全社会的商业活动实施行政监督，并运用各种间接调控手段实施间接管理；对与市场稳定和发展有关的商业投资、网点布局、商品储备的地区间物资调拨等问题进行决策和控制；组织海内外或地区间的商贸交流活动；组织商业企业及其行为的示范和经验交流活动；组织商业高层经营管理人员的各类培训；为商业企业提供各类信息和咨询服务；参与各级政府有关市场和商品流通活动的重大决策，并同其他管理机构相互协调，共同实施对市场和商品流通活动的宏观调控。国内贸易部及各地区的财贸办公室或商业管理委员会经过一定的职能转换，将可能成为这样的商业行政管理机构。

（二）法规管理系统

建立一套同商业行政管理机构相对应的商业法规管理机构,其主要职能是:负责商业企业的注册登记,并依法保护所有商业企业的合法权益和合法经营行为;制定和贯彻适应于所有商业企业和商业行为的统一法规;监督所有商业企业和商业行为,对商业纠纷依法实行调解和仲裁,对违法行为则依法实行制裁;加强对所有商业企业的社会审计活动;对海内外商业法规和政策进行必要的衔接和协调,以维护我国商业企业在国际贸易中的合法权益。这一法规管理系统将主要由社会综合管理职能部门以及公检法各部门所构成。现在工商行政管理局应强化其法规管理职能,而将市场行政管理职能移交给商业行政管理机构,此外,应加强审计部门和质检部门对企业及其行为的依法管理权限,使其同工商行政管理局一起,形成对商业企业及其行为的法规管理系统,把全社会的商业活动纳入法制管理的轨道。

（三）经济管理系统

通过强化从中央到地方各种宏观调控部门的杠杆调控职能来形成对所有商业企业和商业行为的经济调控体系,如通过政府采购、储存、抛售机构对市场的调控来影响企业的经营行为;通过税务、物价、财政和金融机构的税负、价格监督、财政津贴、利率和货币发行等手段来调节企业的经营行为等。经济管理系统的建立关键在于形成一套有效的调控机制,使各经济管理部门的调控手段能够对企业的行为产生有效的影响。

（四）行业自律管理系统

充分发挥行业协会的作用,通过建立大类产品型、规模型、经营方式型、所有制型、地区型等的行业协会来加强对行业内产品的工商贸、产供销行为的自律管理。行业协会的基本职能应当是:贯彻政府的有关政策法规,促使全行业健康发展;制定行业自律规则,保护正当经营;制止不正当竞争和不道德的经营行为,维护行业内各企业的共同利益;协调行业利益和社会利益之间的矛盾,在维护社会整体利益的前提下,争取行业的自身利益;进行行业内的互助和协作,开展同业拆借和同业救济,促使行业内各企业共同发展;在国家经济发展总体规划的指导下,制订行业发展规划,并组织全行业中的企业共同予以实施;进行行业内专业技术方面的交流和培训,并进行专业技术的研究和开发;受政府委托,对行业内的产品和经营活动实施检测和监督,以保护行业经营活动的正常开展;业内统计;代表行业或企业与政府对话,维护企业的合法权益。行业协会是政府和企业之间民间的中介组织,它的建立运行可在一定程度上协助政府实施对企业的直接管理职能,虽然在目前情况下还不可能做到。然而不容忽视的是,在市场经济条件下,行业组织的群体制约力量确实有可能对行业内的个别企业产生很大的影响,甚至有可能超过政府部门行政管理的影响。在建立大商业管理体制的过程中,行业协会的自律管理是不应忽视的。

　　总之,大商业管理体制应当是这样一种以行政管理机构对全社会商业行为的管理为主体,与法规管理和经济管理相配套,并以行业自律为基础的社会商业管理系统。在商业管理转向以行为管理为主的同时,对企业主体的管理就必须通过实行现代企业制度和建立国资管理机构的方式来实现,实质上意味着政府对企业的产权管理和经营管理分开,这是从根本上实现政企分离的重要途径。

　　　　　　　　　　　　　　　　　　(此文发表于《财贸经济》1996 年第 10 期)

从分配经济走向交换经济

——以发展市场经济为目标推进流通改革

1992 年初,邓小平同志在其南方谈话中指出:"计划多一点还是市场多一点,不是社会主义与资本主义的本质区别。计划经济不等于社会主义,资本主义也有计划;市场经济不等于资本主义,社会主义也有市场。计划和市场都是经济手段。"这段话消除了当时在思想和理论方面所存在的一些禁锢和障碍,为我国的经济体制改革确立了发展市场经济的目标模式。

计划经济体制与市场经济体制的本质区别在于社会资源的配置方式,计划经济要求社会资源(包括生产资料和消费品)都应当根据计划来实行配置,产品按计划进行分配与调拨;而市场经济则强调社会资源应通过市场来进行配置,产品应通过市场交换的方式来实现价值和满足需要。从这一意义上讲,计划经济实际上是一种"分配经济",而市场经济则是一种"交换经济"。

资源配置方式的合理性在于其能否使资源的供应和需求趋向平衡。而在全社会范围内的供求平衡依靠计划经济的配置方式实际上是做不到的。其根本原因在于供应的有限性、滞后性与需求无限性和发展性。马克思与恩格斯曾经设想过而未能得到实践佐证的这种配置方式,是基于一种极端理想的社会环境条件,即社会资源的充分供应和对社会需求的充分了解。这种条件至少在社会主义初级阶段是不可能存在的。

市场经济的资源配置方式通过市场交换这一手段,形成了供应和需求趋于平衡的价值规律。价值规律的作用在于其一方面能使无限的需要受到价格的制约而转化为"有效需求",另一方面则可通过市场价格对供应者利益的调节来抑制"过剩供应"和发展"短缺供应",这样就可能促使社会的供应和需求不断趋向平衡。

一、流通改革的核心在于形成合理的市场交换关系

在现代社会化大生产的条件下,社会资源的配置过程在很大程度上表现为商

品流通过程,即社会的资源或产品在供应者(生产者)和需求者(消费者)之间的流转。通过这一流转,产品的社会价值得到了实现,消费者的需求也得到了满足。因此,社会资源的不同配置方式即表现为不同的商品流通体制。

在计划经济条件下,我国的商品流通体制完全是按照分配型的资源配置方式而设立的。生产资料全部由国家物资部门按计划方式实行分配,企业生产的产品(包括农民生产的农副产品)基本上由国家的商业部门统一收购、统一销售。相当部分的短缺产品,严格按照计划配额在各地区之间实行分配。原应作为市场供求平衡状况"晴雨表"的价格因受到国家的刚性控制,而根本不能反映市场供求的信息,从而使生产企业不是为满足市场需求而只是为完成计划指标而进行生产。供求之间由于缺乏通过直接交换关系的沟通,在总量和结构上的不平衡状态长期得不到调整。积压与短缺并存,社会资源严重浪费,社会再生产难以顺利进行,从而在根本上阻碍了经济的健康发展。

从 20 世纪 80 年代初期开始的商品流通体制改革,从实质上讲就是逐步把以计划分配为特征的流通转化以市场交换为特征的流通。改革主要体现在两个方面:一是将由国有商业(和物资)部门统购包销的单渠道流通改变为生产者可自行选择销售方式销售产品和零售商可自行选择供应商采购商品的多渠道流通体制;二是将由国家严格控制的商品价格逐步放开。前者的改革在 20 世纪 90 年代中期已基本形成,由生产者自行销售,中间商代理销售,交易市场直接交换以及经纪人媒介交换等多种方式所构成的商品流通体系,从消费品到各种生产资料基本上由以计划分配为主转向以市场交换为主;后者的改革从 80 年代初期对 80％以上的商品价格实行控制,到 80 年代后期只控制 10％左右,直至 90 年代中期基本上放开,也已使产品的价格开始根据市场的供求关系变化而进行波动,从而在一定程度上起到了反映市场供求矛盾,进而调节市场供求关系的作用。

然而,至今为止,商品流通体制改革的目的是否已经达到了呢? 应当说,并未完全达到。

合理的市场交换关系的建立,应当能够起到逐步使市场供求关系趋于平衡的作用。然而从目前市场上仍然存在并不断扩大的供求矛盾中我们可以发现我国商品流通体制的改革对于发展市场经济的要求仍有相当距离。问题主要表现在以下一些方面:

首先,流通领域计划经济的痕迹仍未完全消除,流通企业尚未真正以市场为导向开展经营。尽管流通体制的改革已经使以计划分配为特征的流通转化为以市场交换为特征的流通,但是由于管理体制和管理方式仍未有很大改变,所以流通企业的上级主管部门(乃至政府主管部门)对于流通企业的管理仍保留着明显的计划经济的痕迹。其主要表现为对流通企业的指标考核与行政干预。指标考核,特别是销售指标的考核,往往成为流通企业经营管理活动的重要导向。缺乏市场依据的逐年递增的销售指标,使不少流通企业的经营目标发生偏差。为完成销售指标而不惜微利乃至亏本经营,甚至出现相互转账(俗称"搬砖头")等弄虚作假的现象,反映的市场供求信息当然就会出现很大偏差(如 1997 年上海市商品批发销售额达1 300 多亿元,而真正销往异地的批发额却只有 270 多亿元,余下 1 000 多亿元实际上是在本地市场中反复周转),这样的市场信息不可能对市场供求关系发挥有效的调节作用;从主管部门乃至政府对流通企业直接的行政干预也使企业的不少经营行为实际上是逆市场规律而动的,这样就使得市场合理的交换关系难以真正确立。

其次,缺乏有影响力的市场流通主体,使市场交换行为过于分散,难以准确反映市场供求信息。十多年的流通体制改革,改变了国有商业高度集中的单渠道流通格局,发展成为"百业经商"的多渠道流通格局。而这一改革的另一个极端就是使市场流通行为走向高度分散。过去全国性的大型综合批发企业已不复存在,而被数以万计的小批发商取代。零售商的数额更是与日俱增(上海 1996 年商业网点比 1995 年增长 20%,从业人员增长 31%),最大的商业企业的市场销售份额也不足市场销售总额的 3‰,而且众多的流通企业更分属不同的行政系统管辖。如此分散的市场交换行为很难准确反映确切的市场信息,从而也就难以起到调节市场供求关系、合理配置社会资源的作用。

最后,地域间的地方保护也使得全面的市场交换关系难以真正形成。我国目前"分灶吃饭"的财政体制在客观上使各地的区域经济处于一种相对分割与封闭的状态,这同市场经济中商品流通、建立统一市场的要求是相矛盾的。目前以区域保护为特征的贸易壁垒的存在以及各地政府对于市场交易活动的种种干预,已经使得流通改革所期望形成的全面的市场交换关系变得十分困难。其不仅表现为商品难以以平等的价格水平和条件在区域间实现流通,还表现为在区域保护政策下所形成的大量"三角债"严重阻碍了市场交换活动的正常进行。因此,流通改革面临的重大问题之一就是如何打破区域间的这种贸易壁垒,建立统一的大市场,形成能全面、准确地反映市场供求状况的市场交换关系。

综上所述,我们可以看到,发展市场经济的目的是希望通过市场来实现资源的合理配置。然而市场能否真正地合理配置资源则依赖于能否建立合理的市场交换关系,即合理的商品流通体制。目前的改革已经使我国的商品流通体制走上了以市场交换为特征的发展方向,然而却仍然存在着影响合理的市场交换关系形成的众多因素。当我们认真对这些因素加以分析之后,可以发现,其中最主要的问题是作为市场交换主体的流通企业尚未成为合格的市场主体。其经营自主权不完善、经营规模过小、市场控制能力差以及在区域经济分割条件下交易行为扭曲都是合理的市场交换关系难以形成的重要原因。所以商品流通体制进一步改革的重要任务之一是应当建立一批真正独立自主、具有较大经营规模和市场控制能力的、跨区域(甚至是无区域归属关系)的流通企业集团,使之成为对市场交换关系具有重要影响力的市场交换主体。

把建设这样的流通企业作为流通体制改革的主要目标,原因在于:

(1)只有真正能独立自主开展经营活动,企业才能按照自己的利益目标来分析市场形势,进行经营决策,从而使其交换行为能客观、真实地反映和影响市场供求关系。

(2)只有一批具有相当经营规模的流通企业存在,它们的交换行为才能比较集中地代表市场的现状和发展趋势,也才能对市场供求关系的变化产生有效的影响。

(3)只有建设起跨区域(或无区域)的流通企业,才能从根本上打破因区域经济分割而形成的贸易壁垒,建立全国统一的市场环境,形成全面、平等的市场交换关系,真实地反映市场供求关系,并能产生有效的调节作用。

从中国目前的实际情况出发,可考虑通过政府推动联合、企业跨区域购并和发展连锁经营等方式组合这样的跨区域(或无区域)的大型流通企业作为市场流通主体。

中国目前的政治经济体制决定了在国有企业的体制改革中政府的推动力还是起着至关重要的作用,因为企业经营者的观念和部门或地区局部利益的约束会使从市场出发衡量经济利益的标准发生严重偏差,从而导致企业缺乏大规模改革的主动性和自觉性。为此,从社会和企业的根本利益出发,我国目前必须利用政府的推动力量来进行一些"大手笔"的改革。从组建跨区域流通企业集团的目标出发,政府有关部门应当在协调好部门和地区利益关系的前提下促使各地区一些具有强劲发展潜力且各种基础条件较好的流通企业,实行"强强联合",构建全国性的商贸企业大集团,并逐步促使其向"无区域企业集团"发展,真正形成对市场商品流通的控制力和影响力。政府推动的主要措施可以通过国有资本授权经营、帮助剥离不良资产、优化资本组合以及组建上市股份公司,向海内外筹集经营资本等,主要立足于为这些大型流通企业集团创造有利的经营条件,但应避免单纯依靠行政上的归并来撑大企业规模,而忽视内部机制的转换。

企业实行跨区域的购并,是促使建立跨区域流通企业集团(或无区域企业集团)的重要途径。事实上,目前绝大多数流通企业集团的组建都没有突破区域的范围,充其量只是一些区域性的大企业,这样的企业是很难不断扩大规模的,也不可能真正取得对全国市场的控制权。一些主要城市的流通企业集团也曾试图通过跨区域经营的方式向全国拓展,但是限于资金、人才和管理方面的不足,再加上区域间严重的排斥现象,往往很难取得成功。然而不同区域之间的同类企业客观上存在着各自的优势和资源,如大城市流通企业的管理经验和商品资源以及各地区流通企业的市场网络和人力资源,若能很好地结合,就能产生良好的互补效应。如果能打破区域间的界线,以优势企业为龙头,实行跨区域的兼并联合,共同开拓市场,就有可能真正组建起实力强大的全国性的流通企业集团,形成对全国市场的控制能力和对于外资商贸企业的竞争抗衡能力。事实上,目前对于企业跨区域兼并的主要障碍是区域性财税政策和企业难以摆脱的区域归属概念。然而这两点并不是绝对无法克服的,只要明确目的,深化改革并注意协调好各方的利益关系,企业跨区域兼并组合全国性流通企业集团的目标是可以实现的。

连锁经营是近几年国内流通企业正在引进和推广的现代经营管理技术,通过企业直接投资和授权特许经营的方法,将一大批分散在各地的零售企业组成了一个整体。几家在连锁经营方面发展得比较成功的超市,甚至以每年近百家的速度迅速扩张,并且已经开始在全国各地布点。同以上两种做法所不同的是,以连锁经营的方式组织跨区域的流通企业或企业集团是一种纯粹的企业行为,大多是以流通企业的经营管理优势和品牌之类的无形资产为依托的,所以拓展的速度比较快。而且由于目前各地纳入连锁网络的大多是中小型零售企业(有一些大型连锁百货,但成功率很低),因此受区域封锁和保护的影响也比较小。应当说,通过规范化的连锁经营,实现优势企业向全国各地快速渗透,以此来组合跨区域的大型流通企业也是一条重要途径。

在目前的情况下,除促使原有的流通企业发展为全国性的大型流通企业集团之外,还应当利用已在全国拥有广泛的分支机构或销售网络的工业、房产或投资性的企业集团,促使其同现有的流通企业联合或增强自身的流通功能,使其发展为流通领域的"巨人"。这样的大型流通企业集团能够集商流、物流、信息流、促销流的功能于一体,能组织起大规模的商品交易、储运和分销活动,为各生产企业提供高效率、低成本的流通服务,因此也能对全国的商品流通活动起到主导和控制的作用。

总之,以这样的大型流通企业作为市场主体,才能形成合理的市场交换关系,才能通过市场的交换活动(流通活动)实现社会资源的合理配置。

二、流通改革的关键在于形成有效的市场调节机制

通过市场对社会资源实现合理配置是市场经济的主要特征,然而市场的资源配置功能则主要表现为市场交换活动对市场供求关系的引导作用,即市场调节功能。而这种调节功能能否正常发挥,除取决于市场交换关系的合理性之外,很重要的是市场交换活动能否有效地刺激和引导供应者与需求者的行为,促使供求关系趋于平衡。

从理论上进行分析,市场对供求关系的引导作用主要取决于两点:一是市场价格对供求状况的正确反映(即价值规律);二是市场主体对于市场信息的认知度和敏感性。在计划经济体制下,商品价格是受到刚性控制的,基本上不能反映市场供求关系的变化;而计划供应和统购包销的流通体制,使得作为市场主体的生产商和供应商无法直接从市场上获得有关信息,也缺乏根据市场变化及时调整经营的敏感性。

流通体制的改革,使市场价格的控制基本放开。价格有可能根据市场供求的变化进行波动,取消了统购包销的企业也能够从市场获得其所需要的信息。但是至今为止,改革还是不完善的,问题仍然存在,其中最关键的问题是如何建立和完善能全面、真实地反映供求实况和能够对市场供求产生有效影响的中心市场。

从发展形态来看,市场经历了一个从有形市场逐渐向无形市场转化的过程。最初的交换活动是在有形市场上进行的,买卖双方进行面对面的直接交易,现货现款,有目共睹,市场的透明度很强。在这样的市场上,供求关系的变化表现得十分清晰,因此其对供求关系的调节作用也就非常有效。随着交换规模的不断扩大,最初的有形市场已不可能容纳大规模的商品交易活动,交换的手段也有了新的发展,交换过程的时间与空间大大地扩展和延伸,于是市场就不再是"商品交换的场所",而发展成为"交换关系的总和",无形市场开始形成并成为现代市场交换活动的主要特征。而商品交换(或流通)活动从有形市场发展到无形市场,由于买卖双方的交易过程的透明度大大下降、交易活动的分散性大大增加,于是市场对供求变化的反应就不如在有形市场中那样清晰、那样直接,从而对市场供求关系的调节力度也可能会下降。为了克服这一弊端,在现代市场活动中以交易所、交易中心等对某一类商品的市场供求信息加以集中反映的中心市场就开始出现,其目的在于将无形市场中过于分散的交易活动所反映的市场信息能适当地予以集中,使其趋于"有形化",从而增加其透明度,恢复其对市场供求关系的有效调节功能。

综观我国流通的发展与改革过程,尽管对计划经济体制下的流通方式进行了改革,促使市场交换关系的自然发展,但由于庞大的市场规模和错综复杂的交换关系(流通主体的多元化和分散化促使交换关系更为复杂),使市场信息变得极不透明。加上不规范的交易行为普遍存在(任意提价和压价,对采购人员的大量"回扣"以及同质不同价,同价不同质等),使市场信息进一步扭曲,供求双方的有效调节机制也就无法形成。目前很多企业感到市场"深不可测""风险极大",从而举步维艰,往往就是这个原因。

由此可见,要根据发展市场经济的要求,发挥市场对资源配置的有效调节作用,就必须解决我国目前市场活动中所存在的这些问题,而有目的地扶植和建设一批能对全社会的交换活动产生指导性影响的中心市场就显得十分必要,这应当成为我国商品流通体制进一步改革的重要任务之一。

组建中心市场是指对于各类主要商品的流通活动,能形成一些具有引导和示范效应的中心交易市场。这样的交易市场能集中同类商品的相当比重的交易额(如至少在30%以上);能通过公开、公平的交易活动,形成合理的交易价格和规范的交易行为,并以此影响同类商品的全部交易活动。如目前国际上所公认的一些国际性的交易市场(如伦敦的黄金市场、中东的石油市场等)以及我国已建立的郑州的粮食市场等都是这样的中心市场。只要能组建起这样一批国家级的中心交易市场,就能通过控制和引导中心市场而达到控制商品流通活动之目的。

组建中心市场绝不应当是主观意志的产物,而应当遵循市场规律,根据当前市场交易活动的实际情况,因势利导,逐步推进。目前,一些地方都在争着想建立国家级的交易市场,这种现象是不正常的,也是不科学的。国家级中心交易市场不可能靠政府命名或指令而形成,其必然要根据各种市场环境条件的适应性及商品流通的自然规律而发展起来。在这里政府有关部门可做的事情主要是在其条件成熟的情况下,通过政策导向、资金投入以及服务配套等手段予以积极促成。国家级的中心交易市场在同类商品中只能有一两个,而不可能遍地开花。当然由于我国地域辽阔、市场庞大,不排除在一些主要地区内还可以组建一批区域性的中心交易市场,但其作用范围只可能是在本区域范围之内。

组建中心市场的重要目的是形成市场机制,并通过市场机制的作用,调节企业的经营行为。中心市场能否做到这一点,关键在于能否产生对广大企业交易活动的集聚力。企业交易活动的集聚主要依靠市场本身的吸引力,而市场对交易主体的吸引力则依赖于市场功能的完善。因此,中心交易市场必须具备完善的商流、物流和信息流功能,特别是市场信息的高度集中和广泛沟通是吸引交易主体最为重要的方面。

因此在目前的情况下,我国应当积极组建一批国家级或区域性的中心交易市场,通过完善这些市场功能,产生对市场交易主体的强大集聚力,并通过大量的交易主体在市场上的交易活动,沟通市场信息,形成对经营者的行为能进行有效调节的市场机制,这样也就有可能通过对这些中心交易市场的调控达到控制商品流通活动的目的。

这些中心市场建设应当符合以下一些基本要求:

(1)能够在产品进入市场的主要环节集聚足以对整个市场产生控制性影响的交易量。

（2）能够全面、及时地反映全国同类产品的市场价格信息，并以中心市场的价格引导各地区市场的价格。

（3）能够对产品的质量等级差异提出客观的评价标准，并在中心市场严格执行这样的标准，使其对整个市场产生具有权威性的指导作用。

（4）这样的中心市场不应当是主观意志的产物，而应当是在现有市场中根据发展的成熟程度及各项条件的比较，因势利导，积极扶植，逐步形成。

在目前流通体制改革的基础上，我国应进一步建立一批有集聚力和影响力的"中心市场"，使无形市场有形化，就能更好地集中反映市场的供求变化及其他有关信息，对市场的交换主体产生有效的影响，以形成市场调节机制，促使通过市场合理配置资源的目标也能够最终实现。

三、流通改革的成功在于形成公平的竞争环境

能否通过市场交换活动对社会资源进行合理配置，还取决于交换活动本身的规范性，即其是否在一种公平竞争的市场环境中按照市场交换（或商品流通）的客观规律进行。在一般情况下，市场交换（商品流通）活动必须遵循以下一些原则：

（一）等价交换原则

等价交换的原则，即交换双方应当以基本相等的价值量来实现交换。然而在实际交换活动中存在两个问题：一是并非每次交换的价值量都是相等的，而这种相等只是反映在由大量的交换活动而形成的一种总的趋势，即通过交换双方交换价值的不断修正，使之趋向平等。正如马克思所说的："在商品交换中，等价物的交换只存在于平均数中，并不是存在于每个个别场合。"二是这种相等的价值量是怎样在大量的交换活动中确定的，那就必须通过买方之间、卖方之间以及买卖双方之间的竞争所引起的价格波动来形成。如恩格斯所说："只有通过竞争的波动，从而通过商品价格的波动，商品产生的价值规律才能得到贯彻，社会必要劳动时间决定商品价值这一点才能成为现实。"由此可见，公平、公开的竞争是促使等价交换原则得以实现的前提条件。

（二）自愿让渡原则

自愿让渡的原则，即交换双方应当在符合各自意愿的情况下自觉自愿地进行交换。就如马克思所说的"一方只有符合另一方的意志，就是说每一方只有通过双方共同一致的意志行为，才能让渡自己的商品，占有别人的商品"①。这应当是正常交换活动的客观要求，不应当以超经济的强制手段或欺骗行为来接受非本愿的交

---

① 马克思：《资本论》第一卷，人民出版社1975年6月版，第102页。

换活动。也只有在完全自愿情况下的市场交换活动,才能真实地反映市场的供应情况,所以说公平、竞争的市场环境正体现了市场交换的自愿让渡原则。

(三)择优交换原则

择优交换的原则,即交换双方根据各自的利益目标,自由地进行交换条件的比较,不受任何阻碍地选择其所认为最有利的交换对象和交换方式的原则。择优交换的原则正是建立在等价交换和自愿让渡的原则基础之上的,因为只有经过择优比较才能使价格逐渐趋向等量价值;而择优交换也只有在自愿让渡的条件下才可能得以实现。市场能否有效地调节供求,成为社会资源配置的基础,其前提也在于市场主体能否真正根据自身的利益目标,在公平竞争的市场环境中无阻碍地开展择优交换。

以上这些原则是市场经济体制的特征体现,也是市场交换活动的一般规律。我国流通体制的已有改革,在一定程度上使这些原则比在计划经济条件下得到了更为显著的体现。然而,由于改革的不完善,阻碍这些原则得以贯彻的因素仍然存在。这就是说,到目前为止,我们还没有形成一个能使流通改革最终得到成功的公平的市场竞争环境,其中最主要的问题是缺乏统一的市场规范和严格的市场监控。

其一,目前已经扩展到全社会的商品流通活动,其经营主体在管理上是极为分散的。几乎每一行政管理系统(甚至包括军队、学校)都有其所管辖的流通企业,而这些企业的经营行为只接受其所属行政系统的管理和调节,从而由于各行政系统的性质和利益目标不同,所以在对流通企业经营行为的管理上往往是"政出多门",难以统一规范。

其二,区域经济的分割所形成的区域利益目标的差异,也使得管理机构对同一区域市场上区外流通企业的经营行为采取不平等的歧视政策,从而导致区域间市场规范的不统一和区域市场上竞争的不平等。

其三,现有的流通法规及市场法规仍很不完善,特别是对于流通企业的经营管理行为往往缺乏特有的政策法规,而常常是在对生产企业为主的政策法规后面加上一条,流通企业参照执行。这使得流通企业的很多特定的经营管理行为实际上很难找到适合的政策法规来加以规范。此外,执法不严的现象导致有法不依的情况普遍存在。对市场的监管往往体现在突击检查而不是日常监管上,从而使流通市场不规范的行为屡禁不止。

这些现象最终导致市场竞争环境的不公平:市场规范的不统一导致不同市场主体的交换条件不平等;市场监管的不严格导致假冒伪劣商品泛滥,严重损害了正常的经营企业及消费者的利益;市场法规的不健全使得市场主体的利益得不到应有的保护,交换行为缺乏安全感。等价交换、自愿让渡和择优交换等原则实际上并没有在目前的市场交换活动中得到全面的贯彻,这就使得目前的市场仍然是一种不完善的市场。流通改革所期望达到的市场仍然是一种不完善的市场。流通改革所期望达到的通过市场交换活动实现社会资源合理配置的目标也就难以在这样的市场环境下得以实现,因此,改革流通管理体制、健全和完善市场法规、建立公平的市场竞争环境,仍是流通改革的重要任务。

流通管理体制改革的主要目标是应当变"主体管理"为"行为管理",建立起以行为管理为重心的社会管理体系。这种管理体系的特征是:政府主管部门管理的不是流通企业本身,而是其流通行为。不管是哪个系统的企业,只要发生流通方面的行为,就要被纳入管理范围。而对于所有企业的流通行为,在规范上则是完全统一的。建立这样的管理体制,就有可能使政府部门对流通行为的管理覆盖到全社会,从而使市场流通的行为规范得以统一。

要实现对全社会商品流通行为的统一管理,关键在于必须通过一系列的改革措施,实现管理主体的一元化、管理客体的平等化和管理手段的系统化。

管理主体的一元化,主要是指对于全社会商品流通行为的行政管理机构只能是唯一的,各项流通管理政策的制定权和必要的审批权必须集中于统一的流通管理机构,而其权威性必须是覆盖全社会的。当然这种行政管理主要是指对于流通行为的管理,而并不是指对于实施流通行为的企业本身的管理,所以其管理的内容主要包含以下一些方面:

(1)对全社会的商业活动进行总体规划;

(2)制定适应所有商业企业和商业行为的统一政策;

(3)掌握对全社会商业活动实施调控所必要的审批手段;

(4)对全社会的商业活动实施行政监督,并运用各种间接调控手段实施间接管理;

(5)对与市场稳定和发展有关的商业投资、网点布局、商品储备和地区间的物资调拨等问题进行决策和控制;

(6)组织海内外和地区间的商贸交流活动;

(7)组织商业企业及其行为的示范活动和经验交流;

(8)组织商业高层经营管理人员的各类培训;

(9)为商业企业提供各类信息和咨询服务;

(10)参与各级政府有关市场和商品流通活动的重大决策,并同其他行政管理机构相互协调,共同实施对市场和商品流通活动的宏观调控。

管理的内容表明了其同目前已有的政府商业行政管理部门的职能是有所不同的,即不包含对流通企业在组织人事、投资决策和经营决策等方面的直接控制和干预,从而也就使其管理范围扩大到全社会成为可能。国内贸易局以及各地财贸办公室或商业管理委员会经过一定的职能转换,就可能成为这样的行政管理机构,真正承担起统一管理社会商品流通的职能。

管理客体的平等化,主要是指参与社会商品流通的各类企业,只要是合法经营的,其地位应当是完全平等的,不应在管理过程中受到任何歧视。这里主要涉及这样几个问题:

(1)行政管理机构不应当再有任何直属性质的企业存在。企业必须同各级行政管理机构完全脱离,即以后不再有所谓"系统内"和"系统外"企业之分,因为行政管理机构所管理的对象如果有直属与否、系统内外之分,客观上就会产生不公平的嫌疑,从而也就使对系统外企业管理的权威性大大地削弱。

(2)一般不应再在管理活动中使用"优惠政策""倾斜政策"之类的手段来对某些企业实行扶植(除非将其作为一种行为调节措施),因为过多使用这样的手段,本身就可能破坏管理活动中的公平原则和统一规范,从而也会使管理的权威性削弱。

(3)妥善处理历史造成的企业竞争地位不平等的问题。事实上相当一部分国有商业企业,由于历史的原因而背上了沉重的人员和债务包袱,在现实条件下是很难同那些新兴的商品流通企业相竞争的。这种状况客观上也是一种不平等,而要求从行政管理的角度予以调整。然而若将历史问题同现实的经营管理活动混杂在一起,必然会增加目前管理上的困难,所以妥善的方法应当是,算清旧账,新旧分离,在管理上予以认定,从而使企业能以一种平等的地位参与市场竞争。

(4)坚决剥离部分企业所承担的社会职能。不少国有商业企业过去都承担着储存商品、调节供求、稳定市场等社会职能,这也是行政管理部门对其进行直接控制和政府予以倾斜的重要原因。然而要实现统一管理下的管理客体的平等化,必须使这一问题得以解决。比较妥善的方法是将这些企业的经营职能和社会职能明确分离,对于必须承担的社会职能部分,以政府和企业间的委托代理关系来处理,不同企业的经营行为发生直接关系,这样就能使企业真正取得平等的市场地位。

只有管理客体的市场地位基本平等,其同政府行政管理机构的关系基本相同,对社会商品流通行为统一管理才可能真正实现。

管理手段的系统化,主要是指对社会商品流通行为的管理并不是仅仅依靠行政管理一种手段,而必须依靠由行政管理、法规管理、经济管理和行业自律管理等各种管理手段共同构成的综合管理系统,各司其职,各尽其责,并相互衔接配套,才可能真正实现对全社会商品流通活动的有效规范。

法规管理系统主要是由社会专业管理机构(如审计、质检部门等),工商行政管理机构和司法机构三个层次所组成的法规监督管理体系,以对各种不同类型的违规违法行为实行全面的管束。

　　经济管理系统主要应通过强化从中央到地方各宏观经济部门的经济调控手段来形成对社会商品流通行为的有效调控和引导,如通过政府采购、储存、抛售机构对市场的调控来影响企业的经营行为;通过税务、物价、财政和金融机构的税赋调节,价格监督、财政津贴、利率调整和货币发行等手段来调节企业的经营行为等。经济管理系统的建立关键在于形成一套有效的调控机制,使各经济管理部门的调控手段能够对企业的行为产生有效影响。

　　行业自律管理系统主要通过充分发挥行业协会的作用,通过建立大类产品型、规模型、经营方式型、所有制型、地区型等的行业协会来加强对行业内产品的工商贸、产供销行为的自律管理。行业协会是政府和企业之间民间的中介组织,它的建立和运行可在一定程度上协助政府实施对企业的直接管理职能。虽然在目前情况下还不可能做到,然而不容忽视的是,在市场经济条件下,行业组织的群体制约力量确实有可能对行业内的个别企业产生很大的影响,甚至有可能超过政府部门行政管理的影响。在建立新型的社会化流通管理系统的过程中,行业协会的自律管理作用是不应忽视的。

　　只有真正建立起这样一种以行政管理机构对全社会商品流通行为的管理为主体,与法规管理和经济管理相配套,并以行业自律管理为基础的社会化商品流通管理体系,才能真正实现统管大流通,抑制"无序"和"混乱"的商品流通行为,对商品流通渠道实行有效控制之目的。

　　同时,应当坚决打破区域与部门的分割和封锁。在全国范围内建立公平的市场竞争环境,应通过法规的形式和有效的经济调控手段促使各种保护主义和贸易壁垒最终消除。其中,加快政治体制的改革步伐、促进政企分开也是从根本上解决区域间不公等竞争状态的重要方面。

　　总之,只有公平的市场竞争环境得以形成,合理的市场交换关系才能得以建立,市场调节供求的机制才能真正发挥作用。因此这也是流通改革得以最终获得成功、市场经济体制得以最终建立的重要前提条件。

　　党的十五大指出,要尽快建立统一开放、竞争有序的市场体系,进一步发挥市场对资源配置的基础作用。这对我国的流通改革提出了极为明确的方向与目标,即以发展市场经济为目标来推进流通改革。流通改革的进一步深入应当紧紧围绕这一目标,促使统一、开放、竞争、有序的市场体系得以形成,使社会资源能够通过市场得以合理配置,并促使国民经济健康发展。

　　　　　　　　　　　　(此文发表于《邓小平理论与中国的改革发展》1998年12月)

从"疏通"走向"优化"

——论中国商品流通渠道的改革方向

从 20 世纪 80 年代开始的中国商品流通渠道的改革,其主要目的是"疏通",从根本上改变僵化的计划流通体制阻碍"货畅其流",不能及时反馈市场信息和满足不断变化的消费需求之弊端。应当说,通过十多年的改革,这一目的已经基本达到。中国商品流通渠道的改革,应当进入一个新的阶段。这一新的阶段的改革目标不再仅仅是"疏通",而应当是"优化",即通过政策引导、法律规范和市场机制的共同作用,促使中国的商品流通渠道更加合理化、经济化、规范化和现代化,更好地促进中国社会和经济的健康发展。

一

经过十多年的改革与发展,中国商品流通渠道已基本形成了以市场为导向的框架体系。我们已经很难用经济类型或系统隶属关系等方式来对目前的商品流通渠道进行评价,而只能从商品进入市场的主要通路以及消费者接受商品的主要途径两方面来对中国当前的商品流通渠道作一分析。

一方面,从商品进入市场的通路来看,中国目前的商品流通在其最初环节上主要是通过四种方式(或者叫四种渠道)进入市场的。

一是生产企业直接在各地区设置销售机构,形成自己的销售网络。这些销售机构有些是企业派驻的办事处,有些是销售分公司。它们的任务是向当地的主要零售商店和产品用户推销商品,一般不再通过中间批发商。但是如果销售机构承担着向周边地区扩展产品市场的任务的话,则可通过向周围地区(如县以下的)商业批发机构推销它们的商品。这种商品流通渠道是工业自销发展到成熟状态的典型形式,也是国际上常见的商品流通形式,其一般适合于规模较大的企业对于价值较高、体量较大、购买频率较低和品牌选择性较强的商品的销售活动。我国目前大多数的耐用消费品的销售都是通过这样的流通渠道。

二是生产企业利用各地的中间商经销其产品,或作为代理商帮助其开拓市场。这种流通渠道同传统流通渠道的主要区别在于其越过了产地采购商直接同销地的批发商发生联系,而在销地利用的则仍然是商业企业,依靠商业渠道来为企业开拓市场。在成熟的市场经济条件下,这种流通渠道仍然是一种主要类型。利用中间商的情况也有不同,有的只是将其作为一种流通中介,同中间商保持着一般的买卖交易关系;有的则委托中间商进行独家经销或独家代理,甚至建立起稳定的"一对一"的产销代理关系,实际上是将中间商作为自己的专职销售机构来对待。前一种情况比较适用于市场面广、购买频率高、商品价值不大的日用消费品,如烟、酒、食品及零售的日常消费用品;后一种情况则同生产企业自设销售机构差不多。

三是生产企业通过交易市场(集贸市场)来销售其产品。20 世纪 80 年代末 90年代初集贸市场的功能发生了很大变化,已由单纯的农副产品交易发展为既有农副产品、手工业品,又有日用工业品,甚至还有生产资料;交易方式也由以零售交易为主发展为批零结合,甚至以批发为主;市场设施也由简陋的就地设摊、以路为市,发展为建设起高标准化、大规模的永久性交易市场。目前在上海、江苏、浙江、广东、福建、山东等沿海省市都已出现规模庞大、商品众多、交易量可观的工业品交易市场,并呈现出专业化的发展趋势。如广东的家电市场、义乌的小商品市场、常熟的服装市场、温州的鞋业市场和浙江桐乡的羊毛衫市场等都已成为全国闻名的专业化商品交易市场。进入市场的主体主要是各产业生产企业,也包括一部分中间商。大多数交易市场都发挥着一级批发和二级批发的功能,甚至成为一些大城市零售商店的主要货源基地。到 1995 年,全国城乡集贸市场的总数已达 82 892 个,比 1985 年增加了 35%,交易总量达 11 590.1 亿元。从通过交易市场进行的商品情况来看,大多为中小企业和乡镇企业的产品,其中一部分是大企业著名的品牌产品,但经营这些产品的大多并非生产企业本身,而是中间商。

四是生产企业直接将产品销售给消费者。这种企业直接销售的方式目前在中国商品流通渠道中也占了一定的比重。大部分生产资料是通过生产企业直接销售的方式进入市场的,也有相当部分消费品是通过企业直销的方式卖给消费者。在消费品方面,值得注意的直销方式主要有三种:一是在集贸市场的零售活动。生产者通过在集贸市场同消费者的直接交易来实现商品的全部流通过程;二是设立品牌专卖店,专门销售某企业(某品牌)的商品,由于专卖店通常都是由生产企业自己开设,并直接面对消费者,所以也是直销形式之一;三是通过对消费者直接的推销或传销活动来销售商品,其中包括上门推销、座谈直销和多层传销,其中有些直销形式(如多层传销)虽然因有争议而受到一定的限制,但是仍然被允许进行一定的试点,从而也构成了中国当前商品流通渠道的形式之一。

另一方面,从消费者接受商品的途径来看,我国商品流通渠道的变化主要体现为零售形式的变化。目前我国一些主要城市的商业零售形态除了传统的综合商店、专业商店和百货商店之外,超级市场、便民店、专卖店、邮购商店、自动售货机等新型的零售业态都已出现。消费者接受商品的便利程度越来越高。中国的商业企业已经逐步懂得如何根据环境变化和消费者的实际需求采取相应的零售形式,从而使商品能比较顺利地进入消费领域,随时满足消费者的需要。

然而,虽然目前中国的商品流通渠道已经基本实现了以市场为导向的多渠道流通,但是这种在计划经济同市场经济交替转换时期所形成的流通格局,仍然是很不成熟的,存在着大量不合理之处,有些甚至对经济的改革与发展造成了不利的影响。当前流通渠道中存在的问题主要表现在以下几个方面:

(一)商品流通渠道分散无序地发展,形不成合理的规模效应,造成商品流通成本上升

自 20 世纪 80 年代中期以来,中国商品流通渠道的改革主要表现为各系统各行业纷纷自辟渠道进行商品流通,其目的主要在于加强自控能力,增加流通的便利性。然而,这种做法势必造成在相当部分的自营流通体系中商品流通规模的大大缩小,从而造成流通成本的普遍上升。据有些行业统计,单位商品的流通费用增加了一倍,甚至一倍以上,从而造成流通效益的下降。以上海为例,1991 年商业的销售利润率为 3.51%,1996 年已下降为 1.28%。特别是五金交电行业,原来是利润较大的一个行业,而 1996 年的销售利润已下降为 0.43%。当然这里还有一些别的因素,但商品流通规模的缩小,形不成合理的规模效应,不能说不是重要的原因之一。

(二)部分流通企业片面追求流通利润,导致商品在流通领域不合理的倒手和滞留

流通体制改革以后,有大量的资金和企业进入流通领域,谋求在这一领域中获利。这些以谋利为主要目的的流通企业,往往并不是以加速商品周转、降低流通费用为己任,而是采用囤积紧俏物资、进行转手倒卖的方法谋取高额利润,其结果往往是造成一些重要的商品和物资在流通领域反复周转,多次倒手,价格跌涨,可谓"商品搞旅游,价格滚绣球"。在 20 世纪 80 年代末某些商品和物资特别紧张的时候,甚至还出现过倒卖"批文"的现象,严重扰乱了流通秩序,破坏了商品流通的合理性。对商业企业在考核指标上的不合理也会导致商品流通的不合理。例如,国有商业系统长期以销售额作为考核商业企业业绩的主要指标,结果导致一些商业企业之间将商品相互转卖,以形成虚假的销售额,这些问题都对形成合理的商品流通体系产生了不良影响。

(三)部门和地区的经济分隔造成了流通渠道人为的阻断,阻碍了全国性的市场网络和全国性流通组织的形成

十多年来,商品流通体制的改革并未根本解决各系统(部门)和地区对流通企业的行政干预和直接控制的状况。为了保护部门或地区的经济利益,各系统和地区往往对系统外或地区外的商品流通活动采取限制或排斥的态度。比如,工业系统的自营流通渠道往往出现同商业系统的流通渠道抢货源、争市场的状况;一些地区往往会对本地区的流通企业,特别是商业批发和零售企业下达对本地产品的采购指标和对外地产品的订购限额;对于跨地区建立商品流通网络和进行流通企业的兼并合作等工作也会在一定程度上受到地方保护主义的限制和干扰,从而很难顺利地建设起全国范围的畅通无阻的流通网络和体系。与此相应,流通企业要脱离地区的从属关系而成为全国性的流通企业也往往十分困难。然而,在市场经济条件下,商品流通必然应当实行跨部门、跨地区的流通,形成全国性的市场网络和全国性的流通企业。这就必须对目前的流通管理体制实行进一步的改革。

(四)对全社会商业在管理上的不统一,使不规范的流通行为屡禁不止

目前,商业的管理体制仍然是以主体管理为重心的系统管理,即每一个企业都属其所在的系统管理,而且不管其经济行为属于什么性质,都必须由所属系统管理,外系统无法干涉,这样商业的行政管理部门实际上无法对商业系统之外从事流通行为的企业加以管理,从而就造成了对全社会流通行为在管理上的不统一。各个地区在对流通行为的管理上也存在着同样的不统一状况,往往是"此地非法,彼处合法""对甲非法,对乙合法"。这种在管理上的"政出多门"不统一、不规范的状况,客观上为一些不良的和非法的商品流通行为的出现和蔓延创造了环境条件,从而使经营假冒伪劣产品、侵犯消费者权益的行为屡禁不止,影响了商品流通渠道的改革正常和健康地发展。

(五)"灰色渠道"的存在,对正常的商品流通形成了很大的冲击

在近几年的市场商品流通活动中,存在着一种处于政府监督管理之外的"灰色渠道",其主要表现为:进口商品从非正规的渠道进入市场(如通过走私进入国内交易市场或通过地下经纪人进入商业企业);一些商品交易活动通过未经登记的经纪人或贸易机构进行;一些商品交易行为以无发票或收据的方式私下进行;等等。据不完全统计,20世纪90年代初我国的进口家用电器中有80%以上是通过"灰色渠道"进入市场的,如1991年市场销售录像机119万台,而通过进出口公司正式进口的只有11万台,还不到10%。这些"灰色渠道"的存在,由于大多可以避免正规渠道所必须交纳的部分税费,对正规渠道流通的商品形成了不平等的竞争,造成了很大的冲击。而且由于这些通过"灰色渠道"流通的商品处于社会监管系统的视线之外,往往也成为一些假冒伪劣产品,甚至有可能对社会生活形成危害的商品的主要通道。当然,在市场经济发育还不完善,公平竞争的市场环境还未形成的情况下,"灰色渠道"的现象很难完全消除,而且有时还能在一定程度上弥补正规渠道的不足。但是若不对其加以引导和限制,则有可能影响商品流通渠道的发展,甚至扰乱社会经济活动的正常秩序。

中国商品流通渠道目前所存在的问题,反映了其在市场经济条件下发展的不成熟。进一步的改革应当充分考虑市场经济条件下大市场、大流通的客观背景,力求形成比较合理的流通渠道体系,使中国的商品流通渠道更为优化。

二

中国由计划经济向市场经济的转化,既是一个新旧体制的转换过程,也是一个新体制形成、发展和成熟的过程,就像任何实行市场经济制度的国家一样,市场经济体制的最终成熟总是要通过对大量初级和原始的不合理因素的调整与克服。但是,中国的市场经济是在原有的计划经济体制基础上转化过来的,所以计划经济同社会化大生产相适应的一面,对于促使市场经济成熟化程度的提高,仍能发挥很大作用。中国流通渠道的改革和优化,应当同时考虑到对于一般的市场经济发展初期所出现的不合理因素的克服和对于计划经济中已形成的适应社会化大生产那部分因素的利用。可以说,经过十多年的改革,现在已到了不再是单纯由社会各方面的因素自发调整而促成社会商品流通渠道发展,而应当通过理性化的自觉调节来促进社会商品流通渠道优化的时期,因为只有通过自觉调节,才能加速社会主义市场经济的成熟步伐。

从当前来看,可以考虑从以下五个方面对中国商品流通渠道实行优化重组,以增强其同中国特色社会主义市场经济发展的适应性和提高其现代化的程度。

(一)组建大型的流通企业集团,在商品流通领域发挥主导作用

流通主体是构成商品流通渠道的基本要素。对于流通渠道的发展起主导作用的往往是具有一定的市场控制能力的流通主体。大部分市场经济比较成熟的国家是如此,我国计划经济条件下的流通领域的状况也是如此。而当前我国商品流通领域所出现的一些无序状态,在很大程度上是由于目前流通领域缺乏真正具有市场控制能力的流通主体,这正是市场经济发展不成熟的表现。因此要使中国的流通渠道得以优化,很重要的问题是形成一批具有一定市场控制能力的流通主体,并使其在商品流通领域发挥主导作用。计划经济体制下,国有商业企业尽管在规模和实力上确实具备巨大的市场控制能力,但是由于经营机制不善,难以起到优化商品流通的主导作用。改革之后,大多数国有商业企业进行了重组和改造,也已形成一批同市场经济相适应的流通组织;社会其他方面的流通机构通过十多年的发展,有些也已趋向成熟。这些都可能成为未来商品流通领域的主导力量。问题在于,目前这些流通主体普遍存在着经营规模不大、经营区域有限、系统或地区的从属性过强等问题。特别是国有商业企业,大多仍未最终摆脱政府的行政力量的控制和干预,这些情况都严重阻碍着这些流通组织迅速成长为对全国市场具有控制能力的流通主体。因此,应当下决心将其中的一部分流通组织,真正发展为具有市场控制能力的流通"巨人",目标是建设起一批实力强大的全国性的流通企业集团,从措施上可以考虑:(1)支持和扶植几个具有强劲发展潜力,且各种基础条件较好的流通企业(集团),通过联合、兼并、参股、控股或连锁的形式,向全国拓展,建立起全国范围的商品流通网络,形成对全国市场的控制能力;(2)利用目前已在全国拥有分支机构或销售网络的工业、房产或投资性的企业集团,促使其同现有的流通企业联合或增强自身的流通功能,使其发展为流通领域的"巨人"。这些全国性的流通企业集团,应当集商流、物流、信息流、促销流的功能于一体,能组织起大规模的商品交易、储运和分销的活动,能为各生产企业提供高效率、低成本的流通服务。有了这样一批全国性的、实力强大的流通企业集团,不仅能对全国的商品流通活动起到主导和控制作用,而且也可能大大地降低商品的流通成本,促使商品流通渠道的优化。

(二)强化企业对流通成本的高度重视和核算意识,准确选择流通渠道和流通方式

高效和经济是流通渠道合理性的主要表现。前一阶段商品流通渠道的改革,主要是考虑提高流通渠道的效率,特别是生产企业大规模的自行销售网络,出于能促使自己的产品迅速分布到市场上去,提高商品流通效率之目的。在当时专职的商品流通企业流通效率确实不高的情况下,自行销售的做法是正确的。然而,十多年的改革,已使一批新型高效的流通企业出现在市场上。于是现在的企业就应当在自行销售还是委托流通企业代理销售之间重新选择,因为采用自行销售的方式,自然可能消除委托销售所产生的交易成本,但同时必然会产生组织自行销售机构以及维持其有效运转的管理成本。而且对于一个对市场流通业务不太熟悉的生产企业来讲,这种管理成本有时是很高的。所以目前对流通方式的选择,应当主要体现为对管理成本和交易成本的比较。如果交易成本大于管理成本,一般应发展自行销售系统;但如果管理成本大于交易成本,就不宜发展自行销售系统,而应当以委托销售为主。当然,流通成本仅是选择渠道的标准之一。此外,如流通效率、流通服务等也是企业选择渠道的重要标准。但是提高商品流通的成本意识,对于优化商品流通渠道来说是很重要的,具体而言,应当促使企业对现行的商品流通渠道和流通方式所形成的流通成本进行一番分析和评价。对于成本较高的流通渠道应当进行调整。同时专职流通企业也应当促使自己的流通成本不断下降,并使其公开化,以产生对生产企业的吸引力。

(三)建立公平竞争的市场环境,从根本上抑制投机倒卖和"灰色渠道"的发展

造成市场无序和混乱的重要原因是投机倒卖和"灰色渠道"现象的存在。这些行为破坏了市场的公平竞争,往往会损害国家、企业和消费者的利益。当然,通过法规和管理手段,能在一定程度上抑制投机倒卖和"灰色渠道"的发展。但是通过进一步的改革,逐步形成公平竞争的市场环境,则是从根本上消除投机倒卖和"灰色渠道"的利益基础,最终促使这些现象逐步消亡的重要前提。从形成投机倒卖和"灰色渠道"的环境条件来看,有四个因素是最为重要的,即"双轨价格""优惠政策""多元管理"和"区域保护主义"。由计划价格和市场价格并行而构成的"双轨价格",由于客观存在着价格上的落差,就有可能产生通过套购计划商品,由"灰色渠道"进入市场而获得利润。所以只要实行价格并轨,这种套购牟利的行为就自然会消失,这一点在目前的市场上已基本解决。"优惠政策"主要体现为商品在不同地区或不同企业可形成不同的交易条件,这也可能造成利用条件差异而产生投机商业行为。因此,今后随着市场经济体制的进一步建立,应当减少乃至根本取消各种"优惠政策",使市场交易条件在部门和地区间趋于平等,就可能从根本上消除投机性的商业行为;"多元管理"即为对市场流通行为管理主体及管理规范的不统一,就有可能使一些流通经营者利用这些管理政策上的差异,"打擦边球",采取不规范的流通行为。因此,通过流通管理体制的改革,加强对流通行为的统一管理,是消除不规范流通行为的重要前提;"区域保护主义",往往会导致因保护区域利益的需要,而对投机倒卖和"灰色渠道"等不规范的流通方式也听之任之的不正常现象,因此,从根本上消除"区域保护主义"或尽可能减少"区域保护主义"对商品流通行为的影响,也是抑制非规范的流通行为的重要环境条件,所以说重组和控制中国的商品流通渠道实际上是一项系统工程,它涉及整个社会经济体制的根本转变。

(四)建立以行为管理为重心的社会化流通管理体制,"以法治乱,循法兴市",最大限度消除不规范的市场行为

如上所述,要优化中国的商品流通渠道,首先应规范市场流通行为,而要规范市场流通行为,就必须建立起有效的社会化流通管理体制。商品流通体制的改革,使社会商品流通的主体扩大。原有的商业管理部门实际上无法对全社会的商业流通活动实行统一和有效的管理,其根本原因就在于,目前的管理体制是实行以主体管理为重心的系统管理。各系统的流通企业主要归属各系统管理。这样就容易造成"政出多门",整个社会的商品流通活动就会缺乏统一规范,而构成无序状态。因此改变这一现象的基本措施是建立起以行为管理为重心的社会管理体系。这种管理体系的特征是：政府主管部门管理的不是流通企业本身，而是其流通行为。不管是哪个系统的企业，只要发生流通方面的行为，就要被纳入管理范围。而对于所有企业流通行为的管理能够覆盖全社会，从而使市场流通的行为规范得以统一。进一步讲，只要能真正建立起以行为管理为重心的社会化流通管理体制，政企分开的问题也就能比较顺利地得以解决，从而使流通企业能拥有更大的自主权，在公平竞争的条件下得到健康发展。

（五）广泛采用现代化的流通方式和流通技术，努力提高商品流通的效率和效益

优化商品流通渠道除促使流通渠道有序和规范运行之外，还应努力提高流通渠道现代化的水平。商品流通渠道的现代化，一方面表现为流通方式的多样化和现代化；另一方面则表现为流通技术的先进性和高效性。从流通方式的角度讲，通过发展同市场发展相适应的多种流通业态是现代化的重要表现，如通过建立购物中心、超级市场、连锁商店、自动售货机、商品目录店以及邮购和网络销售等零售业态，增强商品的购买便利性；通过建立配销中心、配送中心、交易市场、商品交易所、会员制批发超市等方式，增强企业的商品分销能力；通过建设流通中心、物流基地等大型商品集散中心，增强商品流通企业的综合服务功能等，都是促使流通方式现代化的重要方面。从流通技术的角度讲，在商品流通活动中引进现代科学技术，提高商品流通的效率和质量，同样是促使商品流通渠道现代化、合理化的重要途径。如广泛利用电子计算机管理商品流通的有关信息，建立起组织商品流通的管理信息系统，是促使商品流通合理化、高效化的重要基础；运用现代运筹学、网络技术等科学原理来规划商品的分销方法和运转途径，也是提高商品流通效率的必要措施。此外，在商场设计、商品储运、商品包装等方面的技术改进，也都会对流通效率的提高带来很大的影响。

因此，在研究中国商品流通渠道的重组时，必须站在面向未来的角度，高起点地加以规划，使新时期的商品流通渠道能接近和达到国际先进水平，以适应中国特色社会主义市场经济发展的客观需要。

（此文发表于《财贸经济》1998年第3期）

新中国商业改革的回顾与展望

商业是以媒介和促进商品交换为基本职能的社会行业,就其本质功能而言,主要是通过一系列的商品交换活动,实现社会资源在各个领域的合理分配,满足人们的消费需要,促进社会经济的健康发展。新中国成立50年来,中国商业根据社会经济环境的发展和变化,经历了由高度集中的计划分配体制向多主体、多渠道、多形式的市场交换体制转变的过程。其每一步的变革都体现了商业对当时的社会经济环境的适应过程。随着中国社会经济环境的进一步发展与变化,商业必将面临新的改革任务。

新中国建立50年来,中国商业的发展与变革大致经历了三个主要阶段:

第一阶段是从新中国成立初期到20世纪70年代末,中国的商业经历了将半殖民地半封建的旧中国商业改造成为社会主义商业,并进而发展成高度集中的计划商业体制的过程。

新中国成立初期,新中国的商业主要通过三方面的途径得以建立:其一,通过对官僚资本主义商业的剥夺。旧中国庞大的、处于垄断地位的官僚资本主义商业被剥夺并向社会主义商业的直接转化,构成了新中国国有商业的雄厚实力基础;其二,通过对民族资本主义商业进行以"赎买"为特征的社会主义改造,使其逐步转化为社会主义的国有商业;其三,通过对以农村小农经济为基础的民间商贸活动的集体化改造,形成了社会主义的合作商业。至20世纪50年代末,随着对私改造的基本结束和农村集体化进程的基本完成,国有和合作商业已经完全控制了中国的商品流通领域,高度集中的计划商业体制基本形成。

在长达30年的计划商业体制时期,商品流通是在单一封闭的系统内运行的。所有的物资和消费品,由国家按照统一的计划实行收购、调拨和销售;商品严格按照一、二、三级批发流通体系实行单渠道的流通;以国有和合作商业为代表的公有制商业成为商品流通领域的唯一主体,商品的市场价格也受到计划的严密控制。

该时期中国经济的基本特征是一种"分配型"经济,商业的主要作用是按计划将相当稀缺的社会资源(包括生产资料和消费品)均衡地分配到社会的各个方面,以维持基本的生产活动和满足基本的消费需求。"发展经济,保障供给"是当时指导商业的基本方针。"分配型"的经济特征,使商业的主要作用是按照计划对社会资源进行一层层的分配。商业在很大程度上受到生产的影响和制约,生产决定流通是一种主要的倾向。

不可否认,在当时短缺经济现象十分严重的情况下,计划商业体制对于保障社会资源的均衡分配,维持占世界1/5人口的中国人的基本生活需求的满足,还是功不可没的。同时,计划商业体制所形成的大规模的商品流通,也使社会流通成本大大降低,流通资源得以充分、合理的运用。这一时期新中国商业建设的主要目标是通过建立集中统一的社会主义计划商业体制,达到稳定市场和稳定经济之目的。这对于刚刚从战争废墟中走出来的新中国来说是十分必要的。

然而,高度集中的计划商业体制同商品交换和流通的市场化要求毕竟是相违背的。首先,其限制了生产者根据市场需求来发展生产的主动性和积极性,从而使生产的发展受到了制约;其次,其不可能形成必要的市场竞争环境,使市场机制无法成为促进和引导企业发展的基本动力;最后,其扼制了消费需求的发展,使需求的规模和种类长期处于一个较低的水平。因此,当进入20世纪60—70年代,生产能力和消费需求都已有了很大提高的情况下,计划商业体制的各种弊端就明显地暴露出来。商业的变革成为势在必行之事。

第二阶段是从20世纪80年代初到90年代初,中国商业进入了计划调节与市场调节相结合的阶段,商品流通开始形成"主体多元化,渠道多元化,形式多样化"的基本格局。

从80年代初开始,为了改变高度集中的计划商业体制给生产、流通和消费的发展形成制约的状况,我国主要采取了以下一些改革措施:

(1)对商品的购销体制进行了大幅度的调整和改革,其主要特征是将原来由国家计划严格控制的"统购统销""统购包销"的商品购销体制,逐步放开,允许生产者在一定范围内将产品自行销售,允许商业部门在一定范围内对商品自由采购。中央计划管理的商品由1978年的391种下降到1993年的9种;计划控制的生产资料由1980年的837种减少到1994年的10种,市场对企业生产经营的调节力度大大增强。

(2)改变了严格按一、二、三级批发流通体系实行商品流通的单渠道流通状况,实行了多渠道的流通,一方面,将原属中央管理的一级采购供应站和省属的二级采购供应站下放到地方管理,减少了商品流通环节;另一方面,积极发展城市贸易中心和农产品集贸市场,实行商品的多渠道流通。至1990年商业部系统所属的贸易中心和批发市场共有 1 424 个,城乡集市贸易共有 72 130 个。成交量达 1 973.6 亿元。同时,工业自行销售的比重也逐步扩大。至 80 年代末,工业自销的比重已占日用工业品销售量的 80% 以上。

(3)对商业企业的管理制度实行全面改革,建立和完善承包经营责任制,并对小型商业企业实行"改、转、租、卖",强化了商业企业独立自主开展经营的能力。至 1990 年,商业企业的承包面达 94%,"改、转、租、卖"的小型商业企业超过 90%,同时,个体和私营商业企业也有了迅速发展。至 1991 年,个体和私营商业从业人员达 34 万,占商业从业人员总数的 51%;零售总额为 1 844 亿元,占社会消费品零售总额的 20% 左右,成为商业的一支重要力量。商品流通领域主体多元化的格局基本形成。

这一阶段,中国商业的改革是在中国经济得到迅速发展、市场供求关系发生重大变化的背景条件下进行的。新中国成立 30 年来,中国工业化程度大大提高,社会物资供应日益丰富,短缺经济的状况已有很大缓和。由于消费水平的提高,消费需求多元化的趋势也开始出现。长期计划经济所造成的单一封闭的生产和商业体制使商品的供应变化跟不上消费需求的变化,供求关系在结构上的矛盾十分突出。因计划商业体制而促成的"官商"作风也使得生产者和消费者难以直接沟通,不少产品因流通渠道不畅而出现滞销和积压。所以,打破高度集中的计划商业体制所造成的单一封闭的流通体系,促使商品流通渠道得以畅通、市场需求信息得以反馈、市场供求关系得以调整便成为十分必要的事情。试图通过商业改革,充分发挥市场调节作用,引导生产结构的合理调整和社会经济的健康发展,是这一时期商业改革的主要动因。

第三阶段是从 20 世纪 90 年代初至今,中国商业真正开始由计划经济走向市场经济,由"分配型"的流通功能转化为"交换型"的流通功能,同社会主义市场经济相适应的商品流通体制开始形成。

自 90 年代以来,特别是邓小平同志南方谈话和中共十四大明确提出建立社会主义市场经济体制的改革目标之后,中国的商业改革也进入一个新的层次。

首先,商业体制进一步向市场化发展。产品从生产企业进入市场的渠道进一步呈多元化的趋势,基本上可归纳为四种类型:一是生产企业自行设立销售机构,形成直接控制的、遍布全国各地的销售网络;二是生产企业通过各种类型的中间商分销其产品;三是生产企业运用各种直接销售方式(如专卖店、邮购、电视直销以及上门推销等)将产品直接卖给消费者;四是通过各类批发交易市场开展商品交易活动,其中特别是批发交易市场的建设对于商业市场化方向的发展具有强大的推动作用。据统计,至 1997 年底,全国已有各类批发市场 10 万多个。1996 年,市场交易额已占社会商品零售总额的 32.8%,年成交额超过 1 亿元的市场有近千家。国家对各类商品流通的计划控制基本上取消,市场调节供求关系的能力大大增强。

其次,商业经营主体进一步多元化,形成了多种所有制并存、共同发展的局面。至 1996 年,在批发、零售和餐饮企业中,除国有和集体企业外,个体企业达 1 638.97 万户,占 88%,其他经济成分的企业达 27.62 万户,占 1.5%;1997 年的社会消费品零售总额中,个体商业占 34.84%,其他非国有和集体商业占 23.86%。商业经营主体多元化的局面已基本形成,尤其是国外商业资本也开始进入中国。至今为止,由国务院直接批准的中外合资与合作的商业企业已有 19 家,由各地方政府批准的中外合作商业企业已有 200 多家。国内市场国际化的局面正在逐步形成。

再次,各种新型的商业业态开始出现,连锁商业得到了迅猛发展。在我国的一些主要城市,超级市场、便利店、货仓式超市、专卖店、邮购、自动售货机等现代化的商业业态都已开始引进,上海等大城市甚至已出现了网络销售和网上商店。自 20 世纪 90 年代初开始发展起来的联销商业发展得也很快。据不完全统计,至 1997 年底,全国已有连锁企业 1 000 多家,拥有门店数 15 000 多家,连锁企业的销售额连续三年递增 40% 以上。

最后,商业企业现代制度的建设步伐加快。全国已有 1 000 多家股份制商业企业,其中有 73 家上市公司,商业政企分离的改革得到进一步的深化,各地区的商业行政管理(厅)局基本撤销,以"控股公司—集团公司—经营公司"为框架的新型管理模式开始形成;小型商业企业逐步以股份合作、个人承包或买断以及租赁经营等方式转变为集体或私人所有。商业企业的经营机制更为灵活。

这一阶段中国的商业改革同 20 世纪 80 年代的商业改革有很大的不同。如果说 80 年代的商业改革是为了适应当时的市场经济形势和商品供求关系的变化,而以疏通渠道为主要目的的改革的话,那么 90 年代新一轮的商业改革则是以建立社会主义市场经济体制为基本指导思想,根据市场经济发展的客观规律而进行的,以建立适应市场经济体制的现代化商业体制为目的的改革。前者的改革是以客观因素的推动为主;后者的改革则是以主观意志的导向为主。这一阶段的改革,从根本上改变了长期以来商业仅是作为国家用于分配社会资源的工具这一地位,而初步形成了商业作为媒介和促进商品交换的行业,通过市场机制的作用,实行社会资源合理配置的社会经济地位。

新中国成立 50 年来,商业的发展与变革是由计划管理体制向市场交换体制转变的过程,商业的地位和作用也由计划分配的工具转变为市场交换的中介。其结果使得商品流通渠道消除了人为的阻隔,而变得十分畅通;市场机制开始对企业产生积极的引导作用；市场开始取代计划在大多数领域承担起对社会资源的配置功能。

然而商业改革的任务是否已经完成，中国目前的商业体制是否已经相当完善，应当说，仍然存在不少问题。

首先，流通领域计划经济的痕迹仍未完全消除，商业企业尚未真正以市场为导向开展经营。尽管商业体制的改革已经使以计划分配为特征的流通转化为以市场交换为特征的流通，但是由于管理体制和管理方式仍未有很大改变，所以商业企业的上级主管部门（乃至政府主管部门）对于商业企业的管理仍保留着明显的计划经济的痕迹。其主要表现为对商业企业的指标考核与行政干预。指标考核，特别是销售指标的考核，往往成为商业企业经营管理活动的重要导向。缺乏市场依据的逐年递增的销售指标，使不少商业企业的经营目标发生偏差。为完成销售指标而不惜微利乃至亏本经营，甚至出现相互转账等弄虚作假的现象，以此反映的市场供求信息当然会出现很大偏差，这样的市场信息不可能对市场供求关系发挥有效的调节作用；从主管部门乃至政府对商业企业直接的行政干预也使企业的不少经营行为实际上是逆市场规律而动的，这样就使得市场合理的交换关系难以真正确立。

其次，缺乏有影响力的市场流通主体，使市场交换行为过于分散，难以准确反映市场供求信息。十多年的商业体制改革，改变了国有商业高度集中的单渠道流通格局，发展成为"百业经商"的多渠道流通格局。而这一改革的另一个极端就是使市场商业行为走向高度分散。过去全国性的大型综合批发企业已不复存在，而被数以万计的小批发商取代。零售商的数额更是与日俱增，最大的商业企业的市场销售份额也不足市场销售总额的3‰，而且众多的商业企业分属不同的行政系统管辖。如此分散的市场交换行为很难准确反映确切的市场信息，从而也就难以起到调节市场供求关系、合理配置社会资源的作用。

再次，地域间的地方保护也使得全面的市场交换关系难以真正形成。我国目前"分灶吃饭"的财政体制在客观上使各地的区域经济处于一种相对分割与封闭的状态，这同市场经济中商品流通建立统一市场的要求是相矛盾的。目前以区域保护为特征的贸易壁垒的存在以及各地政府对于市场交易活动的种种干预，已经使得商业改革所期望形成的全面的市场交换关系变得十分困难。其不仅表现为商品难以以平等的价格水平和条件在区域间实现流通，还表现为在区域保护政策下所形成的大量"三角债"严重阻碍了市场交换活动的正常进行。因此，商业改革面临的重大问题之一就是如何打破区域间的这种贸易壁垒，建立统一的大市场，形成能全面、准确地反映市场供求状况的市场交换关系。

最后，现有的商业法规及市场法规仍很不完善，特别是对于商业企业的经营管理行为往往缺乏特有的政策法规,这使得商业企业的很多特定的经营管理行为实际上很难找到适合的政策法规来加以规范。此外,执法不严的现象导致有法不依的情况普遍存在。对市场的监管往往体现在突击的检查而不是日常的监管上,从而使市场不规范的行为屡禁不止。这些现象最终导致市场竞争环境的不公平。市场规范的不统一导致不同市场主体的交换条件不平等;市场监管的不严格导致假冒伪劣商品泛滥,严重损害了正常的经营企业及消费者的利益;市场法规的不健全使得市场主体的利益得不到应有的保护,交换行为缺乏安全感。

综上所述,我们可以看到,发展市场经济的目的是希望通过市场来实现资源的合理配置。然而市场能否真正地合理配置资源则依赖于能否建立合理的市场交换关系,即合理的商业体制。随着中国特色社会主义经济体制改革的进一步深入,中国的商业体制改革也将面临新的任务。

商业体制进一步改革的重要任务之一是应当建立一批真正独立自主、具有较大经营规模和市场控制能力的、跨区域(甚至是无区域归属关系)的商业企业,使之成为对市场交换关系具有重要影响力的市场交换主体。

把建设这样的商业企业作为商业体制改革的重要任务,原因在于:

(1)企业只有真正能独立自主开展经营活动,才能按照自己的利益目标来分析市场形势,进行经营决策,从而使其交换行为能客观、真实地反映和影响市场供求关系。

(2)只有一批具有相当经营规模的商业企业存在,它们的交换行为才能比较集中地代表市场的现状和发展趋势,也才能对市场供求关系的变化产生有效的影响。

(3)只有建设起跨区域(或无区域)的商业企业,才能从根本上打破因区域经济分割而形成的贸易壁垒,建立全国统一的市场环境,形成全面平等的市场交换关系,真实地反映市场的供求关系,并产生有效的调节作用。

以这样的商业企业作为市场主体,才能形成合理的市场交换关系,才能通过市场的交换活动和流通活动实现社会资源的合理配置。

商业体制进一步改革的重要任务之二是应当有目的地扶植和建设一批能对全社会的交换活动产生指导性影响的中心市场。

这些中心市场建设应当符合以下一些基本要求:(1)能够在产品进入市场的主要环节上集聚起足以对整个市场产生控制性影响的交易量。(2)能够全面、及时地反映全国同类产品的市场价格信息,并以中心市场的价格引导各地区市场的价格。(3)能够对产品的质量等级差异提出客观的评价标准,并在中心市场严格执行这样的标准,使其对整个市场产生具有权威性的指导作用。(4)这样的中心市场不应当是主观意志的产物,而应当是在现有市场中根据发展的成熟程度及各项条件的比较,因势利导,积极扶植,逐步形成。在同类产品中,中心市场不可过多,必须具有集聚性和代表性。

在目前商业体制改革的基础上,进一步建立一批有集聚力和影响力的"中心市场",使无形市场有形化,就能更好地集中反映市场的供求变化及其他有关信息,对市场的交换主体产生有效的影响,以形成市场调节机制,促使通过市场合理配置资源的目标也能够最终实现。

商业改革的重要任务之三是应当改革商业管理体制,健全和完善市场法规,建立公平的市场竞争环境。

商业管理体制改革的主要目标是应当变"主体管理"为"行为管理",即改变目前各商业企业分属各行政管理系统管辖、商业行为无法统一规范的现象,而形成无论哪一系统的企业商业行为都由商业管理职能部门统一管理的方式。换言之,商业管理职能部门管理的并不是商业企业本身,而只是其所进行的商业行为。而无论哪一系统的企业商业行为都必须接受这样的统一管理。这样的改革可以较好地处理主体归属和行为管理两方面的矛盾,既保留了主体的系统属性,又实现了行为的统一规范,从而使市场统一规范成为可能。

我国应当根据市场发展的阶段和目标,进一步建立和完善各项市场法规;应针对商业企业的特定性质,制定出有针对性的政策法规。应当看到,要发展市场经济,商业的健康发展是最为主要的,也是最有影响的,不能再有任何"轻商"的思想与观念,应当深入研究商业现象和商业规律,坚持以合理经商的各项原则为基础制定出促进市场流通健康有序发展的法规与政策,并以强有力的措施保证其得到贯彻和执行。

我国应当坚决打破区域与部门的分割和封锁,在全国范围内建立公平的市场竞争环境;应当通过法规的形式和有效的经济调控手段促使各种保护主义和贸易壁垒最终消除。其中,加快政治体制的改革步伐,促进政企分开,也是从根本上解决区域间不平等竞争状态的重要方面。

(此文发表于《财经研究》1999 年第 11 期)

新一轮流通改革的发展趋势与主要任务

一

中国共产党第十六次全国代表大会的报告指出,要进一步"深化流通体制改革,发展现代流通方式,整顿和规范市场经济秩序,健全现代市场经济的社会信用体系,打破行业垄断和地区封锁,促进商品和生产要素在全国市场自由流动"。这为中国流通领域在新的经济和社会环境下的改革与发展指明了方向。

中国的流通体制改革从 20 世纪 80 年代开始已取得了重大的进展,国有流通系统对商品流通的垄断局面已被打破,多渠道流通的格局已经形成。流通渠道纵向疏通的问题已基本解决;各种流通业态纷纷出现;连锁经营有了很大的发展;城市零售流通的改造日新月异,繁华的市场形态令世人瞩目;流通现代化的水平有很大提高。电子计算机和网络技术已在流通中发挥了重要的支撑作用。然而,必须看到,当前中国的经济与社会环境已经发生了重大的变化,从而对流通的改革与发展提出了更高的要求。

首先,随着中国经济的高速增长,经济发展中的结构性矛盾日益突出。从 90 年代后期开始,市场商品供大于求的现象日趋严重。2001 年,供大于求的商品比重曾一度高达 86.3%,市场需求不旺、销售疲软的情况已持续了很长时间。而流通在调整生产、启动需求方面的作用却很不明显,对经济发展的先导作用尚未形成。

其次,中国已经加入世界贸易组织(WTO),即将面临国外流通企业的直接挑战。然而中国的流通业所呈现出来的"散、乱、差"的现状,使其无论从整体上还是单体上都难以形成同国外流通企业相抗衡的竞争实力。中国的流通资源尚未得到认真的梳理和科学的组合,中国流通业的总体素质有待提高。

再次,20 世纪 90 年代以来以信息技术的发展和应用为代表的新经济的产生和发展,已使社会的生产方式和生活方式发生了根本的变化。这些变化对流通产业的技术革命提出了新的要求。而当前中国流通产业的技术革命尚处于起步阶段,相对于生产和生活领域的发展要求仍处于滞后状态。因此推进中国流通产业的技术革命,提高流通产业的技术含量和现代化水平刻不容缓。

最后,中国由计划经济向市场经济转型的改革日趋深入,市场经济所要求的统一市场和公平竞争的市场环境目前尚未建立。其重要原因就是在流通领域所表现出来的严重的区域分割和市场保护。区域间的贸易障碍使全国统一市场难以形成,从而也阻碍了社会资源的合理配置以及社会生产力的迅速提高。打破区域封锁,建立全国统一市场,不仅是中国流通改革面临的重要任务,也是完善社会主义市场经济体制的重要前提。

这一切意味着在经过 20 年左右的改革历程之后,中国流通体制的改革必将步入一个新的阶段。新一轮的改革将促使中国的流通业进一步向市场化、现代化和国际化迈进。改革将着重于中国统一市场体系的建立和完善,对市场具有重要影响作用的大型流通集团的组建与培育,现代化流通方式和流通技术的引进和创新,流通企业人员素质、经营效益和核心竞争力的改善和提升,以及市场法规体系和管理系统的更新与完善。这一切都是为了促使中国的流通体制能够适应中国市场经济的进一步发展,适应中国市场的进一步向外开放,同时也是为了促使中国的流通资源得到进一步的优化组合和有效利用,促使流通企业的经营效益不断提高。

二

根据新阶段流通体制改革的主要目的和当前中国市场和流通领域所出现的一些新变化,我们认为,新一轮流通体制改革的发展趋势将会主要体现在以下三个方面:

(一)大流通、大市场、大集团将是全国流通体制改革的主要方向

所谓"大流通",实际上有两层含义:一是流通管理上的含义,主要针对计划经济条件下对内贸(流通)、外贸、物资(生产资料)等流通活动在管理上的机械划分,以致流通体制改革以后,各种流通活动在全社会展开,原管理部门无法对其系统外的流通活动实施监控与管理的现象而言的,要求通过新一轮的改革彻底打破系统和部门的界限,实现生产企业和流通企业、内贸企业和外贸企业在流通活动方面的相互融合,根据经济发展和市场满足的需要来组织社会化的大流通,统一监管和协调社会化的大流通。因为只有将社会各方面的流通活动纳入同一个系统之中,统一规划、组织、协调与管理,才能使全社会的流通资源得以合理配置和充分利用,才能从根本上克服市场流通的无序状态。二是流通功能上的含义,必须高度重视流通在社会经济发展中的地位,特别是在买方市场环境下的重要地位,明确现代化的

大流通对生产和消费的促进和引导作用,从根本上改变仅把流通看作产品的销售环节和"重生产,轻流通"的传统观念。通过新一轮的流通体制改革,形成生产、流通、消费之间有效的互动传导机制,使流通真正成为融商流、物流、信息流、资金流于一体的有机系统,在促进经济发展和完善社会主义市场经济体制方面发挥重要作用。目前我国流通产业对国民经济的贡献率不足 9%,而发达国家早在 20 世纪 90 年代中期就已经达到 15% 以上,这说明我国流通产业的发展还不能适应中国经济发展的需要。因此,通过新一轮流通体制的改革,形成社会化的大流通,对于我国国民经济持续健康发展和综合国力的增强也是十分重要的。

所谓"大市场",主要是指新一轮的流通体制改革将把进一步打破地区封锁,消除各种形式的地方保护主义和区域贸易壁垒,形成全国统一市场作为十分重要的目标和任务。目前我国区域市场分割的情况比较严重。据一些经济学家的非官方统计,我国省际贸易占国内零售贸易总额的比例已经从 1985 年的 37% 下降到 2001 年底的 25% 左右;上海市 1997 年实现的商品贸易额为 2 010 亿元,批发额为 1 300 亿元,销往省外的只有 230 亿元,仅占全部批发额的 17.6%。地区间贸易额下降的根本原因在于各地区产业重叠的现象严重,区域间产业发展的结构性矛盾突出。据有关资料反映,在全国 30 个省市地区的中长期产业发展规划中,将汽车作为支柱产业的有 22 个,将现代通信电子产业作为支柱产业的有 24 个,将石油化工产业作为支柱产业的有 23 个,将机械产业作为支柱产业的有 25 个。市场的过度竞争迫使各地实行地方保护主义,相互设置区域贸易壁垒。而区域贸易保护的结果,实际上是限制了资源的优化配置,保护了落后,严重阻碍了国民经济的健康发展。地方保护主义同样反映在流通市场的分割上各地的流通企业也很难实施跨区域的经营与发展,从而使一些优质流通企业的市场规模和企业规模难以迅速扩大,具有国际竞争能力的大型流通集团无法形成。通过新一轮的流通体制改革,希望能最大限度地消除区域间的贸易壁垒,形成全国性的统一市场;同时通过市场机制的作用,促使各地区根据相对优势的原则实现产业结构上的合理分工,实现社会资源的优化配置,培育出一批具有强大实力的跨地区经营和发展的流通企业。

所谓"大集团",是指通过新一轮的流通改革,将形成一批资本规模和销售规模庞大、市场覆盖面广并具有现代化经营管理水平的全国性(而不是区域性)的流通大集团,并以他们为主导来影响全国流通业的发展,规范流通市场,提高流通效率,形成能同国际流通企业相抗衡的竞争实力。我国 20 年的流通体制改革,改变了国有流通高度集中的单渠道流通格局,发展成为"百业经商"的多渠道流通格局。但这一改革的另一个极端就是使市场流通行为走向高度分散。过去全国性的大型综合批发企业已不复存在,而被数以万计的小批发商所取代;最大的流通企业的市场销售份额不足市场销售总额的 3‰。数据显示,2001 年国内最大的零售流通公司的销售收入仅为 Wal-Mart 的 1%。如此显著的差距不仅使我国的流通企业难以同即将进入中国市场的外资流通企业相抗衡,而且由于缺乏能对市场产生重要影响的大型流通集团,在政府对市场的调控能力削弱的情况下,市场流通的无序状况容易得到蔓延。新阶段流通体制改革的重要趋势之一就是要在改革中培育一批规模庞大的流通集团,使之成为市场流通活动的主导力量,成为中国流通业迎接外来流通资本挑战的中流砥柱。

(二)连锁化、网络化、信息化将成为流通现代化的重要标志

2002 年 1 月,国家经贸委在上海召开的全国推进流通现代化工作现场会上提出了把发展连锁经营、物流配送、电子商务作为推进流通现代化的重点,预示着连锁化、网络化和信息化将成为流通现代化的重要标志。

国际先进经验表明,连锁化是成功商品流通企业的重要特征。比如,位居世界 500 强之首的 Wal-Mart 在全球拥有超过 4 000 家的大型门店,年销售额突破 2 189 亿美元;而著名的连锁便利店 7-ELEVEN 则在全球拥有超过 2 万个网点,仅在日本就有超过 8 000 家。高度连锁化能使流通企业充分发挥规模优势,通过统一进货、统一定价、统一促销、统一核算,降低经营成本,提高经营效益。中国的连锁经营始于 20 世纪 90 年代,经过近 10 年的发展,目前已经拥有各类连锁企业 2 100 家,各类连锁店 32 000 余个。连锁经营企业经营业绩十分显著,年销售额增长都在 40%－50%,大大超过社会消费品零售总额的增长幅度,这说明连锁经营已经成为同中国市场环境相适应的一种具有成长性的经营方式,将会在新一轮的流通改革中得到迅速发展。而且,连锁经营的方式将会突破流通零售领域,向服务行业、中介行业甚至教育娱乐等各种行业延伸,成为推动经济与社会发展的重要动力。

网络化的含义是在互联网出现之前早已存在的,主要是指社会商品流通活动中各相关主体之间一种稳定的联系。流通网络的建设和稳定是提高流通效率和控制目标市场的主要途径。在现代市场竞争中,流通网络已成为企业的一种重要资源,因为高效的流通网络能对所有企图进入其所覆盖的市场的企业产生很大的吸引力,从而能成为拥有网络的企业的盈利源泉。目前我国大多数流通企业主要关注其销售额的提高,而不重视网络资源的建设;流通网络覆盖面狭小、效率低下、稳定性很差,这也是为何许多生产企业宁愿自建分销系统的缘故。因此在新一轮的流通改革中,重视流通网络的建设,组织商流、物流、信息流一体化的高效、稳定、覆盖面广的流通网络便是一项十分重要的工作。特别是在加入 WTO 以后,面对流通领域的对外开放,国内流通企业能否抢先控制市场商品流通网络这种稀缺资源,是同国外流通企业争夺市场的关键所在。

推进电子商务、供应链等以信息技术为核心的现代化流通技术的发展以及建设现代化物流系统是推进连锁经营发展和建设高效稳定的流通网络的技术保证，从而也必将成为新一轮流通改革的重要内容。当代成功的流通企业无不拥有最现代化的信息支持系统。早在 1987 年，Wal-Mart 就利用自己建成的世界上最大的私人卫星系统同 3 800 家供货商实现计算机联网，在采购、下订单、自动配送、适时盘存等方面全面实现信息化。而我国流通企业在信息化的进程上处于起步阶段。即使是信息化技术运用得较为普遍的连锁流通，也只是停留在建设内部局域网的阶段，还未能全面实现同自己的所有门店，特别是主要供货商的信息联网，更未能实现同自己的主要客户群体之间的信息沟通；所使用的数据处理软件也相对比较落后。而我国大多数的流通企业仍采用低效的人力处理方式，即使有些企业采用了诸如 POS 系统，其效用也并未能够突破柜台收款机的功能。信息技术的落后将成为流通现代化的重要"瓶颈"，必须在新一轮的流通改革中予以突破。

与国际先进水平相比，我国流通企业的现代化水平还很低，这一差距不仅使我国商品流通效率不高，影响经济发展，而且将直接影响我国流通企业的市场竞争力。在加入 WTO 后国内市场国际化的程度日益提高的情况下，我国的流通企业只有急起直追，迅速提高流通现代化水平，才能确保在未来的市场竞争中立于不败之地。而大力发展连锁化、网络化和信息化则是加快我国流通现代化进程的必由之路。

(三)提高素质、规范市场、优化管理将成为流通国际化的基本保证

加入 WTO 以后，中国国内市场国际化的趋势将日益明显，中国流通领域的国际化水准必须迅速提高。而由于经济发展的滞后、长期的市场封闭和对流通产业发展的不重视，中国的流通企业和流通市场距国际化的水准还相差甚远，主要表现在流通企业的经营管理水平落后，人力资源素质较差；市场流通秩序不规范，流通诚信程度不高；流通管理体制不顺，流通发展规划失控等方面。这些情况都会影响中国商品流通领域的对外开放，不仅会使我国的流通企业处于不利的市场竞争地位，而且也会因市场环境的影响而使国外的投资者对中国流通市场望而生畏。因此，只有通过新一轮的流通改革，提高流通企业素质，规范流通市场，优化流通管理，才能使中国的流通业真正与国际接轨，在国际化的市场环境中健康发展。

外资流通企业非常重视人才的选拔和培养，它们往往通过市场机制，以高薪、个性化培训以及诱人的职业生涯设计吸引人才。除了每年在高校招收有潜力的毕业生给予系统培训和内部提升外，许多外企还惯于从行业对手处高薪挖走有丰富经验的从业人员。而国内的流通企业除了受到自身经济条件约束难以对人才形成强大的吸引力外，企业缺乏必要的人力资源管理规划、缺乏市场化的人才选聘机制以及缺乏富有向心力的企业文化等都是其普遍的症状。同时,外资流通企业不仅在市场经济条件下经营了上百年,而且早已完成了流通革命,实现了流通现代化,形成了一套先进的管理理念、现代的营销思想、长远的发展目标以及高效完善的管理组织和运作体系。与此相比,多数国内流通企业正值转型时期,绝大多数企业仍沿用传统的经营方式,经营仍以经验为主,管理粗放,表现出劳动密集型的产业特征。因此中国的流通企业必须认真研究和学习国外流通企业的经验,在人才吸引和培养上加大投入,注重现代化经营管理思想的建立和企业文化的建设,不断提高干部和员工的敬业精神和诚信理念,从根本上建立提高企业素质的基础。

正如一些经济专家所分析的,良好的市场秩序是市场配置资源效率和质量的有效保证,市场秩序混乱有可能使多年的发展成果毁于一旦。规范市场秩序的目的就在于降低交易成本,实现资源配置的最优化、有序化和高效化。如前所述,中国前20年的流通体制改革,完成了由计划经济向市场经济的转型,但由于缺乏对市场有影响和控制能力的大型流通企业,市场的法规体系又很不健全,在政府的计划调控减弱以后,市场因调控主体的“缺位”而出现了无序的现象。流通信用下降,假冒伪劣产品盛行,恶性竞争加剧,国家、企业和消费者的利益因此而遭受很大损失。市场秩序的混乱也使得投资风险增大,从而使一些外资企业不敢轻易进入中国市场。所以在新一轮的流通改革中,整顿市场秩序、完善市场法规、强化市场管理、建立诚信意识必然会成为流通体制改革的重要任务。

而要优化市场环境,加强对市场的有效调控,必然会涉及政府对流通管理体制和方式的改革。这一改革在市场经济体制还不完善的情况下是一个渐进的过程,随着流通体制改革的深入必将逐步完善。在新一轮流通体制改革的过程中,认真探索如何在政企分离的状态下继续履行政府对市场流通的宏观调控和监管职能,如何消除地方保护和区域封锁,如何充分发挥行业协会的作用等,政府在市场经济条件下的管理体制和管理方式将会变得更加成熟、更加完善。

三

根据以上发展趋势,笔者认为,中国流通业的改革与发展将面临以下一些重要任务:

(一)整合流通资源,打造“航空母舰”

中国流通业能否在加入WTO之后有进一步的发展,以形成同国外流通“巨鳄”的抗衡能力,关键在于能否形成大规模、高品质和有影响力的流通“航空母舰”,因为在市场经济条件下,实力是最说明问题的。目前,国内一些主要省市已经开始进行流通企业的资产重组,一些规模庞大的流通集团正在形成,但是在做法上仍很难突破地区与部门的界限,并主要采用行政划拨的方式,从而难以形成真正具有实力和影响力的全国性流通企业集团。

在组建流通企业"航空母舰"的做法上,笔者有以下一些建议:

1. 梳理资源,集中精华

各地必须对现有的流通资源进行一次梳理(梳理的范围不应局限于原国有流通系统,而应当是全社会),并对现有资源进行鉴别分类,从中发现最具有成长性的优质资源,通过国有资产划拨、股权转让或联合兼并等方式将其在一定程度上集中起来,形成组建流通企业"航空母舰"的核心资源。

2. 突出优势,营造概念

做大做强流通企业必然要通过吸纳更多的经营资本以达到扩张之目的,而其他资本能够投入的前提则是企业的业务性质及其成长性。因此在整合了优质核心资源之后,企业应当根据这些优质资源的性质和特征,分别对其核心业务进行定位,并形成具有市场号召力的核心概念(例如,可分别按行业优势、领先业态或品牌影响力等来确定其核心概念)。

3. 吸纳资本,调整产权

在拥有概念明确的核心资源的基础上,广泛吸纳社会各方面的资本(包括海外、国外甚至是国内外自然人的资本),迅速扩大资本规模,并形成多元化的产权结构(在新组建的大型流通集团中,国有资本的比重建议最好在30%左右,最多不超过50%)。

4. 越界联合,扩大市场

流通企业的"航空母舰"是不可能仅在一个地区内形成的,因此跨越地区界线的联合与兼并是必然趋势。各地的主要流通企业应当在全国范围内寻找优质的流通企业、市场网络或著名品牌等资源,通过投资、控股、参股、合资或合作等方式实现跨区域的联合,才能真正组成资本实力雄厚、核心优势明显、市场覆盖面广、经营规模庞大的全国性的流通企业集团,真正形成与国际跨国流通集团相抗衡的竞争实力。

通过资本运作的手段组建大型流通企业集团,必须在市场融资渠道上得到充分的支持,应设法引进和建立针对流通行业的风险投资基金,以支持投资回收期较长、受市场变化影响较大的基础性流通项目的建设;继续利用好国内外的证券市场,探索利用企业债券、企业可转换债券等为企业融入新的资金;建立和完善流通企业的信用制度,发展流通企业的商业票据,增加流通企业的短期融资能力和信用支付能力,提高流通企业的资金使用效率。

(二)开展流通革命,更新流通业态

尽管从20世纪90年代以来流通业态已经有了令人瞩目的变化和发展,但是必须看到,流通业态的创新主要集中在零售领域,批发流通并未得到有效的更新与发展;零售业态的发展也主要表现为外延的扩展,而缺乏对传统业态的清理和改造。所以说,已有流通业态方面发展,还只能说是一种探索性的、补充性的发展。在新一轮的流通改革中,我国则应当在已有的基础上进行一次真正的"革命",建立能适应发展了的市场要求的、与国际流通业的发展趋势相接轨的新型流通业态。

1. 集"三流"于一体,改造传统批发

在批发领域首先要积极发展集商流、物流、信息流功能于一体,并拥有稳定的市场分销网络的综合性、多功能的现代批发企业,特别是在原材料、能源、医药、日用百货、文化用品等市场分销面广、周转频率高、品牌繁杂的商品领域中,更应当积极发挥批发企业的功能。实际上,上海等大城市的一些原有的批发企业(如烟糖、医药、物资、农资等),现在仍在开展行业内的批发业务,并拥有一定的网络和市场,应当对它们进行认真的改造。通过经营观念的转变、经营功能的增强、经营业务的扩展和技术水平的提高,改造为现代化的、多功能的批发企业集团,形成强大的市场竞争能力,甚至可考虑引进外资或私人资本对这些批发企业实行重组,以提高其经营活力。

2. 以市场为导向,创新批发业态

实际上国外在批发领域同样存在着各种不同业态,它们都是根据商品和市场的不同特点而形成的。在国内市场已发生重大变化的情况下,批发业态的创新应成为新一轮流通改革的重要内容。如对于国内外著名的品牌商品,应当积极发展以总代理或区域代理为主的批发形式;对于主要依托广大中小零售企业分销的商品,则可发展仓储式批发、货车流动批发以及由批发企业牵头的"加盟连锁,统一配送"等批发形式;应在一些市场竞价效应比较明显的商品中,试行建立带有拍卖竞价性质的批发交易市场;积极推进佣金代理和流通经纪人的发展,在政策环境上为流通经纪业的发展(特别是私营经纪商的发展)创造有利条件,同时制定相应法规予以控制和引导;应在"活跃市场,规范市场,提高效率,降低成本"的原则指导下,促使各种新型的批发业态发展。

3. 以适应为原则,调整零售格局

前十多年,零售业的发展和创新是十分迅猛的,目前应当是进入了成熟和调整阶段。政府有关部门应当对零售业的发展切实承担起科学规划和有效控制的职能,要注意总体规模和业态结构同市场需求方面的适应性,不能不顾市场的适应能力,盲目扩张,以导致资源的浪费和经营效益的下降。在新一轮的改造中我国必须做到有增有减,在发展新型业态的同时要淘汰陈旧的流通业态;对同市场发展不相适应的流通企业要坚决关闭或改造,从而为新型的流通业态腾出市场空间;应当根据零售业态的生命周期规律和经济发展状况,有意识地扶植和推进购物中心、大卖场、便利店、品牌专卖店、专业超市、主题商店以及网上销售等新型零售业态的发展,而对于传统百货、综合商店等夕阳业态要进行控制和调整。

(三)稳步发展连锁,建立规范模式

中国的连锁经营自 20 世纪 90 年代以来得到了迅猛的发展。毫无疑问,在新一轮的流通改造中,这种有助于渠道优化的现代经营管理方式仍然应当得到推进和发展。但是必须看到,在连锁经营高速发展过程中所产生的一些矛盾,已经对连锁经营的进一步发展产生了不可忽视的影响。如资金和管理人员的短缺、配送能力发展的滞后以及统一经营方式和市场差异性的矛盾,有些已经造成连锁公司管理的失控和经营效益下降。因此在连锁经营的进一步发展中,我国应当把调整和规范放到比发展速度更重要的位置。

1. 总结经验,形成规范模式

各大连锁公司应当对已有的发展经验进行认真总结,并对照国外著名连锁经营企业的经验,发现自身的问题;着重在建立连锁经营的规范模式方面下功夫,应当根据企业和市场的特点,在总结经验的基础上形成相对稳定的经营管理模式,并将其分解为各个层次的岗位职责,形成企业的"内部法律"。这种经营管理的规范模式将成为连锁企业实施管理与控制的基本依据,也是提高企业经营效益的基本保证。从国外连锁企业的经验来看,建立规范模式是其在全球大规模扩张中仍然能实施有效控制和保持经营特色的秘诀。我国的连锁企业应当努力做到这一点。

2. 信息支撑,完善供配系统

连锁经营的进一步发展,还应当得到现代信息技术的支撑,应进一步提高连锁企业信息化管理的水平,并积极发展同供货单位的信息联网,发展自动订货和快速供应系统,建立起完善的供应链;积极利用第三方物流,调动各种外部资源,克服连锁经营快速发展中的资源短缺现象;应积极开发和引进连锁流通的先进技术设备,在分拣设备、配送笼车、多功能货架以及各种适应于超市使用的商品包装方面进行大规模的更新,提高连锁企业的现代化程度。

3. 行业扩展,推进连锁发展

连锁经营还将在行业扩展方面有所突破,在目前已有数十个行业开展连锁经营的基础上,将连锁经营的方式进一步向各行各业扩展,并结合各行业不同的情况进一步创造经验,推动连锁经营的全方位发展。

(四)积极发展物流,重视系统建设

现代物流业的发展对新一轮流通改革必将产生重要的影响。这不仅是由于物流在实现流通功能、提高流通效率方面起着关键的作用,而且由于相对经济发展和

流通发展的速度来讲,物流的发展是十分滞后的,从某种程度来讲,其已经成为我国提高流通效率的一个"瓶颈"。目前我国物流发展的主要问题是系统化、现代化的程度不高,物流活动仍主要表现为企业自身经营活动的组成部分,没有构成全社会的高效物流网络系统;物流资源十分分散,未能得到很好的整合与利用。因此,在新一轮的流通改革中,我国应当从以下几个方面去推进物流系统的建设与发展。

1. 找准功能定位,发展口岸物流

上海等大城市、大港口要发挥自身优势,建设国际物流中心,必须大力发展口岸物流,借助海、陆、空口岸优势,以口岸先进的软硬件设施、设备为依托,强化口岸周边物流辐射功能,突出口岸集货、存货、配货特长,以口岸进出口贸易和转口贸易为产业基础支撑,以现代信息技术为产业技术支撑,以优化物流资源整合为目标,充分发挥城市物流的集疏能力;要逐步完善同国际主要运输网络的快速衔接,积极发展各种形式的多式联运,还必须大力发展转口物流和转口贸易,为此必须扩大保税区的范围,甚至建立"准自由港"的政策,以吸收周边国家和地区的中转物流货源,提高我国大城市和大港口物流中心的能级。

2. 积极组建引进,培育物流巨人

同培育和发展大型流通企业集团一样,也应积极培育和发展现代化的大型物流企业。大型物流企业的组建和发展,也应当通过利用现有资源、开展资本运作、吸引外来资本、整合社会资源的方式进行。其中特别应注意打破部门、系统和地区的分隔,组建跨系统、跨部门和跨地区的物流企业,以集中各方面的功能优势,形成具有竞争力的物流巨人;应鼓励和支持国内物流企业与国际一流物流企业建立战略联盟,包括直接引进一些国际著名的物流企业,以迅速提高我国的物流水平。与国际著名物流企业相比较,我国物流企业的差距不仅表现在物流的技术方面,还表现在诸如管理理念、营销手段、服务质量等各方面的差异。这些差距在短期内是难以消除的。只有同他们开展各种形式的联合,利用目前所掌握的市场资源,在短期内学习先进的技术管理经验,才能不断缩小差距,形成既大又强的物流巨人。

3. 建立信息平台,发展共享物流

要充分利用社会运输与仓储设备,建设具有共享效应的第三方物流系统。第三方物流的出现是社会分工和专业化的必然结果,能发挥整合效应和规模效益,最大限度地降低流通费用。政府在制定物流产业政策时应给予第三方物流极大的关注,实行必要的扶持政策。而要充分发挥第三方物流的效应,完善社会物流的共享配套功能,必须建立"公共物流信息平台",使全社会的物流供需双方能最大限度地进行信息沟通,实现资源共享。通过"公共物流信息平台",将来能做到请求第三方物流服务,就像叫出租车一样方便,从而使社会物流资源能得到充分利用,企业自有物流的投资得到大幅度削减,物流的效益水平大大提高。

4. 认真规划布局,建立物流园区

要在认真考察和科学论证的基础上,用"政府搭台,企业唱戏"的方式建设若干现代化的物流园区。这些物流园区应具有完备的物流基础设施、配套服务设施和信息控制系统,并同对内对外的交通网络相衔接。以完备的服务、先进的设施和优惠政策吸引大型物流企业以及连锁企业的配送中心进驻园区,从而使城市的物流布局趋于科学、合理,社会物流的总体成本得以下降。

(五)改革管理体制,实施行为管理

在新一轮的流通改革中,我国必须改变流通领域多头管理、无序发展的状况,建立起真正覆盖全社会的流通管理体制,以有效地对流通行为实施宏观调控,最大限度地克服流通活动中的无序状态,降低社会流通成本,提高流通效益,保护企业和消费者的利益。

1. 变"主体管理"为"行为管理"

从一些发达国家的经验来看,在市场经济条件下,要使政府管理效力社会化,首先应当是政府管理职能的专门化,即各政府部门的管理职能只是针对某一种特定的社会行为的(如生产行为、流通行为、传播行为、消费行为等),而不是针对具有多种行为的社会主体的。但在我国,由于计划经济对企业进行了严格的行业分工,所以原有的政府管理部门都是对行业内的企业实施管理的。于是直到现在,政府管理部门的管理对象仍然有系统内和系统外之说。由于系统外的企业有其自身的政府管理部门对其实施管理,所以某一政府部门的管理效力就不可能覆盖全社会。因此,流通管理体制的改革目标应当是逐步弱化以主体管理为特征的系统管理,而逐步强化以行为管理为特征的社会管理。这就要求政府流通管理部门在行政关系上同原系统内的企业完全脱钩,对原系统内和系统外的流通企业都必须依据统一的法规政策来实施管理,一视同仁。当然这种管理体制改革必须是政府各部门同步进行的,这样才能使各类流通企业的流通行为都纳入政府流通管理部门的管理范围。

2. 变直接干预为间接引导

政府对流通行为的管理内容也应当进行调整,必须尽量减少对企业行为的直接干预。其管理方式应主要体现在对流通发展的宏观规划上;运用各种政策来调节市场利益关系,以引导企业按规划的目标实施其行为;为符合发展目标的企业行为提供各种配套服务;对违反政府法规和市场规则的企业行为进行限制和惩治。

3. 充分发挥行业协会的作用

在流通管理体制的改革中,我国应十分重视发挥行业协会的作用,强化行业协会在流通管理中的作用。通过行业协会制定行业自律规则,保护正当经营、制止不正当的经营行为;进行行业内的互助与协作;协调行业利益与社会利益的矛盾,在经济发展总体规划的指导下制定并实施行业发展规划;并做好行业内的统计,进行行业内外信息交流与沟通。以行业协会为中介和载体,就可以比较顺利地实现政府管理职能与管理方式的转变。

(六)加强理论研究,提高人才素质

流通业的发展需要科学的理论来指导,需要大量的人才来实现。理论研究与人才培养对于加快流通业现代化进程具有极其重要的意义。

1. 加强流通理论研究

加强流通业发展理论的研究,首先要从理论上阐明现代流通业的地位和作用以指导发展。要加强流通业价值创造的研究,阐明流通业在整个产业结构中的地位与作用。流通业作为服务业的重要组成部分,无论从功能上还是从价值创造上来说,都应该成为我国的支柱产业之一;要加强流通业行业自身规律的研究,阐明流通业与国民经济发展的互为相关的规律以及流通业自身的发展周期性规律;要加强流通企业的发展研究,阐明流通企业的业态变化与创新、流通企业的核心技术以及高科技在流通企业的运用等。

2. 加速中高级流通人才培养

我国流通业从业人员的总体素质无论是学历还是其他方面都不适应现代流通业的发展,特别是中高级专业人才缺乏。发展流通业需要培养大量的中高级专业人才,包括理论研究和从事实务的人才。然而,目前国内从事流通业研究的专家学者和研究机构较少,高等院校中也只有极个别的院校设有流通专业,因此,要鼓励和引导专家学者,特别是国内知名的专家学者开展流通业的专题研究;利用国际资源,合作成立专门的流通行业研究机构和咨询公司;在全国的著名院校中增设流通专业,并对现有人才进行多种形式的培训和提升,以满足新一轮流通发展的需要。

(七)加速产权改革,推进流通发展

流通产业是一个高度竞争的产业,国有资本的比重过高必然会限制企业的市场活力,也难以形成真正具有竞争力的流通主体。因此,在进一步的改革中,除了进一步放开中小流通企业的产权外,我国应考虑进一步放开大型国有流通企业(包括上市公司)的产权,吸引国外资本和民营资本进入,并制定相关政策予以鼓励和支持;要使绝大多数的大型流通企业实现真正意义上的混合所有制,加强董事会对经理层的指导和制约作用,弱化各级政府对企业的直接干预。从一定的意义上讲,流通主体的变革是新一轮流通改革成功与否的关键。

(此文发表于《产业经济研究》2003 年第 3 期)

深化流通改革的目标是提高社会流通效率

在三十年改革开放的历程中,中国商品流通体制发生了深刻的变化。从以国有垄断为特征的计划型批发流通体系的解体到多渠道商品流通体系的形成;从国有资本从中小流通企业退出到大型商品流通企业集团的建立;从路边集市贸易的出现到大型批发交易市场的发展;从城市百货商店的改造到各种现代化零售业态的导入;从少数中外合资商业企业的出现到商品流通领域全面对外开放,一系列重大的改革举措使中国的商品流通活动基本上摆脱了计划经济体制的桎梏,开始走上市场经济的轨道。中国商品流通体制的变革充分印证了中国的经济运行已经由"分配型"模式转向"交换型"模式,从主要依靠政府的行政手段,以国有商业系统为载体,来配置社会资源和物资,转换为主要依靠市场机制的作用,通过各市场主体间的交换活动,来配置社会资源和物资。

然而,中国三十年改革历程所面对的历史条件和环境条件同西方国家市场经济形成过程中的历史条件和环境条件是有着很大区别的:首先,西方国家的市场经济发展初期主要是通过大量中小企业的竞争、淘汰、兼并、重组,促使资本高度集聚,逐步发展为目前以寡头竞争为基本特征的市场经济体制格局的。而中国在计划经济阶段已经出现了高度的国有垄断状态,资本高度集聚,改革恰恰是要打破垄断,让一部分资本由集聚走向分散,让其重新通过市场竞争的洗礼来实施重组。其次,西方国家从其市场经济发展的初期就已经是相当的国际化,企业的国际融合度相当高,国家经济体制的国际适应性也相当强,而中国由于长期的闭关自守,无论是从企业还是从国家的角度来讲,体制与机制方面的国际适应能力都还比较差。最后,西方国家的市场经济发展过程是与其工业化发展过程同步的,对一个国家而言,城乡和区域间的差距并不大,经济结构比较单一,而中国工业化过程中却存在着严重的城乡和区域发展上的不平衡,经济结构存在"二元化"的特征。正由于存在着这样一些同西方市场经济发展历程所不同的历史条件和环境条件,中国的商品流通体制改革同其他改革一样,必然要经历"破旧"与"立新"两个不同的阶段,即首先要通过改革彻底打破计划经济的商品流通体制,然后还要通过改革来建立适应于现代市场化、国际化环境的新型商品流通体制。从这个意义上讲,中国的商品流通体制改革仍需进一步深化,任重而道远。

实践证明,在计划经济条件下的商品流通体制在改革中逐步消除的同时,一些影响社会商品流通效率、影响市场秩序甚至影响消费者利益的负面效应也开始出现。如流通渠道的分散导致流通规模的缩小,从而使社会流通成本明显提高;缺乏具有国际竞争能力的大型流通企业集团,面对国外跨国流通企业的大举进入,国内流通企业的市场控制能力越来越弱;市场法规尚不健全,市场监管执法体系尚不完善,导致损害消费者、企业和国家利益的流通行为不断出现;由计划经济所导致的政企不分现象在流通领域仍是难以消除的顽症,由此产生的重复投资、过度发展以及区域保护、市场分割的弊端屡见不鲜。所以在三十年的商品流通体制改革已使"破旧"的目标基本实现的情况下,下一步深化流通体制改革的主要目标应当是"立新",即促使符合中国市场经济特征的流通体制和市场秩序得以逐步完善,而具体目标应当是促使社会商品流通效率的进一步提高,为此,应当在以下几个方面进行努力:

(1)呼吁全社会高度重视商品流通产业在国民经济发展中的重要地位和作用,重视商品流通体制改革的重要性和影响力,特别要纠正那些忽视和淡化商品流通产业(如将其笼而统之归入"服务业")与流通改革的思潮和做法;要在新闻舆论、政策法规以及管理机构等方面重新确立商品流通产业的应有地位。

(2)在商品流通主体的改革与重组中坚持"抓大扶小"的基本战略方针。重点抓住具有国际竞争能力的大型流通企业集团的组建和发展,特别要推进跨区域的全国性流通集团的组建和发展,使其成为对国内市场具有强大影响力和控制力的商品流通主体,进而扩大流通规模,促使社会流通成本下降;同时,建立一套全面而有效的社会扶助体系,对已经民营化的大量中小流通企业予以扶助,从各方面支持和规范它们的发展,从而在全社会形成科学、合理的商品流通组织结构,提高社会商品流通效率。

(3)进一步加强在商品流通领域的法规建设,深化细化流通法规与政策,增加相关法规的覆盖面、针对性与时效性。要十分重视相应的执法、司法体系的建设,切实保证执法必严、违法必究,逐步杜绝各种严重损害消费者、企业与国家利益的不法流通行为,建立和维护健康正常的市场流通秩序;同时要充分发挥行业协会的自律作用和群体制约力量,从商业伦理层面上提高各流通主体的行为自律意识和增加相互监督机制,形成全方位的市场秩序维护体系。

(4)进一步强调"政企分开",停止政府对商品流通企业经营行为的直接干预,特别要消除有可能形成地方保护和市场分割的政府干预行为。具体做法上可以由中央出面要求各地政府清理和废除有可能形成地方保护现象的相关法规政策;同时通过立法的方式来调整各地区的利益关系,最大限度地限制各地政府部门不恰当的行政干预行为。

(此文发表于《上海商业》2008 年第 11 期)

对中国商品流通体制重大变革的评价与思考

中国的经济改革已经走过了三十年的历程,作为国民经济运行重要经济部门之一的商品流通领域也发生了深刻的变化。回顾中国商品流通体制的改革历程,大大小小的改革不胜枚举。然而从市场的角度看,其中"里程碑"式的、具有重大影响的变革无非有这样几个方面:一是国有垄断批发体系的解体;二是大型批发交易市场的兴起;三是国有商业资本的重组;四是国外商业资本的进入;五是城市零售商业形态的变革。这些方面的改革实现了中国商品流通由计划经济向市场经济的转轨,促进了商品流通领域的现代化建设,适应了中国总体经济改革与发展的步伐,并从市场的角度引导和促进了中国经济体制改革的不断深化。然而,从三十年的改革历程中我们也清醒地看到,每一项改革虽然都有其历史的必然和显著的成效,但也不可避免地会存在或产生一些负面效应。正视这些负面效应的存在,将有利于促进改革的进一步深化,促使中国的商品流通体制进一步与时俱进,不断完善。

一、关于国有垄断批发体系的解体

以"三级批发"、单渠道流通为特征的国有垄断型批发体系的解体可以说是中国商品流通体制改革的一项重大突破,也是中国商品流通开始由"分配型"的计划经济模式走向"交换型"的市场经济模式的一个重要标志。

在中华人民共和国成立后的初始时期,在短缺经济现象十分严重的情况下,国有垄断批发体系的存在和运行,对于保障社会资源的均衡分配,维持占世界 1/5 人口的中国人的基本生活需求的满足,稳定市场和稳定经济,还是十分必要的。同时,计划流通体制所形成的大规模的商品流通,也使社会商品流通成本得以大大降低,社会流通资源得以充分合理的运用。然而,进入二十世纪六七十年代,在生产能力和消费需求都已有了很大提高和发展的情况下,计划流通体制的各种弊端就明显地暴露出来了。中国商品流通体制的变革势在必行。由于国有垄断型的批发体系是计划流通体制的核心,所以商品流通体制的改革必然要从改革批发流通体制入手。从 20 世纪 80 年代初开始对国有垄断批发体系所进行的改革,打破了计划流通体制形成的单一封闭的商品流通方式,促使流通渠道得以畅通、市场需求信息得以反馈、市场供求关系得以调整,从而使市场调节机制能够真正发挥作用,引导生产结构的合理调整和经济社会的健康发展,同时也促使中国总体经济改革的顺利进行。

然而,国有垄断批发体系解体以后,各系统各行业为了加强自控能力、抢占市场份额,纷纷自辟渠道进行商品流通和销售。流通渠道的分散化势必造成商品流通规模大大缩小,从而造成流通成本的普遍上升。据有些行业统计,单位商品的流通费用增加了一倍,甚至一倍以上,从而造成流通效率的下降。特别是商品的物流成本,在原来的中央采购供应站(一级站)仅占销售额的百分之十几,而现在在一些行业中要高达百分之三四十。以上海为例,1991 年的商品销售利润率为 3.51%,1996 年已下降为 1.28%。特别是五金交电行业,原来是利润较大的一个行业,而1996 年的销售利润率已下降为 0.43%。[①] 当然这里还有一些别的因素,但商品流通规模的缩小,形不成合理的规模效应,不能说不是重要原因之一;流通体制改革以后,有大量的投资者进入流通领域,谋求在这一领域中获利。这些以谋利为主要目的的流通企业,往往并不是以加速商品周转、降低流通费用为己任,而是采用囤积紧俏物资、进行转手倒卖的方法谋取高额利润。其结果往往是造成一些重要的商品和物资在流通领域反复周转,多次倒手,价格叠加,不仅损害了消费者的利益,也使市场的供求信息得不到正确的反应。流通企业的市场化强化了其经济效益取向,这也为一些商品质量低劣的制造商创造了机会。他们利用其生产成本低、利润空间大的优势大肆进行商业贿赂,使得一部分流通企业在采购环节上"舍优取劣",形成了优质产品竞争不过劣质产品的不正常现象。

这些因计划流通体制的改革而产生的一些负面效应虽然并不能否定改革促使社会商品流通更为通畅、更为合理这一主要成效,但也是需要我们加以关注的,因为它们同样对社会商品流通效率的提高、居民消费需求的满足以及市场公平竞争秩序的维护产生着很大的影响,必须通过商品流通体制改革的进一步深化逐步予以消除。

二、关于批发交易市场的发展

批发交易市场是一种以现货批发交易为主的有形市场,20 世纪 80 年代初开始在我国沿海的一些省份出现,并在 80 年代后期得到了迅猛发展,至 1990 年商业

---

①   晁钢令:《从"疏通"走向"优化"》,《财贸经济》,1998 年第 3 期。

部系统所属的贸易中心和批发市场就有 1 424 个。这种商品流通形式是在中国计划经济时期从未出现过的,因为覆盖全国各个区域和行业的商品资源严格分配计划,形成了一种几乎是固定不变的市场交换关系。商品资源只要沿着这种固定不变的渠道在各个企业、部门直至消费者之间流通就行了,并不需要在一种有形市场中进行。但是这种僵化不变的计划流通体制是难以同不断发展变化的市场需求相适应的。20 世纪 80 年代以来所出现的批发交易市场,在其初始阶段实际上就是游离于计划流通体制之外的那部分商品为寻求其市场出路而形成的。如大量乡镇企业的产品由于难以进入计划流通体系而被迫自寻销路,在一定区域内集聚而形成了交易市场;计划流通渠道难以渗透和覆盖的地区,由长途贩运的中间商集聚起来而形成了交易市场;此外,还有由于计划调拨体制的放开,各地物资部门为实现计划外生产资料的调剂和流通所开设的交易市场;等等。而正由于这些初级状态的批发交易市场真正符合供需双方的需求、符合市场交换的客观规律,因此发展十分迅速。至 2000 年,全国已有各类批发交易市场 5 万多个,营业面积达 3.3 亿平方米,全年的交易额高达 2 万多亿元。其中,年成交额在 50 亿元以上的批发交易市场有 26 个,成交额在 100 亿元以上的也有 10 多个。①

批发交易市场的兴起使我国多元化的商品流通渠道变得更加丰富、更加活跃,推动了全国各地商品物资的交流,特别是活跃了城乡之间的商品交流。但是批发交易市场的发展过程中也同样产生了一定的负面效应:一是由于批发交易市场的经营形式是以市场建设者收取场租费、商品经营者自主经营为主,所以在市场监管不严的情况下,一些批发交易市场就很可能成为假冒伪劣产品的销售通道,甚至成为走私贩私的理想场所;二是由于批发交易市场基本上是交易双方自由交易、自由砍价的场所,交易对象的流动性大,商品价格的浮动性也很大,这样就往往会对某些区域市场同一商品的统一价格形成冲击,使商品生产企业难以对市场的供应量及其价格体系的有序性实施有效控制,甚至有可能影响其分销系统的稳定性;三是由于批发交易市场的交易方式比较灵活,有时很难对其实施全程监控,这就为逃税漏税等不法行为留下了空间。

由于批发交易市场发展中所存在的这些负面效应,学术界和管理层的一些人都曾经提出过要对批发交易市场的发展加以限制,甚至逐步取消的意见。笔者认为,从根本上讲,批发交易市场的兴起与发展应当是有其时代的适应性和必要性的,总体上是利大于弊的。首先,除一部分大型生产企业有可能建立起自己稳定的市场分销网络外,大部分中小企业仍然会主要通过批发交易市场或中间商网络来

---

①　晁钢令:《论有形市场在推动经济发展中的重要作用》,《学习与实践》,2000 年 12 月。

销售自己的产品。特别对于那些产品结构和生产周期很不稳定的企业来讲(今后大量出现的私营企业中相当部分会是这样的类型),批发交易市场将可能成为它们主要的商品分销渠道。其次,相当部分购买者仍有现场接触产品、直接比较挑选的习惯与需求。特别对于那些规范性不强的商品(质量不稳定、型号不统一、规格不一致),顾客更希望进行现场选购。所以在农副产品、流行服饰、小商品以及艺术品等领域,批发交易市场仍有长期存在之必要。最后,通过批发交易市场、交易所、交易中心等有形市场的形式对某一类商品的市场供求信息加以集中反映,就能使无形市场中过于分散的市场信息适当地予以集中,使之趋于"有形化",从而就能增加市场交换关系的透明度,发挥价格指导作用,对整个市场的商品供求关系实施有效调节,促进市场资源的合理配置。所以对大量存在的批发交易市场应当采取梳理、整顿、规范、提升的方针,特别是要重点扶持发展一批能在一定的领域内对全社会的商品交换活动产生示范和指导作用的中心市场。

三、关于国有商业资本的重组

商品流通市场的变化必然促使商品流通组织也要发生相应的变化。商品流通渠道的多元化打破了国有商业企业一统天下的局面,也就必然地对国有商业资本的存在和运作方式提出了挑战。为使流通组织与流通市场的发展能够一致,我国从 20 世纪 80 年代中期就开始了对国有商业资本的调整与重组工作。

1984 年,中国共产党十二届三中全会对国有企业提出了"所有权与经营权分离"的改革原则,拉开了资产重组的序幕。1987 年 10 月,党的十三大报告明确提出,小型国有企业(当然包括商业企业)产权可以有偿转让给集体或个人。之后,又有多项文件对国有企业(特别是小型国有企业)的资产重组问题做了更为细致的规定,全国包括国有商业企业在内的国有资产重组活动进入了高潮。至 20 世纪 80 年代末,全国 25 个省自治区、直辖市和 13 个计划单列市共有 6 966 家企业参与资产重组,共转移存量资产 82.25 亿元,减少亏损企业 4 095 家,减少亏损金额 5.22 亿元,从而使一些企业走出困境。商品流通业的资产重组和其他行业一样,资产也是从静态的、单位或部门所有的束缚中解脱出来,逐渐变得可在全社会范围内自由流动、组合。其中特别引人注目的是,北京天桥百货公司于 1984 年向市场成功发行了股票,成为我国的"商业第一股",也是"企业第一股",开创了利用股票进行资本融资的先河。这不仅在商品流通资产重组中有重大影响,而且对其他行业乃至对整个中国的体制改革都有重要影响。

进入 20 世纪 90 年代后,国有商品流通资本的重组活动进入高潮,大批国有商业企业通过兼并、收购、分拆、转售、租赁、拍卖、联合经营以及股份制等各种形式进行了资本重组。国有商业资本重组的基本方针是"抓大放小",即对大型国有商业企业主要是通过以股份制改造为主的方式,利用兼并、收购等手段扩大其经营规模,优化其资产结构,促使其成为中国商品流通领域的主导力量;而对于大量的中小商业企业(特别是零售企业)则通过承包、租赁、出售、拍卖等方式促使国有资本从中退出,使其民营化和市场化。至 1997 年,在全国所实现的社会消费品零售总额中,国有商业所占的比重已由 1991 年的 40％下降到 23％,集体商业所占的比重也由 1991 年的 30％下降到 17％。[①]

进入 21 世纪以后,面临中国加入 WTO,国外商业资本进入的压力,我国主要城市开展了"强强联合"、兼并组合大型商业集团的工作,商品流通资本的重组进入新的高潮。2000 年 9 月,北京王府井百货(集团)股份有限公司与北京东安集团实施资本重组,组建了北京王府井东安集团有限责任公司,旗下拥有 10 家大型百货商店,资产总额达到 40 亿元。2003 年 4 月,上海一百集团、华联集团、友谊集团和物资集团联合组建成上海百联集团。组建后的百联集团总资产为 335 亿元,从业人员 20 多万人,在全国 20 多个省市拥有 4 500 多个网点,经营规模达到 778 亿元,成为中国最大的商业企业集团。其他类似的国有商业企业重组和兼并的活动在各主要城市纷纷展开。

中国国有商品流通资本的重组过程中呈现出以下一些特征:一是政府推动的痕迹十分明显,如上海百联集团的组建完全是政府直接运作的结果;二是基本上利用组织兼并和直接收购的手段,很少有通过资本市场的运作来实施重组的案例;三是零售商业的资本重组成为主要热点;四是跨区域的资本重组仍受到很大限制;五是原非商业系统的投资主体在国有商业资本重组中表现活跃,如华润集团、万达集团、复星集团等都在商品流通领域中进行了大规模的投资,参与了国有商品流通资本的重组活动。

对于中国国有商品流通资本的重组活动,各方面的评价褒贬不一。尽管总体上肯定的意见占大多数,但也有不少对其负面效应的议论。如有人认为,一些国有商业企业的产权制度改革,使其实际上成为"国有私营"的企业,企业的实际经营者掌握了现成的有形资源与无形资源,却未能为国有资本创造更多的回报,使这些商业企业成了"不向所有者交红利的企业"[②];与此相关联的则是相当部分国有资产的流失。其中特别值得注意的是,在进行一些国有商业资产的出售和拍卖的过程中,有意无意地忽略了品牌与市口等无形资产的价值,实际上这些无形资产的价值大

① 数据引自《1998 年中国统计年鉴》。
② 关于中国 28 年商品流通体制改革的评价,商业政策研究资料,2006 年第 19 期。

部分是被低估的。而对于商业资本来讲,这些无形资产的价值往往是最为重要的。此外,由于缺乏对中小商业企业的扶持政策,一些转为非国有化的商业企业由于经营困难,纷纷倒闭或转业,在一定程度上也破坏了城市商业的合理布局,影响了居民消费的便利性。对于大型国有商业集团的组建,由于大多是由政府推动甚至直接运作的,缺乏企业的主动性与积极性,也缺乏从市场规律出发的科学论证,所以往往是貌合神离,磨合期很长,改革成本很高,有些甚至出现了效益下降的情况。更由于大多为同城合并,并未通过重组而得到市场的扩展,企业的发展空间十分有限。

国有商品流通资本的重组过程中尽管存在不少的负面效应,但笔者认为其大方向是不错的,首先是"抓大放小"的基本方针是正确的。商品流通领域(特别是零售商业领域)是一个竞争性很强且受市场波动影响很大的领域,对于大量的经营风险很大的中小商业企业来说,国有资本的退出无疑可增强其经营的灵活性和对市场的适应性,降低其经营成本。只要在其初期阶段当地对其进行一定的扶植与引导,是能够促使其健康发展的。当然对国有资本的转让必须进行认真的评估,特别要重视品牌与市口等无形资产价值的合理评估,采取科学而严格的措施,防止国有资产的无端流失。而对于大型商业企业集团的合并与组建,尽管目前有很多政府推动与操作的痕迹,但应当看到,这是我国在面临商品流通领域全面开放的特定情况之下,为了迅速增强国有商品流通企业在市场上的竞争实力,不得已而为之的做法,因为原有的商品流通企业的规模和实力是不具备同国外的商业跨国公司的竞争抗衡能力的。但要在短时间内完全通过市场的方法进行流通资本的集聚也不可能。这样就有可能出现在国外商业资本大规模进入以后,将国内商业企业各个击破、逐一兼并的后果,这不仅在感情上是不能为国民所接受的,在经济上和政治上也是存在很大危险的。所以暂时由政府出面,选择少数确有发展前景和竞争实力的大型商业企业,推进它们迅速组合成规模强大的企业集团,参与同国外商业跨国公司的竞争,应当说不失为一种策略。当然,政府的作用只能发挥在开始阶段,一旦这样的大型企业集团组成,如何运作和发展就应当完全由企业来决策了。目前在商品流通资本重组中所存在的各种矛盾和问题也需要通过商品流通体制改革的深化来得到进一步解决与完善。

四、关于国外商业资本的进入

我国政府对国外商业资本进入中国市场历来是持谨慎态度的,直至1992年7月,国务院才下发了《关于零售商业领域利用外资的批复》的文件,同意在北京、上海、天津、广州、大连、青岛和5个经济特区内进行中外合资的零售商业企业的试点,但不允许外商独资,并且规定中方必须控股 51% 以上,合资商业企业不得经营批发业务,其进口商品比例也不得超过 30%。对中外合资商业企业的审批权限在国务院(后授权商业部,由地方政府申报),从此拉开了国外商业资本进入中国市场的序幕。

1992 年 9 月国务院正式批准成立第一家中外合资的零售商业企业——上海第一八佰伴,之后国外商业资本开始陆续进入中国商品流通领域。据统计,至 2002 年,国务院批准设立了 43 家外商投资商业企业。但中国商业联合会发布的《中国零售业白皮书》披露,到 2001 年底,限额以上的中外合资商业企业就已有 362 家,其中 110 家法人企业、252 家活动单位。港澳台投资的零售企业有 100 家法人企业、134 个活动单位。两者数据上的差异主要因为前者是指正式通过国务院审批的中外合资商业企业,后者则包括一大批各地方政府运用各种变通手段引进外资所建立的合资商业企业。至 2001 年,对外资进入中国批发领域也开始放开,中日合资的上海百红商业贸易公司成为我国第一家中外合资的批发贸易企业。中国正式加入 WTO 以后,对国外商业资本的进入限制基本取消,国外商业资本纷纷开始大举进入中国商品流通市场。至 2006 年,限额以上的外资批发法人企业已有 709 家,活动单位 1 023 家。港澳台批发法人企业 310 家,活动单位 529 家。外资批发企业的销售额已达 5 435 亿元,港澳台批发企业的销售额也已达到 1 107 亿元;限额以上的外资零售法人企业已有 351 家,活动单位 3 743 家。港澳台零售法人企业 183 家,活动单位 1 119 家。外资零售企业的销售额已达 1 759 亿元,港澳台批发企业的销售额也已达到 714 亿元。[①] 目前,世界 50 家最大的零售商业集团已有 80% 进入了中国市场。

客观地讲,国外商业资本进入中国市场是一种历史的必然。这不仅是因为中国加入了 WTO,开始全面进入国际市场。对国外商业资本进入中国市场不可能再设置任何障碍,也是由于国外商业资本的进入,确实能带来先进的商业经营理念,能促进国内商业向市场化、现代化加速演变;能带来丰富的国际货源,提高对消费需求的满足程度;还能在一定程度上帮助中国产品走向国际市场。

然而,在国外商业资本大举进入中国商品流通领域之时,对其负面效应的担忧也普遍存在,归纳起来,主要有以下几点:(1)因竞争实力之悬殊,国外商业资本的进入必然对国内商业企业的发展构成威胁。外资商业企业往往有遍及全球的庞大经营规模,从而有足够的能力来挤压大多仍只能在很小的区域范围内发展的国内商业企业,从而出现外资商业企业一进入,就会导致周边一批国内商业企业消失的

---

① 数据引自《2007 中国统计年鉴》。

普遍现象。而国内商业企业往往是我国吸纳就业和支持创业的主要领域,也是政府调控市场、保护民生的主要杠杆。大量国内商业企业的倒闭势必会对国民经济与社会稳定带来不利影响。(2)国外商业资本超强的竞争优势和迅猛的发展势头若得不到有效遏制,很快就可能控制我国大部分的消费市场,实际上也就掌握了商品流通渠道的终端,从而它们的采购系统也就掌握了对于货源结构的话语权。这将直接影响我国轻纺工业的发展,甚至左右轻纺工业的发展方向,对我国国民经济的健康发展是十分不利的。(3)外资商业企业还能利用其市场控制能力挤占我国生产企业的运行资金,这在我国目前的市场上已成为一种普遍现象。外资商业企业往往会通过赊购代销的方法实施采购,而将市场风险转嫁给生产企业,利用延长回款期的方式挤占生产企业的运营资金,获取大量的资金收益。这些都对我国生产企业的发展带来了影响,有的生产企业甚至因此而长期亏损,一蹶不振。

基于这些负面效应的存在,不少学者认为应当对国外商业资本的进入有所遏制。笔者基本同意这样的看法,但认为目前之所以导致国外商业资本引入过快主要还是体制上的原因。那就是大多地方政府为了推进城市建设与房地产的发展,都把导入国外商业资本作为主要手段之一,甚至将其与各级官员的政绩挂钩;相反,对于国内异地商业资本的进入却如临大敌,拒之门外,这就造成了国外商业资本在全国市场畅通无阻,而国内主要商业集团却难以扩张的局面。所以,要使遏制国外商业资本的过快进入、过度扩张不仅仅停留于一种愿望,而变为一种现实,仍然需要通过体制改革的进一步深入与完善,同时需要从国家政府层面对于商品流通领域的健康发展有一个全面的、战略的思考。

五、关于城市零售商业形态的变革

在 30 年商品流通领域的改革与发展过程中,最为引人注目的可能就是城市零售商业形态的变革,因为其直接影响着广大消费者的日常生活和城市面貌的变化。在不少城市"一年一个样,几年大变样"的发展过程中,零售商业形态的变革起着至关重要的作用。因此,城市零售商业形态的变革应当是中国商品流通体制改革值得关注的一个重要方面。

尽管从 20 世纪 80 年代开始一些主要城市的零售商业已经有了一定的发展与变革,但是真正意义上的大规模变革则主要起始于 20 世纪 90 年代。其促成因素主要来自三个方面:一是我国城市土地管理政策的改变。1990 年,国务院发布《城镇国有土地使用权出让和转让暂行条例》和《外商投资开发经营成片土地暂行管理办法》,同意国有土地使用权可有偿转让和批租,这就为我国主要城市利用土地资源吸引投资进行城市的开发与建设创造了前提条件。于是全国各主要城市都开始了大规模的城市建设,其中就包括新型零售商业的改造与发展。二是城市形态的变化。大规模的城市改造与市政建设,导致市中心居民向外搬迁,从而使"商住混杂"的传统城市形态逐渐向"商住分离"的现代城市形态变化,"商住分离"的客观环境推动了与之相适应的超级市场、连锁便利店等新型零售商业业态的发展。三是国外商业资本的进入。20世纪90年代,外国商业企业的进入不仅带来了新的经营理念,更带来了新的经营方式。各种外资新型零售商业业态的导入与示范相应也成为推动我国城市零售商业形态变革的主要动力。

我国城市零售商业形态变革中最具标志性的主要是现代百货商店、连锁超级市场和便利店、大型综合超市(大卖场)、购物中心和无店铺销售形态的发展。

现代百货商店的大规模发展主要是在土地批租政策的推动下于20世纪90年代初形成高潮的。在当时我国零售商业资源短缺的情况下,大型百货商店的效益普遍良好。加上土地批租对商业投资形成强大的吸引力,社会各方面竞相投资,兴建豪华高档的商厦,使大型百货商店得到迅猛发展。全国年销售额在10亿元以上的大型百货商店,1991年只有94家,1993年、1994年和1995年分别达到291家、488家和624家。[1]

连锁超级市场与便利店的发展则主要是在城市形态的发展过程中为满足城市居民消费新的需求应运而生的。1991年9月,上海联华超市在上海西部的一个居民集聚区创办了我国第一家真正意义上的超级市场,从此超级市场和便利店就在全国各主要城市以连锁经营的方式迅速发展起来。到1997年,我国连锁超市就发展到1 000多家,店铺数15 000多个,年销售额1亿元以上的公司有56家,年销售额10亿元以上的公司就有3家。至2006年,我国限额以上连锁超市的门店总数达到23 233家,销售总额为3 592亿元;连锁便利店的门店总数达到12 310家,销售总额为213亿元。[2]

大型综合超市(大卖场)的发展主要是在外资商业企业的示范带动下发展起来的。1996年8月,沃尔玛在深圳开设了第一家大型综合超市(大卖场);1996年10月,德国"麦德龙"有限公司也在上海开办了"麦德龙配销中心",其骄人的销售业绩("麦德龙"日均销售额达200多万元)令国内商业界人士为之震惊。这种新型的商业业态很快被国内一些大型商业企业集团所青睐。如上海的农工商集团、联华超市等也先后开设了类似的大型综合超市,从而使大型综合超市成为20世纪90年代后半期中国城市零售商业形态发展中最为引人注目的新型业态,也是国外商业

---

① 马丕玉:《零售企业经营绩效的实证分析》,《山东轻工学院学报》,2005年第2期。
② 相关数据引自《2007中国统计年鉴》。

资本在中国市场最为热门的投资重点。仅以上海为例,至 2006 年底,大型综合超市总数已发展到 136 个[①],差不多每 10 万人就拥有一个大型综合超市。

　　购物中心实际上是以商业房地产开发为主要形式的一种城市零售商业形态,是集百货商店、大型综合超市、专卖店以及各种餐饮娱乐设施于一体的商业综合体,适用于以休闲型购物为主的现代城市居民,在我国进入 21 世纪后成为城市零售商业形态变革的主要方向。2000 年,铜锣湾集团在深圳开设了我国第一个典型意义上的购物中心——铜锣湾广场,并开始在全国各地广泛复制铜锣湾广场模式的购物中心。之后,上海友谊南方商城、正大广场、北京金源新燕莎购物中心等大型购物中心也纷纷开业。大型购物中心成为各主要城市商业房地产的投资热点。至 2007 年底,全国已开业和正在建设的大型购物中心已达 400 多个,其中有 70%左右分布在北京、上海、广州等国内经济发达城市。全球建筑面积最大的 10 个购物中心里,中国就占了 4 个。[②]

　　无店铺销售形态主要是受国外无店铺销售企业的示范推动,并在信息网络技术迅速普及的背景下发展起来的。目前在我国运营成熟的无店铺销售形态主要有邮购、人员直销、电话直销、电视(广播)直销、网上购物和自动售货机等。据不完全统计,2006 年全国无店铺销售的金额为 337.5 亿元。[③] 而国外最大的邮购公司、直销公司、电视直销公司等都已进入中国市场。各种无店铺销售形态正在成为人们所关注的城市零售商业形态变革的又一个热点。

　　如上所述,中国城市零售商业形态的变革与发展是同中国经济与社会的发展同步的,是在改革开放的大背景下与时俱进的,因为零售商业形态的变革不仅需要相应的市场发展来支撑,而且需要各种环境条件相配合。同时,城市零售商业形态的变革也进一步提高了城市居民消费需求的满足程度,提升了城市发展的现代化、国际化水平。因此,城市零售商业形态的变革理所当然地成为中国商品流通体制改革的重要一环。

　　然而,在中国城市零售商业形态的变革中存在的主要问题是缺乏科学的规划指导,从而引发一轮又一轮的盲目追风。在不少城市零售商业的发展中,重复投资、布局不合理、零售商业总量发展过快的现象普遍存在。在不少主要城市中,人均占有的零售商业营业面积都已超过发达国家大城市的水平,而且仍在大规模地兴建新的零售商业设施。在我国总体购买力水平还比较低下的情况下,这必然会

---

①　上海市经济委员会:《2007 上海服务业发展报告》,上海科学技术文献出版社,2007 年 6 月。
②　数据引自《2008 年中国大型购物中心行业研究报告》。
③　数据引自《2007 中国统计年鉴》。

造成商业设施的严重过剩,从而造成资源的浪费和损失。究其根本,其中不乏一些政府部门出于各种动机竭力推动的缘由,因此也需要在进一步的体制改革中引起高度重视。

六、结论与思考

综观 30 年来中国商品流通体制改革的过程与利弊,我们会发现一些重要规律:一是由于商品流通领域处于整个国民经济运行的中介地位,同各经济部门及整个市场有着千丝万缕的联系,因此,商品流通体制及运行方式的变革与否往往会对国民经济的体制和运营方式产生重大的影响;二是鉴于以上原因,商品流通体制的改革也会受到整个国民经济发展及其他经济部门改革的推动与制约,必然是与时俱进的,很难超越,也不可滞后。所以,中国商品流通体制的深化改革决不能就事论事,局部思考,而必须将其作为总体经济体制改革的一个重要组成部分而进行系统思考。为此,笔者拟提出促进中国商品流通体制深化改革的几点思路:

(一)必须对商品流通在国民经济中的重要地位及深化流通体制改革的重要性给予高度重视

如上所述,商品流通领域是国民经济运行的中介环节,也是物资与资金周转的主要领域,所以必须对其引起高度重视。但我们却看到,不少地方政府忽视了商品流通部门的管理与改革。一些地方甚至合并或撤销了商品流通的专门管理机构,在不少政府文件中也不见"商业""商品流通"的提法,而以"服务业"的提法统而概之。这种观念和意识的存在是无法促进商品流通体制深化改革的,从而也会由于流通领域一些问题的长期积累而影响总体经济的改革与发展。

(二)应当将提高社会商品流通效率作为深化商品流通体制改革的主要目标

如果讲前三十年中国商品流通体制改革的主要目标是使中国的商品流通体制由计划经济模式转变为市场经济模式的话,我们可以说目前这一目标已基本实现,那么中国商品流通体制进一步深化改革的目标应当是什么呢? 无论从目前流通领域中所存在的主要矛盾,还是从国民经济发展对商品流通领域的客观要求来看,提高社会商品流通效率无疑会成为深化改革的主要目标。从以上的分析中我们可以看到,前阶段改革中所产生的一些负面效应大多表现为对社会商品流通效率的制约。所以将社会商品流通效率的提高作为中国商品流通领域深化改革的目标及其改革成效的主要判别标准,将会使商品流通领域的改革对中国经济的改革与发展产生更大的推动效应。

(三)坚持"抓大扶小"的总体战略,形成合理的社会商品流通组织结构

所谓"抓大",即必须形成一批资本和销售规模庞大、市场覆盖面广并具有现代化经营管理水平的全国性(而不是区域性)的流通大集团,并以它们为主导来影响全国商品流通业的发展,规范商品流通市场,提高商品流通效率,形成能同国际流通集团相抗衡的竞争实力。而目前对形成这样一些流通集团的主要障碍是难以进行跨区域的扩张与发展,在商品流通体制的深化改革中应当重点关注形成这些障碍的主要因素,并设法予以克服。所谓"扶小",即对于已经民营化的大量中小流通企业不能"放而不管",因为它们的存在和运行同样对经济的发展和民生需求的满足发挥着重要的作用,应当建立一套全面而有效的社会扶助系统,从各方面支持与规范它们的发展,从而在全社会形成一种科学合理的商品流通组织结构,促使社会商品流通效率不断提高。

(四)进一步强调"政企分开"的原则,停止政府部门对商品流通企业经营行为的直接干预

从前30年的改革中我们可以看到,许多负面效应的出现都存在政府对商品流通企业经营行为直接干预的因素,从具体动机上看有:加强政府对物质资源的有效控制、保护地方市场不受外地流通企业的侵占、促进商业房地产的开发和城市繁荣、保证地方税源不致流失等。从目前我国的财政体制与政府职能定位的现实状况来看,要从动机因素上消除"政企不分"的现象是颇为艰难的。因此,在进一步深化改革的过程中,我国应当更多地从法规的层面去限制政府对企业经营行为的直接干预,努力探索促使企业市场化运作的各种法规与制度,并强化司法体系,把政府部门对流通企业经营行为的直接干预降到最低限度。

(五)把握国际通行的市场运营规则,学会利用国际法及国际惯例管理国内流通市场

在中国流通领域全面对外开放以后,中国流通市场上的竞争实际上已趋于国际化。而我们的政府部门及相关流通企业若不熟悉国际流通市场的运营规则,则很难在国内外流通企业竞争实力悬殊的情况下有效地利用市场机制与法规手段来对市场的平衡性实施调控。而实际上许多国家是有不少有效的法规与政策对此实施调控的,也有一些国际惯例是可以利用的。我们只有很好地学习和掌握这些国际化的"游戏规则",才不至于面临国外商业资本的大举进入而惊慌失措,同时也才能使我国商品流通体制的进一步改革向国际化靠拢。

(此文发表于《上海商业》2009年第5期)

商业业态创新是新一轮流通现代化的重要标志

一、引言

国务院颁布的《国内贸易发展"十二五"规划》中多处强调要提升流通现代化水平,并指出要"推动消费业态和商业模式创新"。在 2012 年年底的中央经济工作会议上,"商业创新"作为提高产业素质的四大创新之一。流通现代化和商业创新已成为我国新一轮流通改革与发展的重要任务。对于"流通现代化"的讨论从 20 世纪 90 年代中期就已经开始。什么是"流通现代化"? 学术界有不同的观点。有主要从现代科学技术的运用角度去认识的,认为流通现代化主要是指先进科学技术转化成现代流通生产力,表现为以先进的物质技术和科学管理方式来组织高效率的流通活动(王诚庆、杨圣明,1995;黄国雄、曹厚昌,1997;吴运生、张中华,2004);也有从流通观念、价值取向转变的角度去认识的,认为流通现代化不仅是指物质设施和管理方式的现代化,还应包括经营观念等软条件的现代化,主要表现为经营观念、意识形态、价值取向、文化氛围等方面的现代化(柳思维,2004);还有从流通业发展演变的角度去认识的,认为流通现代化主要是指流通业对不断发展变化的社会、经济、技术的适应性变革过程,表现为流通生产力的不断提高和流通管理方式的不断优化,是一种"与时俱进"的过程(晏维龙,2002;贾履让、张志中,2004)。目前从各种官方文件来看,比较倾向于第一种认识。例如,在《国内贸易发展"十二五"规划》中谈到"流通现代化"时,主要提到科技进步、电子商务、连锁经营、物流配送、绿色低碳等几个方面,基本上是同先进的科学技术和管理方式的运用有关。然而,笔者认为,第一种认识只能是对"流通现代化"的一种狭义认识(或者可以讲是操作层面上的认识),第三种认识(动态变革说)才应当是一种相对科学、合理的认识。因为,所谓"现代化"实际上是一种相对的概念,其主要是随着经济和社会活动的发展,由于市场变化和科技发展而导致新的需求产生,以及为满足新的需求而产生的新的供应方式。这种"新的供应方式"包含物质设施、组织形态、经营模式和管理方式等诸多方面的更新和变革,从而产生了不同于"传统"的"现代化"。对于流通产业是如此,对于其他产业也是如此。科学技术只是支撑这种变革的工具和手段而已,在认识上不应本末倒置。

这种认识包含"现代化"的两个重要因素:一是其相对于"传统"而言,即必须是同当时在社会上占主流的传统需求与供应方式有显著区别;二是其具有革命性和阶段性,必须是对传统的供应方式具有明显优化的颠覆性的改革,从而使我们能很容易地识别出其在发展中的阶段性特征。每一时期,都可能有当时的"现代"和"传统",今天的"现代化"也可能成为未来新一轮改革中的"传统",所以说,将"流通现代化"看作是一种顺应时代需求的、与时俱进的动态变革过程,往往更具有广泛而深远的解释性。

根据以上认识,笔者认为,20 世纪 80 年代以来,我国的商品流通领域已经经历过一次现代化的变革,而当前正在进入第二轮流通现代化的变革时期。正如许多学者所指出的,从 20 世纪 80 年代末开始,我国商品流通领域开始了现代化的变革,其主要标志为:流通体制的市场化、流通业态的多样化、流通管理的连锁化、流通技术的电子化。而从商业业态而言,根据市场的需求和科学技术的发展,出现了连锁超市、便利店、大卖场、专业卖场、购物中心、品牌直销店等一系列的新型业态,从根本上改变了人们的购物方式和消费习惯。而这些商业业态的出现又是基于POS 机系统、条形码技术、供应链系统、配送中心设施等相应的科学技术支撑,以及以连锁化、集团化管理为特征的流通管理体制变革。所以从某种程度上讲,商业业态的更新与变化显像性地反映了流通现代化的过程,是流通现代化的重要标志。

进入 21 世纪以来,我国居民收入水平不断提高、社会阶层差距逐步扩大、以"80 后""90 后"为代表的新一代市场群体消费观念的形成、城乡二元化结构随着大量农民进城而转化为城市居民的多元化结构等经济和社会现象的变化使市场需求随之发生了重大变化。同时信息技术的发展、移动通信技术的发展、互联网应用的普及以及流通管理技术的进步,从供应角度促进了许多新型商业业态的出现。可以认定,我国流通领域正在进入一个新的流通现代化阶段,而各种新型商业业态的创新和普及也必将成为新一轮流通现代化的重要标志。下面拟从市场需求变化和商业业态创新两个角度来讨论新一轮流通现代化的特征与趋势。

二、新一轮流通现代化的市场特征

如前所述,流通现代化的变革必然是由基于经济和社会发展的市场需求变化所推动的。那么,进入 21 世纪我国的市场需求发生了哪些显著的变化呢?

（一）多元化趋势

从 20 世纪 90 年代后期开始,我国经济体制的变革导致社会阶层差距的出现,其主要表现为不同阶层收入差距的扩大以及需求满足程度的差异,同时由代际因素而导致的消费价值观方面的差异也开始出现。在八九十年代所出现的针对家用电器等商品的"排浪式"集中购买高潮不复存在,消费热点趋于分散且相对平稳。在城市中高收入阶层对奢侈品的追捧和农民工对路边摊的热衷现象并存。千篇一律的流行被丰富多彩的时尚所取代。市场需求的多元化导致消费群体的不断分化和细化。

（二）便捷化趋势

生活节奏的加快和与之相适应的各种生活方式的出现使消费者对便捷化购物的要求越来越高。首先是对"一站式"购物需求的上升,家庭轿车的普及更使得这方面的需求不断高涨;其次是对各种无店铺购物方式需求的上升,电话订货、电视直销的客户群不断扩大;最后是网上购物的快速增长,至 2012 年我国网购用户规模达 2.47 亿人,网上购物的交易额高达 1.3 万亿元。能迅速地寻找到所需要的商品,并轻松地获取已成为当前大多数消费者的欲望。

（三）知识化趋势

随着各种新产品的不断问世和商品科技含量的日益提高,消费者对商品知识和消费知识的需求变得越来越强烈。消费者希望在购买商品的过程中获取更多的知识,也希望在消费的过程中学习各种知识,同时也希望能在同其他消费者的沟通中丰富对商品评价与使用的知识。购买商品和使用商品的过程已成为消费者的一种学习过程。

（四）体验化趋势

随着消费满足程度的不断提高,消费者的需求也在不断地向广度和深度发展,体验消费逐渐成为我国当前消费领域的一个重要趋势。体验消费主要表现为消费者在得到物质满足的同时,也希望得到更多感官和精神上的满足。如令人温馨、愉悦的购物环境、对各种新产品的接触和试用、能展示消费者智慧和能力的顾客创造以及赋予商品和服务的象征性意义,都是消费者在购物的同时所希望得到的满足。能否给消费者更多的体验已成为增强对消费者的吸引力的重要手段。

（五）个性化趋势

随着商品供应的日益丰富、开放环境下国外消费观念的不断导入,以及新一代年轻人思想观念的叛逆化更新,消费个性化已在一定程度上取代了曾在我国市场上十分典型的趋同化特征,成为当前我国市场消费中的重要发展趋势。与趋同化的消费特征所不同的是,个性化的消费需求强调消费的自我表现,强调消费的差异化和独占性,重视商品及消费的炫耀价值和符号意义。

市场需求的这些新变化,呼唤着商业业态的更新与变革,从而推动着新一轮的流通现代化进程。

三、新一轮商业业态创新的模式与趋势

由于经济和社会发展的进程不同,一些新型的商业业态往往是先出现在国外(或境外),然后被导入,当然我们也会有适应本土特征的业态创新。目前来看,有可能同当前我国市场需求发展相适应的新型商业业态会有以下方面:

(一)店网融合

网上购物的快速发展已在一些商品流通领域对实体店的销售形成了冲击。在一些以经营实体店为主的商业企业正在考虑抗衡措施时,有一些企业已开始转向店网融合经营,一方面利用自己的现有货源采购优势建立网站,开展网上销售;另一方面又利用现有的实体店网络进行商品展示、品牌形象宣传和实物调拨配送,变弱势为优势,形成了富有竞争力的线上线下融合经营的新业态。如苏宁集团通过"苏宁易购"开展店网融合经营取得了成功的业绩,仅网上销售就达 180 多亿元。同时一些著名的网上经营企业(如淘宝)也开始了线下实体网点的铺设和经营,预示着线上线下店网融合经营将是适应我国市场特征的一种新型业态发展趋势。

(二)主题商店

随着市场群体需求的不断分化和细化,一些以特定的市场群体为对象的主题商店已经在国外(或境外)出现。如我国台湾的"生活百货"连锁商店是以家庭日常消费用品综合经营为特色的,商品种类涉及家庭消费的方方面面,几乎无所不包,其面对的市场群体显然是承担着家庭事务重任的家庭主妇,使她们能一站式解决家庭用品的采购问题。中国香港的"日本城"连锁商店也有异曲同工之处。国外还有专门针对出租汽车司机的综合商店和专门服务于高个子人群的"巨人商店"等。这些主题商店的特点是打破了按商品品类进行分类经营的传统业态模式,而开辟了按市场特定消费群体的需求开展主题综合经营的业态模式。这在我国消费市场群体不断细化的今天,是很值得借鉴的,应当成为有发展前景的新型业态之一。

(三)DIY 商店

即消费者参与商品的创造和制作的商店。其主要是为了满足消费者体验性消费的需要。目前较多的是在食品制作和儿童玩具经营的商店。如一些面包烘焙店,会提供原材料让消费者制作其所喜爱的面包或蛋糕,经现场烘焙后再销售给顾客;一些玩具商店也会让孩子和家长用店家所提供的塑泥或其他原材料制作自己所喜爱的玩具,或对一些半成品的玩具进行加工和组配。像宜家家居那样将加工

好的部件让消费者带回家自己组配的方式也属于 DIY 的性质。DIY 商店不仅能满足消费者自我体验的需求,而且也能在一定程度上满足消费者定制化的需要,同时也可以降低生产厂商的生产成本,故有可能在更多的领域得到扩展,从而成为新一轮商业业态创新的方向之一。

(四)会员制商店

该店是以组织和管理会员,并只向其会员销售商品和提供服务的商店。会员制商店要求会员交付一定的年费,以取得会员资格。凭会员卡(或副卡)入店购物,目前主要在一些仓储式商店或高档艺术品商店实行。如沃尔玛的山姆店、麦德龙仓储商店实行的都是这种会员制经营形式。会员制商店主要针对那些对商品的品质与服务要求较高的消费群体,一方面有助于商店形成和控制其忠诚顾客群体,另一方面则能在一定程度上满足顾客的身份感和炫耀心理。因此在我国高收入阶层已经形成并不断壮大的情况下,在更多的领域引进或创立会员制商店,并在一些奢侈品商店实行会所式管理,可能是满足高层次消费群体需要的重要业态创新。

(五)城市消费合作社

消费合作社原本是一个历史悠久的商业业态,其是由消费者联合起来,实行共同采购,以跳过中间商环节,降低成本,向社员供应各类消费用品的流通组织形式。以前我国农村的供销合作社就具有这样的性质。目前在一些发达国家,消费合作社的业态仍然存在,并有所发展。如在北欧地区,不仅有全国的总社,甚至还有跨国联合的消费合作社。鉴于我国目前城市中的二元化结构,低收入阶层十分庞大,对商品物美价廉的需求十分普遍,加上近两年网上“团购”的发展势头也比较迅猛,所以组建新时代的城市消费合作社,使之成为满足城市低收入阶层廉价购物需求的新型商业业态可能是一种主流的发展方向,也有可能成为商业业态创新的趋势之一。

(六)家庭采购顾问

在我国消费市场上,“代购”一度成为一种引人关注的名词。当然目前的“代购”主要是指通过国外的人士代理购买各种国外商品的现象。这种“代购”由于涉及有偷漏关税的嫌疑,故并不完全合法。但是“代购”现象的出现,意味着我国的消费领域已经出现“代理采购”的组织与行为,客观上反映了市场的一种内在需求。所以若能因势利导,组建和发展“家庭采购顾问”一类的新型商业业态,为广大消费者提供商业信息和消费知识,受消费者委托在国内外代为寻觅和采购各类消费品,就可大大减少消费者购物的时间与精力,一定会受到消费者的欢迎,故也可将其列为新一轮商业业态创新的方向。

四、努力推进新一轮商业业态的创新与发展

从流通现代化的角度看新一轮商业业态的更新,必须树立这样一些观念:

首先,各级政府和商业主管部门应当努力推进新一轮商业业态的更新,将其看作随着我国经济和社会发展而形成的流通领域的一个新的发展阶段,是流通现代化的重要标志。尤其类似上海这样的一些经济中心城市,应当在商业业态创新方面率先示范,形成经验,然后在适当的地区进行推广。

其次,新一轮商业业态的更新应当因势利导,尽可能在原有业态基础上逐步转型,并主要通过推进现有商业企业主动创新转型的方式来完成;尽可能避免新业态和老业态之间产生恶性竞争,导致"创新一个,倒下一批"的局面,避免由此而导致市场出现过分的震荡。

再次,在引进和导入新型商业业态时,要充分关注其进入市场的适应性,要充分考虑我国目前的市场条件和国情特征,特别是消费者价格敏感性比较高这一重要特征,避免出现像"百事买""万得城"这样的一些"水土不服"的情况。

最后,必须认识到,新一轮商业业态创新的根本目标还是为了满足我国不同阶层消费者的需要,进一步启动内需市场。当前我国应特别关注容易被忽略的城市低收入阶层,积极努力创造出一些能保证他们健康消费、安全消费的商业业态,同时也要在吸引高端购买力、减少购买力外流方面下功夫,通过一些新型业态的创新,满足高层次消费群体特定的消费需求。

(此文发表于《中国流通经济》2013 年第 9 期)

大数据时代的商业:经营与管理

一、引言

如果我们现在还拿着计数器站在路口清点客流的话,那真是"out"了。无所不在的监控探头可以把路口、店内的客流数计得一清二楚。若有必要,则还可以将客流的性别、年龄层次,甚至是否结伴而行等都能如实告知。商店的收银机是最精确的统计终端,不仅能记录各类商品、各种品牌的销售量和销售额,还可以记录不同日期不同时段的销售状况,各种银行卡、储值卡的使用状况,甚至可通过会员卡记录消费者的身份信息和消费特征。现代化的信息技术和信息设备已使人类的大量活动都置于可观察、可记录的状态之下。这些被记录下来的信息,有些是主观需要的,更多的则是随之保留的,人们并未对其加以利用,甚至根本未意识到它们的存在。当今世界,信息数量之多已远远超过我们的想象,也已超越了目前一般的信息分析技术和分析设备所能处理的极限,这就是"大数据"时代,我们一不留神所跨进的一个新的时代。同时我们也发现我们正处于一个未经开发的富饶矿藏之中。只要我们有心,我们就有可能在对"大数据"的利用中迅速提升经营效益,并积累起财富。

招商银行通过对其信用卡优质用户主要消费场所的数据分析,同这些商家共同策划"多倍积分累计""积分店面兑换"等活动,使其优质用户的流失率大幅下降;UPS快递公司通过对其货车安装可实时监控的传感设备,分析它们的运行路线和延误原因,设计并优化最佳行车路线,从而在 2011 年使其运货人员少跑 4 828 万公里,大大提升了运行效率;阿里信用贷款借助大数据分析申贷企业的交易情况和信用水平,来决定贷款的许可与额度,放款 300 多亿元,坏账率仅为 0.3%,大大低于一般商业银行;"谷歌"通过大数据业务仅在 2009 年一年中就为美国经济贡献了 540 亿美元。这就是利用大数据改变商业模式,进而使企业经营效益不断提升的若干案例。

如何才能真正利用大数据促进企业商业模式的创新和经营效益的提升,国家自然科学基金委管理科学部的冯芷艳等人曾撰文指出,在大数据时代主要应从三个视角着手进行商业模式的创新,那就是:实时化的市场洞察、网络化的企业运作和社会化的价值创造。

二、大数据时代的商业环境

一般而言,数据是指以各种方式记录下来的,可被处理、储存和查询的客观事物。而大数据则有规模庞大(volume)、种类繁多(variety)、高速运行(velocity)、有价值但密度低(value)等特征。这在现代商业活动中同样如此。

(一)信息数据数量激增

由于现代商业信息技术的运用,商业活动的相关信息可用各种方式得到随时记录,从而使商业数据量激增。首先由商业本身的活动所产生,如通过店铺或网上的交易终端、后台信息系统、售后服务系统、现场监控系统等实时记录的大量信息数据。其次由业务相关部门的活动所产生,如供应商的信息、银行系统的信息、税务部门的信息、工商管理部门的信息、质量监测机构的信息、海关的信息、政府主管部门的信息、行业协会的信息以及调研咨询机构的信息等。再次由市场活动所产生,如宏观经济发展、人口数量结构变动、居民收入变化、供需结构变化、消费流行趋势、网上网下的口碑传言等。最后还有更大范围的各种信息来源,包括政治、经济、自然、科技、文化、民俗等各方面的信息数据。这些信息数据有一部分呈规范与结构的状态,并有一定的连续性,比较容易被发现和利用;更多的则呈非结构性、非连续性甚至碎片化的状态,必须通过有意识的挖掘、整理和分析才能产生价值。

(二)数据形式来源多种多样

以上所提到的各种商业信息数据,已不再是以单纯的文字、数值、图表等形式存在,而大量的是以图片、视频以及其他信息符号存在,不可直接计量分析,也难以直接发现它们之间的相互关系。同时,可获取的数据来源也层出不穷,除了传统的日志、报表、文件、通信、报刊、广播、电视之外,互联网、移动通信、微博微信、监控视频、二维码,甚至其他各种传感设备都可能成为信息数据的重要来源。

(三)数据产生和变化十分迅速

正由于信息的来源多元化,特别是互联网和移动通信使得信息数据呈网络化的传播与扩散,所以信息数据的传递与变化速度极快。日、时、分、秒都已不能作为信息变化的计时单位,"瞬息万变"已成为对当前信息流动变化最为形象的描述。以任何传统的商业统计方式已无法准确反映市场变化的实际情况,而实时跟踪、即时处理成为商业活动的一种客观需要。谁能跟得上、抓得住、看得准,谁就具有相对的竞争优势。马云曾说过,2008年,阿里巴巴通过网上询盘数据的急速下降,就已预判到国际经济形势所发生的异常变化比外贸部门和新闻媒体早了半年左右。

(四)数据价值开发难度增长

信息数据的大量增加对于商业经营者原本应当是一件好事,即可用于分析市场和进行经营决策的依据多了。但是大数据时代的信息数据量多的已超过了一般信息处理技术和处理设备的极限能力,而且大量的信息数据还是以非数值化、非结构化甚至是碎片化的形式出现和存在的。所以数据的价值被淹没在数据的汪洋大海之中,反而难以发现和难以判断了。然而,对于传统数据的处理和利用已是绝大多数商业经营者都能完成的事情,从而也就难以成为形成企业相对竞争优势的手段。大数据时代构成了一个新的战场,谁能率先掌握数据挖掘、开发和利用的能力,谁就能构成新的竞争优势;反之,落后者则有可能在大数据时代的商业竞争中被淘汰。

为此,正确面对大数据时代所带来的商业环境的变化,通过对商业经营模式的积极创新和调整来提升驾驭大数据、利用大数据的能力,可能是所有商业企业不可回避的问题。

三、大数据时代的商业运营

面对疾驰而至的大数据时代,商业企业在运营方面应当做好以下创新和调整:

(一)管理和利用好企业自营数据

企业自营数据是指在商业企业自身的经营活动中所产生的各种信息数据,如采购数据、销售数据、库存数据、财务数据、顾客数据、人力资源数据等,同时也包括文件资料、档案资料、视频资料、音频资料、网站资料以及通信来往的资料等。这些数据资料虽然已有根据企业的管理体制和运营模式形成的结构和保留储存方式(如各种数据库),但如果不通过一定的系统程序使它们发生交互,形成关系的话,其只能成为备查档案,而发挥不了应有的价值。所以在大数据时代,企业首先应建立自身的管理信息系统,对企业的自营数据根据管理和经营活动的需要进行分析和处理,为企业及时发现机会与风险、准确把握市场发展趋势、进行科学的经营决策活动提供依据。如果是一个拥有许多下属企业的商业集团公司,更需要建立和完善直达基层终端的信息管理网络,用现代化的信息技术手段使庞大的集团公司内部信息数据的传递和处理变得迅速、实时、准确、有效,并能及时对每一个角落的变化做出必要的反应,这就是"网络化企业运作"的含义。

(二)根据经营目标确定数据需求

如前所述,除企业自营数据之外,在大数据时代,商业企业周边每时每刻都在产生着海量的信息数据,其中不乏对企业的经营活动颇有价值的信息。但是大数据的特征决定了,企业是无法通过对所有数据的过滤和筛选来寻找对自己有价值的信息的。所以,商业企业只有根据自身的经营目标,确定自身的数据需求,才能有的放矢地去寻找和处理相关的信息。商业企业的经营活动一般可分为常规型的经营活动(如日常的进销调存和资金人员流动等)和特殊型的经营活动(如节假日的大促销、商品结构和经营结构的大调整,以及重大的投资活动等),所以对信息数据的需求和处理状况会很不一样。因此除了根据常规型经营活动而建立的外部信息采集和处理系统外,还必须有项目型的数据采集和处理系统,根据不同的特殊型经营活动需要,进行管理和运行。

(三)积极扩展并跟踪主要数据源

如前所述,在大数据时代,数据的来源和形式多种多样。所以商业企业在采集和分析信息数据时必须打破传统的思维模式,扩展搜索和采集数据的来源。除了常规的统计数据、新闻报道、网站资料、咨询报告等文字性、数值性、结构性的信息数据外,还必须关注监控视频、传感设备、社交网站、微博微信,甚至是各种社会活动所产生的信息数据。一旦发现有价值的数据源,就必须主动链接,进行持续跟踪。同时对于各数据源提供的数据,要进行交互印证,分析因果关系,从而使所搜集到的数据信息能产生更大的价值。

(四)努力开发和引进数据处理技术

面对浩瀚庞大的数据,数据处理技术的开发和运用将是一个关键的问题,其不仅决定了数据可处理的数量、速度和成本,而且决定了所利用数据价值的大小和对商业企业经营管理活动的辅助效果。虽然现在已有不少诸如过滤器、散列法、字典树、并行计算、分类索引等比较成熟的大数据处理技术和一批有用的分析处理软件,但对于不同商业企业的经营管理活动而言都可能有自己的差异性特征和特殊需要。所以商业企业要在积极引进信息数据管理人才的基础上,根据自身的需要努力开发数据处理技术和相关软件;也可在全球范围内寻找和引进适用的数据处理技术和工具,以不断提高对大数据的驾驭能力和运用水平。

(五)开展社会合作,利用第三方平台

在信息数据处理的任务越来越重和未来信息数据层面的竞争越来越激烈的情况下,完全依靠自身的资源和能力去完成商业企业所需要的信息数据采集、分析、处理工作可能是一个下策,因为必然会面临成本高、效益低、速度慢的问题。积极开展社会合作,充分利用可靠的第三方数据处理平台将是商业企业在大数据时代的最佳选择。在利用第三方平台方面有购买、外包、众包等不同方式。所谓"购买",就是直接购买经过分析处理的信息产品(或称"二手数据");所谓"外包",则是将企业为实现某种经营目标而需要的信息数据的采集、分析、处理工作外包给第三

方数据平台机构，由它们代为完成，并提供数据处理结果；所谓"众包"，则是建立吸引信息数据处理爱好者主动参与的活动平台，用奖励、转售、选聘等方式，由企业提出需要进行命题，而由参与者帮助完成信息数据的搜集和处理工作。当然，在利用第三方平台时，必须注意保护企业自身的商业秘密和战略意图，以防泄露。

（六）认真分析数据，准确预测未来

对大数据进行利用的一个重要目的就是分析和预测商业企业的经营环境和市场发展趋势。现有的许多统计分析和信息处理工具已经可以根据相关的数据资料对未来的发展趋势做出十分具体的预测。但是事实告诉我们，环境与市场变化的影响因素是多种多样的，包含着许多偶发性和非规律性，传统的数据分析方法经常有可能产生偏差。而大数据时代数据全方位、多样性的特征使我们有了更多可用来预测环境和市场发展前景的数据，包括那些非数值化、非结构化的数据。如一些企业会通过对社交网站讨论内容和态度的分析，来预测未来消费结构和消费偏好的变化；有些企业甚至通过观众对电影、电视节目及相关明星和主持人的网上评论，预测未来的消费流行趋势。这些新的数据类别及其分析方式实际上也是有规律可行的，商业企业必须在实践中不断摸索和研究，以利用大数据做出更为准确、独到的环境和市场预测。

（七）进行数据挖掘，促进商业创新

商业企业的经营活动是否能具有差异化的创新是提高企业核心竞争力的关键。而进行数据挖掘则有可能进一步发现顾客的潜在需求，从而有针对性地进行商业经营活动的创新与开发。如商店通过对顾客一次购买活动中所购买产品之间的关联分析，可指导采购、促销甚至商场布局等工作的合理调整；通过对商场监控视频中顾客在各商品及品牌场所的滞留状况甚至视觉流程的观察和分析，能得出各类商品与品牌的畅销和滞销的原因，从而进行相应的调整。当然数据挖掘会耗费大量的人力、物力，一般应有目的地进行，或利用"众包"方式集思广益，否则可能会得不偿失。

（八）利用数据导向，引导市场需求

既然信息数据能对商业企业的经营管理决策提供很好的指导作用，那么反过来，也可能对顾客群体和竞争对手等产生同样的引导作用。所以商业企业在大数据时代应当主动利用信息数据这一工具，对顾客群体、合作伙伴和竞争对手进行引导，以形成对自身有利的经营环境，其中除通过广告、新闻、网站信息、促销活动等传统方式之外，还必须充分重视利用社交平台、微博微信、移动通信等现代化的沟通渠道主动发布信息，提供数据甚至无偿服务等对特定市场群体进行引导。当然必须注意的是，在开展信息数据引导活动时，不得违法违规，更不能虚假欺骗，必须

建立在真实、真诚、道德、理性的基础之上，正确地利用信息工具。

四、大数据时代的商业管理

商业是一个高竞争性的行业，在市场经济体制下，政府一般都不直接加以干预。但是商业又是一个与民生密切相关、对社会经济活动影响很大的行业，所以政府部门必须对其加以密切关注，并及时地利用市场机制对其进行适当的调整和引导。商业管理对于信息的依赖程度很高。大数据时代给商业的管理工作也带来了相应的机遇和挑战。从机遇的角度讲，信息量和信息来源的增加，可以使政府部门更加及时和全面地了解市场信息和商业活动的影响，为相应政策的制定提供更为充分的依据；从挑战的角度讲，又由于大数据时代信息数据的浩瀚、分散、形式多、变化快，对其进行有效的处理，并从中获得有价值的信息将是一项十分困难的工作。政府在大数据时代如何进行科学的商业管理，是一个严峻的课题。我们认为，至少应做好以下一些工作：

首先，应当建立全方位的信息管理系统，即根据商业活动的规律与大数据的特征，扩大所观察的信息数据来源；除了传统的统计报表和其他二手资料外，还必须纳入对相关网络信息、视频信息、传感设备信息等新的信息数据的观察和分析；要在完善数据分类储存、交互分析的基础上完善信息服务的职能，以各种方式向企业及其他有关机构提供权威而及时的信息数据。

其次，对重要商品和物资的市场供求状况及价格变动要建立实时跟踪系统。如对于粮食、蔬菜、肉类、禽蛋、牛奶等同居民消费关系密切的商品以及一些主要的服务产品，都应当有实时跟踪系统和自动分析系统，以对未来的市场发展趋势能做出及时、准确的预测。对一些大宗商品（如石油、煤炭、钢材、有色金属等）的市场变动情况，更必须建立国际化的实时跟踪分析系统，甚至可同一些市场覆盖面大、交易量大、具有代表性的网络销售公司建立链接和数据交换关系，以便进行实时观察，发现一些有价值的市场动向。

再次，各政府管理部门之间要形成最大限度的数据共享和综合分析机制。商业管理是一个综合管理系统。从政府的职能分工来讲，至少包括发改委、商务委、工商局、质监局等部门，其他诸如财政、税务、统计、国资以及海关等部门也从不同角度予以涉及。所以，商业管理的信息数据也因此分散于各政府部门。而要全面、有效地掌握全社会的商业活动及市场活动的动向，以对商业进行及时而有效的调控，就必须通过信息联网和相应的数据分析技术对各政府部门的商业数据实现即时共享，并进行综合分析，这样才能更为准确和及时地根据企业和市场的变化来制定和调整商业管理的政策与措施。

复次,要利用大数据进一步完善覆盖全社会的商品质量监控和消费安全防范系统。商品质量监控和消费安全(特别是食品安全)防范是商业管理中的一项重要工作。做好这项工作的关键问题是要能对各类商品的全产业链和流通环节实施全程监控,这在原来是一项十分困难的事情,而现代信息管理技术从技术角度为我们提供了可能,大数据更可能帮助我们完善这一工作。在大数据环境下,不仅可有效地实现商品单品管理和回溯检测,而且有可能从原材料、生产设备、生产环境、企业资质与信用、物流条件和过程等方面提供大量的数据;还可以通过网络社区、微博微信等新媒体搜集相关信息,更为全面、深入地实施商品质量的全面监控。

最后,要利用大数据建立和完善落实到个人的信用评估和征询系统。商业管理的另一项重要工作是要建立起社会诚信系统,以有效保护参与市场交换的企业和消费者的利益。而大数据使得有关企业和个人的信用信息更为丰富,也更容易获取。同大数据有关的信息处理技术也使得信用数据的搜集、储存、追溯、评估更为容易。所以,相关管理部门应当积极利用大数据的环境条件,尽快建立起覆盖全社会并落实到个人的信用评估系统,并根据需要建立起不同层级的信用征询体系,为维护良好的市场秩序,保护企业和消费者的合法利益提供更可靠的保证。

(此文发表于《国际商业技术》2015 年第 2 期)

供给侧改革与商业的先导作用

习近平在 2015 年 11 月 10 日中央财经领导小组第十一次会议上正式提出了进行"供给侧改革"的思路,指出要"在适度扩大总需求的同时着力加强供给侧结构性改革,着力提高供给体系质量和效率,增强经济持续增长动力,推动我国社会生产力水平实现整体跃升"。这意味着中央在推进我国经济发展方面的重大政策变革。正如许多经济学家所指出的,这表明我国在宏观经济发展中将开始由主要强调"需求管理"转向重视"供给管理",通过供给方面的结构性调整与改革来消化过剩产能,增加有效供应,从而达到满足需求和拉动需求之目的。

一、"供需错位"已成为阻碍中国经济发展的主要矛盾

经济良性循环的理想状态应当是供给方所生产的产品能够尽可能多地进入消费领域,实现价值形态的转换,从而促进再生产的顺利进行。如果有大量的产品无法进入消费领域,实现不了价值形态的转换,则将使经济循环的过程阻断,出现产品积压、产能过剩、企业经营困难、经济发展滞缓的现象。这就是近几年中国经济发展中存在的主要问题。

而造成产品难以进入消费领域的原因主要有两种:一种是生产的规模性过剩。其通常是由于供给方的过度发展,而需求方的消费能力不足(一般表现为购买力短缺),从而造成总量上供给与需求的不匹配,进而形成产品的大量滞压。相应的对策主要是以增加居民收入,提高购买力水平,加上扩大投资,推动出口,也就是我们通常所说的"启动需求"来解决的。这也是前一阶段我国以"需求管理"为主的经济政策的总体特征。另一种则是生产的结构性过剩。其主要表现为"无效供给"与"短缺需求"的现象同时并存,即一方面所生产的产品大量积压,另一方面老百姓的很多需要则得不到满足,能吸引消费的创新型产品也很少,即所谓的"有的人家不要,要的你却没有"。

这恰恰是当前中国市场上普遍存在的现象。就像我们所看到的,国内商场里

同质性的商品大量铺设,无人问津。而境外中国人却成为各国"扫货"的第一大军。在产能过剩、投资无路的同时,住房难、就医难、养老难、就学难、出门难等服务业的短缺现象却始终成为新闻热点。这说明,目前困扰中国经济的主要矛盾并不是总量上的生产过剩、供给过剩,而是因"供需错位"造成的结构性生产过剩,在一部分产品上出现严重的供大于求,形成了"无效供给";反之,则表现为严重的供给不足,形成了"短缺需求"。所以单纯依靠提高购买力、扩大需求,是无法从根本上解决问题的,而必须通过供给侧结构性改革,合理配置资源,增加有效供给,才能真正释放购买力,完成产品向消费领域的快速转移,形成国民经济的良性循环。

二、商业的"先导性"作用未能很好发挥

为什么会形成供给与需求在结构上的不匹配?从根本上讲是因为生产方(供给方)未能按需生产。为什么不能按需生产?从生产企业的角度讲一般有三个原因:一是未能准确掌握某类产品在市场上的总体供求状况和发展趋势,从而在产品需求已趋于饱和的情况下仍继续生产,甚至追加投资;二是缺乏创新意识,缺乏对潜在需求的探索和开发热情,从而在旧产品趋于衰落时找不到产能转移的新方向和投资转移的新领域;三是制度原因,一些地方政府为了地方的经济利益,采取了对落后产能和夕阳企业的保护政策,甚至不惜动用行政权力来限制竞争,降低了企业的市场风险意识和适应能力。

然而从市场机制的角度讲,信息不对称则是造成"供需错位"的重要原因,生产企业若不能找到从宏观角度把握市场供需变化的即时信息和可能形成新的市场机会的需求信息的路径和方法的话,则很难做到真正按需生产、适销对路。当然在大数据的环境下,生产企业是可以通过各种路径和方法来提高市场信息的把握能力的。而本文只想从商业的角度来谈一谈如何克服信息的不对称,促进市场供需趋于平衡。

在大生产和大流通的环境下,商业不仅具有促进产品向消费领域转移的交换媒介作用,同时也具有反馈市场信息、引导生产在总量和结构上适应市场需求的先导作用,这一点已经在学术界和政府部门取得了共识。2012 年,国务院在深化流通体制改革、加快流通产业发展的意见中明确指出"流通产业已经成为国民经济的基础性和先导性产业",肯定了商业(即流通产业)在经济发展中的先导作用。"先导作用",就是商业在执行商品交换和流通职能的过程中,随时观测市场供需的变化,发现需求发展的动向,通过各种方式向生产企业反馈市场信息,引导生产企业及时调整生产的总量和结构,并确定正确的投资方向。然而这些年来商业是否很好地发挥了其在经济发展中的这种先导作用呢?实事求是地讲,是十分欠缺的,其中不乏利益和制度的原因。

首先,商业的经营模式发生偏移。20世纪90年代以后,随着商品逐步趋向供大于求,商业企业对于供应商的相对优势上升,不少商业企业的经营模式也逐渐发生了改变,由以采购自营为主的经营模式转变为以招商联营为主的经营模式,后来又逐渐发展为以租赁经营场地为主的商场化经营模式。零售商业企业将商业风险大多转移给了供货商或生产企业。在以保底收益和固定租金为主要收益形态的情况下,商业企业自然也就失去了关注市场需求变化、挖掘市场潜在需要,以引导生产企业按需生产的积极性,其先导性作用不复存在。

其次,商业的竞争方式十分单一。在居民总体收入水平还比较低的情况下,廉价往往是吸引购买的主要因素。因此价格竞争(或变相的价格竞争)就成为商业促销竞争的主要方式,在多数情况下甚至成为唯一方式。而且,在商品供应同质化十分严重的情况下,价格竞争又往往是最为有效的方式。在以价格竞争为主的市场上,创新的、优质的产品往往会因其相对高昂的生产成本而在竞争中处于劣势,从而受到以追求销量为主的商业企业的排斥。商业企业这种"劣马驱逐良马"的招商倾向又怎么能正确发挥商业的先导作用呢?

再次,公平竞争的市场秩序尚未真正建立。所有经济学的理论都告诉我们一个道理,只有在公平竞争的市场环境下市场的供需状况才能得到真实地反映。而当前我国市场中这种公平竞争的市场秩序并未真正建立,如各种形式的商业贿赂仍经常出现,假冒伪劣产品并未有效清除,地方保护主义阻碍市场的公平竞争,一些行业的市场垄断状况依然存在。在缺乏公平竞争秩序的市场中,从商业反映出来的市场供需状况必然是扭曲的,从而给生产企业传递的市场信息自然也就是错误的。

最后,国有商业企业的改革相对滞后。事实上,以上所出现的这些情况并不能导致商业企业经营效益的上升;相反,一旦遭遇真正具有创新性的竞争对手,或市场环境发生较大的波动,商业企业的经营效益便会出现明显的下滑。如在当前经济状况总体下行和互联网商业的冲击之下,大多商业企业就出现了应对无策、经营效益急速下滑的现象。为什么商业企业不能积极创新,改变经营模式和竞争方式,去争取更好的经营效益呢? 这就涉及国有商业企业的体制改革问题。虽然很多商业企业早已实现公司化改革,有的已经上市,但真正的公司治理结构尚未形成。其主要表现为主要经营者并未实现市场化选聘,而仍然沿用领导干部任免制。与此相应,中层干部甚至基层商店的主要经营者也是以系统内提拔任免为主。这种表面公司化、实为行政化的经营体制怎么能够保证商业企业的经营者真正成为有高度责任感、有战略眼光、有创新精神和风险承受能力的企业家呢? 没有这样的企业家来经营管理国有商业企业,上述一些阻碍商业先导性作用发挥的现象就很难得到改变。必须指出的是,当前在我国的一些主要城市,国有商业企业仍然是商业的主力军,掌握了绝大部分的优质资源,从而也最大限度地影响了商业先导性作用的发挥。

三、"供给侧改革"中商业的任务和路径

供给侧改革主要涉及对于供给资源(土地、劳动力、资本)的合理配置和创新利用,而促使这一目标实现的促动因素则主要是科技创新和制度改革。然而,供给侧的任何改革能否成功,主要还是要看其是否能以市场现实与潜在的需求为导向。商业作为执行商品交换和流通职能的产业部门,也是构成市场供给体系的重要组成部分。商业改革的主要任务应当是通过改革与创新,真正建立起高效、通畅的流通渠道,同时能及时反馈市场的需求信息,真正发挥其对于整个供给系统的先导性作用。针对目前商业经营管理体制所存在的不足,笔者认为应当在以下几个方面做进一步的努力。

(一)**努力改变商业经营模式,提升商业企业的采购自营能力**

这是重建和完善商业先导性功能的关键方面。商业若不能执行根据市场需求变化,实行自行采购经营的职能,也就不可能正确地反馈市场需求信息,发挥其先导性作用。所以商业企业必须把提升采购自营的能力作为一项重要任务,予以努力推进。这就涉及必须随时掌握市场需求变化动向、培养业务熟悉并能按需采购的买手团队,开辟广泛而丰富的商品资源供应网络,逐步由以联营租赁为主的商业经营模式转变为以采购自营为主的商业经营模式。

(二)**积极创导创新经营观念,形成商业企业的核心竞争能力**

在当前商业设施大量增加,又面临网络购物迅猛发展的情况下,商业企业以价格竞争为主的竞争方式,不仅会严重损害产销双方的经济利益,更会影响供给方的创新意愿和创新能力。所以商业企业应当首先建立以市场为导向的创新经营观念,实行以差异化竞争为主的竞争模式,培育自身的核心竞争力。因为只有当商业企业有了差异化竞争的意识和行动,才可能积极引导生产企业和供应商进行产品的创新和研发,从而促使市场供应的多元化,激发出更多更强的市场需求。

(三)**建立完善大数据管理系统,全面、及时掌握各种市场信息**

通过各种方式向生产企业和供应商反馈市场需求信息,是商业发挥先导性作用的主要体现。其前提是商业企业首先要能够通过对市场需求信息的分析和处理,全面、准确、及时地掌握市场需求的变化趋势。商业每天同最终市场的消费者大量接触,产生着海量的动态信息。然而不能迅速而科学地进行处理的信息是无价值的。所以商业部门应当建立和完善大数据管理系统,及时收集和处理所产生和积存的市场信息,从中发现对引导生产和供应具有价值的信息并进行反馈。同

时有条件的商业企业还可以根据市场需求的变化自行开展商品的创新研发和设计,成为具有自主创新能力的零售制造商。

(四)努力推进全供应链管理,实现产供销一体化的管理模式

现代化信息管理技术已经创造了产供销信息即时共享的条件和环境,从而更有利于商业先导性作用的充分发挥。有条件的商业企业应当努力推行全供应链管理技术,在生产商、供应商和各销售终端之间建立起能高效运行的供应链系统,使生产、销售和市场需求之间能实现真正意义上的无缝对接,不仅能及时满足市场的需求,也能使生产和供应能随时根据市场需求的变化进行调整和转变,最终达到促使资源合理配置的目的。

(五)强化市场法制化管理,真正形成公平竞争的商业环境

公平竞争的市场环境是市场信息真实、可靠的保证。从理论上讲,只有在公平程度最高的完全竞争市场中,市场信息才是最透明和最真实的。当然现实的市场都不可能是完全竞争的市场,信息不对称的情况是普遍存在的。但是垄断、欺诈、商业贿赂、行政保护等不公平的市场竞争行为将会严重扭曲市场的真相,损害市场信息的真实性,必须通过强化法制管理,倡导商业道德,有效打击和遏制各种非法商业行为,消除影响公平竞争的各种环境因素和主观因素,才能使商业的先导性作用得到更好的发挥。

(六)加速推进国有商业企业体制改革,形成真正的市场主体

制度改革是供给侧改革的主要方面之一。目前在市场流通领域仍发挥着主导作用的国有商业企业的制度改革自然也是供给侧改革的重要方面。针对目前我国国有商业企业经营管理体制存在的主要弊端,笔者认为,促使国有商业企业成为真正的市场主体、独立自主地参与市场竞争应当成为国有商业企业体制改革的主要目标,为此,首先,应当改变国有资本大比例控股甚至全资控制的资本结构,使绝大多数国有商业企业形成混合所有制的资本结构;其次,应当彻底改变国有商业企业经营者行政化聘用和管理的模式,实现真正意义上的市场化聘任,完善公司治理结构,形成一批具有战略眼光和持续经营能力的商业企业家;再次,除了一部分具有公共服务和战略储备职能的商业企业外,对于其他国有商业企业,政府部门不再给予特别的支持和保护,使其形成自我的风险承受和消化能力;最后,对于一部分竞争性特别强、对整体市场波动和国计民生影响不大的行业或领域,国有资本应当基本退出,全部转向民营化或股份化经营,这样才可能使商业活动真正反映市场需求变化的现状和趋势,发挥出其应有的先导性作用。

(此文发表于《国际商业技术》2016年第2期)

互联网促使商品流通业本质回归

20世纪90年代末,互联网开始进入我国的商品流通领域。当时对于B2C和C2C的发展前景,还存在着许多疑虑,主要是担心物流配送和网上支付系统不能相应配套会影响互联网商业向消费领域扩展。2003年阿里巴巴集团创建了C2C的"淘宝"商业平台,2004年又创立了首个网上支付平台"支付宝",从而推动了互联网商业很快进入消费领域,并以前所未有的速度迅猛发展。至2016年,我国网上购物的年营业额已达51 556亿元,占社会消费品零售总额的比重也已达到12.6%。互联网商业已成为我国消费者购物的一条重要渠道。

一、互联网商业的"虚实之争"

网上购物的迅猛发展冲击着各种传统的商业模式,网上市场所出现的某些不规范行为也对生产商和流通商造成了较大的负面影响,从而导致不少人对互联网商业发展的利弊问题也提出了疑问。其中最引人关注的就是在全国十二届人大五次会议上所发生的"虚实经济"之争。全国人大代表、马可波罗陶瓷有限公司的董事长黄建平递交了一份提案,指责以淘宝网为代表的电商破坏实体经济。罪责主要有两条:一是电商平台把关不严,任凭假货在网上盛行;二是网上商家利用逃税、不做品牌宣传和售后服务的低成本优势,打压价格,低价竞争,对实体经济形成很大冲击。对此,阿里巴巴集团进行了回应。主要观点是:(1)打假是平台商和品牌商共同的责任;(2)淘宝是百分之百的实体经济。马云在相关场合也指出:生产商和流通商都是实体经济的一部分。企业没有实体与虚拟之分,只有好企业和坏企业的区别。2017年3月19日,《人民日报》头版发表文章指出"以阿里巴巴为代表的新实体经济正在迅速崛起……",从官方的角度支持了阿里巴巴的观点,肯定了互联网商业是"实体经济",并肯定了其对经济发展所做出的积极贡献,从而结束了这一场引人注目的互联网商业"虚实之争"。

实际上早在2016年4月,就有学者曾撰文指出:互联网只是一种技术手段,这种技术手段引发了实体经济的变革,形成了一种新实体经济形态。而这种新实体经济形态,就是虚拟经济和实体经济两大经济形态的链接与互动(陈文玲,2016)。李克强总理也曾在 2017 年 1 月的国务院常务会议上指出,网店是"新经济",但直接带动了实体工厂的销售;快递业作为"新经济"的代表,同样既拉动了消费也促进了生产。这些典型的新经济行业实际上都是生产性服务业,都是在为实体经济服务,也是实体经济的一部分。确实,从理论上讲,所谓"虚拟经济",主要是指脱离了实物生产和流转的经济活动,如纯粹的金融及房地产的价值炒作等,而并不是指商品流通或支付方式上的"虚拟化"。互联网商业属于"实体经济"(或者叫"新实体经济")是毫无疑义的。但是我们也可以明确地看到,黄建平等人的意见并非将互联网商业纳为"虚拟经济",并将其作为争论焦点,而只是指出了其对传统的实体经济所形成的现实冲击和影响。这一现实同样是不容回避的。

二、实体商业的困境与问题

一个有目共睹的事实是,一部分传统的实体商业在互联网商业的冲击下确实陷入困境,导致市场萎缩,销售下滑,甚至不得不关门停业。全国连锁商业协会的统计数据显示(见表 1),标准超市和大型超市在互联网商业迅猛发展的 2012 年以后销售增长速度都明显下滑,甚至出现了负增长,其中标准超市 2012 年的销售额下降了 14%。百货商店的销售增长速度也大幅下降,2015 年的销售增长率还不到 1%。

表 1　　　　　　　　　　　传统实体商业销售增长率　　　　　　　　单位:%

年　份	便利店	标准超市	大型超市	百货商店
2011	−8.4	22.8	−11.1	20.8
2012	16.8	−14.2	22.7	7.7
2013	18	−9.2	12.1	13.9
2014	11.1	3.2	−1.8	2.8
2015	11.9	4.6	6.8	0.9

资料来源:全国连锁商业协会简报。

全国以传统商业业态为主的三大商业公司(王府井、百联股份、大商股份)在互联网商业的冲击之下,销售业绩也明显下滑(见表 2)。王府井的营业收入增长率由 2012 年的 8.9%下降到 2016 年的 2.7%,其中,2014 年甚至出现了−7.6%的下滑;百联股份的营业收入增长率由 2012 年的 4.8%下降到 2016 年的−4.4%,业绩下滑的颓势也十分明显;大商股份的营业收入增长率也由 2012 年的 4.8% 下降到 2016 年的 -8.9%,其中 2014 年后都是连续的负增长。

表 2　　　　　　　　　　　三大商业集团营业收入年增长率　　　　　　　　　单位:%

企　业	业态	2012 年	2013 年	2014 年	2015 年	2016 年
王府井	公司	8.9	8.4	-7.6	-5.2	2.7
	百货	20.3	8.3	-8.0	-5.9	1.9
百联股份	公司	4.8	5.4	-1.5	-5.3	-4.4
	百货	5.1	10.5	2.6	-11.0	-20.1
	超市	4.8	3.5	-4.0	-8.9	-6.0
大商股份	公司	4.8	5.9	-4.6	-4.3	-8.9
	百货	8.8	5.7	-5.6	-5.2	-10.8
	超市	7.4	4.6	-2.6	-6.4	-6.2

资料来源:各上市公司年报。

在互联网商业的冲击之下,许多实体店纷纷关门倒闭。据联商网 2015 年对全国 39 家主要连锁商业企业的统计,当年共计关闭门店 1 709 个,新开设门店 729 个,净减少门店 980 个。有 25 家企业的关店数大于开店数,其中 20 家企业只关未开。曾全国闻名的联华超市公司当年净关门店数达到 408 家,万达商业集团也关闭了 48 个购物中心和百货商店。

外资商业企业也开始支撑不住,加入了“关店潮”。曾号称“外资第一店”的百盛百货公司 2015 年亏损高达 1.86 亿元,2016 年上半年亏损即达 1.24 亿元。2012—2016 年已先后在上海、天津、济南、贵阳、石家庄等地关闭了 18 家门店。全球零售巨头沃尔玛 2016 年在中国共关闭了 11 家门店。家乐福 2015—2016 年在中国关闭的门店数也已达到 18 家。韩国新世界集团的易买得超市近 4 年在中国的亏损额已高达 9.14 亿元,从而也开始陆续关店,至今仅剩 6 家门店。新世界集团高层最近表示,易买得实体店将全面退出中国市场。据统计,2015 年全国百货业态关闭的店铺数量中外资百货占到一半以上,高达 58%。

对于商业实体店关店的原因众说纷纭,如商业物业租金过高且不断上涨;商业设施供过于求,竞争激烈;消费市场购买欲望下降,需求疲软;商业企业自身定位不准,经营不善等。但是从时间节点看,互联网商业,特别是网上购物的快速增长不能不说是导致实体店亏损歇业的主要原因。而网上购物为什么会对实体商业造成如此大的冲击呢？从表象上看，网上购物确实具有以下一些明显的优势。

一是便利性。不用出门，不用上街，也不用出国出境，在家里动动鼠标就可以畅购全球。

二是随时性。不分昼夜，想购就购，不用担心店铺打烊休息，装修关门。

三是移动性。自从手机的功能得到越来越多的开发，移动购物、移动支付，可以做到在任何地方，只要有网络，都能随时购物。

四是选择性。不用店跑百家，只需翻动网页，就能在几百种甚至上千种产品中任意比较选购。

五是廉价性。由于网上商家不用付店铺租金、进行店铺装修甚至大量存货，所以经营成本比较低廉，同样的商品可以较低的价格出售，形成了很强的吸引力。

这些特点实际上是冲击了实体商业存在的本质意义，即克服生产者与消费者之间的时空障碍。互联网商业使得营业时间、店铺市口、距离远近以及商品陈列等商业实体店的主要经营要素都变得不那么重要，实体店的市场萎缩和业绩衰退自然也就不奇怪了。

三、商业企业必须回归本质

然而，导致传统实体商业在互联网商业的冲击之下根基如此脆弱，不堪一击，更重要的原因却是实体商业企业对商业功能的本质背离。从理论上讲，商业之所以能从农业和制造业中分离出来，成为一个必不可少的产业，是因为它具有四大效用，即时间效用，能使错时生产和消费的商品适时供应市场；空间效用，能使异地生产和消费的商品就近供应市场；形态效用，能通过商业加工和包装增加商品的吸引力；持有效用，能通过商业对商品的购进和持有，减少生产者风险，加速生产者的资金周转。而这些效用的产生则是通过商业最基本的经营活动来实现的：采购商品，从生产者处购进并拥有商品；储存运输商品，克服产销的时空错位；销售商品，代替生产者寻找相应的顾客，并把商品销售出去。商业的这些经营活动及所产生的经济效用，决定了商业应当存在的三个基本理由：（1）可为生产者拓展市场分销商品；（2）可为生产者垫付资金，加速资金周转；（3）可为生产者分担风险。

但是在我国目前的市场上绝大多数的实体商业企业已经基本摒弃了"采购商品，拥有商品，然后进行销售"这一商业的本质功能，转而采用"联营"和"租赁"的经营方式，以商场物业经营作为企业的主要经营模式和盈利手段。这样一来，商业存在的两个重要理由：加速生产者的资金周转和为生产者分担风险就不存在了。如果说，在没有互联网商业的情况下，实体商业企业还是可以通过其良好的地理位置、同消费群体的接近性、连锁门店网络的市场覆盖能力以及商业企业本身的品牌声誉吸引消费者,发挥其分销商品的功能,即保持商业存在的最后一个理由的话,那么,当互联网商业出现,网上购物成为消费者的热衷选择之后,实体商业企业的这些以地理空间优势为主的竞争力也必然逐渐减退,甚至不复存在。也就是说,商业存在的最后一个理由也变得不重要了。在迅猛发展的互联网商业冲击之下,传统实体商业自然就变得不堪一击。

更令人担忧的是,传统的实体商业企业由于长期放弃商品采购的职能,已不再拥有善于分析市场、联络厂家、准确选择和提供特色商品资源的"买手"团队,也基本失去了丰富而稳定的货源渠道。所以目前想要通过控制优质货源、提供有特色的商品和服务来提高竞争力也已变得很难。加上实体商业的运营成本明显高于互联网商业,在商品价格上也难以同电商开展竞争。

目前有不少实体商业企业都在尝试从线下走到线上,在店铺经营的同时开拓网上市场,实施"全渠道运营"的策略,企图通过经营模式的转换来摆脱目前的困境。但至今为止尚未看到十分成功的案例。究其原因主要有两条:一是因为已错过了网上市场进入的最佳时机。我国互联网商业产生和发展已有十多年,形成了如天猫、淘宝、京东、一号店等著名的商业平台企业。它们吸引了大部分的网购消费者,并通过会员制等方式强化了同其顾客之间的关系。据中国电子商务研究中心的监测报告显示,2016 年仅天猫和京东两家企业就占了网上零售市场 83% 的份额,完全印证了互联网商业"赢家通吃"的判断。实体商业企业想要通过开拓网上市场与其竞争恐怕只能是一种美好的梦想。二是因为渠道业态和经营模式永远不会成为商业企业的核心竞争力。对消费者具有最终吸引力的仍然是符合其需要的并具有特色的商品和服务。从长远来看,如果不能持续地获得优质而独特的商品资源,网上电商也不可能保持其持续增长的势头;而如果能够不断增强自采自营的能力,同时通过有效的合作来同生产商和供应商分担风险,共享利益,并因此而对优质而独特的商品资源实现有效控制,线下实体商业企业也还是有可能重建辉煌的。也就是说,实体商业企业想要真正摆脱困境,就必须回归商业的本质,发挥商业的应有效用,重新奠定自身存在的理由和基础。互联网商业想要保持持久的发展势头和竞争优势,也必须这样做。

一些成功的实例是能够说明问题的。

成立于 2001 年的永辉超市以生鲜食品经营为主要特色,坚持源头采购和自主经营,并投资和合作建立货源基地,建设物流中心,形成上中下游一体化的供应链体系,从而在生鲜食品经营上拥有了强大的竞争力,目前已在全国拥有数百家门店,销售利润连续多年呈两位数增长。

DIG 进口商品直销中心最初是上海自贸试验区外高桥保税区的一些贸易公司利用它们所掌握的进口货源渠道,直接向零售终端延伸所开设的进口商品直销店。由于其掌握货源且自主经营,商品丰富,价格较低,很受消费者欢迎。目前已向全国各主要城市布点,销售业绩不断上升。

名创优品 2013 年 9 月在广州开了首家门店。该企业以时尚的设计风格和较高的性价比为特点,深受消费者欢迎。在短短三四年时间里,全国以每月 80—100 家的速度迅速扩张,至今门店数已有 1 400 多家,2016 年的营业额达 100 多亿元。

实际上,国外许多传统的实体商业企业始终保持着相当比重的自采自营,从而能保持自己的经营特色和品牌声誉,维持良好的经营业绩。据报道,美国梅西百货、彭尼百货、科尔百货 2007—2012 年自有品牌的经营比重始终保持 35%—50%。梅西百货有 10 个自有品牌,销售额曾一度占公司总销售额的 45%。

一些实体商业企业是通过提供优质而独特的服务资源来吸引顾客和获取利益的,其中最具代表性的是上海的 K11 购物艺术中心。该企业是香港新世界发展有限公司在上海淮海路原香港广场基础上的改造项目。自 2013 年开幕以来,K11 坚持艺术·人文·自然的核心理念,运用博物馆零售的模式,通过艺术的视角为顾客带来新颖的体验消费,同时也带来了商业的成功。2016 年的营业额持续保持两位数增长,其中对高端会员的销售额同比增长 34%。

这些案例说明了一个道理:实体商业企业只有掌握了具有特色的商品和服务资源,以自主经营为主,回归商业本质,成为真正意义上的"商人"而不是"房东",才可能在互联网等新的商业业态的竞争面前找到自己的立足之地。

四、"新零售"和"消费服务商"

我们强调商业企业必须回归商业本质,大力推动自采自营,以掌握经营的主动权,只是针对目前实体商业企业所存在的主要问题。但是,在科学技术不断发展和消费水平不断提高的情况下,仅靠掌握商品货源优势也不一定能提高自身的竞争能力,还必须通过对消费市场发展变化趋势的研究和理解,运用各种可利用的技术手段,通过全面满足目标市场消费者的需求来获取自身的竞争优势。实际上,包括电商在内,一些具有战略视野的商业企业都在思考这样的问题。"新零售"思想的提出就是一例。

"新零售"的概念是马云在 2016 年 10 月于杭州召开的"云栖大会"上提出的,但他对这一概念并未作十分明确的解释,只是说:未来的十年……只有"新零售"这一说,只有将线上、线下和物流结合在一起,才能真正创造出"新零售"。阿里巴巴CEO 张勇对"新零售"作了进一步的解释:"新零售"就是利用互联网和大数据,将

"人、货、场(场景)"等传统商业要素进行重构的过程,包括重构生产流程、重构商家与消费者的关系、重构消费体验等。2017年2月,在上海百联集团同阿里巴巴宣布相互合作的大会上,上海百联集团董事长叶永明对"新零售"谈了他的理解,他认为新零售的主要特点是"全":"是以互联网和物联网、人工智能及大数据等领先技术为驱动,面向线上线下全客群,提供全渠道、全品类、全时段、全体验的新型零售模式。"而我们认为,对"新零售"的正确认识不能仅从商业企业自身的目标和行为考虑,而必须结合消费市场的客观需要去认识。也就是说,"新零售"只能是迎合"新消费"的一种商业变革,没有"新消费"的产生和发展,"新零售"的发展也就失去了方向和基础。"新零售"的变革仍然没有改变商业活动的本质,只不过在"商品"的内涵上有了很大的扩展,把消费者更多的消费需求(如服务、便利、体验、休闲甚至兴奋)都纳入"商品"的范畴。商业在此仍然扮演通过媒介交换,满足消费需求的角色。

那么什么是"新消费"呢? 综合各方面的研究成果,我们大体上可以将其归纳为四个方面,即"全、便、特、新"。所谓"全",即消费者全方位的需求,除了对商品的需求外,还有对休闲、娱乐、审美、文化、社交等各种物质和精神方面的需要;所谓"便",即消费者对于省时省力的快捷服务的需要,能够随时随地全时空地得到其需求的满足;所谓"特",即能够获得与众不同甚至独一无二的个性化满足;所谓"新",即追求变化、追求时尚,能获得猎奇猎新的兴奋感。这是在消费水平不断提高、物质产品极其丰富、信息传播极其迅速、技术创新日新月异的环境条件下,消费者自然产生的客观需要。

从这个角度去认识,我们就能找到"新零售"的具体内涵,即以"多维服务"去满足"全方位需求"、以"多媒体链接"去满足"全时空需求"、以"全供应链管理"去满足"便捷化需求"、以"发现性采购"去满足"特色化需求"、以"创新型运营"去满足"体验化需求"。商业企业的这些努力正在自觉或不自觉地将自己由单纯的"零售商"转型为一个"消费服务商",从"卖东西"变成"卖满足",并使其成为市场的竞争焦点。我们认为,这才是对互联网背景下所产生的"新零售"思想的正确解释。

"盒马鲜生"是阿里巴巴旗下的一个新业态,也是其"新零售"思想的展示范本。它是集生鲜超市、餐饮、海鲜集市、网上购物等于一体的一种全新的商业模式。在店里你不仅可以看到他们自行采购的各种新鲜食材和其他商品,还可以根据顾客的口味,现场烹调,即刻品尝。而其最大的优势则是依托阿里巴巴的大数据和智能物联网系统进行各项业务的处理,以最高的效率满足顾客的需要。如在网上下单,3公里范围内可30分钟送达。"盒马鲜生"全新的商业模式产生的效益也是客观的。据报道,仅其上海金桥门店2016年的销售额就达到2.5亿元,单位面积坪效约为5.6万元,远高于同业1.5万元的平均水平。而在我们看来,"盒马鲜生"的创新思路就是在走"消费服务商"的路线。

传统实体商业如何向"消费服务商"转型? 我们认为除了积极利用互联网技术、实现网上网下的全渠道运营外,还应当在以下几个方面进行努力:

(一)利用大数据建立数据库,进行数据挖掘,识别自身的消费者

了解消费者的购买能力、需求特征和个性偏好,是提高对消费者的服务水平的基本前提,也是构建消费服务体系、创新经营模式的基础工作。互联网技术为我们提供了这样的条件,必须对其充分加以利用。

(二)整合目标消费者需求,实施跨业经营,形成服务组合

从"消费服务商"的思想出发,没有什么是不应该做的,也没有什么行业和业态的界限。只要我的顾客需要,且我又有可能对其加以满足,都可以纳入我的经营范围。当然也要根据成本与效益的测算,形成最佳的商品结构和服务组合。

(三)发现性采购和创新性设计相结合,创建经营特色

以上多次强调,有特色的商品和服务才是构成商业核心竞争力的根本。所以"消费服务商"必须通过市场调研和对供应源的开拓,进行"发现性采购",即能寻求那些市场上尚未提供甚至消费者也尚未意识到的潜在需要的满足及相应的商品和服务采购。这种发现性采购占商品和服务集成的比重不一定要很高,但只要有,就能形成企业独特的竞争力,进而带来意想不到的市场效果。除采购之外,也可以像国外一些成功的商业企业那样,组织自己的创新设计团队,不断根据市场需求的变化,形成自身的创新设计,并组织外包生产加工,向顾客提供独一无二的创新产品。

(四)进行全供应链管理,降低成本,提高效率

"盒马鲜生"成功的要诀之一就是实施了高效的全供应链管理。盒马实现了由采购、库存、包装、上架、销售、配送的全数字化供应链管理系统。从商品到店、上架、拣货、打包、配送等,作业人员都是通过智能设备去识别和作业的,不仅高效有序,而且可随时追溯,从而大大提高了对消费者的服务水平。

(五)全媒体、多渠道的信息沟通,随时随地同目标顾客保持接触

在互联网和移动信息条件下,顾客同商业企业之间基本上是"零距离"。商业企业之间的竞争也是"零距离"的。所以同顾客的沟通方式、沟通内容、沟通频率和沟通的便利性往往是商业制胜之关键,也是对消费者服务质量提升之关键。作为"消费服务商",就必须利用一切可利用的渠道和方式,保持同目标顾客之间的接触与沟通,但也必须避免对顾客的过度打扰。理想的状态就是"不需要时,我会静静地关注你;你需要时,我会马上出现在你身边"。

　　市场在不断地变化,技术在不断地发展,新的事物在不断地涌现。回归本质的商业企业只要能够克服惰性,不断探索,敢于勇抢先机,填补空白,就有可能站在商品流通业创新变革的潮头,成为新一代商业发展的领军者。

（此文发表于 2017 年 10 月 24 日《解放日报》"思想者"栏目,
发表时标题改为"实体商业要摆脱困境,就不能只当房东"）

关于建设现代化流通体系的认识和建议

一、发展阶段

我们认为,从 20 世纪 90 年代以来,我国的流通体系主要经历了两次具有"现代化"意义的变革:第一次是从 90 年代初一直到 21 世纪初的十多年时间中,主要是以流通的组织形式和经营业态的变革为标志,连锁超市、便利店、大卖场、购物中心、品牌直销中心(奥特莱斯)等新的零售业态都是在此期间出现的;第二次则是从 21 世纪初开始的以互联网和现代化信息技术的应用创新为标志的流通组织形式和经营业态的重大变革。网上交易平台、网上商店、网上支付、移动购物、移动支付、快递配送以及线上线下相融合的 O2O 商店等都是在该阶段出现的代表性流通新业态。而目前我国的流通体系正在悄然进入第三个变革时期,即以智能化流通和跨界(或无界)经营为标志的新的现代化流通体系变革的时期。在该时期,我们已经看到和即将看到的是无人商店、无人餐馆、无人银行、无人宾馆、社区或家庭消费智能服务终端、无人机或机器人配送,以及各种融购物、餐饮、娱乐、休闲、旅游、学习、艺术、健康、交通及家政服务功能于一体的新型流通业态。

二、主要特征

必须看到,同传统的流通体系(含第一次变革后的流通体系)相比,以互联网和信息技术为支撑的现代化流通体系在运行结构上发生了重大变化,主要表现在以下几个方面:

(一)运行平台化

不同于传统流通体系以纵向一体化为主的运行结构(即从生产商—分销商—批发商—零售商所构成的流通产业链,以及相对应的纵向支付结算和物流配送系统),形成了以网络平台商为核心,会同生产商、供应商、网上商户、网络支付平台、第三方物流配送系统、会员制客户信息管理系统,以及大数据分析系统的水平化或立体化的运行结构。

(二)终端集约化

通过各种应用软件(App)的开发和应用,使各种流通功能在消费者终端实现了高度集约。消费者只需在电脑或各种移动设备上下载相应的 App,就能轻松地完成搜寻、比价、下单、支付等交易程序,也能获取物流配送的即时信息,并能进行评价、投诉、退换货和申请售后服务,还可能不断获得各种扩展信息和参与各种相关活动。

(三)要素数字化

现代信息技术在流通中的应用促成了几乎所有流通要素都可能以数字化的符号呈现,包括商品、品牌、价格、货币、客户信息以及企业、生产地、生产时间、品质、流程等都可以转化为一组组的数码。"扫一扫""刷一刷"就能便捷、准确地获取各种相关信息和完成各种原本复杂的交易活动。

(四)管控系统化

从流通企业的角度而言,互联网和现代信息技术也促成了企业管理的系统化,不仅提高了其运营管理的效果和效率,而且还赋予企业不断整合其资源要素、拓展其业务领域的能力。阿里巴巴、京东、苏宁、腾讯等较早开展网络流通业务的企业集团,现在都已通过其所牢牢掌控的网络系统开始进入金融、物流、旅游、文化等领域。而其各种业务的强大竞争力则来自其通过系统化管控运营而形成的企业生态系统。在这种生态系统中,各业务领域相互支撑,其竞争力远不是经营单一业务的企业所可比拟的。可以预见,未来流通领域的竞争将不再是单一企业和单一业务之间的竞争,而是一个生态系统与另一个生态系统之间的竞争。这或许将成为现代化流通体系的构成基础。

三、现状与问题

目前,我国现代化流通体系的发展主要呈现以下几个特点:

(一)行业集聚度较高

在网上购物市场中,一些主要的网络平台商占据了绝大部分的市场份额。

(二)投资巨大,回报缓慢

现代化流通企业(包括电商、O2O、无人店等)由于需要大量前期建设和后台支撑,投资往往是巨大的。加上日常维护成本较高,所以投资回报期较长,盈利水平不高。

(三)传统商业企业转型困难

在互联网商业迅猛发展的驱动和压力之下,许多传统的商业企业正在试图向现代流通模式转型。然而至今为止成功概率很低。这一方面是由于起步太晚,难以同已处于领先地位的各大电商争夺市场,更主要的是传统商业企业人才严重缺乏,组织结构和经营模式比较僵化,转型成本较高,各层次经营管理人员经营观念陈旧,思想难以统一。

(四)形式变化大于内容变化

尽管我国在现代化流通的组织形式和经营业态方面有了很大的发展,但是在经营方式和盈利模式方面仍无大的改变,基本上仍是以招商的模式吸引生产商和供应商进入平台开展经营,极少以采购自营的方式开展经营,从而使经营内容雷同、新品资源匮乏,主要的竞争手段仍然是价格竞争。

(五)流通市场管理和规范相对滞后

在以电子商务和网络购物为代表的现代化流通体系发展和运营中,不规范的经营行为仍出现得比较多,一方面是由于在互联网购物和服务中,形式多样,沟通不便,消费者维权成本较高;另一方面则是由于一些相关的法律法规相对滞后,不够细化,留下了不少监管漏洞。

四、目标描述

根据我国现代化流通体系建设的现状和发展趋势,今后5到10年建设现代化流通体系的目标可作如下描述:

(一)网络平台商、垂直电商和实体流通企业将并行发展,相互交融

要逐步将线上线下融合的流通方式稳定化、契约化,并根据不同的商品类型和市场需求形成不同的交易流程和经营模式,使其成为现代化流通体系的重要构成部分。

(二)网上购物的比重将进一步提高,并将逐步稳定在一个水平上

预计到2020年以后,网上购物的年环比增幅将稳定在20%以下,逐步接近社会消费品零售总额的增幅。与此相对应,网上购物占社会消费品零售总额的比重至2022年会达到20%左右,之后再过十年会在30%-35%的水平上稳定下来。

(三)网络化、数字化运营方式将覆盖和渗透到整个流通领域

无论是何种类型的流通企业,都将采用网络化、数字化的运营方式。

(四)流通领域的智能化创新应用将快速发展

今后几年,我国流通领域的创新热点将从网络化转向智能化,并将主要出现在三个方面:一是终端智能化,二是物流智能化,三是监管智能化。

(五)实体零售商业将进一步向跨界经营和功能综合化发展

更多集购物、餐饮、娱乐、休闲、文化、艺术、健康、服务于一体的大型商业综合

体将在各大中城市落地。连锁便利店将纳入更多的增值服务，并成为各种与居民有关的公共服务终端。零售商业的自采自营能力将不断增强，新品供应能力增强，差异化经营特色呈现。

（六）绿色流通意识增强，流通环境保护措施趋于完善

商业设施建设的环保要求进一步提高。流通的能源消耗和碳排放将进一步降低。绿色无公害包装将得到普及。商业废弃物的回收处理将形成系统、常态运行。

五、政策建议

由于流通是市场化程度最高的经济活动，所以现代化流通体系建设在很大程度上主要依赖于各流通企业自身的创新、转型、发展和改造，从政府部门的角度讲，主要是进行规划和引导。因此，为促进我国现代化流通体系的建设，政府有关部门应当主要做好以下几个方面的工作：

（1）进行科学规划和政策指导，既防止各地现代化流通建设一哄而上、过度投资，又要防止在某些领域出现垄断经营的现象。

（2）根据各地的实际情况，设立若干现代化流通体系建设的示范城市和示范区域。

（3）加快与流通现代化有关的信息化、网络化建设。要加快高速无线网络的全国覆盖步伐，特别是提高农村和山区的网络覆盖率。

（4）规划和建设全国范围的货运网络体系，形成全国物流的网络化快速主干道。像规划全国高速客运铁路网一样认真设计规划全国的物流快速主干道，以加速货物在全国范围内快速运转。

（5）加快规划与建设网络和电子化交易的安全保障系统。用科学的技术手段确保网络和电子化交易的安全性。

（6）有计划、有重点地推动国有大型流通集团转型。在今后几年中，我国必须促进这些企业在体制改革、人才引进、经营模式和管理方式以及网络化、信息化技术应用等方面进行脱胎换骨的改革与创新，以使其成为现代化流通体系建设的主要力量之一。

六、未来与展望

对于2035年我国的流通体系会发展到什么程度、形成怎样的状态目前确实还缺乏可以科学推理的基础，只能根据目前的不足和可感知到的发展趋势提出一些概念性的认知。

（一）全球化

至 2035 年,我们应当能有一些具备全球经营能力的大型流通企业集团,融入全球流通体系并占据领先地位。

（二）智能化

随着人工智能科技创新能力的快速发展,其在流通领域的应用将会越来越广泛,甚至有可能成为未来流通企业的核心竞争能力。预计至 2035 年流通智能化的水平将会有大幅度的提高。

（三）服务化

流通企业不再是进行单纯的商品买卖活动,而是在向消费者提供包括商品在内的"服务包"。这种做法成为流通企业的主要竞争手段,进而发展为一种常态。

（四）个性化

期望至 2035 年左右,能在流通领域普遍地实现对消费者的个性化定制,从而最大限度地减少对消费者需求的拒绝和歉意。

（五）绿色化

期望通过十多年的努力,能在流通领域基本消除对环境的污染和损害。绿色流通的意识能成为流通企业所有人员的本能习惯,能通过相应的法规和管控措施遏制和杜绝不良消费和有害消费,形成健康、清洁的市场环境。

（此文为 2018 年 5 月 10 日参加商务部王炳南副部长座谈会的发言提纲）

企业改革篇

商业企业是商品流通活动的主体,自然也是流通体制改革的主要方面。实际上,20世纪80年代开始的商品流通渠道改革具体而言就是从商业企业管理体制的变革开始的,即把原来仅作为物质资源计划分配载体的商业机构转变为独立自主开展经营活动的商业企业。在商业企业改革的各主要阶段,我都有相应的论文发表,基本上可反映这一变革的全过程以及我对于商业企业改革的一些理论思考。

大学三年级(1981年)时学校组织我们到江苏省常州市进行了一次实习。常州市是当时实行商业企业经营责任制的试点,我们经过近一个月的调查和实践,写了一份关于常州市商业企业经营责任制的调查报告——《商业企业经营管理的一项重大改革——常州市商业企业试行经营责任制的调查》,发表在《财经研究》杂志上。这也是我在大学期间发表的两篇文章之一。在这篇文章中,我们对当时商业企业开展经营责任制的几种形式进行了分析,用实际案例说明了实行经营责任制的效果,并提出了我们的看法和建议。

在此之后,随着商业企业体制改革的不断深入,我产生了对一些理论问题的思考。1985年5月,上海市财贸办发布了《关于小型国营零售商业服务业企业实行集体租赁的若干试行规定》。针对当时开展租赁经营的企业因对承包租赁者经济身份的不明确而产生政策上的模糊性和不确定性,我撰写了《试论租赁企业的经济性质》一文,指出了租赁经营实际上体现了所有权和经营权的分离,所以租赁企业的经济性质具有二重性。而且指出随着小型商业企业租赁经营成熟之后,有可能出现企业所有权变更的趋势,从而对中小商业企业体制改革的方向做出了预判。《关于全民所有制资产人格化的思考》一文则是对于谁应当是全民所有制企业(即现在所讲的"国有企业")的人格化代表问题展开了思考,经过分析之后提出了应当由相关政府管理部门作为全民所有制企业的人格化代表,而企业经营者只是国有资产的委托经营者的观点。实际上这一说法在 20 世纪 90 年代后开始实行现代企业制度时得到了验证,即各地的国资委(政府主管部门)代表全民拥有国有资产,国有企业的经营者和经营团队则受其委托开展经营活动,从而达到"产权明晰,权责明确"的效果。在此基础上,我又撰写了《论经营者》一文,更进一步地明确在所有权和经营权分离的情况下,企业经营者是一种独立的经济状态,并对经营者的特征、素质、环境对其经营效率和效果的影响进行了分析。这些观点也在之后的现代企业制度建设中得到了验证。

1985 年 3 月,经上海市政府批准,上海新亚(集团)联营公司成立,商业企业集团化改革开始起步。次年,我考上了研究生,就把我国刚刚开始的商业企业集团化改革作为自己的研究对象,并发表了一系列的论文。其中比较有代表性的就是《论商业企业集团的组建与发展》和《从企业集团到集团经济》。前者比较系统地讨论了商业企业集团的类型、性质、功能,并对我国商业企业集团的组建和发展提出了近期目标和远期目标;后者则是从更为宏观的背景去讨论企业的集团化改革对于我国国有企业由行政化管理转向社会化管理,最终成为真正的市场主体的重要意义。因为当时许多商业企业集团的组建实际上都是一些行政机构(商业局)的转型,集团内部并未摆脱行政管理的模式,所以只有按照国际上企业集团的结构和管理模式进一步深化改革,才可能使其成为真正具有独立自主经营能力的市场主体。为了促使商业企业集团化改革的深化,我又发表了一篇《综合商社我们能借鉴多少》的文章,详细地介绍了日本企业集团发展中综合商社的性质、功能和作用,并提出了跨行业组建企业集团的思想。20世纪 90 年代中期又出现了商业企业集团整合兼并的现象,主要是考虑已有的商业企业集团规模过小,难以在国内外开展竞争。为此我撰写了《整合流通资源　打造"航空母舰"》一文,主要是针对企业集团兼并重组中只注重规模扩张,不注重功能提升的现象,提出了多元化、多功能、跨区域整合的思想。为此,我还专门撰写了一篇《论无区域企业的形成和发展》一文,进一步强调了企业集团向多元化、多功能、跨区域发展的重要性。但由于我国系统和区域分隔的状况很难改变,国有商业企业集团至今为止仍未能做到这一点。

进入 20 世纪 90 年代以后,我国开始了建立现代企业制度的改革,真正让企业成为"产权明晰,权责明确,政企分开,管理科学"的现代化企业,一些商业企业集团也已经发展为股份制公司。但是在经营管理上如何才能成为真正意义上的现代企业,其中最重要的问题是必须要有明确的产权意识,即企业经营者必须对投资于本企业的资产负责,并独立自主地开展经营。为此本人撰写了

《论强化国营大中型企业的产权意识》一文,强调了国有大中型企业的经营者必须对所占有的国有资产负责,必须完全消除政企不分的现象,成为独立自主的经营者。

2010 年以后,网上购物出现了迅猛发展的势头,从而对原有的实体商业形成了很大的冲击,一些大型零售商业企业的经营业绩在不断下降。大型零售商业企业如何创新转型,走出困境,已成为一个热门话题。比较多的看法是应当走线上线下相融合的道路,实行经营方式的转换。但我根据对全国主要商业企业集团的观察和分析,认为这种被动竞争的模式不可能改变以实体经营为主的大型零售商业企业衰败的命运,而应当向海外一些大型商业集团学习,走集"采、供、销"于一体的商贸集成商的道路,于是就撰写了《集成商和平台商:流通企业创新转型的两个主要方向》,指出未来我国大型流通(集团)企业将会根据自身的优势分别成为拥有强大的集采和分销能力的"集成商",或拥有庞大的交易平台优势的"平台商"。大型零售商业企业若不适时地进行创新转型就有可能被市场所淘汰。文中还特别强调了现有的大型实体零售商业企业必须提高自身的采购能力,努力掌握货源优势等问题。而目前来看,我国内地好像还没有出现像香港利丰集团和九龙仓集团这样的品牌集成商,也许同我国商品流通体制的特点有关吧。但网络经济条件下,大型商业企业集团的转型是一个绕不开的问题,今后还将进一步研究。

商业企业经营管理的一项重大改革①

——常州市商业企业试行经营责任制的调查

常州市商业系统从 1981 年 7 月开始,在原有部分企业实行经营责任制试点的基础上突出一个"包"字,进一步扩大了试点的范围。到去年 11 月为止,常州市商业系统试行各种形式经营责任制的企业共有 97 家,占总数的 21.6%,其中全民企业 35 家,占全民企业总数的 22.6%;集体企业 62 家,占集体企业总数的 21%。它们的特点是分布面广,形式多样,效果显著。

一、商业经营责任制的主要形式

商业部门是组织商品流通的经济部门,行业多,工种杂。这个特点决定商业企业实行经营责任制必须采取多种多样的形式。目前,常州市商业系统试行经营责任制的主要形式有以下七种:

(一)超定额计件工资制

这种形式一般适用于纯属手工劳动的企业。如常州市服务茶水中心店所属煤渣工场规定,每人每月拖 204 车煤渣,完成这个定额拿基本工资,超一车加 3 角,完不成定额,缺一车扣两角工资。

(二)核定经营指标,超定额记分,活分活值,按分计酬,缺额扣薪

这种形式适用于劳务性的理发业。如常州市理发行业的美容轩等 38 家店都实行这种经营责任制。其做法是根据各理发店的设备条件、技术力量和所处的地段不同,把理发店分为甲、乙、丙三级,并按级别规定每个理发员每月的定额。完成定额者,拿基本工资超过定额者,按标准记分;完不成定额者,则扣基本工资,扣去的数额最多不超过本人基本工资的 20%。

---

① 本文作者为:刘志远,杨引根,晁钢令。

(三)职工集体承包,定额上缴,独立经营,自负盈亏

这种形式主要适用于地处边远而管理不便和经营微利或濒临亏损的企业。试行这种形式的有 7 个集体所有制企业。如饮食公司对便农和青山两个面店实行"五定",即定企业资金、定主要品种、定主要原料、定规格价格、定上缴金额。这两家面店对公司实行"两保证""一包干",即保证照章纳税,保证上缴核定的金额;包干一切费用,盈利归店分配,亏本自理。

(四)职工个人承包,定额上缴,自负盈亏

它又分为职工个人在原店承包和离店自营两种。这种形式适用于那些地处偏僻、管理困难的小饮食、小服务、小副食、小杂货等摊点。试行这种形式的有 12 户。如服务公司对所属的迎春和益民两户由职工自营的茶水店实行"三包""三不变""一定""五条规定"。"三包"即照章包缴税金、包上缴定额金和包干费用。"三不变"即原属所有制性质不变、隶属关系不变和退休待遇不变。"一定"即定主营兼营项目。"五条规定":第一,准进准出,一包一年;第二,自营期间保留公职,连续计算工龄,不影响调级;第三,借给自筹用房和主要营业工具,并适当借给小额开业资金,定期归还;第四,在自营期间如雇用临时工,应事先向公司申请,并变动上交定额金;第五,严格遵守国家的政策、法令和承包合同,违者视情节轻重,予以严肃处理。

(五)定额利润,超额分成,缺额扣薪,浮动工资

试行这种形式的一般是经营比较稳定、利润上下波动不大的企业。如德兴菜馆等 8 家店对超过定额利润部分实行四六分成,即国家、企业得四成,职工得六成。采用这种方法,往往出现职工收入增长幅度高于国家、企业收入增长幅度的情况。为了弥补这个缺陷,南洋副食品商店、同和浴室等 6 个全民和集体企业在试行这种责任制形式时都加上了一条超额提率累减制,即当利润超过定额 1%—30%时,职工所得超额分成率为 40%;超过定额 31%—50%时,超额分成率则为 30%,超过定额 50%以上时,超额分成率降为 20%。若利润下降,则扣薪,扣薪率最多不超过基本工资的 30%。

(六)定额利润,超定额全额利润提成,缺额扣薪,浮动工资

这种形式适用于利润来自商品货源因素大的百货、纺织、五金交电、化工等商业企业。试行这种形式的有 15 个企业。如五交化公司核定向阳五交化商店上年基本利润定额为 32 万元。完成这个定额,可发基本工资;超过这个定额,除发基本工资外,再拿超定额部分按提成率提取提成工资;未完成这个定额,按比例扣减基本工资,最多扣减基本工资的 20%。

(七)大固定,小浮动,提成工资制

这种形式一般适用于中小型的饮食、服务业和副食品商店。如绿杨饭店等 10 家饮食店把基本工资分为七成固定、三成浮动。职工浮动工资总额由两部分组成:一部分是职工基本工资的 30％,另一部分是利润提成工资,两项相加再分配到人。如企业完成利润指标,既发固定工资,又发浮动工资,发生经营性亏损,则用职工浮动工资部分来弥补。

二、试行商业经营责任制的效果

经营责任制,就是在国家计划指导下以满足人民需要和提高经济效益为目的,实行责、权、利紧密结合的经营管理制度。常州市商业系统的 97 个企业试行经营责任制以来,已经收到了明显的效果,具体表现在以下几个方面:

(一)有利于调动企业、职工的经营积极性

经营责任制是调动商业企业和广大职工的积极性,发挥其主动性、创造性的重要形式。过去在企业间、职工间基本上搞的是平均主义,吃"大锅饭"。实行经营责任制后,企业有了责、权、利,责任更大了,担子更重了,利害关系更密切了,从而促使大家动脑筋,想办法,拿出劲头,办好企业。如向阳五交化商店为了满足市场需要,除了从公司按计划进货外,还采用函购或派员的方法,到上海、无锡、苏州等地组织货源,仅 1981 年 10 月份就自行进货 9 万多元。有的店还主动外出设摊,扩大销售。如永新副食品商店原来不愿意外出设摊,试行经营责任制后,一个月就外出设摊 20 次,其中最高一次的营业额达 1 000 元。此外,他们还增加了经营品种,改变了过去只卖糖果不卖茶食的老框框,现在不仅供应茶食,还供应一些干果类食品。

(二)有利于改善服务态度,提高服务质量

实行经营责任制的企业一般都改变了"官商作风",文明经商,礼貌待客,积极扩大购销,增添服务项目,延长营业时间,方便群众,开始把经营搞活。如新市街商店的有些职工原来对顾客半理不睬,服务态度较差,现在提出要做到"五主动",即主动接待顾客;当好顾客的参谋,主动出摊供应;便利居民选购,主动送货上门;满足顾客需要,主动延长营业时间;扩大销售,主动添货出样,搞好环境卫生。绿杨饭店饭菜部职工过去对顾客是否来店用膳毫不关心,现在,则想方设法让进店的顾客都能及时就餐,不让一笔生意漏掉。如有时遇到营业高峰,店堂容纳不下,职工就上前热情招呼,把顾客领到饭店办公室安排用膳,据统计,1981 年 8 月份这种情况就有 14 次。在改善服务态度的同时,有些商店还狠抓服务质量,如马复兴面店的大肉面、糖醋小排骨、菜肉馄饨在当地久负盛名。为了发扬特色、保持声誉,该店不

但在原料、佐料和配料上下功夫,还挑选 3 位责任心强、手艺高的老师傅把住食品质量关。由于采取了这些措施,因此获得了顾客们的好评。

(三)有利于扩大零售网点,方便群众消费

常州市商业系统试行经营责任制的企业,普遍增强了经营观念和市场观念,使企业表现出很大的活力。从 1981 年 7 月至 9 月,该市饮食行业为了扩大销售、方便群众,先后增加了 9 个供应网点,其中,售货亭 1 个,职工自营店 8 个。如居住在常州市北大街一带的居民,原来吃汤团要跑很多路,非常不便。现在,自营职工在北大街开设了汤团店,供应的汤团有鲜肉、百果、细沙、芝麻四个品种。又如饮食公司原计划在浦北新村设售货亭,以解决当地商业网点不足的困难。中心店为此事做了近两年的动员工作,没有一家店肯去设售货亭。1981 年,利民、便农两家饮食店在实行经营责任制后的第三天,就主动去那里设立售货亭。如今早上利民店供应麻糕、油条,中午由便农店去卖卤菜,生意兴隆,群众称便。

(四)有利于企业加强经营管理,提高经济效果

实行经营责任制以后,对生产、经营、计划、财务、劳动等各个方面的管理工作都提出了更高的要求,企业必须建立和健全各项规章制度,加强经营管理,不断提高经济效益,否则,要完成包干任务就没有保证。常州市德兴菜馆过去由于职责不明,班组不搞单独核算,企业的浪费较大,如餐具用具经常大量添置,打碎了不赔偿,端走了碗也无人问津,单碗筷、羹匙,每月损失就达七八十元。实行经营责任制后,由于企业的经营好坏与职工的切身利益有密切关系,企业加强了班组核算,健全验收、保管、成本核算等制度,出现了大家关心的开源节流、人人参与经营管理的可喜局面。现在三轮车、炉灶坏了,职工自己动手修理,餐具缺少及时追回,添置东西精打细算。1980 年 12 月至 1981 年 9 月与 1979 年 12 月至 1980 年 9 月相比,该店利润上升,而总的费用水平却从 19.22% 下降到 16.21%,取得了增收节支的效果。有些亏损企业通过试行经营责任制,也实现了扭亏为盈。如市服务公司茶水中心店所属煤渣工场,1980 年 1 至 4 月亏损三十三元五角二分。试行超定额计件工资后,迅速扭亏增盈,如 1981 年 7 至 10 月,该场营业额 6 356 元,除去企业开支、提交退休统筹费和交纳税金外,获得利润 2 734 元。常州市商业系统试行经营责任制的企业,由于扩大了经营项目,降低了费用,加速了资金周转,减少了损耗,从而提高了经济效益。据统计,试行期的营业额比 1980 年同期增长 6.17%,利润增长 23.88%,国家收入上缴利润增长 24.66%。

三、对实行商业经营责任制的几点看法

实行经营责任制,是商业企业经营管理的一项重大改革。怎样使它更进一步

完善呢？根据调查情况，我们提出以下几点看法，供参考。

（一）实行商业经营责任制，必须以经营责任为中心，坚持责、权、利相结合

目前，有些人把实行经营责任制仅仅看作是单纯分配制度的改革，因而只是在如何分配利润的问题上兜圈子。常州市在试行过程中也出现了类似情况。如有个别企业不注意如何挖掘企业潜力、提高经济效益，更好地完成自己所承担的职责，而是片面强调本企业和个人的利益，在确定利润定额和利润留成比率时与上级讨价还价、斤斤计较。有的企业内部的责任制仍不落实，出现亏损，找不到根源，发生事故，查不出原因。我们认为，商业企业实行经营责任制的根本目的是调动广大职工的积极性，加强责任心，搞好经营管理，用最少的人力、物力消耗，取得最大的经济效益。在国家增加收入的前提下，适当增加职工的收入，但决不能单纯地理解为实行责任制就是让职工多拿几个钱。因此，首先应该以经营责任为中心，明确每一个部门、每一家商店、每一个柜组、每一个职工所应尽的责任，并适当缩小基本核算单位，在一个基本核算单位内，也可以进行内部分组核算，有条件的还可以核算到人。有了明确的责任，才能知道为承担这一责任应该赋予多少权力；有了相应的权力，才能全面地履行职责，根据承担责任的大小和履行职责的情况，给予相应的经济利益。有了经济利益，反过来又促使和激励企业和职工更好地履行自己的职责。

（二）实行商业经营责任制，要科学、合理地确定考核指标

常州市在试行经营责任制的过程中对考核指标的确定，也出现过偏高或偏低的情况。如有的企业原来经营潜力很大，利润基数又较低，如果只按利润基数确定包干指标，就很容易超额；有的企业原来经营潜力发挥较好，利润基数又较高，如果也只是简单地按利润基数确定包干指标，则很难有所超额，这样势必出现苦乐不均的现象，挫伤了原来经营较好的企业和职工的积极性。因此，我们认为，在确定考核指标时，决不能"一刀切"。特别对于实行利润包干的企业，在确定包干定额时，一定要把以下几个因素考虑进去：第一，本企业的历史水平、现有水平和同行业的平均先进水平以及本企业的发展潜力；第二，企业所经营的品种，企业现有人员和设备条件；第三，企业所处的地段以及当地购买力水平，货币投向及其变动。

（三）实行商业经营责任制，要加强企业整顿和民主管理

实行经营责任制和企业整顿是相辅相成的，一方面，实行责任制是企业整顿的突破口；另一方面，搞好企业整顿又为实行责任制创造了条件。如果企业经营管理混乱，基础工作没有做好，实行经营责任制就会遇到阻力。我们认为，要实行经营责任制，必须首先加强企业整顿，具体应当做到：第一，建立一个有群众基础的、强有力的领导班子，克服某些领导班子中存在的涣散、软弱、臃肿、老化等现象；第二，整顿和加强劳动纪律，严格执行奖惩制度；第三，整顿劳动组织，建立和健全岗位责任制,有计划地进行全员培训,坚决克服人浮于事、工作散漫的现象;第四,整顿财经纪律,健全财会制度,加强财务管理和经济核算,同时还必须实行企业的民主管理,将经营管理上的一切重大问题交由职工代表大会讨论和决定,从而使广大职工满腔热情地担负起自己的职责。

（四）实行商业经营责任制要加强计划管理,把国家的统一计划和企业正当的自主权结合起来

常州市部分商业企业实行经营责任制后,企业拥有更多的自主权,在少数企业中出现了只顾自己一头,不顾国家计划一头;只考虑对自己是否有利,不考虑对国家是否有利的偏向。个别企业当知道要修订考核指标、重新确定定额时,就想方设法紧缩业务,把原来应该出售的商品不拿出来出售。这样不但使顾客买不到理想的商品,也给国家带来了不必要的损失。现在,有的人认为,实行经营责任制,搞活经济,可以不要计划了。我们认为,社会主义经济是计划经济,只有坚持计划经济,才能兼顾国家、企业和个人的利益,兼顾目前利益和长远利益,统筹全局,使整个国民经济沿着社会主义的方向发展。至于要搞"活"经济,也就是要在计划经济为主的轨道上"活",离开了计划经济轨道"活",其后果是不堪设想的。因此,在实行经营责任制中,我国必须把企业是否完成国家计划指标,按照国家规定的有关方针、政策、法令办事列为首要考核指标,对故意截留商品,唯利是图,人为地造成市场紧张,有损国家利益的企业和个人,要坚决实行经济制裁。

（五）实行商业经营责任制,要对职工收入的增长幅度有所控制

常州市少数试行经营责任制的商业企业,由于对职工收入的增长幅度没有加以适当的控制,结果出现企业职工收入激增,其增长幅度远远超过国家收入和企业收入。我们认为,目前职工收入的增加部分一般是以奖金形式出现的,而奖金如果单纯以企业利润多少来决定,显然是不合理的。因为目前企业利润要受到各方面因素的影响,并不能真正反映企业的经营效果。在这种情况下,奖金水平如果不加控制地随利润的增长而增长,那么,显然与职工所提供的超额劳动不相适应,没有真正体现"按劳分配"的原则。还必须指出的是,职工个人的生活改善,最终要依靠生产的发展和劳动生产率的提高。如果职工收入的增长幅度高于劳动生产率的增长幅度,这在当前我国经济结构还没有根本改变、消费品生产还没有充分发展、社会购买力同市场商品可供量之间还存在较大缺口的情况下就会引起市场商品紧张、物价上涨,到头来,职工已经到手的经济利益也不能得到实现。因此,目前对职工收入的增长幅度应予以适当控制,使职工收入的增长幅度不超过劳动生产率的增长幅度。为了正确掌握这些原则,除加强政治思想工作之外,还要严格考核、加强监督和建立必要的审查、审批制度,保证职工收入的增长幅度在一个适当的范围内浮动。

（六）实行商业经营责任制，要保护消费者的利益

商业企业特别是零售企业的特点是直接与消费者打交道。因此，保护消费者的利益，防止把负担转嫁到消费者身上是商业企业实行经营责任制特别要注意的问题。常州市零售企业在实行责任制的过程中也发现类似的克扣斤两、以次充好、降等降级以及降低服务质量等问题。我们认为，商业企业实行责任制，如果不注意社会效果，任意损害消费者的利益，这不仅影响商业的信誉，而且直接危及人民生活和社会安定。为了使商业企业在实行经营责任制的过程中确保消费者的利益不受损害，应该把经营方向、服务质量列入考核范围，明确规定哪一方面出问题就在哪一方面扣分，情节严重者，处以罚款；同时，要加强物价管理，如实行明码标价制度，设立样品柜，设置公平秤，建立和健全物价检查制度等。此外，更重要的是在平时加强政治思想教育和业务培训工作，使广大职工牢固树立主人翁的思想，提倡职业道德，讲究精神文明，形成一个人人管企业、个个讲文明的社会主义新风尚。

（此文发表于《财经研究》1982 年第 3 期）

试论租赁企业的经济性质

租赁经营作为经济体制改革的一种新形式正在逐步得到发展。这一形式有什么特点？企业租赁后经济性质有没有发生变化？研究租赁企业的经济性质有什么意义？本文拟对这些问题谈一些看法。

一

租赁经营目前在实际部门的做法不尽相同，有集体租赁、合伙租赁，也有个人租赁；有本系统、本单位的租赁，也有跨系统、跨单位的租赁；有集体向国营租赁，也有集体向集体租赁；有个人向集体或国营租赁，也有国营向集体租赁。承租者与出租者签订租赁合同，规定承租者在租赁期内向出租者缴纳一定的租赁费，并全权负责租赁企业的经营、管理和分配。

所谓租赁，是指出租人将财物交给承租人使用，承租人交付一定的租金。出租财物的所有权仍为出租人所有，承租人对所租财物只有使用权。因此，租赁主要表现为所有权和使用权（或经营权）的分离。其要点是：(1)租赁的主体，即出租者和承租者，对租赁财物是不同的所有者；(2)租赁的客体是财物的使用权而不是财物的所有权。从这一认识出发，我们可以分清经济承包和租赁经营之间的基本差异。首先从所有权方面看，经济承包单位与其上级部门是企业的同一所有者，承包只体现了上下级之间在经营权上的重新分配，是同一所有权范围内经济活动组合形式的变化。而在租赁经营中，承租者和出租者则是不同的所有者，租赁是不同的所有者之间经营权的转让。其次从经营权方面看，经济承包是在同一部门内下级单位在保证完成一定产值（营业额）、利润等核定的经济指标的前提下，取得一定的经营自主权。但承包单位的经济活动从总体上来讲仍置于其上级部门的控制之下。而在租赁经营中，承租者除按规定向出租单位缴纳租赁费之外，则可完全独立自主地开展其经济活动。所以说，只有实行租赁经营，企业的所有权和经营权才能发生完全的、本质上的分离。

基于以上认识,我认为对现有的租赁企业应做具体分析。对于出租者来讲,其身份取决于他们的所有制形式,国营就是国营,集体就是集体。需要研究的是承租者的身份。在集体单位承租国营企业、国营单位承租集体企业以及个人承租集体或国营企业等情况下,由于出租者和承租者不共同拥有企业的所有权,所以租赁是经营权在不同所有者之间的转让。问题在于,同一所有权范围内,基层单位或职工个人向上级部门实行租赁(这在目前不是少数)时,承租者的身份及其与上级部门的关系是否会发生变化,这是值得研究的。因为基层单位和职工个人(不管国营还是集体),本来就对该企业拥有一定的所有权,他们和上级部门同是企业的所有者。若他们的身份不改变,租赁则将不表现为不同所有者之间经营权的转移,所有权和经营权也没有发生完全的、本质上的分离,所以我认为基层单位或职工个人向上级部门实行租赁时,其身份应当发生变化,即在租赁期间,承租者不应当再对企业拥有所有权,而应以集体或个人的形式出面租赁,即不应当再同时具有该企业职工的身份;同时在租赁期内,承租者和部门之间在经济上除了承租者与出租者之间的关系之外,不应再有任何其他关系。只有这样,才能保证所有权和经营权的完全分离,才能保证租赁企业成为完全独立自主的经济实体,以它们自己的经营方式,独立承担风险,并充分发挥其活力。

为此,对现有租赁经营政策中的某些提法,我认为值得商榷。例如,对于租赁企业"职工身份不变"这一条,我认为不妥。因为:其一,从理论上说不通(上面已分析);其二,若承租者的身份不变,则意味着在租赁期内他们仍应享有与其原有职工身份相符的各种待遇,而在租赁经营的情况下,实际上是不应当有的。所以,我认为应提"租赁期间其原有职工身份予以保留"为好。

二

企业的经济性质,是由其所属的经济成分来决定的。而经济成分则是指以一定的所有制为基础的、构成整个社会经济组成部分的经济形式。所有制形式是构成经济成分的基础,但不是全部。因为反映经济成分的经济形式除其所有制形式之外,还有生产或经营要素结合的方式以及分配的方式,后两者可统称为经营方式。在一般情况下,所有制形式决定了经营方式,从而也决定了企业的经济性质。所以,一般所指的企业经济性质,就是指企业的所有制形式。

实行租赁经营的企业,所有权和经营权发生了分离,租赁企业的经济性质有没有发生变化呢?如上所述,企业的经济性质的含义应包括两个方面:一是企业的所有制形式,二是企业的经营方式。在租赁企业中,由于所有权和经营权的分离,所有制形式和经营方式必然会出现不一致。这是因为,所有制形式决定经营方式主要是通过企业的经营者来实现的。企业的经营者总是一定的生产资料所有制形式的代表,代表了一定的生产资料所有者的经济利益,他们将根据所有者的经济利益确定企业的经营方式。所以,企业的经营方式直接取决于企业的经营者。在所有权和经营权合一的情况下,企业的经营者是该企业的所有者,所有制形式自然就能与经营方式相一致了。而在租赁经营的情况下,企业经营者代表的不是该企业所有者的利益,而是承租者的利益,他必然根据承租者的经济利益来确定经营方式。由于出租者和承租者分属不同的所有者,其经济利益不可能完全一致,所以企业的所有制形式和经营方式也就必然会不一致。那么,租赁企业的经济性质应当如何确定呢?以集体单位承租国营企业为例。如果说该租赁企业的经济性质是国营的,那就不仅表现为企业的所有制形式是国营的,而且要求企业采取国营的经营方式,这样的话就失去了租赁的意义;而如果其经营方式不是国营的,那就很难说其经济性质是国营的,因为其生产和经营要素的组合方式以及分配方式不具备国营企业的特点。所以,我们可以认定,租赁企业一般具有二重经济性质(集体单位承租集体企业除外),从所有制的角度讲是国营的,从经营方式的角度讲是集体的;或从所有制的角度讲是集体的,从经营方式的角度讲是个体的,即一般所说的"国家所有,集体经营"或"集体所有,个体经营"。经济性质的二重性体现了租赁企业经济性质的一般特点。

三

研究租赁企业的经济性质,我认为有各种实际意义:

首先,认清租赁企业经济性质的二重性,可以使租赁企业的干部和职工明确自己的经济地位,以树立改革的决心。由于租赁经营是经济体制改革的一种新形式,不可避免会遇到阻力,其中就是一些干部和职工对租赁企业的经济性质不明确而产生的顾虑。顾虑之一是怕实行租赁经营以后,原国家干部和国营职工的身份会发生变化。万一租赁经营搞不下去,原有的身份就恢复不了。顾虑之二是由于租赁企业的经济性质不明确,怕实行租赁以后,经营方式仍受原所有制形式的制约,不能放手经营,实惠不多。尽管在租赁经营的政策方面已做过明确规定,但是由于缺乏一定的理论依据,所以大家还是不能放心。因此,从理论上阐明租赁企业的经济性质,将有助于打消这些顾虑,促进租赁经营这一改革形式进一步发展。

其次,认清租赁企业经济的二重性,能为正确制定租赁企业的各项政策提供理论依据。企业作为社会经济活动的基本单位,必然要和财政、税务、信用、价格、物资、市场等各综合经济部门发生密切联系,也必然要同其他企业和消费者发生密切关系。为调整好这些关系,并实现国家对企业的控制,就需要对不同经济性质的企业制定一系列有关政策,以保证社会经济活动的正常开展。租赁企业是一种新的企业类型,对租赁企业的政策应当如何制定,这就必须首先明确租赁企业的经济政策性质。由于租赁企业经济性质的二重性,所以目前对租赁企业的经济政策的制定和执行方面也出现了一些混乱,有些是按其所有制形式制定和执行政策,有些又按其经营方式制定和执行政策。这样一方面在某种程度上束缚了租赁企业的经营活动,另一方面又使有些租赁企业可以用其经济性质的二重性,选择执行对其有利的政策,削弱了经济政策的管理调节功能。因此,我认为,对租赁企业的各项政策应根据其经济性质的二重性重新予以调整或制定。由于政策主要是用来调节企业的经济活动的,所以基本上应根据租赁企业目前的经营方式来制定。经营方式是集体的,就应基本上参照集体企业的有关政策;经营方式是个体的,则应基本上参照个体劳动者的有关政策。只有这样,才能给租赁企业的发展提供一个良好的经济环境。

最后,认清租赁企业经济性质的二重性,将有利于经济体制改革的进一步深入。由于历史的原因,我国现阶段生产力发展水平呈多层次的状况。而高度集中的经济管理体制不能与生产力发展水平相适应,束缚了商品经济的发展。租赁经营作为经济体制改革的一种新形式,就是为了改变过于集中的经济管理体制,以适应商品经济的发展。但是,所有权和经营权长期分离,势必会产生一系列新的矛盾。例如,出租者和承租者在租赁费的变更上的争议、企业更新固定资产的归属问题,以及企业税费分担和上缴渠道问题等,随着租赁期的延长和经济环境的变化,都会出现矛盾。重要的是由于出租者对企业的经营不再承担责任,承租者又因经营期有限而缺乏长期规划企业发展的积极性,因此会使企业的长远发展受到限制,甚至会由于出租者和承租者利益上的冲突而阻碍生产力的发展。因此,从长远的观点看,所有权和经营权仍应在新的基础上取得一致。在什么基础上取得一致呢?若经营方式向所有制形式靠拢,在原所有制的基础上取得一致,那就是恢复原状,实践证明这是行不通的。因此,只有使所有制形式向经营方式靠拢,也就是说,逐步改变租赁企业的所有制形式,建立与经营方式相一致的所有制形式,使一部分中小型企业由国营转为集体、由集体转为个体,以改变社会经济体系中的所有制结构,适应多层次的生产力发展水平。这或许会成为租赁经营改革的发展方向。事实上,不少中小型企业可以由租赁转为租卖,或者直接拍卖,最后转让其所有权,使所有权和经营权在新的基础上取得一致。但这应当是一个渐变的过程,而租赁企业经济性质的二重性为这一渐变提供了理论条件。

（此文发表于《财经研究》1987 年第 5 期）

关于全民所有制资产人格化的思考

　　谁是全民所有制资产的人格代表？一般认为，全民所有制体现为社会主义国家所有制。但是这毕竟是一个抽象的概念，它在实际经济生活中的具体形象是什么？全民所有制如何体现为国家所有制？如何使全民所有制的资产人格化？这就是本文力图探索的问题。

一

　　资产必须人格化，这是由资产的本质所决定的。一切经济活动都是人的活动，一切经济关系都是人与人之间的关系，这是马克思早已揭示的真理。如在资本主义经济条件下，资产表现为资本。资本人格化为资本家，是由于资本家现实地执行了资本的职能，"这就是增殖自身，获取剩余价值，用自己的不变部分即生产资料吮吸尽可能多的剩余劳动。"①社会主义全民所有制的资产也有其特定的职能，即通过社会主义生产过程中劳动力和生产资料的结合，为社会创造出新的财富。全民所有制资产的人格化也必须表现为能够执行这一职能的个人或集团。

　　社会主义全民所有制的资产人格化和资本主义私有制的资本人格化有什么不同呢？

　　首先，资本主义的私有制决定了资本的人格化——资本家是相对独立和分散的个体。无论是资本家还是资本集团，他们都拥有完全属于自己的独立资本，对私有资本的占有、支配和使用是任何人都无权干涉的。这样的资本家和资本集团在同一个国家里可以有许多个，资本主义的经济基础就是由这样一些相对独立与分散的资本家和资本集团所构成的；而社会主义全民所有制的资产人格化却是一个集中的总体。正由于资产属全体劳动人民所有，所以任何一个个人或集团都不能将其中的一部分攫为己有，只能由社会主义的国家代表全体劳动人民来集中地占

---

　　① 马克思：《资本论》第一卷，人民出版社 1975 年 6 月版，第 260 页。

有、支配和使用。在一个国家里,全民所有制的总体代表只能是一个。

其次,资本的人格化——资本家或资本集团是纯粹的经济体,与国家的政权机构没有本质上的联系。国家只能以经济或法律的手段对资本家或资本集团实施影响或控制,国家对经济活动表现为间接参与。而由于社会主义国家是全民所有制资产的总体代表,同时又是一个政权机构,所以全民所有制资产的人格化与国家政权是紧密结合在一起的。国家不仅能用经济或法律的手段,同时还能用行政的手段来对社会的经济活动实行控制。国家对经济活动表现为直接参与。

最后,由于资产或资本的职能只能通过一个个具体企业的现实的生产活动才能实现,在资本主义经济条件下,资本家就是资本主义企业的直接经营者和管理者,所以资本人格化为资本家这一点是很清楚的。而在社会主义经济条件下,国家是全民所有制资产的总体代表,却不能直接从事现实的生产,直接从事生产活动的却是企业。由于全民所有制资产是不可分割的,企业不能单独对全民所有的资产拥有主权,加上国家和企业之间还有一些中间管理层次,这就使得全民所有制资产人格化的问题显得很不明确。

二

资产人格化的基本含义是什么? 从人与生产资料的关系来考察,可分为生产资料的所有者、经营者和使用者三种不同的类型。生产资料的所有者在法的意义上拥有生产资料,生产资料的经营者在实际意义上占有并支配生产资料,生产资料的使用者直接运用生产资料从事生产。这三种类型可以表现在同一个人身上,也可以表现在不同的人身上。在三种类型相分离的情况下(这在社会化大生产条件下是常见的),资产的人格化应表现为哪一种类型呢? 我认为资产的人格化应表现在资产的所有者身上,这是因为所有者是资产在法的意义上的拥有者。经营者和使用者尽管在实际上占有、支配和使用资产,但他们只表现为所有者的委托代理人,是所有者所执行的资产职能的分解和延伸,他们的经营和生产活动必须服从所有者的利益。在资本主义经济条件下,所有者、经营者和使用者的分离也是存在的,而资本的人格化也只能表现为资本的所有者即资本家。所以我们可以认定,资产人格化的基本含义是资产的所有者,即资产在法的意义上的拥有者。

在社会主义经济条件下,社会主义国家是全民所有制资产的总体代表,但国家并不是一个具体的人,而是一个综合体系。这主要表现在国家是通过一系列职能部门来执行其职能的,例如,计划部门、财政部门以及各业务主管部门。这些部门构成了国家作为全民所有制资产总代表的横向体系。同时国家管理是分层次的。国家通过一系列中间层次来实现对资产经营者与使用者的控制和管理,体现国家的资产所有者身份。各级政府机构和经济管理部门构成了国家执行全民所有制资产职能的纵向体系。由此我们看到,全民所有制资产的人格化是一个综合体系,它表现为整个国家经济管理机构和各级经济管理部门。

全国人民代表大会和国务院是国家的最高权力机构和行政部门,因此也是全民所有制资产的最高人格代表,但是国务院并不能直接执行资产的职能,它仍需要通过各级经济管理部门来指挥和控制资产的经营者。所以说,国务院并不是全民所有制资产的唯一人格代表。

国营企业实际占有、支配和使用了生产资料,它们是全民所有制资产的经营者,具体执行全民所有制资产的职能。但它们只是所有者职能的延伸,任何一个国营企业都不可能对全民所有的资产拥有自主权。

各级经济管理部门是介于国务院和国营企业之间的中间层次,它们的经济地位具有二重性:对下属部门和企业来讲,它们是所有者的代表,代表国家执行资产所有者的职能,所以它们是全民所有制资产的人格代表;对于国务院或上级部门来讲,它们是经营者的代表,在服从资产所有者利益的前提下组织生产和经营活动。正由于各级经济管理部门经济地位的二重性,使全民所有制资产的所有权、占有权、支配权和使用权在整体上获得了统一,使全民所有制资产的人格化得到了完整的、具体的体现。

三

研究全民所有制资产人格化的问题,有助于解决全民所有制企业在所有权和经营权分离中出现的一些实际问题。如在改革的实践中,各种形式的承包和租赁已成为企业经营体制改革的重要内容。在这一改革中,谁应当成为企业所有者的代表,这一点始终不够明确。虽然目前一般都是由企业的上级主管公司或主管部门作为所有者的代表,但仍有不少人提出疑义,认为这些公司和部门本身的身份不够明确,有些公司还在撤销之列。从以上的分析中我们可以认识到,中央仍需要通过一系列的中间管理层次来对企业实行管理,执行全民所有制的资产职能。国营企业的上级主管部门完全可以作为资产所有者的代表,与承包者或租赁者签订合同。

研究全民所有制资产人格化的问题,还有助于进一步认识国家、各级经济管理部门和国营企业在执行全民所有制资产职能活动中的经济地位,有助于从理论上认识实行所有权和经营权分离与保持全民所有制资产所有权完整性的辩证关系,从而为改革和完善全民所有制经济管理体制提供理论依据。从以上的分析中我们可以认识到,全民所有制的资产所有权是一个不可分割的整体,而资产职能却是通过全民所有制内部不同层次的部门和企业现实的经济活动来实现的,因此在经济体制改革的过程中,必须保证国家对全民所有制资产的实际控制,必须保证全民所有制资产所有权的完整性;同时又应在明确相应的权利和义务,保持责、权、利一致的前提下,充分发挥国营企业及各级经济管理部门的作用,调动经营者的积极性,从而提高全民所有制企业的经济活力。

(此文发表于《财经研究》1987 年第 7 期)

论经营者

现实的劳动力和现实的生产资料相结合,是一切社会财富产生的基本条件。从人和生产资料相互关系的角度观察,人的经济状态有三种基本类型,即生产资料的所有者、生产资料的经营者和生产资料的使用者。生产资料的所有者在法的意义上拥有生产资料,生产资料的经营者在实际意义上占有并支配生产资料,生产资料的使用者直接运用生产资料生产产品和创造财富。这三种经济状态可以集于一身,也可以分属各人,在劳动力和生产资料的结合上具有不同的功能。其中,生产资料的经营者起着至关重要的作用,因为经营者现实地组织了劳动力和生产资料,使生产资料的所有和使用获得了统一。所以加强对经营者的研究,特别是加强对社会主义企业经营者的研究,对于促进我国社会主义经济体制改革、实现所有权和经营权的适当分离、增强企业活力,具有重要的理论意义和现实意义。

一

在相当多的情况下,经营者并不是一种独立的经济个体。在个体劳动的情况下,个体劳动者集生产资料的所有者、经营者和使用者于一身,直接使用自己所拥有的生产资料开展生产活动。在土地租佃的情况下,地主是土地所有者,而佃农则既是土地的经营者,又是土地的使用者。在雇佣劳动的情况下,雇佣工人是生产资料的使用者,而作为生产资料经营者的资本家,又往往是生产资料的所有者。只有在生产资料的所有者把生产资料委托他人经营,而经营者又不直接使用生产资料的情况下,经营者才作为一种独立的经济状态而存在。

作为独立的经济状态的经营者的产生,要具备客观的历史条件。当资本主义发展到垄断时期,随着资本的高度集中,资本家拥有的产业日益庞大。资本家不可能完全依靠自己的力量来对庞大的产业实行有效控制,于是就必须聘任或委托他人来经营部分产业。出于同样的原因,垄断资本家兼并大量中小资本时,也往往只表现为剥夺他们的所有权,而把经营权仍然留在他们的手里。金融资本和虚拟资本的出现,使一批食利者阶层以投资或收买股票的形式成为生产资料的所有者,而他们本人却不参与经营。这样不拥有或不完全拥有生产资料的所有权,却实际占有并支配生产资料的经营者就作为一种独立的经济状态而出现了。由此可见,经营者,作为一种独立的经济状态,必须具备这样的客观条件,那就是生产力的高度发展、资本的高度集中及由此而产生的生产资料所有权和经营权的分离。生产力高度发展,使经营有必要独立出来成为专门的职能。而资本的高度集中,又使生产资料所有权和经营权的分离成为可能。

作为独立的经济状态的经营者具有以下一些基本特征:

(1)经营者占有和支配的不是或不完全是自己所有的生产资料,他们是生产资料所有者的委托代理人。从这一意义上讲,他们是为他人而经营。

(2)经营者不直接使用生产资料,是生产活动的组织者,领导和支配着生产资料的使用者。生产资料的使用者必须依照经营者的决策意图办事。

(3)经营者对生产资料所有者负责,必须保证其经营活动符合所有者的利益,实现所有者所期望的目标。如果经营者不能取得应有的经营效果,生产资料所有者有权剥夺其经营权,并责成其赔偿经济损失。

(4)经营者必须拥有与其责任相一致的经营权利,能独立自主地进行经营决策和开展经营活动,能独立自主地组织和支配他们所实际占有的生产资料和劳动力,能独立自主地决定其内部分配方式,能作为独立的法人同外界发生关系。

(5)企业的全部劳动产品归生产资料所有者所有,经营者不直接占有劳动产品,但却应获得相应的经济利益。生产资料的所有者必须将全部劳动产品的相应部分以工资或其他形式返回给经营者,作为其补偿的收益。

作为独立经济状态的经营者的存在,是资本高度集中的社会化大生产条件下,生产资料所有权得以实现的中介,对于建立合理的经济运行体系、促进社会生产力的发展起着重要的作用。然而经营者的作用会受到以下一些因素的制约和影响。

首先,经营者的素质。经营者的知识水平、工作能力、抗衡能力和进取精神,往往成为经营成败的关键。经营者的素质对于企业的素质起着决定性的作用。经营者的素质决定了其发挥作用的潜力。

其次,经营者的权限。经营者的权限决定了其发挥作用的范围,同时它也体现了生产资料所有者对企业控制的直接程度,对经营者作用的大小起着制约作用,并因此影响企业的活力。

再次,经营者的环境。企业是一个开放的系统。企业的经营活动不可避免地会受到外界因素的影响,其中主要有政治局面、经济政策、财税、信贷、物价、市场以及公共关系等,由此构成了企业的经营环境,也形成了影响和制约经营者作用的外部环境,其中,各项政治经济政策的变化对经营者的影响尤为突出。

最后,经营者的利益。经营者在经营活动中付出一定劳动以后应得到相应的补偿和收益。经营者实得利益的大小,直接影响经营者的经营积极性,从而也就影响了经营者作用的发挥程度。

作为独立经济状态的经营者的出现,使生产资料的所有者对其所拥有的产业不再直接经营和管理,但是,生产资料的所有者决不会放弃对其产业的控制。生产资料所有者对产业的控制主要是通过对经营者的控制来实现的。所有者对经营者的控制可表现为直接控制和间接控制。所谓直接控制主要是通过规定经营者的责权利,听取经营者的情况汇报,并给予适当和必要的指令,直至对经营者进行奖惩、任免来实现的;所谓间接控制,则主要通过对企业的投资、抽股等转移资金的方式来实现的。在一般情况下,直接控制见效快,但容易束缚经营者的手脚;间接控制比较有利于发挥企业的活力。但从目前看,间接控制的具体做法仍在探索之中。

二

我国社会主义经济是以生产资料公有制为基础的。从实质上讲,生产资料属全民或劳动者集体所有,也就是说,社会主义企业的经营者和劳动者(即生产资料的使用者)同时也是生产资料的所有者。那么能不能就此认为,在我国的社会主义经济条件下不存在作为独立经济状态的经营者呢? 我认为仍然是存在的,主要有以下一些理由:

(1)作为独立经济状态的经营者,是生产力高度发展(从而促使生产资料经营权和使用权的分离)和资本高度集中(从而促使生产资料所有权和经营权分离)的产物。我国的社会主义经济同样具备这样两个条件。在成为我国国民经济骨干力量的大中型企业中,生产资料经营权和使用权的分离这一点是毋庸置疑的。而由于公有制是社会主义的经济基础,全民和集体企业所拥有的资产在全部社会资产中占据绝对优势,所以资产的高度集中这一点也是无可非议的,因此,在我国社会主义经济条件下完全有可能产生作为独立经济状态的经营者。

(2)尽管从实质上讲,全体劳动人民都是生产资料的所有者,但是实际上任何个别劳动者(局部劳动者)都不可能对属于全体劳动人民的资产行使主权。所以,现阶段只能由国家代表全体劳动人民来拥有属于全民的资产,生产资料全民所有制在现阶段只能表现为国家所有制(集体所有制在完善其改革之前也只能表现为其集体领导机构的所有权)。这样,从形式上看,国家表现为生产资料的所有者,劳动者表现为生产资料的使用者,而受国家委托经营企业的领导人,就自然成为相对独立的生产资料经营者。他们的生产资料所有者身份主要表现在对其代表——国家领导人的选择上,而不是表现在实际的经济运行过程中。

(3)国家虽然能作为全体劳动人民的代表来拥有生产资料,但它不可对经营活动实行直接管理。实践证明,国家对企业控制得越严,企业的经营活力就越弱,经营效益就越差。只有放手让企业独立经营,充分发挥经营者的作用才有可能提高企业的经营效益。这也就是企业的经营者作为独立的经济状态存在的现实必要性。

然而,长期以来,我国大部分企业(特别是全民所有制企业)的经营者并没有形成其相对独立的经济地位。它们手中的权限很小,环境约束力很大。实际上,大多数企业的领导人只不过是受各种政策条文、计划指令任意摆布的工具,充其量只能在生产资料所有者的代表——国家和生产资料使用者—劳动者之间起一个桥梁和纽带作用。甚至在改革过程中,经营者的独立地位和相应的功能仍未得到足够的重视。由于企业经营者的责任与权力不对称、作用与地位不对称、风险与效益不对称,企业的相对独立性并没有表现为企业经营者的相对独立性,从根本上讲,有以下一些原因:

首先,社会主义企业经营者的地位和性质仍不明确。企业的领导人是不是相对独立的经营者?他与国家是什么关系?与职工又是什么关系?等等。这些问题在理论上和实践上都还比较模糊。有人认为企业的领导人既是生产资料的经营者,又是生产资料的所有者,因此不存在所有权和经营权相分离的问题;也有人认为,经营者不应当仅仅是企业的领导人,而应当是企业全体人员,企业领导人只不过是"全员经营"的代表;等等。这些问题不澄清,社会主义企业经营者的地位就不可能确立。

其次,经营者的责权利没有得到法的认可,缺乏可靠的保证。在大多数企业,经营者的责权利还很不明确,而且也很不稳定,放下来的权利常常会重新被收上去。在企业内部,党政二元化领导的问题仍未妥善解决。经营者瞻前顾后,放不开手脚。而相比之下,在一些实行租赁经营的企业中,由于经营者的责权利比较一致,并受到法律的保证,经营者的作用就得到了比较充分的发挥,使一些以前的"庸才"转眼之间变成了将才,这是很能说明问题的。

最后,改革不配套,环境对经营者的制约性还很强。经营者的权限再大也只能对一些可控因素发挥作用,对于不可控因素则无能为力。在目前财税制度尚未有很大改变,资金、物资、劳动力市场尚未完备,合理的价格体系尚未建成,经营管理体制仍不完善的情况下,经营者的环境制约力还是很大的,有时甚至会使经营者陷入困境,难以自拔。

由此可见,要使社会主义企业的经营者真正成为一种独立的经济状态,从而充分发挥作用,仍有相当的阻力。

三

我认为,企业经营机制主要表现在企业的经营者身上。只有认清社会主义企业经营者的性质、确立经营者的地位、发挥经营者的作用,才能有效地应用企业的经营机制,增强企业的活力。对于这一问题,我有以下一些看法:

(一)必须确立企业经营者的地位

应使经营者(主要指大中型企业的经营者)真正成为一种独立的经济状态,并使其成为经济活动的中心。应当认识到,在我国社会主义经济条件下,国家代表全体劳动人民成为生产资料的所有者,企业领导人是生产资料的经营者,企业劳动者是生产资料的使用者。国家委托企业领导人经营企业,并给予适当的权限;企业领导人承担相应的责任,并组织和领导企业劳动者予以实现;企业劳动者可以各种方式影响企业的领导人,参与企业的经营管理,但无权代替企业领导人进行决策,并应服从企业领导人的指挥和调度。这实际上表现为“三权分离”,即不仅所有权和经营权要分离,经营权和使用权也应分离。这样才能使企业经营的责任和权利得到真正的落实,才能使国家通过对经营者的控制来有效控制企业,并通过调动经营者的积极性来搞活企业。经营者作为一种独立的经济状态,其责权利应当一致,而且应以合同或其他形式确定下来,并得到法律的保证。只有这样,才能真正确立企业经营者的地位,使其成为增强企业活力的“驱动器”。

(二)必须提高企业经营者的素质

经营者的素质应有全面、客观的评价标准,应根据标准来对经营者进行筛选、评价和奖惩。提高经营者的素质,首先应改变企业领导人由上级委派的做法,而尽可能采用招标、考核、聘任或选举的做法,以发掘真正的将才。其次应坚决废除干部终身制,推行任期制。任职期间,有责有权有利,工资及其他待遇也可以与企业劳动者拉开相当的差距;不任职时,除免除原有的职权和职责之外,也应取消原享有的特殊利益,工资及其它待遇恢复到任职之前的水平。对不称职或长期经营亏损者应随时撤换并负责赔偿。最后应加强对经营者理论水平、管理方法、领导艺术和业务技能的培训,以造就一批社会主义企业家。经营者只有具备较高的素质才能正确运用企业的经营机制来促进企业的发展。

(三)必须改善企业经营者的环境

改善经营者的环境,主要指尽可能减少对于经营者不必要的制约因素,首先应尽可能对企业的直接控制转为间接控制,运用各种经济杠杆来调动企业的经营机制;其次是完善综合经济部门的配套改革,以保证企业经营活动能在正常条件下开展;最后是保持政治经济政策的相对稳定,以有利于经营者确定比较长期的经营目标和发展方向。只有解放了经营者的手脚,才能促使企业经营机制得以充分发挥。企业是社会经济活动的细胞,经营者是这些细胞充满活力的基本要素。重视社会主义企业经营者的地位和作用、充分发挥其功能,是使整个社会经济有机体健康发展的重要一环。

（此文发表于《经济问题研究》1987 年 12 月）

论商业企业集团的组建与发展

在"治理整顿"和"深化改革"的过程中,企业经营管理体制改革是一个重要的方面。其中,组建各种形式的企业集团是企业经营管理体制改革的重要方向。本文试就商业企业集团的组建与发展略作探索。

一

目前人们所指的商业企业集团一般包括两层含义:一层是指那些以一个或几个商业企业为核心,并向科研、生产、金融等相关领域拓展,联合各种有关企业或单位而组成的多层次、多功能的经济联合体,联合的程度比较紧密。这实际上比较符合企业集团的一般特征,因此可称之为商业主导型的企业集团,或称之为狭义的商业企业集团。另一层是商业系统内部的多个批发或零售企业联合起来进行联购分销、共同开发的一些比较松散的企业联合体,它们也被称为商业企业集团。实际上,它们并不完全具有企业集团的一些主要特征,但由于这样的称谓已为很多人所接受,所以可将它们称为广义上的商业企业集团。无论从广义或狭义的角度去理解,商业企业集团都应具备以下一些基本特征:

首先,商业企业集团都应以商业企业为主体。商业企业集团可以是大型批发公司和一批中小型工商企业之间的联合,也可以是相互连锁或相互持股的商业企业群体同其他农工商企业的联合。所谓商业企业为主体,一般应表现为其核心层的主导力量是商业企业,或是一个商业企业实体,或是几个商业企业联合体,换言之,应当是以商业企业牵头或以商品流通组织为主的企业集团。

其次,商业企业集团是以商品流通为中心,以商品的购销、储运和服务活动为基本内容。商业企业集团主要是从筹集和开发货源的角度去同生产企业联合的,也是从提高商品流通的效率和效益的角度去同科研机构联合的。商业企业在商业企业集团中的地位并不仅仅是集团购销活动的组织者,而是集团全部经营活动的组织者。

再次,商业企业集团以"四流"集中为标志。所谓"四流"集中,即为商流集中、物流集中、资金流集中和信息流集中。商流集中就是指商业企业集团中实行联购联销或联购分销等经营方式,围绕集团经营的总体目标和各成员企业的实际利益,对商品的购销活动进行统一规划和相互协调,以扩大经营规模,增强经营实力;物流集中就是指对集团内的商品实体流通进行统一组织,通过集中发运、相互转运、就近调拨、合理储存等方法来提高物流效率,降低物流费用;资金流集中就是指集团内实行资金统筹,相互融通,集中投资,有效使用,以加速商品资金和非商品资金的流转,提高资金利用率;信息流集中就是指集团内各企业互相开放经营,加强情报交流,实行信息共享,并开展统一宣传。商流、物流、资金流和信息流是商品流通领域的主要活动,所以"四流"集中也就理所当然地成为商业企业集团的主要标志。

商业企业集团的实践活动证明了这一新型的企业组合形式具有以下一些功能:

(1)规模经营功能。商业企业集团是由众多企业组合而成的多层次、多功能的经济联合体,在经营、资金、科研和信息方面高度集中,从而能在商品的购销活动中大进大出、深购远销,在某一行业甚至整个市场活动中发挥举足轻重的作用,并能在涉外经济活动中增强国际竞争能力和抗衡能力。

(2)系列经营功能。商业企业集团往往是以某一类商品组合的经营为主线,前后拓展、相互衔接而形成的相关企业间的纵向联合,从而有可能形成以产品线为中心的产销结合的系列化经营方式,实现从产品规划一直到市场销售的总体优化决策。

(3)综合经营功能。商业企业集团在纵向联合的同时往往还围绕"四流"的集中,发展横向联合,以增强企业集团的综合经营能力。商业企业集团往往同时具有购销、储运、融资、信息、科研和多角开发等多种功能,从而能增强在各种市场环境条件下的适应能力。

(4)共同开发功能。商业企业集团通过经营、资金、科研和信息的高度集中,集聚了强大的经营能力和发展能力,从而就有可能根据企业集团的共同目标,实行有计划的集中开发,以丰富集团的资源和拓宽集团的市场,同时也能使集团本身得以发展。

近些年来,随着流通体制的改革,过去国营商业一统天下的局面打破了,多元化的市场格局得以形成。而在多元化的市场格局中,若没有一支对市场经济活动能发生重大影响的主导力量,是难以实现国家对市场活动的宏观调控的,也难以保证市场经济活动稳定而健康的发展。商业企业集团以其庞大的规模、雄厚的实力、深远的跨度和健全的功能,足以成为组织商品流通活动的中坚骨干,成为市场经济活动的主导力量,从而有助于国家对市场活动的宏观调控。

二

从微观的角度来分析,目前组建商业企业集团的动因大致有以下几个方面:

一是为了密切产销关系,疏通购销渠道。市场放开以后,大多数国营商业企业失去了过去以行政指令方式维系起来的固定的产销和购销关系,货源难以保证,渠道不畅通,经营盲目性比较大,特别是对于拥有很大的资金和物质实力的国营批发企业来讲,迫切需要重新建立比较稳定的进销渠道,才能保证其经营活动正常开展和获得理想的经营效益。于是,他们不断拓展,寻求同生产企业和零售网点之间的联合,在利益均衡的前提下,实行专业化协作,建立起以系列化经营为主的企业集团,形成产供销一体化的新型商品流通体系。

二是为了集中经营要素,增强经营实力。在我国的商品流通领域中,中小型商业企业占绝大多数。在传统的管理体制下,它们都受行政性公司领导,根据上级指令开展经营活动,自主权很小。自流通体制改革以后,中小型商业企业的自主权得以扩大。然而,由于这些企业的规模较小、实力较差、素质较低,因而在复杂的市场环境和激烈的市场竞争面前感到力不从心。于是它们就寻求同行业之间的相互联合,集中各自的资金、物资、技术、信息等经营要素开展联合经营,以发挥整体优势,产生集团效应。

三是为了相互利用优势,谋求共同发展。与社会化大生产相适应的是社会专业化分工的深入,这就使得企业一方面容易形成某一方面的相对优势,另一方面又增加了对于社会整体的依赖性。在这一前提下,商业企业之间以及同有关的生产、科研单位之间就会产生以对方的相对优势来弥补自己的相对劣势的愿望,这就产生了以形成互补效应为目的的企业联合,以求在一个集团内能集中资金、技术、资源、渠道、环境等各方面的优势,协同发展,共同提高经营效能和经营效益。

四是为了打破地区封锁,扩大经营市场。传统体制下形成的条块分割的局面,在很大程度上限制了一些实力雄厚的商业企业的经营发展余地。特别对于一些中心城市的工商企业来讲,其商品向落后地区的渗透和扩散遇到了很大的阻力。为了从根本上改变这一局面,一些中心城市的商业骨干企业就力求同中小城市和落后地区一些商业企业之间的联合,组建跨地区的商业企业集团,绕开各地区行政部门设置的人为封锁,形成以大城市为依托的辐射性的商品流通网络。对于中小城市和落后地区的商业企业本身来讲,也能促使其经营活力得以增强。

五是为了形成综合功能,发展多角经营。一些大型商业企业经营潜力较大,过去受到部门或地区的限制,经营范围有限,市场面比较狭窄。然而要使企业能有长足的发展,最基本的途径是拓宽经营范围。这就促使企业寻求同其他各种类型企业横向联合,以增强企业向其他领域渗透和拓展的能力。由于这样的企业集团具有多种功能,因而就能增强其在市场上的竞争能力和风险承受能力,为集团内各企业的发展提供有利的条件。

我国现有的商业企业集团虽然已在改革的实践中初步显示了较强的生命力,但毕竟是很不成熟的,归纳起来,有以下几方面的问题:

1. 企业集团组建的形式还比较低级

从目前商业企业集团的组建形式来看,大多还停留在比较初级的阶段。首先,这一类联合组织大多还比较松散,成员企业间的关系大多仍主要依靠协议和契约相维系。投资联营企业大多为单向投资,达不到相互控制的目的。这样就难以真正从利益关系的交错和渗透上去保持集团结构的长期性和稳定性,以及集团成员行为目标的一致性。其次,这一类联合组织大多还没有完全突破部门和地区的限制,集团核心层的构成成分一般都比较单一。集团成员企业虽然在计划指标体系上已明确可以单列,但在行政隶属关系、财税从属关系、物资调拨关系等方面仍没有突破部门和地区的控制,以致集团行为仍在很大程度上要受到部门和地区利益的牵制,商业企业集团仍不能作为一种完全独立的经济组织形式存在。最后,这一类联合组织目前大多还没有自己的金融中心,集资融资能力仍比较差。不少联合组织甚至没有明确的管理机构或管理机构尚不健全,集团总体决策能力相当薄弱。

2. 企业集团的总体意识和集团行为能力还比较差

这一点是同我国商业企业集团组建形式的现有水平相一致的,具体地讲,一方面是集团成员企业大多还缺乏一种集团的总体意识,在集团内外的经营活动中比较强调企业的个体利益,同集团总体之间关系的处理上还习惯地保留着过去那种同行政管理机构关系的观念和意识,另一方面是企业集团的总体目标和总体规划不具体、不明确,难以直接转化为各成员企业的协调行动,于是就导致企业集团总体行为能力较差,在一定程度上削弱了集团的经营优势。

3. 集团的内部管理体制尚不完善

如前所述,不少商业企业集团目前主要还是靠协议和契约维系其成员企业之间的关系,内部管理体制很不完善,首先是核心领导层的组织机构不健全,总体决策指挥和协调功能不完备,有些仅保持一种联席会议的形式,体现不出应有的权威;其次是集团内缺乏一整套约束集团成员企业行为的必要法规,企业间关系的协调和仲裁往往无章可循;最后是企业集团内干部聘任尚无较好的方法,党政关系的处理也没解决好,在一定程度上会影响企业集团的管理效率。

此外,如集权同分权的关系、各层次的责权界限、成员企业内部管理、分配制度的统一等都还是有待探讨的问题。这说明商业企业集团的建设仍需在实践中加以摸索，使之逐步趋向完善。

三

商业企业集团的建设不仅是经营管理方法的改变，更是社会经济关系的调整，因此商业企业集团的发展可能要经历一个较长的时期。从我国的国情及经济发展的客观趋势来看，我认为商业企业集团的发展目标可分为两个层次，亦可称为近期目标和远期目标，或称过渡目标和最终目标。

1. 近期目标

即经过一段时期的改革，力图在我国的商品流通领域内建设起一批以大型骨干商业企业或商业企业群体为核心的商业企业集团，分别在批发和零售市场上发挥主导作用，以期在一定程度上冲破部门和地区的界限，带动广大中小企业，形成流通体制的新格局。

根据近期目标，商业企业集团在批发和零售领域中的形式可能会有所不同。在批发领域中，一般以发展产、供、销、运一体化的商业批发集团为主。这类集团一般以一个或几个大型商业批发企业为核心，联合一批主要的生产、零售及储运服务企业，组成以某大类商品为中心的产供销一体化的经济联合组织。在零售领域中，一般以发展同层次或同类型的商业零售企业的连锁组织或企业集团为主。这类集团一般以几个处于不同产销地区、具有相当规模和影响的商业企业通过较紧密的组织形式构成集团核心，并联合一批生产企业、货源基地以及小型商业零售企业，组成以联购联销、技术协作、资金货源融通为主的连体化经济联合组织。

从企业集团内部管理体制来看，近期目标内商业企业集团一般多以建立依附型的管理机构和理事会议制度为集团管理机构的主要形式。所谓依附型管理机构，是指作为集团核心的主体企业采用"一套班子，两块牌子"的做法，以主体企业原管理职能机构兼作企业集团的管理职能机构，至多在此基础上再增设一些协调机构。当然这种做法容易产生主体企业和成员企业间不平等的矛盾，但是，组建比较容易，过渡比较平稳，集团中心比较明确。所谓理事会议制度，一般是指在集团核心企业较多、相互地位又差不多的情况下，以集团理事会议的方式来对集团的各种问题进行决策。这一般适用于联合程度比较松散、集团行为总体性要求不高的企业集团。

在近期目标内企业集团的组建方式和管理方式有以下一些主要特点：(1)基本上还没有完全脱离部门和地区的框架。企业集团的建立不可避免地还会受到部门和地区关系的制约。例如，工商两大系统在宏观经济体制中相互独立的状态不改变,在微观上就不可能实现真正的产销一体化;财政"分灶吃饭"的方式不改变,也不可能有真正的跨地区企业集团。(2)以业务和技术的协作为主,还不能形成以资产集中为中心的联合。这主要是因为从我国的实际情况看,金融机构同企业间的结合还不是马上能实现的事,对于企业集团中金融中心的建立也必然会受到一定的限制。(3)基本上还保持原有的经营范围。正由于近期目标内商业企业集团尚不能以资产的集中为中心,所以其投资开发能力也比较差,不可能在较短时期内改变其基本经营范围或向众多的新领域进行拓展。

2. 远期目标

以资产集中为中心,以股份制为主要形式,从根本上进行产业和流通组织的重新组合,建立完全打破部门和地区界限的,具有生产、流通、集资、融资、科研和服务多功能的综合型企业集团,使其成为社会经济活动的主体形式,成为国家实行宏观调控的基本工具和市场活动的主导力量。

远期目标内,商业企业集团应呈现以下一些特点:

首先应以资产的集中为中心,表现为各成员企业或企业群体在资产上的联合,而不是仅限于经营、技术等方面的结合。只有实现资产的联合,才能算是最高层次的联合。远期目标内,商业企业集团的资产集中可能通过这样一些途径实现:一是国家银行或国家资产部门以系列贷款或投资的形式介入,建立企业集团内部的金融中心,发挥集资或融资的功能,从而实现资产的高度集中和对集团成员企业的资产控制,这种集资方式将有助于新型的资产公有制形式的建立。二是用法人持股的方式,即由相互有联合需要的企业以购买对方股份的形式实行相互渗透。这种"你中有我,我中有你"的相互持股的方式,实际上是将所涉及的各企业的资产进行相对集中,使各企业可调动的资产更多,同时所受的制约也相应增大,从而促使各企业自觉地采取协同行动,形成集团效应。三是用企业合并的方式,即由一些资金实力雄厚的企业,将一些实力薄弱、经营不善的企业合并,形成"子公司",或由几家小企业合并组成企业集团。

其次是商业企业集团的管理方式将更趋完善。从管理体制上看,将形成总体决策、分片管理为主的事业部制的管理模式,因为这一模式比较适合作为企业联合群体的企业集团,它既能保持总体上的协调一致,又能保持各个层次上企业个体自我系统的经营机能,体现了集权和分权的一致性。从管理形式上看,有可能趋于两种主要类型:一种是以经营内容为标准,形成以条条管理为主的商品事业部管理体系,这比较适宜经营内容广泛、产品技术性强、成员企业系列结构明显的企业集团;另一种是以经营地区为标准形成以块块管理为主的区域事业部管理体系,这比较适宜经营范围不宽、市场分布面广的企业集团,特别是以零售业务为主的企业集团。由于远期目标内商业企业集团是以资产集中为中心的,所以在企业集团中要以集团的主要资产所有者组成董事会,实行董事会领导下的总经理负责制,由董事会对集团的经营发展战略等重大问题进行决策,由董事会选聘和任命的总经理对集团的经营管理活动统一负责,并严格按照职责和权力相一致的原则设立各层次负责人和管理机构。

最后是商业企业集团的功能趋于综合性,经营趋于多角化。随着企业联合不断向高层次发展,特别是资产集中成为企业联合的中心,未来的商业企业集团必然会完全冲破部门和地区的界限,在其为所能及的范围内向各个领域发展,从而使企业集团趋于多功能、全方位、综合化。这一方面是企业追求发展的自然倾向,即在实力允许的前提下企业集团必然会将同其经营业务有关的各种活动尽可能地纳入其控制范围之内,以保证其经营发展的稳定性;另一方面,市场竞争的外在压力也将迫使企业集团发展多种功能,扩大经营范围,开展多角化经营,以加强其竞争实力。企业集团的综合性功能可以通过企业集团不断地向外扩散,纳入更多不同类型的企业而形成。如商业集团同有关工业集团的联合,就有可能形成多功能、综合性的企业集团,这可能将成为我国企业集团发展的一条重要途径。

(此文发表于《财经研究》1990 年第 5 期)

从企业集团到集团经济

在经济管理体制改革深化的过程中,企业集团的产生引起了人们充分的注意。这不仅因为其是一种新型的企业组合形式,更重要的是它对于宏观体制同微观体制的改革如何有机衔接具有重要的启示意义。从我国经济体制改革的客观要求来看,在宏观体制和微观体制改革的交叉点上,仍有许多问题有待解决,例如,国有资产的管理问题、公有制形式的完善问题、计划与市场的衔接问题以及经济调控体系的建立问题等。国内外有关企业集团的理论和实践证明,企业集团的发展和完善,对于这些问题的解决是颇具潜力的。本文拟从这一角度去探讨企业集团建设的深层意义,以求在更高的层次上认识企业集团的历史地位及其发展方向。

一、国有资产的管理问题

目前全民所有制的资产是以国家所有的形式实行管理的,并以各级政府作为这部分资产的直接管理者和资产的实际使用者与企业发生关系的。这种做法的弊病早已为大家所认识,主要是政企不分、地区隔离。为此不少专家提出过不少合理的建议,其中比较有代表性的是建立独立的国有资产管理机构,作为国有资产所有者的代表,同企业发生关系。然而对于为数众多的企业来讲,国有资产管理机构是不可能直接对其经营活动做出安排的,而作为资产使用者的企业也不可能从战略上对资产经营活动做出合理规划。在排除了以地方政府行政部门作为中间层次管理和经营国有资产的前提下,作为一批企业的资产和经营集中代表的企业集团,则完全可能成为某一领域中国有资产的实际经营者。在我国的深圳特区,经济管理体制就基本呈现这样三个层次:市投资管理公司作为国有资产所有者的代表,对国有资产进行统一管理;各企业集团公司受投资管理公司委托,经营国有资产;而生产经营企业则根据企业集团公司的规划直接使用国有资产开展生产和贸易活动。实践结果,使企业集团在解决国有资产管理问题方面发挥了重要的作用。

二、公有制形式的发展与完善问题

社会主义的基本性质决定了我们未来的经济管理体制仍然必须是以公有制为主体的,然而在商品经济条件下,客观上又存在着多种经济成分并存的状况。国内私人和个体资本的存在,虽然从总体上来讲对社会主义经济发挥了补充作用,但是客观上同公有制经济必然存在着发展利益上的矛盾,如何有效地把这些非公有制资本纳入社会主义经济发展的轨道,减少它们同公有制经济所发生的摩擦与矛盾,通过组建由多种所有制成分组合而成的企业集团,以集团所有制作为一种新型的公有制形式,从而使公有制形式得以进一步发展和完善,有效地促进社会生产力的发展。

三、国营企业的主导地位问题

在社会经济活动中确立国营企业的主导地位是保证国家对社会经济活动的有效控制和促使社会经济活动健康发展的重要方面。然而国营企业的主导地位并不是靠行政权力的扶植就能在事实上得以确立的,只能在市场经济活动中通过竞争得以体现。而国营企业主导地位的形成最根本的还是要靠发挥其优势和实力。企业集团的建设在一定程度上集中了国营企业的优势和实力,在各个领域中通过集团效应的发挥大大增强国营企业在市场经济活动中的竞争能力,从而就有可能在社会经济活动中形成以企业集团为中心、带动各中小企业开展经营的局面。国营企业的主导地位也就能因此而得以确立。

四、社会商业的统管问题

社会商业现在主要是指国营商业系统以外的经商企业。所谓统管社会商业,实际上是指对所有经营商品流通业务的企业实行统一管理。然而,从另一个角度讲,如果打破了国营商业系统的界限,那就不存在国营商业和社会商业之分了,剩下的问题就是如何通过各种形式来合理地组织发展商品流通。企业集团若能打破部门和地区界限,实行跨地区、跨部门、跨所有制的联合,围绕一定的经营目标,组织新的商品流通体系,社会商业的统管问题自然也就不复存在。

五、政企分开问题

通过政府行政部门来直接管理企业的经济活动,一方面使企业陷于违背经济规律的行政桎梏的严重束缚之中,另一方面容易造成部门和地区间严重的"条块分割",阻碍各地区和经济部门在经济活动中的有机联系。近年来的改革虽然在一定程度上提高了企业的经营自主权,增强了企业的活力,但是由于部门和地区间的分割局面仍未根本打破,所以企业仍然不能摆脱部门或地区行政管理的束缚。而企业集团的建立和发展则能从根本上打破部门和地区的分割局面,建立起跨部门、跨地区的独立的企业联合体,取代行政部门对企业的经营活动进行协调和管理,这样才有可能从根本上解决政企不分的问题,也能使政府机构从对经济事务的管理中解脱出来,集中精力从事社会发展方面的规划和领导,使政企真正得以分开。

由此可见,企业集团的建设和发展的确能对经济体制改革一系列重大理论和实际问题的解决做出贡献。许多人曾对战后资本主义经济的高速发展作过研究,其中令人感兴趣的问题之一是为什么资本主义生产资料私有制和社会大生产的基本矛盾在战后并没有趋于激化,反而出现经济持续高涨发展的势头。若对企业集团这一在战后资本主义国家普遍发展起来的产业组织形式进行研究,我们就不难发现,这种新型的产业组织形式能在一定程度上适应现代社会化大生产的客观要求,从而同其他种种因素一起,成为缓和资本主义基本矛盾、促进战后资本主义经济发展的重要原因之一。

我国改革的实践已经证明,高度集中的计划经济是与我国现阶段发展商品经济的要求不相适应的,而完全自由的市场经济不仅也不符合我国的现实国情,在现代化大生产的条件下也不可能存在。然而,在计划经济与市场调节相结合的总体思想的指导下,管理体制的改革应当走哪条路呢? 对计划和市场两方面都具有很大适应性的企业集团自然就十分引人注意了。"集团经济"很可能成为我国未来经济管理体制改革的重要方向。所谓"集团经济",就是通过一段时期的改革,在各个主要经济领域中建立起一批以公有制为主体的多层次多功能的企业集团,作为社会经济活动的主导力量,带动广大中小型企业共同促进社会主义经济的稳步发展。这样的经济管理体制既有可能克服高度集中的计划行政管理的弊病,又能保证社会经济活动中公有制的主导地位和有计划的集团经营,为计划经济与市场调节的有机结合创造了有利条件。而要形成"集团经济"的理想格局,则首先取决于企业集团的发展和完善。

站在经济管理体制总体改革的高度去认识企业集团建设和发展的重要意义,就能使我们对目前企业集团的发展方向更为明确。从建立"集团经济"的理想出发,对目前企业集团的发展和改造似可提出以下一些要求:

第一,由部门性的企业集团向多功能综合性的企业集团转化。要使企业集团能在一定的产业领域中发挥主导作用,就必须以产业为核心,对生产和经营活动实行相应的集中。企业集团只有在对生产和经营活动实行全面控制的基础上才有可能形成强大的经营能力,产生"集团效应"。因此,现有的企业集团必须打破部门和系统的界限,同各有关方面实行多方位的联合,特别是发展工业集团和商业集团等部门性集团之间的强强联合,这样形成的多功能综合型的企业集团才有可能成为引导社会经济活动的主体。

　　第二,由地方性的企业集团向跨区域的企业集团转化。要使企业集团取代地方行政机构而成为规划和协调企业经济活动的中心、成为国有资产的实际经营者,就必须建立起一批打破地区界限、跨区域的企业集团,特别是对于业务经营覆盖面原来就比较大的行业中心城市的批发业就更有必要进行企业集团在地区间的扩展。只有建立了跨区域的企业集团,才能真正打破分割与封锁,消除政企不分的现象,确立企业集团在社会经济活动中的主导地位。一般来讲,企业集团的区域扩展程度,应同其业务伸展范围和覆盖面相一致。

　　第三,由以业务经营为中心的企业集团向以资产经营为中心的企业集团转化。要使企业集团成为一种衔接国家计划和企业行为的中间层次,成为资产的经营者而不是资产的使用者,企业集团就必须逐步发展为以资产经营为中心,即集团这一层次的中心任务不应再像原企业公司那样着重于具体业务计划的制订和贯彻,而应当着重于资产的积聚和运行,其中包括集资集股、引进外资等资产来源的经营,包括投资开发、内引外联等资产增量的经营,也包括产权转移、承包租赁等资产存量的经营。只有在集团这一层次充分重视对资产经营活动的正确决策,才能不断推进整个企业集团向前发展,真正成为资产经营者的主要代表。

　　由现有的以行政管理为中心的管理体制,向以企业集团为中心的"集团经济"管理体制的转化,自然不是一蹴而就的。可以预计,在相当长的一段时期内,企业集团同原有体制将会并存,两者之间的矛盾和冲突是不可避免的。如目前对企业集团发展影响极大的"三不变"状况,就体现了两者之间的冲突和碰撞。然而,关键在于必须认清发展的方向,一方面坚持稳妥渐进的改革,另一方面实事求是地利用原有体制中某些做法来继续解决企业集团发展过程中暂不能解决的某些问题,实现新旧体制的平稳转化,这样才可能积极而稳妥地克服企业集团建设和发展中所遇到的困难,推动企业集团的建设不断向前发展。

（此文发表于《华东经济管理》1990 年第 3 期）

综合商社我们能借鉴多少

综合商社是日本的一些以流通为主的多功能巨型企业,以其资金实力雄厚、经营范围广泛、活动机能多样、竞争能力强盛等特点而在日本国内外的商品流通领域占有举足轻重的地位。近年来,随着我国经济改革的深入,特别是企业联合和企业集团化趋势的出现,学术界、实业界对综合商社的形式和功能渐感兴趣,认为在我国经济体制改革,特别是内外贸流通体制改革方面可借鉴日本综合商社的经验。然而对于如何认识和借鉴则有一些不同的看法:有人认为综合商社就是一种流通领域的企业集团,建议我国商业企业集团的组建逐步向综合商社发展;也有人认为综合商社的主要机能体现在发展国际贸易方面,建议在我国的外贸体制改革中充分借鉴综合商社的经验;还有人从扩展生产企业经营职能的角度去认识综合商社,认为生产企业特别是产业型企业集团要扩展自己的经营职能,就应当充分依靠综合商社之类的企业或机构作为拓展流通渠道的商业窗口;等等,不一而足。以笔者愚见,以上各种看法,虽不无道理,但若从综合商社的本质含义及其在日本经济活动中的现实作用来看,均失之偏颇。

首先,认为综合商社就是企业集团,或者是所谓的商业企业集团,恐怕是一种误解。所谓企业集团,是一种以金融资本为依托,以控股持股为形式,集中各成员企业的资产、技术等各种生产要素,开展规模经营的多层次、多功能的经济联合体。从组织形式上看,综合商社还只能属于单独的企业组织。而且综合商社一般是以企业集团的组成部分的形式存在于企业集团之中,为企业集团内外的商品交易活动服务,同企业集团的金融机构一起,成为企业集团的基本支柱。所以若以综合商社为模式去组建企业集团,则可能会使我国企业集团(包括商业企业集团)的发展方向出现偏差。

其次,综合商社虽然在日本进出口贸易中起着重要的作用,但是在国内商品交易中也是一个不容忽视的角色,同时还承担着媒介企业集团内部各成员企业间商品交易活动的职能。而且综合商社在内外贸业务上的比重,也是随着经济环境和形势的变化而发生变化的。如在 1981 年日本各综合商社的销售总额中,出口、进口、转手贸易和国内交易额的构成比重分别为 22.8％、23.3％、13.2％和 40.7％。而在 1986 年随着国内外经济形势的变化,以上构成比重则变为 19.5％、17.8％、18.0％和 44.7％,进出口业务明显下降,国内交易额则相应上升。特别应当指出的是,同一切资本主义企业一样,综合商社在利润机制的驱使下其业务范围和经营方向是经常发生变化的。这是以综合商社在市场经济环境条件下自由的经营方式为基础的。所以尽管可以在外贸体制的改革中借鉴综合商社的经验,但是若想以综合商社作为我国外贸体制改革的一种理想模式,则恐怕也是不现实的。

最后,日本虽然有部分综合商社依附于企业集团,并在客观上成为企业集团的商业窗口,但是其独立性还是相当强的。除了三井物产、三菱商事、住友商事等隶属于企业集团的综合商社之外,也有日商岩井、兼松红商等独立的综合商社。况且,企业集团的某些贸易活动也不一定通过本集团的综合商社来开展,其业务也是向全社会开放的。所以若把综合商社这一形式仅仅理解为生产企业或产业型集团的附属机构,也是不全面的。若在我国的改革中基于这样的认识去进行借鉴,恐怕会搞出许许多多以部门或地区分割为前提的所谓"综合商社"或类似组织,其结果必然是可笑而无益的。

事实上,日本的综合商社具有如下特点:(1)立足于市场经济;(2)综合商社直接介入国际市场,参与国际竞争;(3)综合商社是在企业兼并和企业联合的基础上发展起来的,但是这种兼并和联合完全是以功能的增强和利益的提高为目标的,不受其他因素的影响,更没有地区或部门的限制;(4)综合商社除了其对内对外的贸易机能之外,更重要的是具有强大的金融机能和开发机能。如日本各综合商社的对外直接投资额约占日本对外直接投资总额的 20％。同时它还以资金援助和系列贷款的方式来控制货源和完善销售网络。由此可见,要建立综合商社之类的企业或机构,至少需要具备以下一些基本条件:

(1)整个经济运行体制必须形成以流通为中心、以市场为导向的基本格局。

(2)企业必须摆脱地区或部门的行政约束,形成以经济关系为纽带的组织形式。

(3)一部分企业(或企业集团)必须拥有直接的对外经贸自主权。

(4)综合商社类的企业或机构具有扩大经营机能(特别是金融机能和开发机能)的可能性。

然而,这些条件在我国的现实情况下显然是不具备的。所以在现阶段,试图在我国建立起综合商社之类的企业或机构恐怕是不现实的。

以上说法只是强调了我们在借鉴日本综合商社经验方面的局限性,但是并不排除根据我国的现实情况,对综合商社的经验进行有限度的借鉴,并把它们有机地融入我国的经济生活之中的可能性。

(1)在产销和工贸关系方面,应逐步由生产主导型向流通主导型发展。综合商社在日本经济生活中的重要地位,较明显地体现于其对日本产业界的指导和扶助方面。特别是在对外贸活动方面,综合商社的作用不仅仅体现在其作为产业集团打进国际市场的主要渠道,更重要地体现在其对于日本产业界对外经贸活动的组织、协调以及信息机能方面,如扶助国内企业的出口生产,协调成套设备出口,提供国际市场的相关信息,设计对外经贸战略规划等。正如日本有关人士指出的,综合商社发挥着作为日本经济、日本企业国际化之先驱的作用。综合商社这一地位的确立,是同日本经济以流通为主导的基本格局分不开的。虽然我国与日本在国情上有根本差别,但是随着国际经济形势的发展变化,以需求为中心、以流通为主导已成为现代经济发展的一种基本趋势,所以当我们开始走向世界市场之际,不能不考虑这一重要事实。长期以来,我国产销体制以生产为主导的基本状态一直没有得到很好改变,生产什么,销售什么;生产什么,出口什么。外贸机构虽然也能向产业界提供有关情报,但是由于体制上的原因,缺乏指导和协调机能,从而导致我国出口产品在国际市场上竞争能力很差。因此,我们应从日本综合商社的做法中体会到,发挥外贸及其他流通组织的作用,建立新型的产销和工贸关系,逐步使我国的经济活动也由生产主导型发展为流通主导型,是提高经济效益和国际竞争能力的重要前提。

(2)在流通组织建设方面,应加强流通组织的综合功能。要建立起以流通为主导的产销和工贸关系,除了体制方面的改革之外,更重要的是强化流通组织的综合功能。综合商社之所以能成为日本经贸活动方面的主角,关键就在于其具有强大的综合功能。其功能的综合性不仅体现在其经营商品范围广泛,更重要地体现在其对产业、金融、情报、开发等事业的参与和介入。如有些商社拥有自己的系列中小厂家,以订货加工的方式筹集货源;商社引进现代先进技术以扶植和发展现代产业;商社进行系列贷款,以发挥"第二银行"的作用;商社通过遍布世界的情报通信网络收集情报,提供信息;商社发展海外投资,进行货源开发;甚至有的商社还利用同国内外企业多方接触的有利条件,以企业兼并顾问的身份,推动国内企业和国外企业的收购和兼并。正如日本有关人士指出的,综合商社除了开展商品交易活动之外,还集投资者、开发者、组织者、设计者、合作者于一身。综合商社这些功能的发挥,使其能对日本经济活动的各个领域进行全方位的渗入,从而也就确定了流通主导型的经济发展格局。我们应以各种形式发展同产业部门的联合,形成产供销一条龙的流通体系;充分发挥流通组织的情报功能,引导产业发展方向;以投资、联营和贷款等方式扶植生产企业,开发出口资源;引进国外先进设备和先进技术,促进国内产业现代化;媒介国内外企业间的合作,促进企业国际化;等等,使我国的流通组织(特别是外贸组织)在内外经贸活动中真正由被动转为主动。

(3)通过流通组织综合功能的发挥,促进企业集团化、国际化的进程。在坚持改革开放、进军世界市场的过程中,我们所面临的最大问题并非缺乏"拳头产品",而是缺乏"拳头企业",即缺乏一批具有相当经营规模、拥有技术优势和竞争实力并在国际市场上享有一定声誉的大型企业和企业集团。然而要成为这样的"拳头企业",仅靠现有企业的单体发展是不行的,而必须以名牌产品和优势企业为龙头,实行联合和兼并,以形成集团化优势;同时要能在国际市场上开展有利竞争,又必须要求这样的企业或企业集团适应国际市场的经营惯例和竞争规律,采取具有国际水准的经营体系和经营方法,甚至有可能实行跨国界的经营活动,发展海外投资,建立跨国公司。当然这种企业集团化和国际化的进程是由多方面的因素所促成的。但从日本综合商社对企业集团所发挥的作用来看,我们可以认识到流通组织的综合功能可在一定程度上促进企业向集团化和国际化发展。如果通过综合性的流通组织对一系列的企业实行系列订货和综合协调,就可能促使这批企业的经营活动在事实上趋于整体性。通过综合性流通组织的系列投资和贷款也可能使一批企业逐渐形成集团势力,特别是流通组织利用其对国际市场和海外企业的多方了解和多元关系,就有可能成为国内外企业实行联营或发展海外投资的重要媒介等。

(此文发表于《外国经济与管理》1990 年第 9 期)

论强化国营大中型企业的产权意识

一、问题的提出

在关于搞活国营大中型企业的讨论中,人们常把国营企业同中外合资企业进行比较。为什么在同一块土地上同一个市场环境中甚至是同一类企业中,合资企业的经营效益会明显高于国营企业的经营效益? 引出的结论往往有以下几个:一谓外部环境不同,即合资企业享有比国营企业优惠的政策条件;二谓内部机制不同,即合资企业采取的是不同于国营企业的经营方式和管理制度;三谓产权形式不同,即合资企业拥有独立的产权,消除了国营企业"大锅饭"的弊病。笔者认为,最根本的还是第三种说法,即产权上的区别。理由是:其一,国营企业所享有的政策优惠虽然不如合资企业,但并非到了被完全捆住的地步。事实上,在同样的政策条件下,一些国营大中型企业经营得法,也取得了较好的经济效益,这说明政策环境并非国营大中型企业效益差的主要原因。其二,完善内部经营机制当然是提高企业经营效益的关键,但是灵活得体的内部经营机制并不是凭空产生的,更不是靠模仿照搬所能奏效的,其产生于一定的主、客观条件,其中最主要的是经营者的主观能动性,而激发经营者主观能动性最为直接的因素则是企业的产权问题。大多数合资企业的经营者主观能动性之所以比较强,往往是由于他们充分意识到企业是自己的,经营好坏直接关系自身利益,所以他们能想尽办法去完善企业的经营机制,提高企业的经营效益。而大多数国营大中型企业的经营者就是由于对企业缺乏拥有感,缺乏与企业共存亡的强烈意识,主观能动性比较差。尽管有少数国营大中型企业的经营者凭借高度的思想觉悟和强烈的社会责任心,也能在经营上发挥其主观能动性,做出一些贡献,但这毕竟难以在短期内成为国营企业的一种普遍现象。而要真正促使大多数国营大中型企业在经营中充分发挥主观能动性、提高企业的经营效益,看来仍应把注意力集中于国营大中型企业的产权问题。

对国营企业产权问题的讨论已经历过很长时期,提出过不少观点,一度甚至提出过改变国营企业的产权性质,即实行私有化。这种观点不仅在理论上站不住脚,在实践中也很难行得通,我国数千亿国有资产目前根本不可能通过任何形式转化为私有资产。关于这一问题,这里且不讨论。问题是在保持国营大中型企业全民所有制的产权性质不变的前提下,有没有可能从产权的意义上去促进经营者增强其主观能动性,完善企业的经营机制,提高企业的经营效益。笔者认为,可能性是存在的,那就是通过管理体制的改革,强化国营企业经营者的产权意识,使其同合资企业的经营者一样,在各种内外机制的驱动之下提高经营的主观能动性。

二、问题的分析

产权,从法律的意义上讲应包括资产的占有权、支配权和使用权,其中决定产权性质的是资产的占有权。只要资产的占有权不改变,资产的支配权和使用权的转移都不会改变产权的性质。而资产的支配权和使用权在实际上表现为资产的经营权。这就是所有权和经营权可分离的理论依据。从这一意义上看,强化国营大中型企业的产权意识实际上就是要强化国营企业的经营者对资产经营权的拥有意识。事实上,就现代资本主义企业而言,资产所有权和经营权的分离也是一种普遍现象。不少大中型企业的厂长、经理本身也并非企业的所有者,但却拥有充分的资产经营权,从而具有很强的主观能动性。所以说在不改变企业所有权性质的前提下,强化企业的产权意识的可能性是存在的。

(一)企业的产权意识的具体表现

1. 自主经营的意识

企业的经营者应对企业所拥有的全部生产和经营要素(包括人、财、物、技术、信息)具有独立自主地支配和使用的意识。不管在何种情况下,企业的经营者都能感觉到企业在自己的掌握之中,每一项经营决策都能不受干扰地得到实施。当然,企业的经营者同时也充分地意识到,除他们之外,没有任何其他人能帮助他们赢得利益或摆脱困境,这样就能使企业经营者的主观能动性得到充分的发挥。

2. 利益风险的意识

企业的经营者能感觉到其自身的利益同企业经营的成败紧密联系在一起,这不仅体现在经营者个人经济利益方面,同时更体现在经营者的事业、前途和社会地位等自我价值的实现方面。只有企业的经营者能强烈地感觉到失去了企业就失去了一切,才能促使企业的经营者不断增强经营的主观能动性。

3. 自我发展的意识

企业的经营者对企业的未来具有可控感,具有设计和追求未来的可能性和自觉性。企业经营者要把企业的更新和发展作为自己不可推卸的责任,作为实现自我价值的主要途径,这样才能使企业的经营者具备远大的抱负,通过主观能动性的发挥来不断促进企业的发展。

(二)影响企业产权意识形成的主要因素

1.企业的独立性

企业经营上的独立性是形成企业产权意识最为重要的因素。企业经营者自主经营的意识只能产生于企业独立的经营活动之中。如果企业的经营者在经营活动中处处受到所有者的掣肘,在涉及企业经营活动的重大问题上无法独立决策,就不可能形成对资产经营权的拥有感,从而也就不可能建立企业的产权意识。

2.经营者的责任性

企业经营者的责任性对于企业产权意识的形成也是至关重要的。只有企业的经营者明确地意识到自己是企业资产的实际支配者,对于资产的有效使用负有全部责任的情况下,才可能真正把自己当作企业的主人,以强烈的责任感去谋求企业的生存和发展。也只有当具有这种事业心和责任感的人作为企业的经营者时,企业的产权意识才会真正建立。

3.利益的相关性

企业产权意识的建立和巩固在很大程度上取决于利益机制的作用。只有当企业的经营者充分意识到控制和运用资产的经营权对自己利益的相关性,将资产的经营效益同自身的利益追求统一起来时,才能使其经营活动具有巨大的动力和压力,从而也才能牢固地建立起企业经营者的产权意识。

三、思考与建议

综上所述,国营大中型企业的产权意识主要表现为对国有资产(即全民所有制资产)的拥有意识。只有产权意识得以强化,才能促使国营大中型企业的经营者充分发挥主观能动性,积极开拓经营,提高经济效益。因此,搞活国营大中型企业的首要前提应当是在不改变企业产权性质的情况下强化企业的产权意识。我国国营大中型企业的产权意识要真正得以强化,则有赖于通过经济体制改革的进一步深入,促使企业增强经营的独立性、经营者的责权利进一步统一和完善,具体应做好以下工作:

(一)从根本上改变政企不分的状况,使国营大中型企业的经营活动具有真正的独立性

目前,国营大中型企业政企不分的状况仍未得到根本改变,其主要表现为三个方面:一是体制上,国营大中型企业仍表现为部门或地区行政关系的附属物,在经营上受到部门或地区关系的严重束缚;二是在管理上,仍是以直接的行政管理方式为主,而不善于通过市场机制或其他经济杠杆对企业进行间接调控;三是在职能

上,不少国营大中型企业(特别是商业公司)还不同程度地承担着政府和社会的部分职能,不像一个纯粹的经营实体。政企不分的状况不根本解决,企业就不可能具有经营的独立性,从而也不可能使企业的产权意识得以强化,因此应当通过改革,促使国营大中型企业逐步摆脱部门或地区的行政制约,成为独立的经营实体。政府有关部门应在逐步健全宏观调控体系的基础上对国营大中型企业由直接管理转为间接调控,除非十分必要,不对企业的经营活动进行过多的行政干预。企业在职能上应同政府部门和行政机构有明确的区别,应保证企业能作为一个独立的经营实体,全力投入其生产或经营活动。

(二)建立国营大中型企业的干部竞聘机制,选聘合格人才成为企业的经营者

企业产权意识首先体现为经营者的产权意识。这种产权意识只有在所有者对经营者明确授权的前提下才能形成。经营者受聘上任,责权明确,才能形成较强的产权意识。目前,大多数国营企业的厂长、经理还是以行政任命的方式委派的,授权意识不强,权力来得容易,因此也不珍惜。不求有功,但求无过,即使有过,换个地方还当干部的情况并不少见,这就不可能形成强烈的产权意识,因此应当提倡对国营大中型企业的厂长、经理像合资企业那样实行竞聘。通过竞争选拔,证明德才兼备,才能明确授之经营权,这样才能使经营者珍惜手中的权力,明确肩上的责任,形成较强的产权意识,产生较大的主观能动性。

(三)完善国营大中型企业干部奖惩任免制度,形成有效的利益激励机制

企业经营者产权意识的强弱,除聘任方式之外,更重要的是能否使其个人利益同企业的经营状况挂钩,与企业共荣共衰、同存同亡。国营大中型企业的经营者应当享受高职高薪,责利对称。企业经营者若成绩显著,不仅能获得丰厚的物质奖励,而且能获得良好的社会声誉。同时以严格的责任监督和惩戒措施来增强经营者的风险意识。企业经营者经营失误或失职,必须承担相应责任,包括实行经济赔偿,给予行政处分,予以免职降薪,直至追究刑事责任。如此责利对称,奖惩分明,才能促使企业的经营者确立起较强的产权意识,把企业的兴衰同个人的命运紧紧联系在一起。

(四)深化国营大中型企业的体制改革,优化国有资产的管理形式

要使国营大中型企业的产权意识得以最终确立,还须从体制上优化国有资产的管理形式,如通过建立国有资产专职管理机构,实现国有资产所有权的人格化;通过承包、租赁、税利分流等形式,促使国有资产经营权委托形式明确化和规范化;通过实行股份制和建立企业集团等形式,促使国有资产占有形式多样化;等等。由此通过经济体制改革的不断深入,国营大中型企业的产权意识才会越来越明晰、越来越稳固,国营大中型企业才能在社会经济活动中显示出巨大的潜能和活力。

(此文发表于《财经研究》1992 年第 3 期)

论无区域企业的形成和发展

一

　　企业从其本质意义上说是在市场交易活动中谋求利益最大化的经济组织,是通过将资本投入一定的产业运作而使其增殖的利益实体。从这个意义上讲,企业本来就同地理上的区域概念无关,因为企业所在的位置及其所介入的市场都应当根据其利益目标来决定,而不应当受到任何地理区域的限制。然而在现实生活中,我国企业的区域概念却是十分明显的。从企业名称上看,许多企业的名称前面必然冠有其所在区域的地名,如"上海××公司""浙江省××厂"等;从市场概念上看也常常有所谓的"本地市场"和"外地市场"之分;甚至在经营思想上,也经常可以听到所谓的将产品"打出去"和将资金"引进来"之说。我国企业所具有的这种强烈的"区域归属"意识,对企业乃至整个社会经济发展所产生的不良影响是显而易见的。首先,其影响了企业的市场拓展。当甲地的企业试图将产品销往乙地时,往往会受到各种各样的阻碍。原因是乙地也有同类企业,生怕被甲地的企业抢了市场(哪怕乙地企业的比较优势远不如甲地企业)。其次,使得真正具有国际竞争能力的实力强大的企业"巨人"难以形成。原因是绝大多数企业之间所谓的"强强联合"都是在区域内进行的,极少有不同区域的同类强势企业之间的真正联合,如国内贸易局曾试图将全国一批同名的百货公司(商店)联合起来,组成一个全国性的商业集团。结果由于"以谁为主"和"总部设在哪里"等问题确定不下来而不了了之。其结果是,我们充其量只能组成一些区域性的垄断性企业,其根本不可能同国际上的跨国公司相抗衡。最后,其难以实现全国各地区在产业上的合理布局。企业的区域归属性过强,便会使各地区为了追求地区经济的自主发展而不注意根据全国资源合理配置的要求来规划区域内企业的产业结构,从而造成重复投资、重复建设的现象严重,合理的产业布局难以形成。如各地区在规划本地区的支柱产业时就曾出现过 20 多个省市都把汽车工业作为本地区支柱产业的不正常现象。由此可见,如果赋予企业以过于强烈的区域概念,不仅会限制企业的发展,也会在很大程度上影响国民经济的健康发展。

打破区域界限、促进企业跨区域联合与发展,实际上在我国经济改革的初期就已经提了出来。1980年7月1日,国务院颁布的《关于推动经济联合的暂行规定》就明确指出,"组织各种形式的经济联合体,是调整好国民经济和进一步改革经济体制的需要,是我国国民经济发展的必然趋势",并强调"组织联合,不受行业、地区和所有制、隶属关系的限制"。1986年,《国务院关于进一步推动横向经济联合若干问题的规定》进一步明确指出"横向经济联合……是社会化大生产的必然趋势,是对条块分割、地区封锁的有力冲击"。并再次强调,各级政府要"积极推动和引导企业发展各种形式的经济联合,特别是跨地区、跨部门、跨行业的企业之间的经济联合,不得从本位利益出发加以干涉"。次年,国务院又采取了对大型工业联营企业实行"计划单列"的做法,促使实行横向联合的大型企业进一步摆脱行政区域的束缚,让那些实行横向经济联合的企业联合体有更大的经营自主权。当时,首先实行"计划单列"的解放、东风、重型汽车工业联营公司,都是由跨五六个省市的相关企业联合组建而成的。1987年底,国家体改委和国家经委联合发布的《关于组建和发展企业集团的几点意见》,更是从组织层面上明确了企业可实行跨行业和跨地区联合的组织形式,进一步推动了企业跨区域联合的发展。

然而,由于当时尚未建立现代企业制度,且大多数企业的联合是在政府部门的推动和引导下实现的,所以当时所谓的"联营企业"和"企业集团"普遍存在着以下一些问题:一是产权关系尚不明晰。企业间联合实际上并不是资本的联合,而主要表现为一种生产协作关系。二是联合的目的并不明确。有相当部分的联营企业成为企业集团,只是维持或加强其成员企业之间原有的业务联系,企业性质上并未有新突破。甚至有些企业集团干脆就是原行政性公司的翻版,以维护其对下属企业行为的直接干预。三是企业的区域属性仍然十分明显。大多联营企业集团的"龙头"企业都受到所在区域地方利益的严重牵制。跨区域的联合主要表现为"一主多仆"的形式,区域间的"强强联合"十分少见。20世纪90年代开始的现代企业制度建设以及尔后出现的企业间的资产兼并与重组,使企业跨部门跨地区的联合具有了谋求资本收益最大化的实质意义,但是企业的区域属性仍未有根本改变:主体企业(公司)的地区归属关系仍然十分明确;向外实行兼并和联合时地方利益的倾向仍十分明显;地方政府对实施跨区域发展的企业的各种限制和干预依然存在,从而导致实行跨区域兼并和联合的企业并不能真正根据企业自身的发展需要来决定企业的区域布局和市场定位。所以我们只能将这些企业称作"跨区域企业",而不是"无区域企业"。

提出"无区域企业"的命题实际上就是相对于"跨区域企业"而言的,因为两者存在着本质意义上的不同。所谓"跨区域企业"(或称"跨区域经营企业")有着明确的区域属性,通常隶属于某一地区的主管部门管理,从而具有明显的地区利益倾向;反映在经营思想上,往往不是单纯站在企业自身的立场上去分析市场,形成决策;而在很大程度上要顾及所在地区的利益及主管部门的立场;企业的总部(母公司)一般都是稳定地设置在所属地区,而不会根据市场环境的变化或企业发展的需要而迁移到其他地区。然而,"无区域企业"从理论上讲则不存在明确的区域属性,它们应当是真正的多元资本的组合;企业的所有经营决策都是以自身利益的最大化为基本前提,而不从属于企业之外其他利益主体的意志。因此,"无区域企业"可以在其力所能及的范围内自由地组合与调配其资源,实施其经营战略。其资源的流动、市场的布局,包括总部及为主要职能机构的选址,都不应当受到任何外在力量的牵制。这样的"无区域企业"才有可能真正根据市场的客观规律科学、合理地开展经营,也才有可能使位于不同地区的优势企业之间实现真正的"强强联合",组建起具有国际竞争能力的企业"巨人"。

从世界一些发达国家的企业发展状况来看,淡化企业的区域属性早已成为一种重要趋势。欧美一些著名的大企业都是由几十家甚至上百家企业合并而成的,从企业的溯源来看,早已没有了区域企业的概念。这些大企业总部的迁移也都是根据市场环境的变化和企业业务发展的需要。如美国国会在 1890 年通过《反托拉斯法》,而由于新泽西等 3 个州没有制定相应法律,结果就有 95% 的美国托拉斯企业集中到这 3 个州;美国纽约在 1965 年曾集中了世界 500 强企业中的 128 家,而在 20 世纪 70 年代以后,随着日本企业的崛起,聚集于纽约的大公司逐渐减少。不少大公司的总部纷纷从纽约迁出,至 1988 年仅剩 48 家;日本的东京,也是日本以及世界一些著名企业总部的集聚地,全日本 50% 以上销售额超过 100 亿日元的大公司总部设在此。在经营思想上,发达国家的企业也已摒弃了以本国为基础,向国外输出产品与服务的"国际营销"观念,而以"全球营销"的观念取而代之,并提出了"全球企业"的概念。美国著名营销学者菲利普·科特勒在 1994 年就已指出"一个全球企业在超过一个国家的市场经营时,其成本和声誉比纯粹的国内企业拥有研究与开发、生产、后勤、营销和财务上更多的优势。例如,福特公司的'世界车',其驾驶室是在欧洲制造的,底盘是在北美制造的,而整车则在巴西组装,然后输入美国销售。全球企业以世界为基础计划经营和协调它们的活动"。他强调"90 年代标志着这样的第一个 10 年的开始:全世界的国内企业必须开始以全球观点来考虑问题"。由此可见,"无区域企业"乃至"全球企业"是随着市场的一体化乃至全球经济的一体化而出现的必然趋势。试想,面对即将可能大规模进入我国市场的这些

"全球企业",我们如果只能以一些区域性的企业去与之相抗争,岂不等于"以卵击石"。因此,淡化企业的区域属性、实行跨区域的"强强联合"、迅速组建起全国性的"无区域"企业或企业集团已成为当务之急。

二

同企业的基本性质及其功能特征看来并无多大关系的"区域"概念为什么会在我国的企业中有着如此深刻的影响呢? 追根溯源,还是同我国经济体制改革的不完善有关。

(一)企业制度改革的不完善

在现代企业制度建立以前,我国的国有企业都是由国家直接投资的,产权关系很不清晰。投资主体一般由中央或地方两级财政出面,而且是以资金划拨的方式而不是以股份的方式投入。中央各部门及地方政府是投资的直接决策者,也就是国有企业的"大老板"。由此造成的结果,必然使一个个行政区域实际上成为一个个"大企业",而所谓的"国有企业"只不过是这些行政性"企业"下的一些运作实体,所以企业的区域属性也就自然形成了。20世纪90年代建立现代企业制度之后,企业的产权关系开始明晰,国家对企业的投资改为以股份的形式投入,并以国有资本授权经营的方式委托专门的控股公司或投资公司作为投资主体,在形式上实现了政企分离。但是这一改革是不彻底的:(1)在绝大多数由国有企业转化而成的股份公司中,国有股份都占着绝对的控制地位(不少实际上仍是国有全资企业);(2)国有资本的授权经营单位大多是由原行业行政管理机构转化而成,仍在很大程度上代表着政府的利益;(3)这些控股公司乃至其下属企业的主要负责人实质上都是国家编制的干部,接受政府部门的委任与调配。在这种情况下,政府部门(尤其是各地方政府)对企业的影响仍然是很大的,所以企业的区域属性仍然很难消除。

(二)财税体制改革的不完善

长期以来,中国经济中的一个难点问题就是中央和地方之间的财税关系问题。中国地域辽阔、经济发展很不平衡,为了调动地方在发展地区经济方面的积极性,我国的财税体制一直把地方政府的收支同地方的经济发展水平紧密联系在一起,即所谓的"分灶吃饭"。近年来,尽管经过了一系列的改革,如由"承包制"改为"分税制",但是,地方财政"地收地支"的状况仍未改变。为了促进地方经济和社会的发展,地方政府对于本地企业进行控制和干预的要求十分强烈。越是大或越是强的企业,地方政府对其控制和干预的程度也会越高,从而使这些企业的区域属性也就会变得愈加明显而不易改变。实行"地区封锁"、防止"资源外流"往往成为不少地方政府的既定政策,企业想要摆脱区域的影响而实现自主发展也就会变得很难。

(三)行政体制改革的不完善

其中最重要的问题有两个:一是政府行政部门的基本职责仍然很不明确,对企业经济活动的干预仍然很深,政企不分的现象仍然比较严重,特别是一些地方政府部门,越往基层,管得越细。一些城市的区级政府,甚至连商店开在什么地方,什么时候关门都要直接过问,将企业死死地置于政府部门的管束之下。二是干部任命制度同企业负责人的选聘制度有很大矛盾。如前所述,国有企业(特别是国有大企业)的主要负责人仍然列入国家干部的编制系列(有的虽然名义上取消了,但实际上仍保留着干部级别,并由组织部门严格按照其级别向各企业推荐或委派)。现已实行了股份制的企业,按理应由董事会聘任企业总经理,但此前也必须由组织部门审查和推荐。这样就使得企业的负责人不得不听命于对其进行委派和推荐的政府部门,从而也就很难摆脱地方政府部门对企业的影响。此外,一些地方政府的领导人往往把本地区内一些大企业的成功经营作为自己工作的业绩来看待,对于那些同他们的政治生命息息相关的优质企业怎么肯轻易放手呢?

这些问题的存在反映了我国传统的计划经济体制同市场经济体制在转型之中的矛盾依然存在。市场经济要求资源按照市场运行的客观规律实行最优配置。市场运行的各种内在要素的发展与变化是促使资源进行流动与配置的基本动因;而计划经济则强调资源的行政配置,根据由政府部门或其他权力机构制订的计划人为地进行调配。两种不同的资源配置方式必然导致经济活动中利益主体的不同。在市场经济条件下经济活动的利益主体必然是企业,而计划经济条件下的利益主体则主要是政府。改革的不完善,使我国大多政府部门作为经济活动的利益主体的角色观念仍未得到改变,从而必然导致企业对政府部门(特别是地方政府)的"附属性"无法改变。这是"无区域"企业形成和发展的根本障碍。

三

我国的"十五"计划纲要指出,"今后五到十年,是我国经济和社会发展的重要时期,是进行经济结构战略性调整的主要时期,也是完善社会主义市场经济体制和扩大对外开放的重要时期。"在这一时期中,产业结构调整和产业布局的合理化是经济结构战略性调整的关键。然而调整的目标能否实现,则取决于经济体制及企业制度的进一步改革。在"十五"计划纲要中所列举的各项改革措施中,有多项是有助于企业摆脱"区域性"的束缚而向"无区域"企业发展的。如在深化国有企业改革的问题上,提出了"建立分工明确的国有资产管理、经营和监督体制,使国有资产出资人尽快到位,探索授权有条件的国有企业或国有资产经营公司行使出资人职能",这将有助于增强国有资产人格化代表的相对独立性。在健全市场体系的问题上,提出了"建立和完善全国统一公平竞争、规范有序的市场体系。……破除地方封锁,反对地方保护主义,废除阻碍统一市场形成的各种规定",这将有助于消除影响企业向"无区域"发展的各种市场障碍。在推进行政管理体制和政府机构改革的问题上,提出了"按照发展社会主义市场经济的要求,进一步转变政府职能,集中精力搞好宏观调控和创造良好的市场环境,不直接干预企业正常的生产经营活动",这更将有助于弱化地方政府部门对企业的直接控制,进而淡化企业的区域属性。

在促进"无区域"企业形成和发展的过程中,有些影响一时是难以完全消除的,如因现行的财税体系而强化了地方政府对地区内优势企业的控制要求;因国有大企业负责人的组织审查和推荐制度而使企业主要负责人客观上难以摆脱"区域意识"的束缚;等等。这些深层次的问题,将有待于改革的进一步深入和人们思想意识的进一步转变,才能得到根本解决。然而现阶段,从企业角度讲,则应主要在以下几个方面进行努力,以促进"无区域"企业的形成和发展。

(一)形成多元化的企业资本结构

有条件发展为"无区域"企业的国有企业首先应当进行规范化的公司制改革。通过规范上市、中外合资或相互参股的方式吸纳各种性质的资本进入,降低国有资本的比例,组成多元持股、群体决策的股份有限公司。企业的资本结构越趋于多元化,行政主管部门对企业的干预力度也就会变得越小,从而就可能使企业真正成为独立自主开展经营的市场利益主体。

(二)进行多地化的企业职能布局

企业应根据各个不同地区在经济和社会功能上的不同特征,将企业的各种机构及职能部门分散设置,以最大限度地利用各个不同地区对于企业发展的有利因素。如将企业的行政总部及销售公司设置在信息集中度高、商贸功能强的经济中心城市;将产品加工部门设置在资源丰富、交通便利或劳动力成本低的地区;将产品研发机构设置在同类行业科研水平最为先进的地区;等等。企业则用全国乃至全球的市场意识和现代化的信息手段将它们统一起来,为实现企业的利益目标而共同努力。目前我国已有不少大企业开始将总部搬迁到上海等经济中心城市,有的甚至将产品研发机构设到美国的"硅谷",这正是值得关注的良好发展趋势。

(三)实施异地间的企业"强强联合"

企业跨区域的兼并与联合现在已比较普遍,但大多仍表现为以生产经营能力的增强为目的的"强弱联合",如为了扩大自身的生产加工能力或为了拓展市场渠道而对异地的弱势企业进行兼并或联合。而通过异地间优势企业的"强强联合"来扩大企业规模,调整产品结构,以增强总体竞争实力的联合虽然也有,但不多见,原因就是以上所述的部门和地方利益的牵制。但随着企业自主经营权的增强,这些牵制是可以被打破的。关键是企业应当具有高瞻远瞩的战略观念与敢为天下先的战略和气魄,只要能成功地实现异地企业间的"强强联合",就能在建设"无区域企业"的道路上迈出重要一步。

应当说在"无区域企业"的形成和发展过程中,企业自身的因素毕竟属于"内因",而各种环境因素只能构成"外因",在变革的过程中,企业"内因"总是起着主导作用的。因此,只有通过深化企业改革,明确建设"无区域企业"的重要意义,激发企业在这方面的主观能动性,各种环境条件也是有可能改变的。

在讨论"无区域企业"的形成和发展时,对于以下一些问题是必须加以强调的:

第一,所谓"无区域企业"并不仅仅是一种跨区域的企业兼并行为,更重要的应当表现为企业对自身地位的认识和战略思想的改变,即在企业地位上必须突破区域性企业局限,而站在全国性企业乃至全球性企业的地位上考虑问题;在战略思想上,也应当基于全国乃至全球市场的竞争态势来进行统筹规划,而不能目光短浅,成为"井底之蛙"。

第二,并非所有企业都可能成为"无区域企业"。根据市场经济发展的客观规律,未来的企业还是有全球性企业、全国性企业和区域性企业之分的。"无区域企业"只能是具有强大资本规模和经营实力的少数企业。但是在中国这样的"无区域企业"一定要有,而且在现有的国有企业中也必须形成几个具有强大竞争实力的"无区域企业",这将成为国有企业改革成功的标志。

第三,目前我国对"无区域企业"在理论上的认识和法规政策上的认同还很模糊,这对于"无区域企业"的形成和发展是有影响的。中国与外国不同。国外的企业从一开始对于"区域归属"的概念就是比较淡化的。所以它们也许不需要对"无区域企业"做出特定的解释,而中国长期以来企业的区域属性过于强烈。在我们进行经济体制和企业制改革的过程中,有必要对"无区域企业"进行理论及法规政策上的解释,以促使我国的"无区域企业"能够真正健康地成长与发展。

(此文发表于《上海管理科学》2002 年第 1 期)

整合流通资源 打造"航空母舰"

中国的流通产业在 20 世纪 90 年代出现了迅猛的发展,其中具有标志性的是城市零售商业进行了脱胎换骨的改造;连锁经营企业不断地壮大与扩展;流通资源在一定程度上得到了优化组合,形成了一批具有实力的流通企业集团;一些现代化的流通方式及流通技术得到了引进和应用;流通企业的人员素质、经营效益和竞争能力也有所提升。然而,目前中国已经加入世界贸易组织(WTO),即将面临国外流通企业的直接挑战。面对规模与实力十分强大的国外流通"巨鳄",中国的流通业所呈现出来的"散、乱、差"的现状,使其无论从整体上还是单体上都难以与之抗衡。数据显示,我国最大的流通企业的市场销售份额不足市场销售总额的 3‰;2001 年国内最大的零售商业公司的销售收入仅为 Wal-Mart 的 1%。如此显著的差距不仅使我国的流通企业难以同即将进入中国市场的外资流通企业相抗衡,而且由于缺乏能对市场产生重要影响的大型流通集团,在政府对市场的调控能力削弱的情况下,市场流通的无序状况就容易得到蔓延。因此,中国的流通产业必须进行新一轮的改革。通过对中国流通资源的梳理和整合,形成一批资本规模和销售规模庞大、市场覆盖面广并具有现代化经营管理水平的全国性(而不是区域性)的大型流通集团,使之成为市场流通活动的主导力量,成为中国流通业迎接外来流通资本挑战的中流砥柱,并以他们为主导来影响全国流通业的发展,规范流通市场,提高流通效率,形成能同国际流通企业相抗衡的整体竞争实力。

目前,国内一些主要省市已经开始进行流通企业的资产重组,一些规模庞大的流通集团正在形成。但是流通企业整合的目的不只是"做大",而主要是"做强"。单纯采用行政划拨的手段,往往难以形成真正具有核心能力和竞争实力的大型流通企业集团,甚至有可能由于内部各种矛盾与冲突的产生和激化,削弱自身的经营实力。因此,我们认为,流通企业的资产整合必须符合这样一些原则:

(1)是"优势互补"而不是"同类合并";

(2)能扩展市场而不是"原地踏步";

(3)能降低成本而不是提高成本；

(4)能协调一致而不是增加矛盾。

为此,在整合流通资源、做强流通集团方面我们有这样一些建议:

一、集中精华,形成核心资源

要使整合以后的流通集团能真正具有强大的核心竞争能力,首先必须使其拥有优质的核心资源。因此在准备组建大型流通集团之前,必须对现有的流通资源进行一次梳理(梳理的范围不应局限于原国有流通系统,而应当是全社会),并对这些资源进行鉴别分类,从中发现最具有成长性的优质资源,通过国有资产划拨、股权转让或联合兼并等方式将其在一定程度上集中起来,以形成组建流通企业"航空母舰"的核心资源。在整合了优质核心资源之后,根据这些优质资源的性质和特征,分别对其核心业务进行定位,并转化为具有市场号召力的核心概念(例如,可分别按行业优势、领先业态或品牌影响力等来确定其核心概念),从而使组建而成的大型流通集团从一开始就具有鲜明的形象特征和强大的核心竞争能力。

二、吸纳资本,形成多元结构

组建大型流通集团的目的不仅是做大做强流通企业,实现规模扩张;同时也是为了通过流通资本的优化重组,改变流通企业的资本结构,完善内部营运机制。因此,大型流通企业集团在拥有概念明确的核心资源的基础上应当广泛吸纳社会各方面的资本(包括海外、国外甚至国内外自然人的资本),迅速扩大资本规模,并形成多元化的产权结构(在新组建的大型流通集团中,国有资本的比重建议最好在30%左右,最多不超过50%),这样才能保证新组建的大型流通企业集团充满活力,不断进行自我完善,从根本上摆脱计划经济观念对其的束缚和影响。

三、越界联合,不断拓展市场

流通企业的资本组合究竟是以本地的"强强联合"为好,还是搞跨地区的优势嫁接?我们认为,流通企业真正的"航空母舰"是不可能仅在一个地区内形成的,因此跨越地区界线的联合与兼并是必然趋势。原因是,在一个城市或地区范围内的"强强联合",也许能做大规模,但很难做大市场,因为他们所面对的市场是同一个市场,市场的需求规模不扩大,面对同一市场的各企业再怎样联合也难以使销售的总量(即组成集团的原各企业销售量之和)有太大的变化。因此,各地的主要流通企业应当在全国范围内寻找优质的流通企业、市场网络或著名品牌等资源,通过投资、控股、参股、合资或合作等方式实现跨区域的联合,才能真正组成资本实力雄厚、核心优势明显、市场覆盖面广、经营规模庞大的全国性的流通企业集团,真正形成与国际跨国流通集团相抗衡的竞争实力。

四、优化重组,进行功能创新

从系统论的观点出发,要素的功能能否充分发挥,不仅取决于要素本身,更取决于要素的组合方式,即系统的结构。因此,大型流通企业集团组成以后,必须对内部的各种资源要素进行必要的重组,使其形成更为高效的功能,而不能仍然保持整合前的组织框架,各行其是,甚至相互抵触。主要的做法是:对能够共享的资源必须实施共享,不要再有重复的机构与组织,甚至可建立一些共享平台;对业务组合进行重新评估,在集团的大框架内重新进行调整,以保证优质资源向高效业务倾斜,对低效和亏损业务进行必要的梳理和淘汰;根据组合后所形成的新的能力,开展业务创新,开发出在组合前所不能开发的具有良好发展前景的新业务。总之,能否通过资源要素的重组使企业集团的创新能力和竞争能力有明显的提升,是企业兼并重组成功与否的重要标志。

然而,目前要真正通过流通资源的优化组合,组成具有强大的创新能力和竞争能力的流通"航空母舰",仍存在着不少障碍,其中最主要的还是来自体制方面的障碍。

首先是企业制度改革的不完善。虽然通过现代企业制度的建立,流通企业的产权关系开始明晰,国家对企业的投资改为以股份的形式投入,并以国有资本授权经营的方式委托专门的控股公司或投资公司作为投资主体,在形式上实现了政企分离。但是这一改革是不彻底的:(1)在绝大多数由国有企业转化而成的股份公司中,国有股份都占着绝对的控制地位(不少实际上仍是国有全资企业);(2)国有资本的授权经营单位大多是由原行业行政管理机构转化而成,仍在很大程度上代表着政府的利益;(3)这些控股公司乃至其下属企业的主要负责人实质上都是国家编制的干部,接受政府部门的委任与调配。在这种情况下,政府部门(尤其是各地方政府)对企业的影响仍然是很大的,所以在流通资源重组和大型流通企业集团的组建方面,政府的利益取向仍大于企业的利益取向,从而使所组建的大型流通企业集团难以产生很大的经济效益。

其次是财税体制改革的不完善。长期以来,中国经济中的一个难点问题就是中央和地方之间的财税关系问题。中国地域辽阔、经济发展很不平衡,为了调动地方在发展地区经济方面的积极性,我国的财税体制一直把地方政府的收支同地方的经济发展水平紧密联系在一起,即所谓的"分灶吃饭"。近年来,尽管经过了一系列的改革,如由"承包制"改为"分税制",但是,地方财政"地收地支"的状况仍未改变。为了促进地方经济和社会的发展,地方政府对于本地企业进行控制和干预的要求十分强烈。越是大或越是强的企业,地方政府对其控制和干预的程度也会越高,从而使这些企业的区域属性也就会变得明显而不易改变。实行"地区封锁"、防止"资源外流"往往成为不少地方政府的既定政策,这就使得流通资源的跨区域组合变得很难。

最后是行政体制改革的不完善。其中最重要的问题有两个:一是政府行政部门的基本职责仍然很不明确,对企业经济活动的干预仍然很深,政企不分的现象仍然比较严重;二是干部任命制度同企业负责人的选聘制度有很大矛盾。国有企业(特别是国有大企业)的主要负责人仍然列入国家干部的编制系列(有的虽然名义上取消了,但实际上仍保留着干部级别,并由组织部门严格按照其级别向各企业推荐或委派)。现已实行了股份制的企业,按理应由董事会聘任企业总经理,但此前也必须由组织部门审查和推荐。这样就使得企业的负责人不得不听命于对其进行委派和推荐的政府部门,从而也就很难摆脱政府部门对所组建的大型流通企业集团的影响。一些组建而成的大型流通集团实际上仍在行使着政府行政职能。

这些问题的存在反映了我国传统的计划经济体制同市场经济体制在转型之中的矛盾依然存在。市场经济要求资源按照市场运行的客观规律实行最优配置。市场运行的各种内在要素的发展与变化是促使资源进行流动与配置的基本动因;而计划经济则强调资源的行政配置,根据由政府部门或其他权力机构制订的计划人为地进行调配。两种不同的资源配置方式必然导致经济活动中利益主体的不同。在市场经济条件下经济活动的利益主体必然是企业,而计划经济条件下的利益主体则主要是政府。改革的不完善,使我国大多政府部门作为经济活动的利益主体的角色观念仍未得到改变,从而必然导致企业对政府部门(特别是地方政府)的"附属性"无法改变,这是真正能按市场规律实现流通资源优化配置的大型流通集团形成和发展的根本障碍。

因此,我们认为,进一步推进宏观体制改革,是保证流通资源能在新形势下得到更好的优化组合的重要前提。

首先必须实现真正意义上的政企分开。政府部门必须尽量减少对企业行为的直接干预,其管理职能应主要体现在对流通发展的宏观规划上;运用各种政策来调节市场利益关系,以引导企业按规划的目标实施其行为;为符合发展目标的企业行为提供各种配套服务;对违反政府法规和市场规则的企业行为进行限制和惩治等,而不是直接干预企业的经营行为。流通企业的兼并和联合应主要出自企业的自身需要,从企业的利益目标出发去策划与操作,而不应当成为政府部门直接导演的结果。

其次必须进行真正意义上的企业制度改革。实施资源组合的大型流通企业集团首先应当进行规范化的公司制改革。通过规范上市、中外合资或相互参股的方式吸纳各种性质的资本进入,降低国有资本的比例,组成多元持股、群体决策的股份有限公司,坚决改变国有资本"一股独大"的现象,使绝大多数的大型流通企业实现真正意义上的混合所有制,并提高董事会在企业的重大资本组合和经营决策方面的民主性和科学性。企业的资本结构越趋于多元化,行政主管部门对企业的干预力度也就会变得越小,从而就可能使大型流通企业集团真正成为独立自主开展经营的市场利益主体。

最后必须为流通企业集团的壮大和发展创造良好的市场环境。如通过资本运作的手段组建大型流通企业集团,必须在市场融资渠道上得到充分的支持,应设法引进和建立针对流通行业的风险投资基金,以支持投资回收期较长、受市场变化影响较大的基础性流通项目的建设;继续利用好国内外的证券市场,探索利用企业债券、企业可转换债券等为企业融入新的资金;建立和完善流通企业的信用制度,发展流通企业的商业票据贴现业务,增加流通企业的短期融资能力和信用支付能力,提高流通企业的资金使用效率,使流通企业集团在资本运作中有更大的回旋余地。

（此文发表于《上海国资》2003 年第 5 期）

集成商和平台商:流通企业创新转型的两个主要方向

一、引言

最近召开的中央经济工作会议指出,在我国经济进入适度发展、深度调整的新常态的情况下,必须"突出创新驱动",并指出"创新必须落实到创造新的增长点上,把创新成果变成实实在在的产业活动"。对中国的流通产业而言,同样面临着如何实施有效的创新转型,以启动市场需求、促进经济发展的问题。在 2014 年国务院办公厅关于促进流通领域健康发展的 51 号文件中也强调,要"深化流通领域改革创新",并将"支持流通企业做大做强"作为流通领域改革创新的主要任务。近年来,围绕流通领域改革创新的问题学术界已有不少研究,主要集中于流通体制的改革创新、流通模式的改革创新、流通业态的改革创新、流通技术的改革创新等方面。如汪旭辉(2010)曾指出,流通企业应从业态创新、服务创新、技术创新、运营模式创新等方面开展自主创新活动,并认为政府应为流通企业自主创新营造良好的外部环境。李文静(2012)曾指出,流通领域的自主创新应该是一个包括流通企业、政府、高校和科研机构、中介组织以及金融机构在内的创新系统,而流通企业的创新则主要包括组织形式创新、经营模式创新、业态创新、技术创新、营销创新和企业文化创新等。丁俊发(2013)指出,流通领域应从理论、制度、信息化、供应链管理、结构调整、生活与商务服务、就业、消费、市场、商业文化十个方面来进行创新驱动。荆林波(2013)认为,流通领域必须从流通体制、企业机制和经营模式三个方面来进行创新。纪良纲(2013)提出了流通领域改革创新的三个方向,即以提升流通服务能力为目标,实现产业间的渗透和融合;以拓展流通市场为目标,实行城乡联动和线上线下联动;以降低流通成本为目标,进行多模式的规模扩张。随着网上购物热潮的兴起,对于电子商务背景下传统流通企业的创新转型也成为热议的话题。如俞晓松(2012)指出,在电子商务环境下,流通企业要虚实结合,将电子商务同实体店结合,实现优势互补;要加快建设社会化物流体系,并实现电商企业与第三方物流企业的紧密联合;要建立健全电子商务的诚信体系、诚信环境、诚信评价和服务机制,形成良好的社会诚信环境。刘康等(2014)则提出了电子商务环境下的流通企业商业模式创新模型,分别从产品、服务、口碑和数据库中心等几个方面阐述了创新模型的运营机理。大多数对于流通领域改革创新的研究都会把对策建议集中于政府政策的调整,期望通过政策的引导和推动来促进流通领域的改革创新。

然而,正如中央经济工作会议所强调的"创新要实",我们不能仅停留于对流通领域改革创新的意义、方向、内容、环境的一般讨论上,而当前更需要的是找到影响我国流通效率提升的主要问题所在以及改革创新的突破口,找到促进流通领域改革创新的主要抓手,才有可能在短期内(如"十三五"期间)真正使流通领域的改革创新成为形成经济发展新增长点的主要动力之一。本文的观点是:我国大型流通企业的自主创新转型应当成为流通领域改革创新的主要抓手,而"集成商"和"平台商"则应当成为大型流通企业创新转型的主要方向。

二、大型流通企业创新转型是流通创新改革的主要抓手

流通领域是一个高度竞争的领域,是一个对资源配置依赖性不强的领域(相对于生产领域而言)。因此对于流通领域的改革创新,政府政策的直接效应并不明显,而主要依赖于流通企业自身的活力和市场竞争力的提升。同时,我国流通领域的历史因素决定了大多数地区的流通存量资源(如主要商业市口和分销网络)仍为以国有企业为主的传统流通企业所拥有。通过前些年以行政手段为主的兼并重组,这些企业的经营规模都很大。年营业收入达到本地社会消费品零售总额的2%—7%。但是这些企业的经营观念、经营方式传统僵化,管理方式、人才结构陈旧落后,近两年在经济环境变化和市场竞争压力之下经营效益都出现了不同程度的滑坡(见表1)。若不能促使这些国有的大型流通企业(集团)进行脱胎换骨的创新转型,我国流通领域改革创新的目标则将很难达到。

表1　　　　　　　　　　　主要商业企业近3年经营业绩

项　目	2011 年			2012 年			2013 年		
	营业收入(亿元)	收入增幅(%)	占当地社会消费品零售总额(%)	营业收入(亿元)	收入增幅(%)	占当地社会消费品零售总额(%)	营业收入(亿元)	收入增幅(%)	占当地社会消费品零售总额(%)
王府井	167	20.18	2.42	182.6	7.63	2.37	197.9	8.35	2.36
百联股份	470	23.71	6.90	492.6	4.78	6.65	519.3	5.42	6.45
大商集团	304	60.63	—	318.6	4.79	—337.5	5.93	—	

数据来源:各年度上市公司年报;各地统计年鉴。

　　从另一个角度讲,大型流通企业对整个流通领域市场的影响力也在不断提高,其中,外资流通企业和新型流通企业(如网络销售)的贡献率在不断提高。2013年,全国零售企业前十强的销售收入总额达到 14 003 亿元,约占全国社会消费品零售总额的 6%。其中,3 家是外资流通企业,4 家是新型流通企业。[①]

　　当前面临的问题是:如果不积极促进本土(特别是国有的)大型流通企业加速改革创新,进行脱胎换骨的改造转型,就有可能在激烈的市场竞争中被淘汰出局,从而造成流通领域改革成本上升,市场矛盾加剧,民生也可能因此受到影响,所以,必须强调将本土大型流通企业的创新转型作为流通领域改革创新的重点和主要抓手。

三、大型流通企业创新转型的主要方向

(一)向"商贸集成商"转型

　　当前存在一个误区,认为传统流通企业的经营效益下降主要是受到网上销售的冲击,传统流通企业的转型主要应当发展网上销售。而事实并非如此,一方面,全国网上销售尽管发展迅猛,但占社会消费品零售总额的比重仍然不高;另一方面,大型流通企业一般也早就开通了网上销售渠道。事实上,商品资源的单调与匮乏是当前大多数传统流通企业经营不景气的主要原因。而深层次的问题是大多数传统流通企业缺乏采购能力,缺乏根据市场需求变化选择合适的供应商的能力,更缺乏形成商品资源差异化的创新设计能力。商品资源获取能力的不足使得传统流通企业竞争优势不断降低。因此,借鉴国际经验,向具有强大商品资源获取能力的商贸集成商转型,可能是我国大型流通企业创新转型的主要方向之一。

　　所谓"集成商",是指能有效联结商品供应商和制造商,并能根据市场需求进行商品和服务的创新设计,引导供应商或制造商生产和提供符合市场需求的产品,并通过其所控制的庞大市场网络销售给顾客的商业组织。商贸集成商一般拥有强大的商品和原材料采购、创新设计、组织加工、网店布局、分销管理的能力,并同各主要市场的零售企业有着密切的合作关系。

　　香港利丰贸易集团是商贸集成商的典型案例。利丰集团把握供应链的两头,根据市场需求进行的产品设计和管理,依托世界各地的 7 500 多家供应商进行原材料的采购和产品的加工生产,并在全球的分销网点进行商品的布局和配置,从而以适销对路且低成本的商品资源优势和高效的分销配送系统赢得了无可争辩的市场竞争优势。2013 年,香港利丰贸易集团的净利润达 7.25 亿美元,比上年增长 17%。

---

①　根据 2014 年 5 月 28 日第九届中国零售商大会提供数据(联商网)。

另一种被称为"零售制造商"的商贸企业也具有较强的差异性商品资源获取能力。日本的无印良品是零售制造商的典型案例。该公司根据市场需求自行设计产品,组织加工,实行无品牌销售,在全球范围开设了数百家连锁专卖店,仅在中国大陆地区就有100多家,因其别具一格的产品设计,获得了差异化的竞争优势和良好的市场效应。2012年的全球净销售额达到1 877亿日元(合119.2亿元人民币),经营利润为184亿日元(合11.6亿元人民币)。类似的"零售制造商"还有GAP、优衣库、ZARA、H&M等,经营效益都不错。

以上案例说明,商贸集成商同目前我国大型流通企业的经营模式方面的主要差别在于,他们具有获取和控制商品资源的主动性和相应能力,从而能根据市场的特征和需求变化,主动、灵活地调整商品结构,满足市场需求,以获取差异化的竞争优势。而我国的大型流通企业一般都处于供应链的末端,缺乏对商品资源的选择和控制能力,从而也就缺乏对于市场变化的灵活适应性。所以只有主动地向供应链的前端延伸,扩展和稳定自己的供应商网络,并形成自身的商品创新设计和组织加工能力,成为真正意义上的商贸集成商,才能在当前竞争激烈的市场环境下摆脱困境,获得经营上的主动权。这就要求进行转型的大型流通企业必须积极扩展高品质的供应商网络,增强自身的采购能力,扩大经营中的自行采购比重,与主要的供应商建立紧密的协作关系;同时要积极进行产业链的延伸,在提高采购能力、扩大和稳定供应商网络的同时,增强产品创新设计能力和组织加工能力,完善市场流通的配套服务功能,以形成差异化的商品资源获取优势,并实现全面的电子化、数据化管理,完善自身的供应链系统。

(二)向"全渠道平台商"转型

网上商业的优势主要是"平台优势"。网上商业为顾客提供了能便捷搜寻丰富的商品和服务资源,并能便捷地完成购买过程的展示平台和交易平台。实际上这种平台优势在购物中心出现以后就已经显现出来。相对于功能比较单一的百货商店等传统商业形态而言,购物中心同样具有商品和服务资源丰富,且集购物、餐饮、娱乐、休闲于一体的便利服务之优势。这种对市场顾客群体具有强大吸引力和集聚力的平台效应,形成了平台型流通企业控制市场顾客群体的相对竞争优势。所以,大型流通企业若能利用自身的既有优势,同时发展网上销售,实现线上线下的全渠道融合,成为能吸引更多顾客群体的全渠道平台商,也可以提高自身的市场竞争能力和经营效益。

所谓"平台商",是指以实体或虚拟的形式搭建市场交易平台,以招商和租赁的方式吸纳众多的供货商进入平台,向顾客销售其产品,并从中获取"平台收益"的商业组织。平台商的功能并不仅局限于交易场所的提供,还包括支付结算、物流配送、信息沟通、售后服务以及为平台交易所提供的各种支撑性服务。

以阿里巴巴的淘宝、天猫以及京东、一号店等为代表的零售购物网站是虚拟平台商的典型代表,因其便利的购物方式和完善的配套服务符合新一代市场顾客群体的生活消费方式,所以增长势头很猛,从而也引发了所谓网上、网下商业竞争的议题。但实际上只能说,利用因特网进行网上购物和移动购物可以突破吸引和控制顾客群体的空间障碍,使其具有比传统商业企业(特别是实际上已经是"平台商"的商业企业)更强的顾客吸引控制能力而已。

然而,在实体平台商方面,也不乏颇具竞争力的典型案例,万达商业地产就是其中之一。万达商业地产主要进行商业地产的开发,但其颇有特色的做法是进行产业链的整合。它们同国内外的一些著名品牌公司(包括百货、家居、服饰、运动用品以及餐饮、影视、娱乐等购物中心所需要的商业、服务、文化企业)形成紧密的合作关系。商业地产在开发和建设的同时,就共同进行市场调查、进行经营内容和商场形态的策划,从而保证了其招商的质量和市场的契合度。目前全国数十家"万达广场"购物中心大多取得了良好的经营业绩。2013年,万达集团的营业收入突破2 000亿元,从而为实体平台商的发展描绘了良好的发展前景。

目前,我国的大型流通企业从其经营模式来看都具有一般平台商的特征,即通过招商租赁,导入商品服务,吸引顾客购买。但是同以上案例中的企业相比,主要差距在于:不如网络平台商那样具有大规模展示、跨空间交易、全方位互动、便利化服务等特征;也不如万达广场之类成功的实体平台商那样,具有同各类购物、休闲、餐饮、娱乐的优质经营主体形成跨行业的战略联盟,全方位满足顾客多元化需求的整体优势,从而对顾客群体的吸引力还不够强。所以向"平台商"转型的大型流通企业,必须根据所在区域的市场特征,进行交易平台的功能设计和整体策划,并有目的地选择能提供综合性功能的各类优质经营主体,形成战略联盟,提升交易平台对顾客群体的吸引能力。有条件的流通企业要尽可能建立线上线下融合的全渠道交易平台,合理组织各种经营要素,营造服务功能完善,便利、舒适并富有特色的购物环境,以形成吸引和控制顾客群体的强大能力。

(三)大型流通企业创新转型的"微笑曲线"

从目前全国大多传统流通企业来看,其所面临的主要困境在于传统陈旧的商业经营模式。这种模式主要表现为自营、联营、租赁等几种经营方式的组合,只不过是几种经营方式的比重各自有所差异而已。这种模式本身也包含一般的商品资源获取功能和交易平台功能。但由于缺乏创新设计能力和采购能力,同时又缺乏吸引和控制顾客的特定优势,所以在供货商的强大压力下和网上销售的市场挤压下陷入困境。传统商业企业要想走出困境,就必须在商业资源获取能力或者顾客吸引和控制能力方面下大功夫,实施商业经营模式的转型。如前所述,商贸集成商主要以提升差异化的商品资源获取能力为特征;全渠道平台商则主要以提升对顾客群体的吸引和控制能力为特征,由此构成了流通企业转型发展的两个主要方向,可看成一条微笑曲线(见图 1)。而由于这两个方向的功能特征及相应的资源需求有所不同,对于同一经营主体而言,两者都强的成功例子并不多。所以传统的流通企业视其资源和环境特征,选择其中之一实施转型的成功概率则会比较大,也就是或者向商贸集成商发展,强化自己差异化的商品资源获取能力;或是向全渠道平台商发展,强化自己对顾客群体的吸引和控制能力。当然,如果对于一个以投资控股为主的集团型流通企业而言,经营模式的创新转型则主要以其下属的二级公司为主。一个集团企业的二级公司可朝不同的方向进行转型,其结果则有可能使该流通集团公司具有更为完善的流通功能,从而具有更强的市场竞争优势。

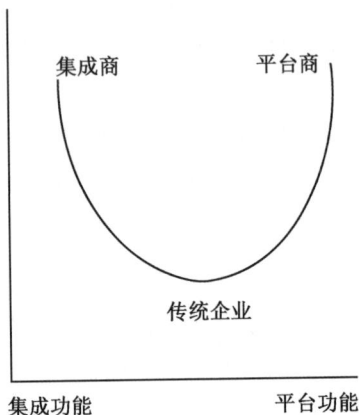

图 1　集成商和平台商的微笑曲线

四、促进大型流通企业创新转型的主要措施

显然,从我国大型流通企业的现状看,要实现这样的转型是很不容易的:一方面是由于经营观念和经营模式固化,要实现突破有着较大的阻力;另一方面是由于存在着组织结构和人才结构不适应的问题,要进行转型就必须进行"脱胎换骨"的改造。然而面临当前的市场形势和发展趋势,大型流通企业的创新转型势在必行,甚至是刻不容缓的,所以:

(一)必须要求大型流通企业(特别是国有商业大集团)迅速转变经营观念,突破传统的系统分工的思维模式,以市场为导向,进行产业链的延伸管理

这主要是由于我国国有大型流通企业(集团)一般都是在原国有商业系统范围

内整合组建而成,原计划经济下行业系统归属的痕迹十分明显。虽然作为商业企业在采购、招商方面的职能意识还算比较强烈,但像商贸集成商那样,主动根据市场需求的变化,进行商品和服务的创新设计,并进行高质量、低成本的原材料采购和组织加工的职能意识则几乎没有,甚至会将其完全排斥在自身的业务范畴之外。这就使得这些流通企业在获取商品资源方面的主动权不足,更缺乏对差异性商品资源的获取能力和控制能力,其竞争优势也就必然缺乏。另外,虽然作为商业企业,其本身就具有交易平台的天然职能,但是如何根据市场需求多元化发展的趋势,丰富该交易平台的多种功能要素,增强该交易平台对顾客群体的吸引力,特别是在面临网上购物平台强劲竞争的情况下,如何突破实体店经营的固有模式,实现线上线下的融合,进行全渠道的运营与管理,仍需要有新的认识转变和策略调整。在目前的市场形势下,国有大型流通企业只有真正具备从产品设计加工到对消费者全方位需求满足的"全产业链管理"能力,才能做到张弛有道、伸缩自如,形成真正强大的市场竞争实力,从而也才能促使流通产业真正成为推动经济发展的先导产业和基础产业。

(二)必须重视大型流通企业人力资源的品质提升和结构调整

这主要是由于目前许多大型流通企业(特别是国有流通企业)的人力资源在品质和结构上是难以适应流通企业创新转型之需要的。包括中高层管理人员在内的企业经营管理人员往往习惯于传统的商业经营模式,很难改变,同时也缺乏对新业态和新技术的接受能力。这是目前大型流通企业进行创新转型的一大障碍。而造成这种状况,一方面是历史的原因,长期以来一直将流通产业看成是技术含量低的劳动密集型产业,并进行相应的人力资源配置,特别是国有流通企业一直被视为解决社会就业问题的劳动力吸纳池,低素质的人力资源大量沉淀;另一方面,是由于国有流通企业仍然僵化的干部聘任体制。尽管国有流通企业早已进行了企业改制,但在中高层经营管理人员的任免和调动上仍在很大程度上保留着行政干部的任免模式。为了保证管理干部能有提升的空间,中高层经营管理人员基本上仍以系统内的培养提拔为主,很少实行市场化的招聘。大型国有流通企业的人才结构因此而被固化,从而成为流通企业创新转型的一大障碍。为此,我国必须下决心改变大型流通企业的用人机制,由封闭的系统内培养提拔转向真正的市场化招聘任用;大力引进具有现代化、国际化视野和大数据环境下经营管理能力的中高级经营管理人才。特别是国有流通企业,除企业法人外,其他中高层管理人员都应当脱离干部编制,实施市场化聘用,从而激活大型流通企业的人才流动机制,优胜劣汰,切实提升人力资源的品质,适应大型流通企业创新转型之需要。

（三）必须鼓励通过收购、兼并、联合、合作等方式，利用国（境）内外各种资源，迅速完善和提高本土大型流通企业现代化经营的能力

如前所述，我国大型流通企业（特别是国有大型流通企业）目前在经营观念、经营模式、组织结构和人才结构上与向商贸集成商和全渠道平台商创新转型的要求是很不适应的。事实上，要想完全依靠大型流通企业自身在完成"脱胎换骨"的改造后再进行创新转型是不现实的，也是等不及的。所以只有充分借助和利用外部资源条件来补充和完善自己的功能缺陷，才有可能在短期内迅速增强大型流通企业技术、管理和市场适应能力，实现向商贸集成商和全渠道平台商的顺利转型。从现代管理理念的角度，强调建立社会化的合作网络、实现高效率的职能外包，是迅速提升企业经营能力和竞争实力的有效途径，因此，要鼓励以大型流通企业为核心，建立起与国（境）内外主要供应商、加工企业、物流配送企业和其他服务企业之间稳定的供应链体系；要鼓励大型流通企业同相关的高新技术企业建立紧密的合作关系，主动吸纳新科学、新技术，开展合作创新；要鼓励大型流通企业同主要的网络销售公司之间进行强强联合，利用各自的资源，弥补各自的缺陷，实现优势互补。一些原以实体店经营为主的大型流通企业，目前纷纷想建立自己的网上交易平台，从而投入了大量的资本和精力。但由于缺乏有优势的技术和人才，特别是缺乏在网上市场中的社群基础和品牌影响，因此往往举步维艰，得不偿失。如果能放弃偏见，主动同经营成功的网上平台企业携手联合，得到的则可能是双赢的结果，这是大型流通企业在实施创新转型时必须关注的问题。

（此文发表于《中国流通经济》2015 年第 5 期）

城市商业篇

　　城市是商业发展的产物,也是商业发展的重要载体。20 世纪 90 年代,由于城市土地使用权可转让政策的出台,我国城市大规模的改造与发展进入高潮,城市商业设施的改造与建设也出现了迅猛的发展。然而由于缺乏科学的规划指导,不少主要城市的商业设施建设出现了脱离市场需求,只重规模不重效益的问题。针对这些问题,本人撰写了多篇文章予以分析和引导。其中比较有代表性的就是 1996 年发表在《财经研究》上的《我国城市零售商业发展若干问题的思考》和 1997 年发表在《上海商业》上的《试论城市零售商业的经营发展方向》。前者通过对相关数据的分析,指出了我国一些城市的零售商业发展已经脱离了市场购买力的实际水平,出现了盲目扩张的情况,希望在城市零售商业发展中要注重科学规划,适应区域功能,强调综合配套;后者则从商业企业的角度分析了在城市零售商业迅猛发展的情况下,零售商业企业经营所面临的新环境,指出在新环境下零售商业企业必须进行的经营策略调整。这些观点经同政府部门和商业企业的多次交流沟通,得到了普遍的认可,也产生了较好的效应。

　　21 世纪初,我国正式加入了世界贸易组织。随着对外开放的步伐加大,上海等特大城市已出现向国际化大都市转型的倾向,作为国际化大都市的消费市场和商业发展也产生了一些新的特征。本人的研究也更多地聚焦到大都市的消费和商业同一般城市之间的差异性等方面。其间也发表了几篇相关的论文。2001 年发表的《都市化消费的基本特征和发展趋势》一文指出了大都市在消费方面所出现的新变化及主要特征,希望大都市的商业和服务业发展要与之相适应。2003 年发表的《城市形态变化与商业变革》也分别从大都市的城市规模、功能、布局和交通等方面的变化,阐述了都市商业如何进行变革的问题。之后不久,又发表了《把握城市发展脉络,推进都市商业发展》一文,更加详尽地研究了城市发展和商业发展之间所存在的"周期性、适应性、成长性、辐射性"等规律,对商业如何在大都市发展中遵循规律科学发展等问题提出了一些建议。城市形态和功能的变化会对城市商圈的形成与规划带来很大影响,2009年所发表的《商圈在城市发展中的地位和作用》一文详细讨论了这一问题。该文主要针对传统上按市级、区级、社区级三个层次进行城市商业布局的不适应性,而提出了应当适应城市形态和功能的变化,科学理性地对城市各商圈进行重新定义和合理规划的建议,并提出了进行商圈科学规划的一些基本原则。2010年,上海举办"世博会",提出了"城市让生活更美好"的口号,上海的城市功能出现了更大的变化,同时也给商业的发展提出了新的要求。本人在这一年发表的《城市功能提升中的商业发展模式》中提出了随着城市功能的提升,商业模式将出现"多元化、多核化、多变化"的发展趋势,并指出要以"城市综合体"为主要模式发展商业,注重产业功能区的商业配套,以快速交通网络为纽带布局商业和挖掘文化特色、营造商业亮点等新的城市商业发展思想。

《从系统论看城市生态平衡》是2011年在《解放日报》"思想者"栏目刊出的一篇文章,原名是《从系统思维的角度看城市发展中的生态平衡问题》,也许是版面限制问题,编辑将其改为现在的题目。这是一篇以系统论和生态学的理论来审视当时上海城市发展中所存在问题的论文,主要想在理论上论证一下怎样才是在城市及商业发展方面的科学态度。文章主要针对上海自20世纪90年代以来城市在迅速发展的过程中所出现的一些结构失衡、功能失调的问题而写。由于城市土地使用权可转让的政策使"土地租售"成为城市发展资金的主要来源,从而就导致一些政府部门不考虑城市功能和结构的平衡而盲目进行开发建设的现象,造成城市发展中的生态失衡。文章从城市系统的"空间结构"和"功能结构"着手,分析了科学规划城市发展的必要性;指出了上海在城市发展中生态失衡的主要现象及原因;提出了系统思考,科学规划上海城市发展的对策思路。这是本人在城市和商业发展方面理论性较强的一篇文章,对于大城市的发展具有较为长远的指导意义。之后上海在城市发展方面注重"顶层设计"、强调生态平衡的做法印证了这篇文章主要观点的正确性。

我国城市零售商业发展若干问题的思考

市场经济的发展必然导致城市商业功能的发展,这不仅已为世界上各大城市的发展历史所证实,也可从我国各主要城市近几年大规模的商业改造中得到印证。然而,目前我国各大城市零售商业的发展与改造似乎还存在不少值得探讨的问题,这一方面是由于不少零售商业的发展改造规划仅是从地方政府的主观意志出发,缺乏对城市社会经济发展的总体趋势和发展规律的分析和研究;另一方面,大量的政府规划控制之外的社会零售商业也在那里自发地形成和发展,从而使不少城市零售商业的发展出现"规模失控,结构失调,功能失衡,效益下降"的情况。本文拟对我国城市零售商业发展的若干问题作一些分析。

一、发展规模问题

目前,我国许多城市零售商业的发展是以外延性的规模扩张为特征的。成片的区域性改造,一幢幢商业大厦的建造,使城市零售商业的规模正以超常规的速度迅速发展。应当承认,由于经济发展战略上的失误,我国城市零售商业的发展在较长一段时间内处于停滞状态。近年来,城市零售商业的发展与改造在很大程度上是带有"偿债"性质的,但是经过这两年的超常规发展,目前数量上的不足是否还是主要问题呢? 这就需要客观地加以分析。

分析的前提是应当寻找正确的依据。城市零售商业的发展规模究竟应当以什么作为依据呢? 目前不少城市商业规划部门往往是以人口及其增长作为主要依据,它们通过同一些发达的国家或地区城市零售商业人均占有营业面积的比较来说明扩大我国城市零售商业发展规模的必要性。然而,单纯以人口作为确定城市零售商业发展规模的依据是不全面的。对零售商业规模的测定至少应当包括人口、购买欲望和购买力三个主要因素,其中"购买力"因素尤为重要,因为有人并不一定就能形成市场,还要看其愿不愿意买或有没有钱买。零售市场是由具有一定的购买欲望和相应购买能力的消费群体所构成的。城市零售商业所提供的市场商品供应量必须有相应的购买力来吸纳。由于购买力水平上的差异,所以同发达国家和地区在人均营业面积上的差距,并不一定能说明我国城市零售商业发展规模的不足。以上海与香港的比较为例,1994年上海零售商业的人均营业面积为0.62平方米;1991年香港零售商业的人均营业面积为0.66平方米。也就是说,上海1994年的人均营业面积已经接近香港1991年的水平。然而从销售额的角度看,1994年上海的零售总额为775亿元人民币,而香港1991年就已达到1 871.5亿港元,即使扣除物价、币值及流动购买力的因素,香港的人均消费水平也是上海的五六倍。若以每万元销售额所占有的营业面积来看,上海为1.03平方米,香港则不足0.3平方米。两者相比,上海目前零售商业的规模还算小吗? 若仅有零售商业设施的迅速增加,而没有相应销售额的同步增长,其结果只能是零售商业企业效益普遍下降,这说明确定城市零售商业发展规模的科学依据应当是购买力。

值得注意的是,目前我国不少城市零售商业的发展规模是脱离了当地的购买力水平而盲目膨胀的。一个不足百万人口的中型城市竟然规划了10多家近万平方米的大商厦,如全开出来之后,能有多大的购买力来吸纳? 即使在上海,近几年商业设施的急剧增长已导致购买力在各商店分流,一些零售企业的经济效益明显下降。这说明,对我国城市零售商业的发展规模应当在确立科学依据的基础上加以适度控制,即将其控制在同我国购买力发展水平相适应的程度上;否则,任其盲目发展,必将会对社会经济造成不良影响。

二、区域功能问题

一个大城市的零售商业必然呈现区域化的发展趋势,即零售商店会在城市的各个地区按不同的层次与功能均衡地进行分布。如在20世纪80年代以前,上海这样的大城市零售商业的分布主要呈现三个层次,即市级商业中心、区级商业中心和居民区商业群体,其他城市零售商业的区域分布也大体类似。在这种情况下,市级商业中心比较集中。各层次主要以其繁华程度相区别,功能特征并不明显。在计划经济条件下,消费者需求单一趋同,这样的区域分布是有其道理的。然而,80年代以后,不少大城市的情况发生了较大的变化:

首先,市区范围的扩大导致商业中心多元化。随着城市建设的发展、市区范围的不断扩大,市级商业中心过于集中的情况变得很不适应。事实上,一些新的商业中心区域正在逐步形成,其繁华程度已接近甚至超过老的市级商业中心。城市商业中心的发展呈现多元化的态势。

其次,商业区和居住区明显分离。随着市政建设和主要商业区的商业设施改造,大批原杂居于市中心商业区的居民大量外迁,在市区边缘形成了一个个居住小区,而市中心的居住人口大量减少,市中心已成为纯粹的商业区,其功能也发生了很大的变化。

最后,消费的层次和需求的类型日趋复杂。随着城市经济的发展和人民生活水平的提高,城市消费在水平上出现了高、中、低不同的层次,在需求上更呈现出各种各样不同的追求。这一变化就要求零售商业的功能不能再简单化了,而要发生相应的改变。然而,目前一些城市在零售商业的布局规划上并未注意到这些变化,仍然按照原来三级商业网点的思路来制订发展规划,从而使城市零售商业的发展出现布局紊乱、功能雷同、脱离区域消费需求实际的情况,显示不出不同区域商业功能的特征。

在现代化的大城市中,零售商业的区域功能特征是很明显的。如在香港,尖沙咀、中环、弥敦道以及金钟等商业区域的功能特征都是有很大差别的,这实际上是根据各区域不同的消费需求特征而逐步形成的。因此在我国城市零售商业的发展中,也应当注意对不同区域商业功能的定位。如笔者曾根据上海消费需求的不同类型,认为上海零售商业至少会形成四种不同功能的区域:一为基本生活用品采购区域。其主要由经营基本日用消费品的商业群体所构成,以满足本地居民的基本生活需要为主。二为一般消费品采购区域,其主要由经营各种百货、服装、文化用品和耐用消费品的商业群体所构成,以满足本地消费者的选择性商品需求为主。三为旅游购物区域,由旅游景点周围和市级商业中心区的商业群体所构成,购买对象主要是国内外的游客及过往人员,经营特色上要以适应各地顾客的消费偏好为主。四为高档消费区域,以经营高档商品的商店和高档消费场所的集中为特征,主要吸引那些追求享受性消费的高收入阶层。若按区域功能去规划上海零售商业的发展,必然会使上海零售商业功能得到充分的发挥。

各城市在零售商业发展过程中应当注意到新形势下这种消费需求上的差异,并以此为依据形成不同的区域功能,这样才能使城市零售商业的发展同城市消费需求的发展相适应。

三、综合配套问题

一些城市零售商业在发展过程中常常会碰到"难以兴市"的问题,以大量的投资开发某一商业街区,却很难吸引客流;一些老的商业街区经过改造后,综合性百货大楼鳞次栉比,但客流反而明显减少。这是什么原因呢? 笔者认为,可能主要是由于在商业的改造与开发中忽略了综合配套,不能全方位地满足消费需求。

现代市场经济的发展,使消费者的消费观念发生了很大变化。消费者进市场、逛商店,已不仅仅是为了购物,休闲、娱乐、获取信息已成为消费者需求的重要组成部分。况且,随着居住区周围商业网点的增加以及城市商业中心的多元化,大多数消费者都已能就近购买到其所需要的商品,那怎样才能将其吸引到其他新改造或新开发的商业区域中来呢? 除非该区域具备特定的全方位的配套功能。所以,在城市零售商业的改造与开发中,不仅要保证商品供应齐全,而且应提供相应的饮食、服务、休闲、娱乐等条件,最好还能形成特定的文化氛围。

经营规模和经营特色上的综合配套同样是很重要的。在城市零售商业的布局上,有一种"点、线、面"的观点。所谓"点",是指大型的综合性商厦或是对消费者吸引力较强的主要商业设施;所谓"线",是指由各类中小型商店所形成的商业街;所谓"面",则是指由各类商业设施所组成的商业区域。该观点的要点在于:只有"点、线、面"相结合,才可能"店多兴市",吸引客流,产生商业效应。只有"点"没有"线",由于缺乏环境气氛,孤立的商厦纵然再漂亮也难以吸引客流。只有"线"没有"点",由于缺乏足够的吸引力,这样的商业街也不会热闹。上海曾试图将某条商业街发展为"第二条南京路",尽管让许多名特商店到这条街上开设了分店,但由于这条商业街上没有一家规模较大的综合性百货大楼,所以搞了很久,也没有达到预期目标。这说明在城市零售商业的发展中必须遵循"点、线、面"相结合的配套原则,促使区域性商业效应的形成。除经营规模的相互配套之外,经营特色上也应该配套。一个商业区域应既有大型的综合性百货商厦,也应有更多的中小型专业特色商店和专卖店。很多专业特色商店是不适宜用大型商厦的形式来经营的。若硬将其改造成大型商厦,其经营特色就可能消失,从而对消费者也就失去了吸引力。只有大、中、小各具特色的商店相配套,才能真正形成区域性的商业效应。

鉴于城市零售商业发展中所存在的这些问题,笔者认为,在规划和实施城市零售商业的发展过程中,以下几方面是应当引起注意的:

(1)要真正从社会经济发展的需要出发去规划城市零售商业的发展,不要受其他非经济因素的影响,更不要将其作为显示政绩的一个方面而相互攀比、盲目发展;

(2)在城市零售商业的发展规划上应有投入产出意识,应在市场调研的基础上对投资的回报情况做出准确的估算,并进行充分的论证;

(3)对零售商业外延性投资规模应有所控制,将投资重点转移到对现有商业设施的改造上来,以充分发挥现有商业设施的效率;

(4)一个城市零售商业的发展应有全局规划,并能进行有效的宏观调控,应努力克服因部门和地区的分割而造成的重复建设和盲目发展;

(5)应充分参照和借鉴国外城市零售商业发展的有益经验,并结合我国的实际情况,对城市零售商业的发展进行系统的规划和正确的引导,使其产生良好的社会效益和经济效益。

(此文发表于《财经研究》1996 年第 4 期)

试论城市零售商业的经营发展方向

一

目前,主要城市零售商业的竞争日趋激烈,这一现象充分反映了我国的市场环境已发生了重大的变化。20世纪90年代以来所发生的这一变化带有本质性和深远性,它将对我国商业企业的经营活动产生长期的影响。能否认识这一变化的实质,并及时调整企业的经营战略来适应这样的变化,是商业企业,特别是零售商业企业能否生存和发展的重要前提。

(一)我国商品的供求关系发生了根本的变化

进入20世纪90年代以来,我国已全面进入了供大于求的买方市场。这种供求关系的变化,已从80年代以消费品为主的供大于求发展到90年代各类生产资料乃至其他生产要素的供大于求。商品的滞销和积压已经成为一种普遍的现象。在我国的产业结构没有完成根本转变、企业的经营机制没有最终完善之前,这一初级状态的买方市场局面还会持续相当长一段时间。

(二)我国主要城市的零售商业规模迅速膨胀,零售经营要素的可供量急剧增长

以上海为例,至1996年零售商业面积已达980万平方米,比1991年的419万平方米增加了一倍多。人均占有营业面积为0.73平方米,已超过香港1993年的水平。5 000平方米以上的规模商厦已有70多家,是香港的3倍多,而上海的人均消费水平只为香港的1/4。这种零售商业发展规模明显超过社会消费需求发展规模的现象在我国其他一些主要城市也很突出。

(三)城市居民的消费资金投向出现了多元化的趋势,从而抑制了商品消费需求的增长速度

从上海来看,除购买商品之外,居民的资金至少出现了其他四个方面的投放趋势:一是购置住房或准备购置住房。随着住房制度改革的进一步深入,相当部分居民都在考虑积存一部分资金,准备用于购房。二是投向子女教育。随着教育体制的改革,高中以上的教育费用明显增加,加上许多家庭对校外教育的重视和投入,使上海不少家庭每年投放在子女教育上的费用高达 10 000 元以上。三是投入旅游。上海居民在旅游上的投入日益增加,每年的出游人数明显上升,而且已从境内旅游发展为境外旅游,自费境外旅游的人数越来越多。四是金融投资。上海居民的个人金融意识明显增强。在证券、外币、集邮等市场的投资十分活跃,强烈的个人资产增值意识已在相当大的程度上对消费品市场的购买力产生了分流。

(四)城市形态的变化使城市零售商业的格局随之发生变化

近几年,城市大规模的市政改造,已使一些主要城市的形态发生了重大变化:一是出现了区域功能的多元化。城市各个区域的层次、功能上产生了明显的差异,从而产生了与之相适应的具有不同功能特色的区域性商业。二是出现了商住区域的分离化。大量居民的动迁,已形成一批具有相当规模的居民小区,并出现了同中心商业区分离的现象,对居住区商业(小区商业)的系统规划显得十分重要。三是出现了交通枢纽的集约化。地铁、高架等城市交通设施的建设已在城市中形成了一些集约化程度较高的交通枢纽(如地铁的交换站或出入口),从而给这些交通枢纽地区的商业发展带来了良好的契机。城市形态的变化已使区域性商业、小区性商业以及枢纽性商业成为城市零售商业发展的重要方向。

(五)国际商业势力开始进入我国的零售市场,其良好的经营素质和强大的经营实力,已对国内商业企业形成了很大的压力

以上海为例,目前经国务院正式批准的中外合资零售商业企业已有四家,而以其他各种形式进行中外合作、合营的商业企业已达数十家。其中,八佰伴、伊势丹、东方商厦、太平洋百货商厦以及家乐福、南方商城、麦德龙、易初莲花超市等大型超市的良好经营业绩都在上海的零售市场上引起了强烈反响,把上海的商业竞争推上了一个新的台阶。而且大多数外资商业企业都有在上海乃至长江流域地区进一步延伸和扩展的规划。这些外资商业企业的进入,一方面给国内商业企业的经营形成了一定的冲击,另一方面也给国内商业企业带来了先进的技术和崭新的观念,使国内商业企业的改革与发展有了可以参照的基准和学习的榜样,并进一步强化了国内商业企业的竞争意识。

以上这些变化说明,目前国内的零售商业,特别是大城市的零售商业的发展将不可避免地进入一个调整时期,面临前所未有的激烈竞争。整个商业的发展形势将迫使零售商业企业必须依靠自身的经营技巧和实力去获取市场的竞争优势,避免被淘汰。套用股市的"行话"来说,现在靠做"大盘"获利的可能性已经很小,而只有拿出本事做"个股",在错综复杂的市场环境中寻找自己的市场机会。适时地认清形势、调整战略,是目前零售商业企业谋求生存和发展的必要条件。

二

新的市场环境使城市零售商业的竞争性质也发生了变化,从一些主要城市零售商业的竞争实态来分析,可以看出,当前城市零售商业企业的竞争也出现了一些新的发展趋势。

（一）开始由商品竞争趋向服务竞争

商品全面买方市场的出现,使商品本身的竞争优势变得越来越不明显,从而各商业企业就开始力图在提高服务质量、增加给顾客的附加利益方面大做文章,有的加强商品介绍,有的开展消费指导,有的免费送货安装,有的实行终身保修,甚至已有一些商店明确宣布,在商品不损不污的前提下可以"无因退货",应当说,现在消费者的"上帝"地位似乎已越来越现实。

（二）开始由实力竞争趋向特色竞争

目前城市里的大商厦越来越多,由少数实力强大的大商厦控制市场的垄断性经营局面已不复存在。实力已不再成为占据竞争优势的唯一条件。而创造企业的经营特色、形成独有的经营风格,则成为零售商业企业开展竞争的主要策略。以上海为例,东方商厦、太平洋百货、家乐福、南方商城以至麦德龙等中外合资合作的零售商业的成功就在于其经营上的明显特色。上海目前正在组织实施的商业名牌战略,实际上也是在企图建立和维护一部分商业企业的经营特色,"没有特色,就没有生命力"已成为越来越多的零售商业企业的共识。

（三）开始由销售竞争趋向顾客竞争

激烈的市场竞争,已使越来越多的商业企业认识到暂时的销售增长率已不能确立企业的市场地位,而建立忠实的顾客群体,则可以使企业获得稳定的市场份额。因此,不少商业企业已开始在加强同消费者的沟通、发展同消费者的关系方面下功夫。组织"消费者联谊会"、进行"消费者跟踪访问"等活动已在不少商业企业展开。上海淮海路的"消费者假日俱乐部",用系列知识讲座的形式吸引了一大批忠实的顾客。"会员制"的销售方式也已在一部分零售企业中得到推行。

（四）开始由单体竞争趋向区域竞争

随着城市零售商业区域化程度的提高,商业竞争的焦点也由邻近企业的单体竞争转化为不同区域之间的竞争,因为城市商业中心因区域化而得以分散,在一个城市中已出现多个市场集聚力较强的商业中心。消费者休假购物已不是首先进行区域的选择。所以整个区域吸引力的大小,对于同区域内的商业企业来讲,就变得尤为重要。而区域的吸引力恰恰要求区域内各商业企业各具特色,形成互补,才能得以加强。所以目前城市零售商业的竞争实际上要求采用"近交远攻"的策略,即区域内的各商业企业应努力形成各自不同的特色,而避免雷同竞争,相互协作,形成互补,共同开展同其他区域之间的竞争。

这些趋势的出现说明,随着市场环境的变化,已使我国一些大城市的商业竞争进入新的阶段,只有认准这些发展趋势,才能促使零售商业企业及时地调整经营战略,占据有利的竞争地位。

三

市场环境的变化和由此引发的市场竞争新态势,要求城市零售商业企业的经营战略应进行相应的调整。笔者认为,当前零售商业企业应力图在以下几个方面有所发展:

(一)进一步细分目标市场,建立企业的经营特色

目前大多数零售商业企业经营特色不明显,可能主要出于两个原因:一是目标市场的划分过于粗糙,从而造成定位上的雷同化,如不少商业企业对于目标市场的定位只是考虑消费档次的高低,即所谓的高档定位,还是中低档定位。结果大多数企业都选择中低档定位,经营上就不可避免地出现雷同。实际上,对顾客还可作年龄、职业以及消费偏好等方面的分类。将这些分类组合在一起,就可形成十分明确的目标市场,如大学生市场、职业女性市场等,如市场划细后有针对性地开展营销活动,就有可能建立起自身的经营特色。二是在特色的建立上不注意突出重点,不切实际地希望在经营活动的各个方面都能显得与众不同,而实际上,只要在一些主要方面显得特色突出,经营特色就可能被建立起来。如百货商店中,只要某一两类商品在品种和款式上显得特别齐全,使消费者真正产生"走百家不如到一家"的感觉,这家百货商店的特色也就形成了。当然特色的建立除经营活动本身的调整之外,还需要进行一定的包装和宣传,使特色最终为消费者所认同,才能真正得以建立。

(二)树立产品开发意识,主动创立货源特色

在当前激烈的商业竞争中,仅作功能和布局上的调整恐怕难以形成明显的竞争优势,因此庞大的商业营业面积必须用足够的商品来加以支撑,而目前上海市场上商品的货源种类仍然是很不丰富的,更新周期很慢,缺乏新颖的具有强大冲击效应的消费品。所以在各家商店中商品品种的雷同现象是十分严重的。造成这种现象的重要原因是商店经营者选择货源的主要标准仍是由利润率高低和招商的难易程度来决定的。缺乏主动根据消费需求的变化积极开发产品和引进适当货源的主动性,这种"随波逐流"的经营思想是根本不可能建立任何特色的。只有抓住货源开发这一环节,树立积极的产品开发意识,才能把握在商业竞争中领先一步的主动性,真正建立起自己新的经营特色。商业企业应当建立起专职的"新产品导入队伍",对一些重点产品不断有品种的更新;应组织力量到全国各地去采购新颖、优质的产品甚至可以对国内外的一些名牌优质产品和受消费者欢迎的产品实行总代理和总经销,或建立独家经销关系;可能的情况下,还可根据消费者需求变化的趋势,向生产企业发样订货或定牌监制,以图在某些产品上建立起只有本企业才有的独特优势,最终突破经营上一般化、类同化的状况。

(三)变"坐商"为"行商",积极开发店外市场

目前的商业零售企业无论采用何种经营策略,都局限于将顾客引入店内购买商品,并以此来增加企业的销售额,然而在市场销售不旺或企业市口不好的情况下,往往做再多的努力也很难生效,因此,在商业竞争日益激烈的新形势下,必须树立起"商店是静态的,市场是动态的"之思想,尝试走出店,积极开发店外市场。一些商店已经走出了到边缘地区开设分店的步子,有的也已取得成功;但是开发店外市场更有利的方式,应当是在不增加新的投资的情况下,通过建立店外销售网络和市场群体来实现,其做法是建立一支店外访销队伍,寻找特定的目标市场,进行上门访销,以建立稳定的交易关系。电话订货、送货上门或定期送货上门,通过店外市场开拓和发展扩大企业的市场面,提高企业的销售额。由于店外市场的开拓不受市口等条件的限制,主要依靠丰富的商品和优质的服务,所以对于一些市口不理想的企业可能具有意义,若能在此基础上建立起商店的"会员制"网络体系,则更能使企业获得相对稳定的市场份额。此外,利用邮购或"商品目录陈列室"等方式也是开辟店外市场的有效方法。

(四)营造特定的文化氛围,充实企业的文化内涵

在谈到建立商业企业的经营特色时,人们考虑的比较多的是商品和服务特色的建立。然而由于商店越来越多,商品和服务特色的扩展范围有限,所以独特的经营特色往往很难建立,而文化特色的建立往往也能对消费者产生很大的吸引力,而且其扩展余地大得多,一旦得以建立,其延续的时间也长得多。绍兴一家小小的"咸亨酒店"由于曾经出现在鲁迅先生的笔下过,竟可以在上海开设它的分店。因此商业企业应设法增加自己的文化内涵,使消费者提起某一企业就能有一番话题。建立文化内涵的途径,一是从历史中挖,能从企业的历史甚至所处地域的历史中找到可以发挥的主题;二是从商品上找,在企业的主营商品中找到有可能赋予文化内涵的切入点加以发挥,给商品以"广义包装",同时使之形成企业的文化特色;三是自己营造,寻找适当的环境和机会,通过有效的公关活动和宣传手段建立起具有鲜明特色的文化内涵。有些商业企业"有节生势,无节造节",便形成了特定的文化氛围。此外,在商店的环境布置中,有意识地营造一种特定的文化氛围也可能使企业

建立起自己的文化特色。

(五)注意企业经营管理经验的总结,形成成熟的经营管理模式

目前一些商业企业在经营上已经取得较大的成功,然而当其企图扩大经营规模、向外拓展时,却很难保证其连锁或联营的企业同自己取得同样的业绩,有些联营店甚至情况很差。除其他一些原因之外,很重要的一个原因是这些企业并没有形成一套成熟的经营管理模式,从而也就不可要求连锁和联营的企业按照同一模式来实施经营。在激烈的市场竞争中,这些连锁或联营企业就会因经营管理不善而失败。这样,成功的商业企业要谋求其通过向外拓展而迅速扩大自身规模的计划也就很难实现。然而在当前的市场环境条件下,一些成功的商业企业如不能通过发展连锁联营和兼并扩展自身的实力,今后也就难以在市场竞争中始终保持自己的领先地位。因此通过经营者管理经验的总结和提炼,形成企业的经营管理模式,是一些成功企业能否像"肯德基""麦德龙"那样向外拓展甚至遍布世界的前提条件。

总之,在市场环境发生重大变化的今天,大城市零售商业企业必须及时调整自身的发展战略,只有这样,才能在"优胜劣汰"的商业调整期中不被淘汰,而始终占据有利的市场地位。

(此文发表于《上海商业》1997 年第 7 期)

城市形态变化与商业变革

提出这一命题是基于这样一个现实:20 世纪 90 年代以来,上海商业所发生的翻天覆地的变革,正是伴随着上海整个城市所发生的巨大变化同步进行的。而细看这一变化的每一步,又可以发现商业的变革与城市的形态变化之间存在着一种客观的和内在的联系。如超级市场的商业业态,在 20 世纪 80 年代末就已经在上海出现,但是没有多久就一一消失了。直到 90 年代初,上海的城市改造导致商住分离现象的普遍出现,超级市场才重新发展起来;上海城市对外开放的步伐加快,使得大量的外资机构和外籍人员在上海驻留,于是就出现了衡山路休闲街和"新天地"的繁荣景象。我们可以发现,每一种商业变革的出现,都是以一定的城市形态变化为前提的,不能超前,也不会滞后,"瓜熟"才会"蒂落","水到"才能"渠成";同时,商业的变革与发展,又使城市的面貌发生了巨大的变化、城市的功能得到了进一步加强。类似的情况在我国的许多城市中也得到了印证。这就使我们对此引起了关注。研究这一现象的意义在于:如果我们能比较清楚地把握城市形态变化的各个阶段对商业发展变革所提出的要求和形成的限制,我们就能比较主动地去控制商业发展和变革的节奏,科学地制订城市商业的发展规划,使商业资源得到合理利用,取得最佳的经济效益和社会效益。

城市和商业有着天然的联系。有人指出,"城市"的提法本身就包含两方面的含义:"城"为行政的概念,即人口的集聚地;"市"为商业的概念,即商品交换的场所。最早的"城市"(实际应为我们现在"城镇")就是因商品交换集聚人群后而形成的。而工业城市的出现,也同商业的变革有着直接的渊源关系。最初城市中的工业集聚,也是为了使商品交换变得更为容易(可就地加工、就地销售)而形成的。在城市中直接加工销售相对于将已加工好的商品拿到城市中交换而言,则正是随着工业城市的出现而产生的一种商业变革。所以马克思曾在《资本论》中指出:"城市工业本身一旦和农业分离,它的产品一开始就是商品,因而它的产品的出售就需要有商品作为媒介,这是理所当然的。因此,商业依赖于城市的发展,而城市的发展也要以商业为条件,这是不言而喻的。"①商业的发展促使城市的产生,城市的发展又导致商业的变革,这就是两千多年的历史向我们展示的事实。

城市形态包括哪些内容？我们从构成城市的基本要素来分析,主要应当包括以下一些方面:

(1)城市规模,主要指城市集聚人口的多少及其经济能量;

(2)城市功能,主要指城市经济活动的主要特征;

(3)城市布局,主要指城市人口和功能的分布状况;

(4)城市交通,主要指城市内外沟通的方式及其便利性。

而城市形态在这几方面所发生的变化,都必然会给城市的商业活动带来影响,促使其发生相应的变革。

城市规模的扩大必然会要求商业规模也随之扩大,这样才能满足高度集聚的城市人口各方面的需要。上海在 20 世纪 90 年代初期是一个拥有 1 000 多万人口的城市,商业营业面积才 400 多万平方米,人均占有商业营业面积只有 0.4 平方米,商店拥挤不堪,购物十分不便。90 年代中期的商业变革,主要是带有"偿债"性质的规模性扩张,直至 90 年代后期上海的人均商业营业面积达到 0.8 平方米以上,消费购物环境才得到了根本的改善。

城市功能的性质也决定了商业的发展方向,重工业为主的城市,主要发展以满足生活需求为主的商业;加工业为主的城市,则要求商业充分发挥内外交流的作用;旅游型城市,强调商业对改善旅游环境的贡献;而贸易型城市则追求商业发展对商务活动所提供的各种便利。上海从 20 世纪 80 年代以后逐渐由一个工业城市向以科技、贸易、金融为主的综合型、多功能城市发展,商业的功能和形态也随之发生了很大变化。各种博览会、交易会在上海频频举办,上海首先出现了期货交易所、技术市场和外汇交易中心,同各种商务活动相配套的现代服务业也有了迅速发展,这些都是同上海城市功能的转变密切相关的。

城市布局的变化也会导致商业业态和布局发生相应变化。如前所述,由于城市改造促使大量居民迁移至城乡结合部的集中居住区,商住分离的现象开始出现,从而为超市和便利店的发展创造了条件。除此之外,上海城市综合型多功能的性质也使上海出现了明显的区域功能差异,出现了相对集中的金融区、商务区、旅游区、购物区、文化区和居住区等,在不同的功能区域内,所要求的商业配置就会很不一样。按不同的城市功能区域来进行商业配置已成为上海商业变革的一项重要内容。

城市交通的变化更会促使商业进行必要的重组和调整。国外超市的发展,特

---

① 《马克思恩格斯全集》,第 25 卷,人民出版社 1956 年 12 月版,第 371 页。

别是大型综合超市(大卖场)和 shopping mall 的出现,除商住分离现象比较明显之外,还有一个重要原因就是家庭轿车的普及。驾车购物所要求的大型停车场和"一站式"购物是传统的百货店和专业店所不能满足的。上海近年来城市交通的变革也使得商业的业态和布局发生了很大的变化,长距离、封闭式的高架、地铁使得一些换乘枢纽成为商业的热点,而一些传统的商业中心(如曹家渡)则因交通状况的改变而日趋衰落;高架路的出入口和地铁、轻轨的站点周围,成为大卖场和购物中心的集中之地。枢纽型商业已成为现代城市商业中一个不可忽视的亮点。

在城市经济学中,还对城市做了不同能级的分类,如小城市、中等城市、大城市、国际化大都市、世界城市等。对城市能级分类的一个标准是人口的规模,如我国根据市区非农业人口的数量把城市分为四等:人口少于 20 万的为小城市,20 万—50 万人口的为中等城市,50 万人口以上的为大城市,其中又把人口达 100 万以上的大城市称为特大型城市。城市人口规模对商业的影响前面已经作过分析,不必重复。而值得关注的是城市的不同经济能量所形成的能级差异则会给商业的发展带来更大的影响。笔者曾经在一篇文章中讨论过国际化大都市的消费市场特征及其同一般大城市的不同之处,并将其归纳为七个主要方面,即消费结构超前性变化;同商务、政务活动有关的功能性消费迅速发展;消费效率性诉求上升;节假日消费热点明显;消费区域性差异凸显;流动性消费结构复杂以及对消费的限制性条件增加。这些都市化消费特征的出现必然也会使都市化的商业发生同一般大城市不同的变革,如印刷、咨询、会务、通信等现代服务业的兴旺;快递、快餐等效率性服务的出现,以及二手商品市场和租赁业的发展都是同国际化大都市的市场特征相对应的。事实上,上海从 20 世纪 90 年代后期起,商业的变革就已经开始从单纯的规模扩张向功能再造转变,上海的商业正在向国际化的都市型商业发展。

历史地看,城市形态在经济能级方面的变化可分为几个阶段:

第一,集市型城市阶段。城市主要是周边农民或手工业者进行商品交换的集聚地,城市的商业主要由交易市场、代理经销商品的商店和旅馆、饭店等配套服务设施所构成。我国目前的大量小城镇仍保持着这样一种状态。

第二,功能型城市阶段。由于自然资源的开发和优势产业的集中,一些城市开始发展其特有的工业产业,从而使城市具有其特定的功能。城市不仅是商品的交换地,同时也是商品的生产地。而城市因产业分工而形成的功能单调,使其同其他地区和城市经济交流的需要增强,城市商业也开始由以封闭型的城内交易为主转为以开放性的城际交易为主,批发贸易业有了很大的发展。

第三,综合型城市阶段。一些地理位置优越和产业优势明显的城市经济功能趋于综合型,金融、贸易、服务、文化、娱乐等功能得到发展,城市的集聚力日益增强,从而使城市的经济能级大大提高,成为区域性、全国性甚至国际性的经济中心和贸易中心(即前文所说的"大都市")。城市商业开始由单纯的商品交易向综合服务发展,商业活动也扩展延伸为促进商品流通和满足交易需求的一切活动。

第四,城市群或都市圈阶段。在该阶段,城市的经济功能已不再是由一个孤立的城市所体现,而是由以一个中心城市为核心,同与其保持着密切经济联系的一系列中小城市共同组成的城市群(或都市圈)来体现,如美国大西洋沿岸的"波士华"城市带,日本的东京、大阪、名古屋三大城市圈,英国的"伦敦-利物浦"城市带等。上海所在的长江三角洲地区实际上也正在形成一个经济关系密切的城市群,其整体的经济功能已日益凸显。当城市形态发展到城市群阶段时,对商业的变革又会提出更新的要求。商业和贸易的功能将会在城市群中的不同城市间进行合理分布和有机组合,商业贸易活动对于促进城市群整体经济功能优化的作用将变得越来越重要。

上海的城市形态正在面临新一轮的变化:上海已经提出了建设"世界级"城市的目标;上海即将迎来 2010 年的"世博会";上海的人均 GDP 将在 5 年后超过7 000 美元;上海的交通条件和市政建设将发生更加巨大的变化,这一切都预示着对上海商业的变革会提出更新更高的要求。上海商业的进一步发展变革的方向在哪里? 我们认为应当从上海城市形态发展变化的前景中去寻找。商业的发展只有同城市形态发展相适应才能取得良好的成效,因为只有城市形态的发展与变化才能为城市商业的发展创造出新的市场机会和市场空间。借用"世博会"的一句口号"城市让生活更美好",城市能让商业更繁华,商业也将使城市更繁荣。

(此文发表于《国际商业技术》2003 年第 2 期)

把握城市发展脉络，推进都市商业发展

　　城市与商业之间有着天然的联系，人们对城市的解释是："城"是行政的概念，即为人口的集聚地；"市"为商业的含义，即商品交换的场所。而在现代大工业出现之前，人口主要因交换而集聚，即所谓"日中为市，致天下之民，聚天下之货，交易而退，各得其所"（《易经》）。据史书记载，春秋时商业的发展对城市形成与繁荣起了重要的作用。当时东周的洛邑、齐国的临淄、晋国的曲沃、楚国的吴邑、越国的会稽等城市都是在商业繁荣的基础上发展起来的。而战国时期，商业的发展更进一步推动了大城市的形成。战国之前，"城虽大，无过三百丈者，人虽众，无过三千家者"；战国时，则有"千丈之城，万家之邑相望"（《战国策·赵策》），在黄河与长江流域兴起了大量的商业城市，如邯郸、荥阳、临淄、即墨、咸阳等。城内车水马龙，商业十分繁荣。当流动的商贩转为固定的商铺，由"日中为市"变为"摩肩接踵"，商业都市也就产生了。

　　然而，商业毕竟只是城市功能的一个组成部分。城市，作为一个人群集聚之场所，人们的经济活动与社会活动的各种变化必然也会导致城市形态的变化。如交通的发展，会使一些城市成为交通枢纽；资源的禀赋，会使一些城市形成产业特色；政治的变革，也会使一些城市成为政治中心。城市功能的变迁、城市内部形态结构的变化，都会使城市的商业发生相应的变化，这是一种很有规律的经济现象。研究城市发展与商业发展之间的关系，对于我们正确地认识我国城市商业的发展规律、科学地进行城市商业的发展规划是十分重要的。

　　城市发展与商业发展之间到底存在着怎样的一些规律，至今为止，尚未见到系统的归纳和论述，我们也只能从一些已有的现象中加以分析。

　　首先，在城市发展与商业发展之间存在着一种互为前提、相互促进的周期性规律。

　　具体而言，就是指城市的发展周期和商业的发展周期是相互交替、递次推进的，即城市发展中的"乘数效应"。由于贸易或制造业的发展，在某一空间范围内集聚了大量的人口,使城市得以形成;而大量的城市人口的生活需要,导致商业和服务业迅速发展,城市得以繁荣,这就是所谓的"第一乘数效应",也就是城市发展与商业发展的第一个周期。繁荣的城市,使生活和投资环境大大改善,从而会吸引更多的投资者前来从事贸易或发展制造业,这又会使人口得到进一步的扩张和集聚,城市的规模也因此得以扩大,这就是所谓的"第二乘数效应",于是城市进入新一轮的发展周期。为满足更多人群的需要,城市的商业和服务业又会出现新的改造和扩张。城市就是在这种"产业集聚→人口集聚→商业发展→环境改善→产业集聚"的周而复始的交替发展中成长起来的。

我们可以从上海城市的发展轨迹中清晰地看到这种周期性的发展规律。19世纪末20世纪初是上海城市发展的重要时期。随着上海成为通商口岸,大量国外商人和国外资本进入上海,推动了上海的近代工业和对外贸易的发展,从而使20世纪成为上海人口集聚的高峰期。充满商机的市场和对廉价劳动力的需求,吸引了全国各地的人流涌向上海,城市的规模得到了迅速的扩大。城市规模的膨胀必然会导致城市商业的发展,于是20世纪20年代以后,成为上海商业和服务业发展的黄金时期,直至抗日战争前夕,上海城市的繁荣程度是前所未有的。50年代,上海的产业发展进入一个新的时期,重工业和轻纺工业的全面发展,使上海成为全国主要的工业基地,城市规模也因此而得到了迅速的扩大,人口从1950年的493万猛增到1960年的1 056万,整整翻了一倍多,但因计划经济抑制了市场规律的作用,使商业和服务业一直到80年代都未有很大的增长。商业网点的总数甚至大幅度萎缩,1980年只有3万多个网点,只是1950年的1/4。商业发展的滞后必然制约城市的发展,于是就有了90年代以后"偿债式"的商业、服务业的超常规发展。90年代以后,上海商业的发展使上海的城市面貌和生活环境得到极大的改善,良好的投资环境伴随着改革开放的政策,又使上海迎来了新一轮的投资高潮;上海的工业产业出现了结构上的重大调整和总量上的迅猛发展,由此又引起了新一轮的人口集聚,上海人口从1990年的1 200多万上升到2002年的1 600多万,其中,外来常住人口达到300多万,人们称之为从20世纪30年代以来的"第二次移民高潮"。在上海的城市发展中,我们可以清楚地看到20世纪20—30年代、50—70年代以及90年代至今几个明显的发展周期,有力地印证了城市发展与商业发展之间的周期性规律。

其次,在城市结构与商业布局之间存在着一种相互匹配、协调发展的适应性规律。

在城市的发展过程中,其结构也经历了由简单到复杂的变化。最初的城市功能相对单一,内部结构主要是由生产、贸易、居住、行政等部分所构成,商业的布局也相对集中和单纯。一个城市往往只有一个比较热闹的商业中心，如我国西周时期，就有"左祀右社，面朝后市"之说（《考工记·匠人》），即当时作为国都的城市布局，是以皇宫为中心的。左边是祭祀、典礼的场所，右边是生产、生活的区域，前面是议论国事的政坛，后面则是市场活动的空间。在一些历史比较悠久的中小城市中，往往有一些所谓的"老街"，通常也就是当时城市中比较集中的商业中心。而随着城市的发展，其功能结构日益复杂、规模日益扩大、商业布局也开展趋于复杂化和多元化，如城市商业出现了面向全市的广域型商业中心、覆盖城市部分地区的区域型商业中心、以满足周边居民日常消费需要的社区型商业和街坊型商业等不同层次的布局，还出现了适应特定消费群体的专业街和专门的消费区域。随着城市规模的扩大，广域型的商业中心也不再是唯一的，商业中心的多元化的格局开始形成。总之，商业跟着人群走，商业跟着需要走，城市商业与城市发展的适应性是普遍存在的。

以上海商业的发展为例，自从 20 世纪 20 年代形成以南京路、淮海路为核心的城市商业中心之后，一直延续至 90 年代。其间由于城市规模的迅速扩大，单一商业中心的格局无法满足城市居民的消费需求，于是就出现了一批区域型的商业中心进行补充，而 90 年代之后，借助于城市改造中的一些政策优势，徐家汇、浦东等新型的商业中心很快崛起，成为城市商业发展中的亮点。此外，八九十年代之前，城市居民大多集中于市中心，商住混杂的现象十分明显，社区商业中心的建设并未得到足够的重视。之后，随着大批居民向城市边缘地区的迁移，一大批集中居住区的产生，社区商业很快得到迅速发展，曲阳、中原、梅陇、田林等社区商业形成了很大的规模，并构成了社区商业的特有模式。城市结构的复杂化也促使上海城市商业的差异化程度大大提高。在南京西路，出现了以高档消费群体为主要市场的"金三角"；衡山路和"新天地"吸引了大量在上海工作的外籍人士；福州路的文化街；威海路的汽配街；宜山路的装饰街等都已成为城市商业中亮丽的风景线。我们还注意到，城市交通方式的变化，也使城市商业的布局发生很大的变化，过去公路不发达，城市的对外交通主要依靠水路，所以城市中的交易市场主要沿水而建，上海黄浦江、苏州河两侧集中了大量的市场和仓库群；如今高速公路和城市高速干道成为城市对外交通的主要通道，高速公路和高速干道的沿线和出入口就成为交易市场和物流配送中心的集聚地，水路沿线的市场则明显萎缩。所以，我们从上海城市商业的变迁中就可以深切地感受到城市商业布局同城市结构变化中的适应性规律。

再次，在城市形态变化和商业业态变化中存在着一种循序渐进、水到渠成的成长性规律。

即城市的形态变化会导致居民购买行为的变化，而购买行为的变化则可能促使商业业态的变化。实际上,许多商业业态的出现都是同城市形态的变化有关的,以超级市场为例,在美国产生于20世纪30年代,成熟于20世纪60年代。而这一时期,正是美国城市形态发生重大变化的时期,美国20世纪初开始了城市化的进程,城市人口迅速增长(美国1910年的城市人口比1860年增长了7倍,而农村人口只增长了1倍),至1920年美国城市人口的比例已达到51.2%,城市化进程基本完成。然而城市人口的高度集中形成了很多弊端,购物不便就是其中之一,于是以自助式、一站式购物为主要特征的超级市场便产生了。从20世纪50年代开始,美国的主要大城市又出现了"城郊化"的现象,大量居民从市中心迁移至生活环境相对舒适的郊区聚居地,商住分离的现象日益明显。为适应城郊居民的购物需要,大型综合超市便应运而生。目前,美国城市居民的居住相对比较分散,单靠某一居住点的购买力往往难以支撑一个大型综合超市的市场容量,于是许多大型综合超市就开设在几个居住点出行的交通枢纽之处,以多个居住点的购买力来加以支撑,其商业业态和布局都是随着城市形态的变化而变化的。

从上海商业业态的发展和变化过程中我们也可以看到类似的情形。上海在20世纪80年代末就已经出现过一些超级市场,但几乎没有一家获得成功。直至90年代中期,超级市场才在上海得到迅猛发展。其中一个重要原因就是80年代上海城市形态基本上仍是商住混杂的情况,尚未出现"商住分离"的现象,居民并未产生对超级市场这种商业业态的客观需求;而90年代,随着城市改造步伐的加快,大量居民从市中心迁出,一批大规模的居民集聚区开始形成,"商住分离"的现象日益明显,于是超级市场就得到了迅速发展。同时我们注意到,城市交通的变化也会给商业业态的变化带来影响。90年代以后,上海地铁、高架等长距离封闭式交通的出现,实际上也对超市、大卖场等一站式购物的商业业态的发展起了推波助澜的作用。

最后,在城市间的关系变化和商业的辐射力之间也存在着一种相互影响、同比增长的辐射性规律。

城市并非一个封闭的、孤立的区域,其必然同其他区域和其他城市发生各种交往,其中,城际贸易和跨城购物就是最为常见的经济联系,于是就带来了城市商业辐射力的问题。城市商业的辐射力实际上可表现为两个方面:一是城市商圈的覆盖面,即城市的零售商业可以吸引多少其他城市的居民前来购物;二是城市商业的扩散度,即该城市的商业企业是否能到其他城市去经营和拓展市场。城市商业的辐射力主要取决于两个基本因素:一个是城市之间的差异性,即不同城市在功能和性质上的异同。一般而言,城市间的异质性越大,其商业的辐射力也就越强;反之,同质性越大,其商业的辐射力也就越弱。我们经常可以看到一些中小城市,就是因为拥有某些特定的城市功能和特殊产业，吸引全国各地的人纷纷前往，如杭州的丝绸、黄岩的蜜橘、苏州的园林等。而上海在二十世纪五六十年代，其商业的辐射力极强，就是由于其当时是中国为数不多的工业品生产基地，其他城市无法提供上海所能提供的产品。而到80年代以后，全国各地的工业化程度普遍提高，上海提供的产品许多城市也能生产，于是上海商业的辐射力就受到了很大的限制。另一个影响因素是城市的质量，即城市在产业发展、城市建设、功能结构和交通条件方面的优势。一般而言，城市的质量越好，其商业的辐射力就越强。如尽管上海在产品提供能力方面的优势有所减弱，使商业的辐射力有所下降，但上海这几年城市面貌的巨变、城市综合功能的增强和城市间交通条件的改善，仍使上海保持了"购物天堂"的地位。据有关方面估算，在上海的消费品零售总额中，外来购买力（包括外来流动人口、国内外的商务客和旅游者）约占1/3（引自《上海建设国际化"购物天堂"的内涵与途径》研究报告），这是由上海城市质量方面的优势所促成的。

威廉·J.雷利在1931年提出了"零售引力法规"，肯沃斯和胡弗对此法规进行了修正，其基本观点就是一个城市（商业中心）对顾客的引力（辐射力）主要受到商业中心本身的质量（人口、商业面积）和交通条件的影响，这从理论上证明了城市商业辐射性规律的基本特征。

研究城市发展与城市商业之间的影响与规律对于推进上海作为国际化大都市的商业规划与发展具有重要意义。它将提醒我们在商业的规划和发展中注意以下一些问题：

一、在商业的规划与发展中，应当注意把握恰当的发展时机

从城市商业发展的周期性规律中我们可以了解到，一个城市的商业发展会因城市发展所处的阶段不同而有起有伏，这实际上反映了城市商业同城市消费市场在总量上的适应性。如上海从20世纪50—80年代，因计划经济而使商业没有按照市场的实际需要迅速发展，到80年代以后就严重阻碍了城市的进一步发展；然而，90年代以后商业超常的迅猛发展实际上仍带有相当部分的非市场因素，从而使商业在总量上出现了超出市场实际需要的一定程度的过剩，这同样对城市经济的协调发展是不利的。上海50年代城市产业发展与80年代以后城市产业的调整和升级所形成的城市商业发展空间，在90年代至今的商业发展中，实际上已经被填补了。上海商业目前进入调整和完善的阶段，应当等待上海产业发展出现新一轮的高潮，城市功能得到进一步的提升（这是今后5年上海会出现的现象）。随着上海真正成为国际化的大都市，世界各地的人口在上海得到进一步的集聚，就会为上海城市商业的发展创造出新的空间。

二、在商业的规划和发展中,应当注意布局和业态方面的适应性

从城市商业发展的适应性和成长性规律中,我们可以了解到,城市商业的布局和业态应当同城市的形态结构和市场发展阶段相一致,这实际上反映了城市商业同城市消费市场在结构上的适应性。上海商业的发展虽然在总量上趋于饱和,但在结构上的不合理状况仍然是比较严重的。其一,上海城市的发展已经出现了明显的区域功能差异,商务区、金融区、旅游区、文教区以及各种不同层次和类型的居住区特征已十分明显,市场的差异也已经形成,但由于各行政区政府部门在商业布局方面的功利性和趋同性,使商业的实际布局同功能区域的特征很不匹配,从而出现一方面商业经营效益低下,另一方面很多市场需求尚未得到满足的不正常现象。其二,一些应当是以边缘居住区市场为主的大型综合超市(大卖场)却在市中心区域高度集中(全市 60 多家大卖场中有 51 家开在外环线内),导致过度竞争,也影响城市向边缘地区的迅速扩张。其三,从上海目前的市场状况和购买行为特征来看,有很多因素是不利于便利店的经营发展的(如其他业态的营业时间很长,居住的中心集聚程度很高,商住分离情况还不严重,便利店的商品种类缺乏特色等),但便利店却以异常迅猛的速度在发展,导致便利店的恶性竞争和经营效益下降。这说明上海的商业应当根据城市发展的阶段性特征进行必要的调整,一方面使城市消费市场的满足程度更高,另一方面也能使商业的经营状况得到根本的改善。

三、在商业的规划和发展中,应当注意发挥商业对形成城市核心地位的重要作用

成为中国乃至亚太地区的经济中心、金融中心、贸易中心和航运中心是上海城市发展的主要目标。上海商业应当根据城市商业辐射性的规律,不断提高上海对周边城市和全国市场的影响力,以帮助上海确立城市的核心地位。根据辐射性规律,上海商业关键是要提高商业服务的异质性和建立商业发展的绝对优势,这就要求上海的商业要积极开拓货源,丰富商品品种,提高对全国市场的供应能力;要进一步营造良好的商业氛围,改善上海商业的外观形态和服务质量,使上海继续成为全国的购物天堂;要打造商业的“航空母舰”,提高商业企业的经营实力和管理水平,通过各种方式向其他城市渗透和扩张,建立起全国的市场网络,在提高上海商业的辐射力和影响力的过程中,必须坚持科学的态度,实事求是地认识其他城市和地区发展现实和特定优势,切不可狂妄自大;要认真分析自己的差距和不足,准确地进行商业拓展的市场定位,扬长避短,循序渐进;也要对其他城市的发展规律进行研究,以适当的商业形态进入;要强调区域间的合作联盟,强调互利双赢。上海

在全国经济发展中的核心地位是历史的因素所形成的。但随着时代的发展和城市的变迁，并不能保证这种核心地位能够延续下去，这就需要我们用科学的态度和坚持不懈的努力去维护和发展这一核心地位，其中包括提高上海商业的发展水平和辐射能力。

四、在商业的规划和发展中，应当把握城市的发展趋势和预测商业的发展前景

研究城市商业发展规律的目的是指导实践。要使上海未来的商业得到健康发展，使其同城市的发展相互促进，就应当对上海城市的发展趋势有所把握，从而准确地预测上海商业的发展前景。前面曾提到，上海在今后 5 年会进入一个新的发展时期，其基本趋势会怎样呢？我们根据已有的一些信息，可以做出某些预期。首先，城市的产业结构会进一步升级，制造业会有进一步的发展，上海在产品的开发创新和引进消化方面的能力会进一步加强，外来投资会有一轮新的增长，新的"乘数效应"正在形成；其次，上海的城市规模会有进一步的扩大，城市化程度和市区的土地占有率会进一步提高，上海的人口规模（主要是外来人口的规模）会有大幅度增加；再次，上海的城市基本建设将进一步完善，对内对外的交通网络进一步健全，城市的面貌会有新的改观；最后，上海的城市功能会有进一步提升，金融、贸易、物流等方面的核心功能将逐步形成，世博会将在促使上海城市功能的提升方面发挥重要作用。这一切都预示着，上海城市商业将在未来形成新的发展空间，以国际化大都市为标准的商业形态和服务水准将是上海商业新一轮发展的主要目标。

（此文发表于《国际商业技术》2003 年第 5 期）

商圈在城市发展中的地位和作用

商圈的概念据学术界的考证,普遍认为起源于德国地理学家 W. 克里斯泰勒 (W. Christaller)1893 年发表的《南德的中心地》一书,在这本书中第一次提出了城市发展中的"中心地理论"(Central Place Theory),认为不同等级的城市作为集散商品、服务周边居民的"中心地",具有不同的辐射范围,而其所辐射的范围则构成该"中心地"的"市场区"。而我们现在称之为"商圈"的则可能引自日本的提法(日文中的汉字),如日本的室井铁卫在 1971 年就曾出版过《日本的商圈》一书,讨论了日本的"中心地"和"市场区"的问题,但他用的则是"商圈"这一名词。根据这些学者的理论,"商圈"应当是指具有一定辐射范围的商业集聚地。国内目前对商圈的理解主要有两种:一种是指"零售商业的集聚地",另一种则是指"某一零售商店(企业)所能吸纳顾客的地理范围"。实际上两者并不矛盾,分别体现了"集聚"与"辐射"这两个"中心地"(即"商圈")理论的基本构成要素,是从不同角度对"商圈"概念的诠释。从克里斯泰勒"中心地理论"的原本意义看,主要是指城市作为商业中心对周边区域的影响。而我们目前对"商圈"的理解则更多的是指城市中零售商业的集聚区及其辐射面。本文也主要基于这一理解来展开讨论。

商圈对于一个城市发展的推进作用是不言而喻的。笔者曾在另一篇文章中对城市的起源进行过描述,其中有一种起源方式就是从"商品交换的集聚地"开始的。所谓"无商不成市",不同层次商圈的形成是推动城市发展的原始动力。实际上,克里斯泰勒的"中心地理论"之所以主要是讨论城市作为"中心地"对周边区域的商业服务功能,可能就是因为在 19 世纪的德国,一些城市主要就是作为具有商品与服务集散功能的"商圈"而形成的。

在一个城市中,不同层次和类型的"商圈"也是城市及周边居民生活便利的必要保证。城市居民是一种分工极细且专业化程度很高的社会群体,所以他们的各种生活需要主要依赖商业服务才能得到满足。于是根据居民需求的不同,各级各类的"商圈"也就形成了。日常生活的需要追求方便,于是贴近居住区的、以小范围的辐射半径为特征的社区型"商圈"相应形成;选购型商品的购买需要"货比三家",于是百货商店、专业商店高度集聚的市中心"商圈"开始出现;除物质生活需求之外,城市居民的精神生活需求也在不断产生,于是就推动了集购物、餐饮、娱乐、休闲于一体的各类特色"商圈"的发展。"商圈"作为城市居民进行物质、情感与文化交流的特定功能空间,必然是城市生态结构中不可或缺的重要组成部分。

商圈同时也是一个城市繁荣繁华的象征。现代化的大都市一般都有几个能代表城市形象与经济发展水平的中心商圈,在那里不仅集中了标志性的商业设施和琳琅满目的商品,满足了居民高层次消费的需求,同时也通过五彩缤纷的商业宣传和各类商业活动展示了城市的经济繁荣和文化特色。有专家曾经指出,一个城市要成为对国内外消费群体具有强大吸引力的购物天堂,就必须有著名的商业街区和著名的零售商店为支撑,这也说明了商圈的繁荣程度和影响力是形成城市核心竞争力的重要因素之一。

城市商圈的形成和发展与城市形态的变化和发展是相辅相成、互为促进的。笔者曾在另一篇文章中对城市形态变化与商业变革的关系作过这样的归纳:城市规模的扩展要求城市商业的体量也随之扩大;城市功能的定位决定了城市商业的基本形态和发展方向;城市布局的变化导致城市商业的结构与布局也会随之调整;城市交通的发展也会促使城市商业的形态和布局进行重组。作为城市商业集聚地的商圈自然也会随着城市形态的变化与发展而兴衰存亡。以上海为例,自20世纪90年代以后,随着经济的发展,城市的规模也有了很大的扩展,原来以南京路、淮海路为代表的市中心商圈已不能满足日益扩大的城市不同区域居民的消费需要,于是,徐家汇商圈、浦东张杨路商圈以及五角场商圈等新型的中心商圈便开始形成。随着上海国际化程度的不断提高、国际商务功能的不断加强,一些高档商务区的出现也推动了相应的高档商圈的形成,如虹桥开发区的商圈和南京西路"金三角"商圈的形成就是典型。大量新型住宅区的开发使上海边缘地区出现了大量的以居住功能为主的城市聚居区,城市布局形态由"商住混杂"转向"商住分离"。为适应城市边缘地区居民聚居区的消费需要,以友谊商城、百联西郊、百联中环等大型购物中心为支撑的城市边缘区域的商圈也开始出现。城市轨道交通的发展促使一些交通枢纽区域新型商圈的形成,其中最有代表性的就是中山公园商圈和莘庄商圈。当然,随着城市形态的发展和布局的变化,一些传统的商圈也会出现萎缩和消亡,如上海的曹家渡商圈、八仙桥商圈、老西门商圈、小东门商圈以及东昌路商圈等都已相继衰落,甚至不复存在。我们也可以找到商圈发展促进城市功能提升的范例,卢湾区"新天地"商圈的建设和发展,使周边地区迅速形成了高档商务区;青浦"奥特莱斯"购物中心及其商圈的建立,也使整个赵巷地区的远郊性特色商业功能开始形成。这些都说明商圈随着城市的发展而发展,从而使商圈成为城市发展的风向标;城市因商圈的发展而兴旺,从而也使商圈成为城市发展的推进器。

从原始的状态而言,商圈应当是在市场交换活动的客观需求推动下自然形成的。但是现代大城市的发展,特别是我国大城市的发展,由于土地管控权的原因,政府在城市商圈的建设与发展方面掌握着较大的主动权。因此将城市的发展规划与商圈的发展规划密切相连便成为我国各大城市进行商圈建设和发展的重要特征。这样的做法有可能保证城市商圈的发展与城市功能和形态的发展保持一致,使城市的土地资源得到最为有效的利用。但是由于一些商圈并不是因市场需求的推动,而是根据主观意志的判断而建成的,所以也就难免会出现与市场实际状况不适应、发展困难甚至失败的情况,从而造成大量资源浪费。这就要求城市商圈的规划与建设者们应当更加科学、理性地做好城市商圈的布局规划和功能形态设计,使其在城市的发展中真正能发挥积极的作用。

根据国外城市规划与商圈建设的已有经验,在进行城市商圈的规划、建设与调整时,一般应注意以下几个方面:

(1)注意城市商圈性质与区域功能特征相一致。在现代化的大城市中,因其城市功能的日益复杂,在空间布局上已经形成各种不同的区域功能特征,如商业区、商务区、金融区、文化区、旅游区、娱乐区、交通枢纽区、一般居民区以及高档住宅区等。商圈所在的区域功能特征决定了商圈基本市场群体的性质,从而也就决定了商圈的性质定位。所以在进行商圈的规划或调整时,我们必须充分考虑其所处的区域功能特征及其变化趋势,以确保商圈的经营效益能获得相应的市场群体的支撑。

(2)注意城市商圈规模与市场辐射能力相一致。商圈的市场辐射能力主要受三方面因素的影响:一是商圈本身的凝聚力,主要是依托商圈自身功能的完善以及商品与品牌的影响力;二是邻近商圈的竞争力,即邻近商圈对两个商圈之间的市场群体的影响力;三是与邻近商圈之间的距离。按照雷利(Reilly)和哈夫(Huff)模型的解释,商圈的影响力(即重力)与商圈间的距离对商圈的市场辐射力产生主要的影响。商圈重力越大,其市场辐射能力越强;两商圈的距离越近,其市场面的交叉程度越大,竞争就越激烈,从而各自的市场辐射能力也就会相应削弱。因此,在规划某一城市商圈的发展规模时,我们必须注意到邻近商圈的规模与距离,以免造成同邻近商圈的市场面过于重合,从而造成效益不佳、资源浪费。

(3)注意商圈内标志性企业与标志性品牌同商圈特色定位相一致。如前所述,城市商圈会因其所在区域功能特征不同而形成不同的特色。而商圈的特色则主要是依托能反映其特色的标志性零售企业及其标志性的商品(或服务)品牌而形成的。因此,在进行城市商圈的规划或调整时,我们必须对应当引进的标志性企业和标志性品牌有所规划,并采用有效的政策与方法首先将它们导入。只要标志性企业和标志性品牌得以导入,商圈的特色形象就能初步建立,其他类似的企业和品牌也会相继跟进,这就是所谓的"领头羊效应"。

(4)注意城市主要商圈形象与城市文化特征相一致。城市商圈往往是一个城市经济与社会发展水平的象征,同时也是一个城市文化的象征。如巴黎的香榭丽舍大街展示了巴黎的浪漫;纽约的第五大道彰显了纽约的繁华。所以一个城市主要商圈的形象规划应当融入该城市特有的文化要素。目前不少商圈在规划与调整中过于强调欧化和洋气,从而丧失了自己城市特有的文化魅力,这不仅不能提升商圈的竞争力,反而会因为其不伦不类而失去对国内外顾客的吸引力。

(5)注意商圈环境支持条件的配套与完善。城市商圈是城市客流集聚度很高的区域,因此,除商业设施的高度集聚之外,涉及客流集散、安全、舒适、方便的各种配套措施必须完善。首先要充分考虑商圈内外的交通条件的配套,除合理地设计轨道交通和其他公共交通的站点布局之外,还必须建设足够规模并流线通畅的停车场;其次要考虑各种安全配套设施,注意适度的人车分流,并在紧急情况下疏散人群的通道和预案;再次要有足够的公共空间,并配置令人赏心悦目的绿化与景观设计,能让人们始终保持良好的心情;最后还要考虑各种废弃物的集中与处理,保持商圈内整洁的环境。一个城市商圈环境配套条件的完备与否在很大程度上显示了城市商圈档次和城市的整体管理水平,所以是绝对不能忽视的。

(此文发表于《上海商业》2009 年第 2 期)

城市功能提升中的商业发展模式

本次中国上海世博会的口号是"城市让生活更美好"。这一口号反映了一个重要的时代特征,即在当前世界上城市在推动经济社会发展和改善人类生活方面发挥着越来越突出的作用,这就是城市的功能。正如美国著名经济学家、2001年诺贝尔经济奖获得者斯蒂格利茨所言:目前,城市群作为全球最有活力的地区,已经成为区域经济发展的主要载体、综合实力的核心体现。中国城市化的进程将是21世纪初影响世界的大事之一。从根本的意义上讲,城市的功能起源于"集聚",发展于"综合"。有了人群、物资、财力和信息在空间上的高度集聚,才有了现代意义上的城市;而只有这些要素相互结合、相互交融,才能形成各种各样的城市功能。而商业在促进和催化这些要素的交融上发挥着重要的作用。所以城市商业的发展与城市功能的提升之间有着密不可分、相互促进的作用。

城市的功能主要取决于经济与社会的发展对其所产生的客观要求。在农业经济为主的时代,城市的功能主要是贸易的集散地,是农牧产品交易的场所;在工业化时期,城市的主要功能则转化为工业生产基地,成为推动经济发展的核心;因城市的形成和发展而产生的"第一乘数效应",使城市人口高度集聚,从而使商业、服务业、教育、文化等产业的发展具有了必要性和可行性,城市功能的综合性越来越强,城市的生存与发展环境也会变得越来越好,从而使城市对整个经济与社会发展所起的作用也就越来越大。因城市综合功能的加强、生存和发展环境的改善而产生的"第二乘数效应",必将吸引更多的人群和财物的集聚及更多产业的发展,城市的功能也会因此而得到提升。城市功能就是在这样一种循而往复的过程中不断提升的。那么,作为城市综合功能重要组成部分之一的商业又是如何随着城市功能的提升而变化的呢?这就是本文所要探讨的主要问题(为了使研究的问题更为集中,本文所指的商业主要界定为服务于最终消费者的零售商业,而不包括批发商和生产资料经营商)。

城市商业(零售商业)的存在主要是以城市人群为其服务对象的,所以城市人群的规模、购买力水平决定了城市商业的规模,城市人群的分布状态、需求差异也影响着城市商业的结构。然而,城市人群规模与结构的变化又是受到城市功能发展与变化的影响的,所以两者之间存在着一种必然的联系。在研究城市商业的发展和进行城市商业的规划时,我们必须把城市功能的发展变化作为一个重要的影响因素来研究。

笔者曾在多篇论文中以上海为例讨论过城市功能变化对城市商业发展所产生的影响。当时针对 19 世纪末 20 世纪初上海城市功能综合性加强、区域功能差异扩大的基本特征,提出过按不同的功能区域特征进行不同商业模式的选择和进行商业布局的规划之建议,就是基于城市商业发展与城市功能提升相关联之基本理论。因为在 20 世纪 90 年代之前上海基本上还是一个以制造业为主的城市,金融、贸易、航运仅作为制造业的附属功能产业而存在,集聚度很低。各类产业在空间布局上相互混杂,区域功能差异并不明显。加上居民收入水平普遍不高,消费需求层次较低,不存在显著差异。所以商业模式单一,布局雷同。而 20 世纪 90 年代后期,随着城市功能的提升和城市形态的改变,金融、贸易、航运等服务业不仅有了迅猛发展,而且高度集聚,区域功能的差异性越来越明显。加上城市居民收入水平提高,差距拉大,不同区域居民的消费需求差异也越来越明显。所以按照不同区域功能特征与消费人群特征来选择商业模式和实施商业布局势在必行。之后上海商业发展的实践证明了这种关联效应的存在及其影响。一些高端消费人群集聚的商务区,以奢侈品消费为特色的零售商业取得了良好的经营效益;一些边缘地区的居民集聚区,满足综合消费需求为主的社区购物中心得到了很好的发展;一些主要旅游观光景区,特色餐饮、旅游纪念品以及价廉物美的快速消费品的商店受益丰厚。而另外一些与所处区域功能特征不相吻合的商业企业则经营惨淡,效益低下。

近两年,笔者又多次强调了商务和商业联动发展的思想,这主要是针对一些市中心的老商业区,由于市政改造和房地产开发造成居民大量外迁、市场消费群体萎缩、商业效应不断下降的现象,指出必须通过商务楼宇的开发,吸引大量商务人群集聚,才能重新构建市场;并指出商业模式和功能也应发生相应变化,必须适应区域内商务人群的消费需求,才能重振商业效应。这也是基于城市功能与城市商业联动发展的基本指导思想。

那么,目前上海的城市功能又发生哪些新的变化?与之相适应的商业模式又有哪些?本人认为,以下几个变化动向是值得我们关注的。

一是主要功能区规模扩大、空间外延。自 20 世纪 90 年代开始,上海形成了一些功能特征鲜明的区域,如陆家嘴金融贸易区、金桥出口加工区、张江高新科技园区、虹桥商务区、漕河泾高新技术开发区、松江大学城等。这些功能区的开发初期入驻企业不多,从业人员也比较少,区域内人群的消费需求主要可依靠上海原有的商业模式来满足。而目前这些功能区规模不断扩大,区域内从业人员规模一般都超过一二十万,相当于一般的小城市。而且一些功能区的空间外延,如临港新城、嘉定汽车城、松江大学城以及未来的迪士尼乐园,距离上海市中心相当远。这就使得区域内人群的消费需求已经不能完全依靠上海原有的商业区域和商业模式加以满足,对各区域形成相对独立、功能完善的商业中心的要求开始突出。

二是城市交通方式发生重大变化。近两年,上海的轨道交通建设迅速发展,已经形成几乎遍布市区各地并延伸到部分郊区的轨道交通网络。公共交通便利性的提高使城市各区域之间贯通性增强。实际上,一些主要的商业中心随着轨道交通的发展,其市场辐射能力和辐射范围也发生了很大的变化,甚至一些区域的功能特征也因此而发生变化。所以商业的模式和布局也必将会随着城市公共交通网络,特别是轨道交通网络的变化而发生变化。

三是网络购物等无店铺销售方式发展迅速。随着信息网络技术的发展和上网人数的增加,网上购物也越来越成为许多人所选择的购物方式。据不完全统计,上海网上购物的消费者已超过 500 万。同时,与网上购物相类似的电话购物、电视购物等无店铺销售的模式也在迅猛发展。网上购物等无店铺销售方式的发展无疑会对传统商业模式提出挑战,作为传统商业企业必然要思考在网络时代,面对新消费人群,商业模式所应当进行的变化与改造。

四是城市文化功能不断加强。随着城市居民收入水平的提高和需求层次的提升,单纯购物消费已不能满足其全部需要,而对于其精神文化生活的满足已变得十分重要,这也使得城市由单纯的经济功能向文化功能进行了转换。城市的传统文化、创新文化、本土文化、外来文化都成为城市人群追求的目标。没有文化的城市不具有活力和吸引力,已成为人们的共识。上海城市功能发展已到了这一阶段。所以商业模式中的文化元素就成为现阶段商业发展中不能不考虑的因素。

五是中小城市商业竞争力提升。近几年,全国各中小城市的形态和功能也发生了很大的变化,不仅工业化程度越来越高,商业的发展也十分迅速。许多中小城市商业发展的规模与水平相对于其人口与购买力而言已不亚于上海。过去中小城市的居民争相到上海购物的情况已不再出现。从一般商品供应的角度而言,上海作为满足周边中小城市居民商品消费的功能已经淡化,这就使得上海商业不得不考虑对市外人群产生吸引力,以提高其在上海的消费欲望的新的商业模式。

这些在城市功能方面所发生的新变化提升了上海的城市功能,从而也对上海的商业发展提出了新的要求,从总体上看,要求上海商业的发展模式趋向于"多核化""多元化"和"多变化"。

　　所谓"多核化",即随着各主要功能区规模的扩大和人口集聚度的增加,不能再站在上海是一个城市体的角度来进行上海的商业布局规划,而要将上海看成是由多个具有不同功能特征的城市体的组合来进行商业布局和发展规划,将每一个具有特定功能的城市体都作为一个独立的微型城市来进行综合功能的配套,使其拥有城市所必要的商业功能及自己的商业中心和CBD。

　　所谓"多元化",即要使各功能区域的商业功能得以完善,在进行区域商业布局规划时,就应当根据本区域消费群体的特征,进行不同层次的综合功能配套规划,包括购物、餐饮、服务、休闲、娱乐、文化等多元要素的协同整合,以全方位满足区域内群体的消费需求。

　　所谓"多变化",即要随时跟踪研究周边中小城市商业的发展模式和发展趋势,制定和修正上海商业的发展战略;利用上海商业的资源优势,不断进行形态、档次、品种和经营方式的变化,融入商业文化,营造新的概念;创造出更多的类似"金三角""新天地""田子坊""奥特莱斯"等不可替代的商业亮点,提升和保持上海商业的领先地位。

　　具体而言,可考虑采取以下一些商业发展模式:

　　1. 以城市综合体为载体,实行产业功能、居住功能与商业功能的整体规划

　　在我们意识到上海这样的超大城市实际上已成为多个城市体的组合以后,对商业的"多核化"就应当放到城市"多核化"的层面去理解。对于商业中心的规划不能单独进行,而应当同一个具有特定功能的城市体的核心部分共同进行规划,使其成为一个城市体有机而协调的组成部分。近年来所出现的"城市综合体"的规划设计思想是值得关注的。"城市综合体"是一种区域性的城市综合功能配套概念,是指在一个区域空间范围内集中了商务楼、宾馆、酒店、公寓、会议中心、购物中心、娱乐中心和大面积停车场的综合建筑群。一个城市综合体往往会构成大城市中某一城市体的核心区域,自然也就能成为该城市体的商业中心。上海卢湾区的"太平桥"、新天地周边地区以及重庆渝中区化龙桥地区的开发都是"城市综合体"规划建设的成功案例。两个案例的共同点在于都是由实力强大的开发商对一个准备建设成城市综合体的区域进行整体开发,这样就有可能按照统一的思路进行城市综合体的整体策划和协调开发,对各项功能进行合理布局,以形成良好的整体效应,这应当成为上海新一轮商业发展的理想模式之一。

　　2. 研究和发展产业园区的商业配套模式,强化主要产业功能区的商业功能

　　上海在近十多年的发展中形成了多个大规模的产业园区。这些产业园区集聚度高、功能各异,对于上海经济发展和城市功能的提升发挥了重要的作用。然而这些产业园区的建设过于强调其产业功能,而忽略了必要的商业功能,从而使园区中

商业发展滞后、消费十分不便。当考虑到这些产业园区人口大量集聚,实际上已经形成了相对独立的城市体时,我们就应当按照一个城市体的要求对其进行综合功能的配套。从商业配套的角度来讲,不仅要对满足日常基本需要的商业设施进行配套,而且应当根据各园区消费群体的特定需要进行休闲、娱乐、文化、健身等商业设施的配套。最近,浦东新区动用财政支持的手段,对陆家嘴金融区的商务楼宇进行商业配套的做法很值得推荐。同时,在开发新的产业园区时我们更应当考虑进行商业设施的同步配套,并应当认真研究适应于产业园区综合配套的新的商业模式。这应当是上海新一轮商业发展的又一个关注重点。

3. 以主要城市商业中心为核心,以快速交通网络为纽带,以人流自然流向为依据,重新规划城市商圈的布局

过去对于城市商圈的认识主要基于"地图距离"的概念,也就是"绝对距离"的概念。这种认识是没有考虑快速交通(特别是轨道交通)因素。商圈辐射范围及其布局也是基于这种距离概念来考虑的。而在上海已经建成了四通八达的轨道交通网的情况下,以这种距离概念去考虑商圈的辐射范围和布局问题就可能是不正确的,所以有必要对已有的商业中心,根据其在轨道交通网络中的位置以及客流的基本流向,重新分析其实际上的辐射范围以及各商业中心的覆盖面和交叉度,从而对现有各商业中心的功能特征和市场群体进行重新定位和适度调整。在未来新的商业中心发展和建设中,我们也必须将轨道交通等城市快速交通的因素考虑在内,按照"相对距离"(即车程时间)来估算商圈的覆盖面和进行商业中心的合理布局。

4. 充分挖掘和创造商业文化特色,营造新的概念,创造新的商业亮点

面对周边中小城市商业快速发展的竞争,上海商业要保持相对的领先地位,可能光从设施和商品上拉开差距已很难做到,必须考虑的是营造具有特色的甚至是不可替代的商业文化,制造一种特定的商业氛围。外地游客为什么一定要逛南京路?并非商品有何不同,而是其百年沉淀的商业文化。但这种文化可感知的标志是什么?目前似乎并不十分明显。长此下去,恐怕游客们对南京路的兴趣也会越来越淡。所以说大城市的商业文化应当是有能被感知的标志的(如永安公司的萨克斯管演奏),这在上海新一轮商业发展中应当引起关注。同时必须注意,对于传统文化的利用并不是简单复制,而应赋予新的内涵,否则很难被新一代的消费群体所接受(虹口区多伦路和黄浦区上海老街开发的失败就是例证),必须像新天地那样,在传统的躯壳中注入新的血液,才能产生出其不意的效果。

5. 依托已有商业资源,发展网络销售,推行实体网和虚拟网相结合的商业模式

对于网上购物的发展是否会对传统商业经营方式产生冲击的问题讨论已久,

结论应当是明确的:不可能替代,但可能冲击。因为网络销售和传统商业各有利弊,市场消费群体各有偏好。所以将来最具有竞争力的商业企业应当是能够兼而行之,进行实体销售网和虚拟销售网相结合的企业。这是因为网上购物的发展将是一个不可阻挡的趋势,规模必将越来越大,对传统经营方式的冲击也将会越来越大。目前主要以传统经营方式为主的商业企业应当认真研究消费群体的购物心理和购物习惯的变化,逐步发展自己的网络销售,或者同一些网络销售公司及其他无店铺销售公司联合起来开展网络销售或其他无店铺销售业务,以增强自身的市场竞争能力,适应市场趋势的变化,特别是一些连锁公司最有条件首先实现这样一种转型。具体方式可关注一下"必胜客""肯德基""麦当劳"如何由堂吃向送餐转型的做法。

（此文发表于《国际商业技术》2010 年第 6 期）

从系统论看城市生态平衡

　　奥地利的生物学家贝塔朗菲从研究生物机体理论出发提出了"一般系统论"的思想，从二十世纪六七十年代开始受到人们的广泛重视，成为一种重要的哲学思想。系统论的基本思想就是将事物（包括生物、物体、组织、社会等）看成是由各个具有不同功能的子系统所构成的有机整体（即一个系统），各子系统又是由一系列的要素所构成，而每个系统又处在一个特定的环境之中。物质、能量、信息在各子系统之间、在系统和环境之间不断地发生着交流，以促使系统趋于平衡。系统与子系统功能的强弱，主要取决于两个方面：一是要素素质的高低，二是各要素所形成的系统结构是否合理。也就是说，如果结构不合理，即使构成系统的要素素质都很高，则其功能也不会很强。

　　今天我们在讨论城市发展的问题时为什么要讲到系统论呢？就是因为我们的城市也是一个系统，而且是一个相当复杂的系统。它的内部也有各种各样的子系统，发挥着各自的功能，并按一定的结构组合，形成了整个城市的功能。同样道理，城市的功能及其各子系统的功能，不仅取决于其构成要素的强弱，还取决于其组成结构。城市系统如果出现结构上的不合理，就会产生资源的浪费、功能的弱化或缺失以及管理上的紊乱，直接影响我们的生产和生活。人们通常会将城市系统结构的合理性称为城市的生态平衡。城市的生态平衡也主要取决于两个方面：一是各子系统相互间是否能形成合适的比例；二是各子系统之间物质、能量和信息的交流与交换是否通畅。

　　不可否认，近二十年来，上海城市的快速发展是有目共睹的，出现了大批高品质的居住区，兴建了大量的楼宇商厦，高架高速路辐射内外，轨道交通四通八达，桥梁、隧道越江而过，绿地规模越来越大。这种发展与变化令每一个前来上海的游客叹为观止。然而，城市快速发展的过程中仍然存在着不平衡和不协调的情况。举一些在我们这个城市中常见的现象：每天早晚大量人流、车流从城市的这头涌到那头；一些常发的交通拥堵路段上始终是车如蜗行；一些商务区的白领老是愁于无处用餐;一些边远小区的居民一直抱怨出行困难;不少豪华的商厦顾客寥寥;但有些人却要跑二三里地去买肥皂;一些地方过马路要绕上一个大圈;有些路段自行车不得不骑上人行道;密集的高楼鳞次栉比,城市的天际线却显得乱七八糟。这些现象说明了什么? 这说明了我们城市的生态确实有所失衡,从而影响了城市功能的正常发挥,也影响了城市居民的正常生活。所以我们想用系统思维的方法来分析一下,看看问题究竟出在哪里,我们到底应当怎样去做。

一、城市系统结构分析

城市的系统结构主要是指城市的空间结构和城市的功能结构。

(一)城市的空间结构

有人开玩笑说:城市和农村最大的区别就是在地皮上多盖了一些房子。其实这话并没有错,城市和农村的一个重要区别就是土地利用和空间结构上的不同。如果从空间系统结构来看城市,实际上主要由三个子系统所构成,即建筑系统、道路系统和公共空间系统。建筑系统包括住房、厂房、商店、宾馆、学校、医院、办公楼、图书馆及各种文化娱乐场所等要素;道路系统包括马路、公路、高架路、轨道交通、车站码头以及各种人行通道等要素;公共空间系统则包括广场、公园、公共绿地等要素。这三个子系统分别占用城市的一部分土地面积,并发挥着各自的功能。

从生态平衡的角度看,这三个子系统所占用的城市土地空间应当有一个合理的比例,而决定这一比例的则是人。厂房、办公楼的多少,决定了需要多少人在这个城市工作;而有多少人在这个城市工作,又决定了需要有多少住房;有多少人在这个城市工作与居住,又决定了需要有多少医院、学校及文化娱乐场所(当然,这个"人"不仅是城市的居民,也包括来这个城市出差、旅游和办事的人员)。人不仅决定了建筑系统的规模和结构,同时也决定了交通系统和公共空间系统的规模和结构。建筑的规模和分布决定了人流动的规模和流向,从而也就决定了交通系统的规模和结构。建筑系统与交通系统的比例合理、衔接得当,我们的出行就不会发生困难;反之,我们就可能面临出行难的问题。公共空间系统是改善人们生存环境的重要条件,同人的规模与分布密切相关,必须保持相应的比例关系。如果公共空间过少、过小,生活在城市里的人就会感到心理上压抑,人们的生活质量就会下降。

正因为人是决定城市空间结构合理性的关键因素,所以在城市空间系统中就会产生一个城市人口规模与土地资源的比例关系。如果当城市的土地资源足够丰富的情况下,城市空间系统只是一个内部结构平衡的问题,通过不断调整,改善三个子系统的比例关系就行了。但如果人口规模过大,超出了城市土地资源的承受能力,就必须进行城市土地的扩张,以保持与人口规模之间的平衡。上海这两年人口规模不断扩大,原市中心城区的土地资源明显匮乏,向郊区进行土地扩张必将成为上海下一步发展的基本战略。

(二)城市的功能结构

从大的方面讲,城市的功能主要可分为生产和生活两大功能(当然过去也有人认为城市还有军事和政治方面的功能,这里我们暂且不讨论),从而相应地形成生产系统和生活系统两大子系统。城市的生产系统的性质与结构往往决定了一个城市的经济功能特征,如我们常讲的汽车城、钢铁城、石油城;又如上海想建成国际金融中心、航运中心、贸易中心等,这些都是由城市生产系统的性质所决定的。而城市生活系统则是由一系列能满足人们衣食住行玩的需要的行业系统所构成的,如商业、餐饮业、房地产业、公共交通业、文化业、娱乐业等。在功能结构方面,城市的生态平衡一方面取决于生产系统和生活系统的比例适当;另一方面还取决于生产系统和生活系统内的各行业子系统的比例适当。前面所讲,有多少人在城市里工作,就需要有多少住房、多少医院、多少学校;当然也就需要有多少商店、多少餐馆、多少公共交通。若比例不适当,则可能导致生活不便或资源浪费。可以看到,城市功能结构的问题也是以人为中心的。

当然从整个城市系统来讲,还有一个同周边环境的关系。城市的环境也会给城市系统的发展与变化带来影响。如上海是中国的一个特大城市,其同其他城市和地区在发展中的落差就会吸引大量外来人员进入,这就使得上海城市的空间结构和功能结构不能仅以上海本地居民为基础来调整,而必须考虑外来人员的规模与变动因素。同时上海作为中国主要的经济城市,还承担着服务全国的责任,上海城市功能系统的建设与发展也必须将这一点考虑在内。因为放到全国这一大系统中,上海也只是一个子系统,它必须根据全国这　大系统的发展目标来决定自身的功能特征。

二、城市生态系统失衡及其原因

上面提到的一些城市发展中不平衡、不协调的现象实际上就是城市生态系统失衡的表现。同城市系统结构的类型相对应,城市生态系统的失衡也可分为城市空间结构上的失衡和城市功能结构上的失衡。

(一)城市空间结构上的失衡

从城市空间结构的失衡来看,上海一个比较大的问题就是城市中心区域过于集中。上海6 000多平方公里的土地面积,市中心区域只有不到1 000平方公里,从而造成市中心区域过于拥挤、寸土寸金,不仅制约了城市的快速发展,而且使市中心区域空间结构不平衡的矛盾日益突出(如在市中心要找一个停车位就十分困难)。空间结构失衡的另一些问题则是出现在各子系统中。例如,道路交通问题,由于在上海城市快速发展的过程中预计不足,规划缺乏前瞻性,所以就出现了高架道路设计过窄,道路衔接"瓶颈"较多,导致车流不畅,经常拥堵;非机动车道特别是人行通道系统尚未形成,不仅使普通居民出行不便,而且常常造成人车混杂,险象环生。又如过去上海公共空间的面积也是不足的,曾被人戏称为"水泥森林",经过近几年的调整和开发,应当讲这一问题已基本得到解决。上海城市发展中还有一个现象是值得注意的,从 20 世纪 90 年代开始在城乡结合部兴建大规模的居民聚居区,将市中心区域的居民大批向这些聚居区迁移,结果造成居住区域同工作区域远远分离,从而导致每天早晚上百万人流"候鸟式"地来回奔波,给城市的交通系统带来了很大的压力。这实际上也是城市空间结构失衡的表现之一。

(二)城市功能结构上的失衡

城市功能结构的失衡则主要表现在各行业子系统不协调,盲目发展,导致过剩与短缺现象并存,不仅造成资源浪费,也使一些真正的需求得不到满足。以零售商业的发展为例,近二十年来,上海各区大兴土木,建设了大量的商厦和卖场,规模越来越大,档次也越来越高。至 2010 年,上海零售商业的营业面积已超过 5 000 万平方米,按上海的常住人口计算,人均已占有 2.7 平方米左右,远远超过了一些发达国家主要城市的水平,从而导致零售商业的效益水平不断下降。而且许多区域的零售商不管所处区域的市场性质和顾客特征,一味地追求国际顶级品牌的引进,以提升自己的档次;相反,在一些集中的商务区和新建的居民区,商业网点却设置不足,人们日常消费的需求也很难得到满足。此外,在上海各区的发展规划中,"总部经济""创意园区""会展中心"之类的名词随处可见,功能定位雷同的现象十分严重。而敬老院、福利院、生活服务中心等短缺行业在发展规划中却鲜有发现。功能结构失衡的现象不仅表现在整个城市系统之中,有时也表现在某一区域范围之内。如一些新兴的开发区往往只注意生产功能的开发,却忽略生活功能的配套,从而导致一些金融区、商务区、高新技术开发区、出口加工区中吃饭难,坐车难,购物难,会客难,看病难,子女入托就学更难。

为什么在我们的城市发展中会出现这些生态系统不平衡的现象呢? 当然从系统动态性的角度讲,不平衡是正常的。城市系统中的部分子系统或部分要素率先发展,打破了原有的生态平衡,从而又带动其他子系统或要素相应发展,在更高的层面上达到新的平衡。这种由不平衡到平衡、从无序到有序的发展模式,正是推动城市系统不断更新发展的动力。然而,如果在此过程中人们的行为有误,则可能延长或扩大不平衡的状态,使城市系统的发展会耗费更长的时间,花费更多的成本。从20世纪90年代以来上海城市发展的历程看,导致城市生态不平衡的主要原因可能有以下一些:

1. 城市发展规划的前瞻性不够

实际上,我们可以在这个城市中找到许多因规划前瞻性不够而造成城市生态不平衡的案例。如上海第一条高架路内环高架当时仅设计成双向四车道,因过于狭窄,不仅使内环高架本身流量受限,而且由于高架网络贯通,也影响了以后同内环对接的其他高架道路的通畅;较早建设的轨交地铁线都未考虑到主要换乘节点的车站空间预留,从而导致好多站点乘客换乘都要步行很长一段路,甚至要出站;虹桥商务区准备建成上海西部地区的重要CBD,但发现主要轨道交通竟然都越区而过,在核心区域没有站点;当我们今天考虑将苏州河开发成具有旅游观光价值的"上海塞纳河"时,却因一些河段已将居民小区直接盖到河边而感到遗憾,河上的桥梁大多也只考虑了交通功能,而基本未考虑观光旅游所需要的艺术元素。这些前瞻性不足的问题不仅以前存在,现在仍在不断发生。

2. 城市发展规划的系统性不强

我们的城市在发展建设过程中往往只关注单个项目和局部区域的功能目标,而忽略整体的协调。如外滩发展规划的反复变化就是一例,先是想恢复金融走廊的功能,后因出现夜间空楼现象,又想建设奢侈品一条街;又因有投资者进入,几个楼宇又在改建高星级宾馆。但至今人们仍不清楚该外滩区域的功能定位及发展的最终目标是什么。问题在于在进行外滩的发展规划时往往就外滩讲外滩,而没有将外滩放在浦江两岸的整个区域环境中去看,如何实现其在这一区域系统中的特定功能;更没有将它放到全上海不可替代的特定历史文化遗产的位置上去看,如何真正利用好这一极其珍贵的无形资产。又如20世纪90年代后上海的许多新兴开发区(如陆家嘴金融贸易区、虹桥经济技术开发区、金桥出口加工区、张江高新技术园区等),在开发时也只注意了其经济功能的开发,而忽略了配套功能的开发,从而导致生活服务、交通运行等方面出现了一系列问题,不得不进行后续补救。再如上海的轨道交通站点的商业开发也一直是老大难的问题,很多站点的商业开发效应很差,远远不如日本、中国香港、新加坡的轨道交通商业的发展,主要原因也在于轨道交通站点商业的开发没有同站点周边商业系统融为一体,从而很难发挥其应有的效应。

3. 城市发展规划缺乏顶层设计,权限过于分散

造成以上这些生态失衡现象的一个深层次原因就是对我们这个城市的发展缺

乏一个高屋建瓴并有持续发展观念的顶层设计,以此来统领和指导各区域和项目的规划。由于缺乏这一顶层设计的指导和制约,目前不少土地的规划权又分散于各区,所以各区就会按照自身的发展目标和既得利益,进行闭门造车的规划与建设。因此在各区的发展和建设规划中,我们看到的不是城市系统的整体协调,而是基于局部利益的相互竞争。一个上海被分割成十多个相对独立的"小上海",就难免出现同质定位、重复投资、功能雷同、溢缺并存的现象。这不禁使我想起马季先生的著名相声《五官争功》。当我们的耳、鼻、口、眼都不安于现状,争功争利,互不协调时,我们还能正常生活吗?

三、以系统思想为指导,促使城市的生态平衡

我想从以下几个方面来谈一谈怎样才叫"在系统思想指导下"的城市生态平衡:

首先,必须以城市发展的整体功能和战略目标为指导,建立起对城市土地资源合理利用的顶层设计思想,并用相应的体制与法规手段保证其落实。我们应当十分清醒地认识到,城市发展的生态平衡是以城市土地资源的合理利用为基础的。也就是说,城市空间结构的合理性是城市发展生态平衡的基本保证。而土地资源的合理利用又是建立在明确城市功能定位和中长期发展战略目标的基础之上的,因为只有当城市的发展战略目标(即其整体功能目标)明确的情况下,我们才能对其应当建立怎样的子系统及各子系统应当具有的功能和相互的协调性进行设计。城市功能定位和发展战略目标一旦明确,那么土地资源利用规划就是其子系统的空间布局问题。子系统的空间布局决定了城市各区域的功能特征和发展目标,只有真正按照这种在系统思想指导下的城市空间布局规划来进行各区域的规划和建设,我们的城市才能保证其生态系统的平衡和整体功能最优。所以我们认为以系统思想为指导的城市土地资源利用的顶层设计应当是长远的,并具有权威性。我们的顶层设计不能只管三年五年,或者十年,而应当是管五十年,甚至一百年。顶层设计思想一旦确定,就必须以体制和法规的方式予以保证,任何部门或人员都不得进行违反顶层设计思想的土地开发和建设,以确保城市发展的总体生态平衡。

其次,各区政府和各行政职能部门在制订自身的发展规划时必须十分明确本区域或本部门在整个城市生态系统中的地位和作用,必须按照系统整体最优的原则去进行本区域或本部门的规划和建设,必须认识到各区或各职能部门只是上海这个城市系统中的一个子系统。子系统的运行会给整个城市系统的功能协调以及其他子系统的运行带来影响,不可任意为之。这里的一个现实问题就是保证子系统合理运行的体制和机制问题,具体而言,就是如何正确评价各区政府和各行政职能部门的运行业绩。如果不问子系统在整个城市系统中的地位和作用,采取统一的评价和考核标准(如区域增加值、税收的增长等),其结果必然会造成各区发展目标雷同,功能性质趋同,而同其在城市系统发展中应当发挥的功能相悖。所以我认为,对各区及各职能部门在其功能地位明确的基础上要合理确定其运行业绩的评价和考核标准,特别应当将其是否进行了符合其子系统功能地位的规划与建设,以及其对上海整体城市功能提升所发挥的作用及所做出的贡献作为对各区政府及各行政职能部门的重要考核指标,这样才能符合城市系统整体优化的原则,保证城市发展的生态平衡。

再次,用城市综合体的思想指导城市各重点区域的开发。城市综合体(HOPSCA)是一种区域性的城市综合功能配套概念,是指在一个城市空间范围内集中了商务楼、宾馆、酒店、公寓、会议中心、购物中心、娱乐中心和大面积停车场的综合建筑群。城市综合体原本是一个房地产项目开发概念,所涉及的空间范围比较小。但是由于城市综合体很好地体现了一个空间范围内的生态平衡,符合系统最优的原则,所以近年来也被认为是城市区域发展的一种重要指导思想。我们可以将一个城市的重点开发区域看成一个城市综合体(如陆家嘴金融贸易区以及我们正在建设的虹桥商务区),首先明确这一综合体的基本功能定位,确定体现这一功能特色的主要项目载体,进行重点规划和建设;同时围绕主要项目建设和运行所需要的配套功能,再规划和建设其他配套功能子系统,让各子系统和主体功能子系统之间形成空间结构与功能结构上的合理比例,从而在整个开发区域的范围内保持一种生态平衡。在整个城市的发展规划中,我们可以设计若干个能体现城市功能特征和推动城市功能提升的城市综合体,将其作为城市建设与发展的重点,就有可能在保持城市生态平衡的基础上促进城市不断发展。

最后,要在城市建设和发展的过程中强调"以人为本"的原则。 开始我们就讲过,城市系统结构的合理比例首先取决于人(人口的规模、结构、运动流向及其工作和生活的需求),因为无论是城市的空间系统还是功能系统都是为这个城市中的人服务的,所以"以人为本"必须是一个最为基本的原则。然而这一原则在我们的城市规划与建设中却往往被忽略。比如,当进行道路规划与改造时,我们主要考虑的是车流的快速与通畅,但往往忽略人行步道系统的建设,从而造成步行人群的不便;在考虑某一功能区域的建设和开发时,我们往往忽略上班人群的就近和便捷,从而造成上班族整天疲于奔命。在许多城市发展性项目的建设中,人往往变成了最不重要的考虑因素,只能屈从于项目开发的要求,进行自我调整,这实际上是城市发展生态平衡中的本末倒置现象。实际情况是若在城市发展建设中充分考虑了人的因素,是会造成成本上升和效益下降的,甚至会使一些开发项目不得不改变设计甚至放弃,完全让相关企业来承担这方面的损失很难为其接受,所以要贯彻"以人为本"的原则,一方面,企业(特别是国有企业)应当主动承担起相应的社会责任;另一方面,政府部门也应考虑给予适当的支持与补贴。

（此文发表于 2011 年 5 月 22 日《解放日报》"思想者"栏目）

自由贸易试验区与"平台经济"城市①

　　中国(上海)自由贸易试验区已于 2013 年 9 月 29 日在上海正式挂牌运营。建设自由贸易试验区是我国政府顺应全球化经济发展新趋势和国际经贸关系新规则,争取在全球经济(特别是亚太经济)发展中的主导权而采取的一项主动开放、积极改革的重大国策。而将这一试验区放在上海先试先行,对上海的经济发展特别是"四个中心"的建设意义何在? 我们不禁想到一些在全球经济发展中占据主导地位的国家同它们的一些核心城市之间的关系。这些国家之所以能在全球经济发展中把握主导地位,就是因为他们拥有对全球资源的配置能力,而这种资源配置能力又主要集中于那些核心城市。已有的研究将这些城市称作"世界城市"或"全球城市"。实践证明,一个国家只有拥有了一个或几个具有全球资源配置能力的"全球城市",才可能把握在全球经济发展中的主导权。而这些城市之所以拥有对全球资源的配置能力,就是由于它们的经济特征是一种"平台经济"型的特征:依托其特定的区位和资源条件以及现代服务业的高度集聚,能使世界各国的投资者和贸易商汇集于此,实现交易;能使跨国公司的总部入驻于此,实施对其全球经营网络的指挥与管控。本文拟以"全球城市"和"平台经济"理论为依托,通过上海同全球主要"平台经济"型城市的比较,并对自由贸易试验区与形成"平台经济"模式有关的试点政策的解读,来探索上海借助自由贸易试验区的先试先行,建设"平台经济"型城市的可能性及路径,以进一步明确中央对上海在提升我国在全球经济发展中地位之重托以及上海在全国经济发展中应有的战略定位。

一、设立自由贸易试验区的动因和上海的地位

　　近三十年来,我国的经济规模和发展速度举世瞩目,但是在全球经济发展中的地位还有待提升。在"世界经济论坛"最近发布的世界各国和地区竞争力排名中,

---

① 本文的作者有晁钢令和王涛。

中国仅为第 29 名。在瑞典洛桑学院所发布的各国竞争力排名中,中国也未进入前 20 名。其中的重要原因是中国的经济发展大多还是依赖国内投资和对国外产品的加工,尚处于全球产业链的低端,对全球资源主动配置的能力较差。后金融危机时代,全球经济格局发生了重大变化,全球经济重心开始向亚太地区转移,这对于在亚太地区经济规模最大、发展速度最快的中国而言无疑是一个把握亚太经济发展主动权的良好契机。然而,由于以 FTA 为代表的新的国际经济贸易关系正在发生重构,一些国际经济贸易新规则也正在诸如 TPP(跨太平洋伙伴关系协议)之类的自由贸易谈判中形成。中国由于经济的开放度还不够,政府过度干预造成的政策稳定性差、透明度低,国内主要产业的垄断性较强,人民币尚未国际化,资源在国内外自由流动还存在着较多障碍等,同新型的国际经贸关系和经贸规则难以融合,故在全球化的经济发展中正逐步被边缘化。据了解,目前世界上已签订的双边或多边自由贸易协议(FTA)已有 250 个左右,而中国参与签订的只有 12 个。可以说,国家决定在上海设立"中国(上海)自由贸易试验区",进行扩大开放和体制机制改革的先试先行,其目的就是要确立中国在全球经济发展(特别是亚太经济发展)中的核心地位,掌握在建立新的国际经济贸易关系中的主动权。正如商务部国际经贸关系司司长尹宗华在自贸试验区情况说明会上所讲:"建立中国(上海)自由贸易试验区,是我国顺应全球经贸发展新趋势,实施更加积极主动对外开放战略的一项重大举措。……为全面深化改革和扩大开放探索新途径,积累新经验。"

有人把中国(上海)自由贸易试验区建立的意义看成不亚于当年中国加入 WTO 所进行的努力。而事实上自由贸易试验区试点和建设的目的是远超出中国加入 WTO 的。首先,WTO 起源于《关税与贸易总协定》,其主要还是各国以降低关税、促进贸易为主的一种多边贸易协定。而自由贸易试验区除了进一步促进贸易自由化外,更重要的还涉及投资自由化以及金融国际化等更多领域的全方位开放问题。其次,加入 WTO 尽管也涉及我国相关产业的结构调整和竞争力的提升,但对于整个国家经济管理体制以及法规体系的影响并不是很大。而自由贸易试验区的试点则在很大程度上涉及我国经济管理体制乃至相应法规体系的改革与调整,甚至成为自贸试验区试点的核心任务。最后,我国加入 WTO 时整体国力不能同目前相比,所以当时加入 WTO 的目的也主要是消除对外经贸活动中的一些障碍,可理解为"以市场换市场"。而自由贸易试验区的试点和建设,则是直接针对在新的全球化经济格局下对全球经济活动(特别是亚太经济)主动权和话语权的把握,可理解为"以市场换地位"。

从各国经济发展及其在全球经济发展中的地位来看,一些能够在全球经济活动中掌握主导权的国家往往拥有对全球资源强大的配置能力。而这种全球资源的配置能力又往往集中于这些国家的一些主要城市(如美国的纽约、英国的伦敦和日本的东京)。这就是萨森(Sassen)在20世纪90年代初所指出的全球化经济发展中的一种重要趋势:经济的全球化和信息技术的发展,促使生产活动在全球范围内进行新的分散性组合,制造业开始向发展中国家转移,跨国公司的生产活动日趋分散;而跨国公司的总部和资源配置中心则向一些主要城市集聚,实施对全球生产经营活动的管控职能。这些城市因而成为所谓的"全球城市",成为具有全球资源配置能力的"经济平台"。也就是说,一个国家要增强自身的全球资源配置能力,就必须要有这样的"全球城市",能对跨国公司的总部和资源配置中心形成很强的集聚能力。如果说,提升我国在全球经济(特别是亚太经济)活动中的主导权是我国中央政府建设自由贸易试验区的主要动因的话,那么担此重任的上海理所当然地要将建设"平台经济",形成对全球资源的强大配置能力,进而发展成世界上主要的"全球城市"之一作为上海经济乃至上海城市发展的主要战略目标。

实际上,建设"平台经济",形成对全球资源的配置能力,是上海早已既定的发展战略目标,也是中央政府对上海在全国经济发展中的战略定位。《上海国民经济和社会发展"十二五"规划》明确指出:"根据国家对上海的战略定位和要求,到2020年上海要基本建成与我国经济实力和国际地位相适应、具有全球资源配置能力的国际经济、金融、贸易、航运中心,基本建成经济繁荣、社会和谐、环境优美的社会主义现代化国际大都市。"《上海市推进国际贸易中心建设条例》也指出:要"将上海建设成为具有国际国内两个市场资源配置功能,市场体系完备、贸易主体集聚、区域布局合理、基础设施完善、市场环境公平有序,与我国经济贸易地位相匹配的国际贸易中心"。显然,"四个中心"建设的主要目标就是形成对全球资源的配置能力,就是要使上海为我国在全球化经济发展中掌握主动权发挥核心作用。这次中央政府将自由贸易试验区先试先行的重任交给上海,更明确地展示了中央对上海经济发展的战略定位。

二、平台经济与全球城市

"平台经济"(Platform Economics)原本是一种微观的商业模式,主要是指在网络经济时代,由一些支持买卖双方在网上寻觅商品或资源,并完成交易的平台企业及其经营活动所构成的一种新的经济现象。但也有人将其延伸到区域经济的范畴,认为最初的"平台经济"现象并非虚拟的,而是指那些实体商品的集散地、批发地和交易地,其特点是以城市为中心、以贩运贸易为支撑的经济模式。甚至认为,以提供服务的实体平台为特征的经济模式,也应当属于"平台经济"的范畴,如上海的证券交易所、期货交易所、产权交易所等(史健勇,2013)。上海市决策咨询委员会主任王战也曾指出：尽管平台经济至今没有统一、明确的概念，但它是区域经济学、产业经济学、信息经济学以及交易成本理论的研究范畴。我们在此将"平台经济"定义为一种宏观的经济发展模式，即一个城市或区域具有汇集国内外贸易、金融、物流、信息交易活动的服务功能和集散功能，从而形成强大的国内外资源配置能力的经济功能特征和经济发展模式。实际上，这一"平台经济"的宏观定义同其原本的微观定义是密切相关的。因为一个城市或区域要能够具有经济上的服务功能和集散功能，并进而具有国内外资源的配置能力，首先就必须有大量具有"平台经济"特征的企业集聚并以之为支撑，必须有大量的跨国公司地区总部以及贸易、金融、物流、信息方面的平台企业。所以当微观意义上的"平台经济"已成为一种不可忽略的现象和经济发展的热点时，我们不能不考虑如何将其转化为一种城市经济或区域经济发展的方向和模式，以构建具有全球资源配置能力的大平台。

"全球城市"（Global City）是一种城市功能及其在全球经济活动中地位的概念描述，最早起始于彼特·霍尔（Peter Hall）1966年提出的"世界城市"（World City）理论。他将那些属于国内和国际的政治力量中心，国内和国际的贸易中心，银行、保险以及相关的金融服务中心，医疗、法律、高等教育以及科学技术应用等高级专业活动的中心，以出版业和大众媒体为代表的信息聚集和扩散中心，奢侈品和大众商品的消费中心，艺术、文化和娱乐以及与之相关的活动中心的城市称作"世界城市"。弗里德曼（John Friedmann）于1986年提出的"世界城市假说"（The World City Hypothesis）则把世界城市体系看作是新国际劳动分工在空间组织上的表现。他认为全球资本把某些关键城市作为空间组织的"基点"以及生产和销售的"节点"，这些关键城市即为世界城市；世界城市成长的推动力来源于少数快速成长的部门，例如，公司总部、国际金融部门、全球运输及通信部门以及高层次的商业服务业（生产性服务业）。世界城市是国际资本的主要汇聚地，也是大量国内和国际移民的主要目的地。在对"世界城市"大量研究的基础上，美国芝加哥大学社会学系的学者萨森在1991年提出了"全球城市"的概念。他通过对三个主要的"世界城市"——纽约、伦敦、东京的实证研究后指出，随着跨国公司生产活动在全球范围内的分散化，满足了其中心管理与控制的需要。而中心管理工作的日趋复杂，必须要得到各种专业服务的支撑。而那些金融、信息以及其他专业服务企业比较集中的大城市，便也成为跨国公司总部或地区总部的集聚地。同时，为了帮助跨国公司实现在全球范围内的运营和管理，这些专业服务公司也必须建立起在全球范围内的分支机构和服务网络。这就使得这些城市成为跨国公司和专业服务机构全球网络的主要节点，成为真正意义上的"全球城市"。弗里德曼和萨森的理论都是建立在新的国际劳动分工的基础上，也同样证明了在经济全球化的趋势下，全球经济活动的控制能力和资源配置能力向少数主要大城市集中的现象与趋势。

　　"全球经济"理论和宏观意义上的"平台经济"概念是相一致的,"平台经济"强调的是城市或区域的经济集聚功能和资源配置能力,而"全球城市"恰恰是指具有这样的经济集聚功能和资源配置能力的地域和空间。可以认为,"平台经济"是形成"全球城市"的经济基础。将"全球城市"作为上海城市发展的战略定位也是不少学者早已关心的问题。上海市政府发展研究中心主任周振华在 2006 年就提出了上海如何依托长三角国际加工业的主要基地,发挥上海在金融和专业服务业方面的特定优势,构成全球城市区域,使上海成为全球城市区域主要节点的观点。而在上海确立了以国际经济、金融、贸易、航运中心的建设为城市经济发展的战略目标之后,上海以"平台经济"为特征的发展战略也基本确定,从而也使上海向"全球城市"目标的努力具有了必要的经济基础。然而,由于我国经济管理体制与对外经贸关系方面的一些深层次原因,上海在建设"四个中心"、形成具有全球资源配置能力的"平台经济"发展模式方面仍然存在较大差距。这次将中国(上海)自由贸易试验区的试点放在上海,将涉及经济管理体制和对外经贸关系方面的一些重大改革在上海先试先行,必将有力地推进上海的"平台经济"建设,促使上海向"全球城市"的目标加速发展。

三、"平台经济"城市的国际比较

　　从世界上具有"平台经济"性质的主要城市来看,大多具有以下一些特征:
(1)跨国公司总部集聚。这是具有"平台经济"性质的"全球城市"的主要特征。因为只有跨国公司才具有建立全球经营网络和实行全球性的资源调配的需要和能力。一个城市的跨国公司集聚越多,其全球资源配置的能力也就越强。(2)现代服务业(特别是金融服务业)比较发达。如上所述,具有"平台经济"性质的"全球城市"之所以会吸引大量的跨国公司总部集聚,主要是由于跨国公司对全球范围内的经营活动的管理与控制必须依赖于专业性的服务企业的支撑,只有那些现代服务业比较发达的大城市才可能成为跨国公司总部或地区总部的首选之地。(3)通常为贸易或航运的枢纽地。一个城市现代服务业的发达往往有其历史和地理上的原因。这就是说这些城市由于其区位上的优势,往往在历史上就是一个重要的贸易集散地、主要港口或交通枢纽,从而导致其贸易、物流等功能逐步发达,并由此而推进其他现代服务业的不断发展。(4)市场拓展面广。由于跨国公司总部和全球性资源交易平台的存在,具有"平台经济"性质的"全球城市"往往有很大的甚至是遍布全球的市场拓展能力。世界各国的市场都会有来自这些城市的企业的产品;世界各国的企业也会到这些城市来投资或开展交易。(5)经济影响力大。正由于具有"平台经济"性质的"全球城市"具有全球网络的控制能力,能吸引世界各国的企业前来投资或开展交易,这些城市往往也在一些主要产业中拥有信息发布权、价格引导权和发展主导权,从而对全球的经济活动产生很强的影响力。与之相应,这些城市的现代服务业(特别是金融业)也会因此而产生对全球同类产业的影响力,甚至由于金融等产业的资本性和衍生性,进而对全球的经济产生很大的影响。前不久由纽约华尔街的金融危机所导致的全球经济危机充分证明了这一点。

在以下几个主要特征上,上海同世界上几个主要的具有"平台经济"性质的"全球城市"相比还是有不少差距的。

第一,从跨国公司总部或地区总部的集聚度来看,上海目前的数量不多,功能也不强。根据 2013 年《财富》杂志所做的统计,世界 500 强企业中,总部在上海的仅为 8 家(其中一部分还是不具有全球控制能力的国内企业,如上海百联集团),而纽约有 19 家,伦敦有 6 家,东京有 47 家。另外,跨国公司地区总部在上海也仅有 353 家(2011 年),而在香港有 1 340 家,新加坡则有 4 000 多家(见表 1)。更何况,目前在上海的一些跨国公司的总部或地区总部大多只是行政管理机构,并不具有进行全球资源调配的运营功能。

表 1　　　　　　　　上海、香港、新加坡跨国公司地区总部入驻情况比较　　　　　　单位:家

年份	上　海		香　港		新加坡
	跨国公司地区总部	外资总部经济项目总数	驻港地区总部数量	驻港地区办事处数量	新加坡经济发展局(EDB)2007 年统计,驻新跨国公司地区总部约有 4 200 家
2003	56	252	966	2 241	
2005	124	424	1 167	2 631	
2007	184	573	1 246	2 644	
2009	260	755	1 252	2 328	
2011	353	927	1 340	2 412	

注:数据来源于上海国民经济与社会发展统计公报(2003—2011),香港特区政府统计处,新加坡经济发展局。

第二,从服务业占 GDP 的比重来看,上海较长时间是在 60% 以下,只是近两年才有所上升,2012 年达到 60.4%,与香港和新加坡相比,还是相当落后的(见表2)。纽约、伦敦、东京的服务业占比也都在 80% 以上。

第三,从金融机构的集聚情况来看,上海现在虽然已有 160 多家银行机构,但其中外资银行机构只有 74 家。相比而言,除东京外,纽约、伦敦、新加坡、香港的外资银行机构的数量都在 100 多家,甚至 300 多家(见表 3)。

表 2　　　　　　　　　　　服务业占 GDP 比重的城市间比较　　　　　　　　单位：%

城市	2008 年	2009 年	2010 年	2011 年	2012 年
新加坡	65.62	64.89	64.67	64.84	64.31
香港	87.82	88.39	90.91	91.50	88.56
上海	55.95	59.35	57.28	58.04	60.44

注：数据来源于《上海统计年鉴》(2009—2013)、香港特区政府统计处、新加坡经济发展局。

表 3　　　　　　　　　　　　　银行机构的城市间比较　　　　　　　　　　单位：家

城　　市	银行机构总数	外资银行机构
伦敦(2004)	450	300
纽约(2005)	371	321
香港(2007)	200	132
新加坡(2008)	113	107
上海(2011)	160	74
东京(2007)	106	64

注：表中数据根据相关文献报道汇总整理。

　　证券交易所上市公司的数量也能反映出一个城市在金融方面的国际化程度。目前在上海证券交易所上市公司的总量仅为 954 家，而且全部为国内的公司。而在纽约、伦敦、东京、新加坡和香港的证券交易所中不仅上市公司数量众多，而且国外公司也占了相当大的比重(见表 4)。

表 4　　　　　　　　证券交易所上市公司数量和性质的城市间比较　　　　　　单位：家

城市	国别	2005 年	2006 年	2007 年	2008 年	2009 年	2010 年	2011 年	2012 年
纽约	国内	1 818	1 829	1 852	1 548	1 832	1 799	1 788	1 815
	国外	452	451	421	415	495	518	520	524
	总计	2 270	2 280	2 273	1 963	2 327	2 317	2 308	2 339
香港	国内	1 126	1 165	1 232	1 251	1 308	1 396	1 472	1 459
	国外	9	8	9	10	11	17	24	88
	总计	1 135	1 173	1 241	1 261	1 319	1 413	1 496	1 547
东京	国内	2 323	2 391	2 389	2 374	2 320	2 281	2 280	2 294
	国外	28	25	25	16	15	12	11	10
	总计	2 351	2 416	2 414	2 390	2 335	2 293	2 291	2 304

续表

城市	国别	2005 年	2006 年	2007 年	2008 年	2009 年	2010 年	2011 年	2012 年
上海	国内	833	842	860	864	870	894	931	954
	国外	0	0	0	0	N/A	N/A	N/A	N/A
	总计	833	842	860	864	870	894	931	954
新加坡	国内	564	461	472	455	459	461	462	472
	国外	122	247	290	312	314	317	311	304
	总计	686	708	762	767	773	778	773	776
伦敦	国内	2 757	2 913	2 588	2 415	2 179	2 105	N/A	N/A
	国外	334	343	719	681	613	592	N/A	N/A
	总计	3 091	3 256	3 307	3 096	2 792	2 697	N/A	N/A

注:数据主要来源于《证券市场导报》2013 年 7 月。

第四,城市转口贸易与港口国际集装箱中转数量和比重也是体现城市国际化程度和全球资源配置能力的重要指标。尽管上海 2012 年转口贸易的比重已上升到 45.5%,但其中大部分是属于上海向内地各省市的转口贸易,而并非国际转口贸易。而香港、新加坡的转口贸易不仅比重很大,而且大多数是国际转口贸易。

从国际集装箱中转情况来看,上海同亚洲一些主要港口间的差距就更大了。尽管上海港集装箱的吞吐量已经是世界第一(2011 年为 3 173 万 TEU),但国际集装箱中转的比重只有 5% 左右(2011 年为 158.7 万 TEU)。相比新加坡的 85%、中国香港的 60% 和韩国釜山港的 45%,差距极大(见表 5),还难以体现出国际航运中心的特征。

表 5　　　　2011 年亚太地区主要枢纽港集装箱吞吐状况

港　口	集装箱吞吐量(万 TEU)	国际集装箱中转比重(%)
新加坡	2 993	85
香港	2 422	60
釜山	1 617	45
上海	3 173	5

第五,从服务贸易的情况来看,上海同主要的"平台经济"型城市相比也是落后的。香港 2009 年的服务贸易总额已达到 1 307 亿美元,新加坡为 1 480 亿美元;而上海到 2012 年服务贸易总额才达到 1 480 亿美元。

表6　　　　　　　　　　上海、香港、新加坡服务贸易规模的比较　　　　　　　　单位:亿美元

年份	香港出口	香港进口	新加坡出口	新加坡进口	上海出口	上海进口
2005	636.51	338.38	531.51	549.02	161.30	163.55
2006	726.74	369.05	636.77	644.72	192.68	210.69
2007	846.43	424.50	804.90	746.87	250.91	308.22
2008	923.18	458.49	829.34	788.68	324.03	411.66
2009	863.06	443.79	738.50	741.14	324.00	448.00

注:数据来源于WTO,International Trade Statistics 2010;上海市商务委,上海服务贸易发展报告。

根据以上比较,可以看出,上海在建设"四个中心"、发展"平台经济"和实现成为"全球城市"的战略目标方面差距还是比较大的,究其原因,从总体上讲,还是由于我国经济的开放度不高,在贸易自由化、投资自由化和金融国际化方面仍然存在较多的限制,资源在国内外的流动存在着较多的障碍,从而不仅影响国际金融、贸易(特别是服务贸易)、航运等的快速发展,而且也因此降低了上海对主要跨国公司总部或地区总部的吸引力。中央政府这次在上海设立自由贸易试验区,按高标准的国际经济贸易新规则开展贸易自由化、投资自由化和金融国际化的试点,并以此而推动行政管理体制、法律法规体系和监管系统的改革,必将在一定程度上提高经济的开放度,促进上海"四个中心"的建设,为上海真正成为具有"平台经济"性质的国际化大都市创造有利条件。

四、自由贸易试验区相关试点政策解读

如前所述,中央政府在上海设立自由贸易试验区的主要动因是想通过扩大开放试点,进一步融入全球经济发展的新潮流,以掌握在全球经济(特别是亚太经济)发展中的主导权和话语权。所以在自由贸易试验区的试点任务和相应政策中,相当大的部分是同提升全球资源配置能力以及建设"平台经济"直接有关的。在此,我们对其一一进行解读。

(一)同促进跨国公司总部或地区总部集聚有关的政策

自由贸易试验区的试点方案明确提出:"鼓励跨国公司(在自贸区内)建立亚太地区总部,建立整合贸易、物流、结算等功能的营运中心。"这意味着吸引跨国公司的地区总部入驻自由贸易试验区将是自贸区试点的一项重要任务,因为跨国公司的总部或地区总部是控制其在全球生产和分销网络的中心与节点,其总部或地区总部在某一区域的入驻,必将有效地提升该区域的全球资源配置能力。而且,在这

里还特别强调了这样的总部应当是能"整合贸易、物流、结算等功能的营运中心",而不是单纯的行政机构,因为只有具有"营运中心"功能的地区总部才真正具有全球资源的配置能力。

要使跨国公司的地区总部真正具有资源配置能力,其中重要的问题是其是否具有公司在全球的资金集中调配能力。自由贸易试验区的试点方案也提出:"深化跨国公司总部外汇资金集中运营管理试点,促进跨国公司(在自贸区内)设立区域性或全球性资金管理中心。"这就使进入自由贸易试验区的跨国公司地区总部真正能拥有全球资源的配置能力,从而也就能使上海向具有全球资源配置能力的"平台经济"和"全球城市"发展迈出实质性的步伐。

(二)同建立商品和资金流转交易平台相关的政策

除吸引跨国公司总部之外,建立起商品和资金的流转交易平台也是促使资源配置能力提升和形成"平台经济"模式的重要条件。自由贸易试验区的试点方案提出:"探索在试验区内设立国际大宗商品交易和资源配置平台,开展能源产品、基本工业原料和大宗农产品的国际贸易""深化国际贸易结算中心试点,拓展专用账户的服务贸易跨境收付和融资功能"等,都将有效地推动商品和资金流转交易平台的建立。因为国际大宗商品交易平台的建立和运营,不仅能使上海成为亚太地区国际大宗商品交易和流转的一个主要市场和节点,而且有可能对一些主要大宗商品的国际交易价格产生示范性影响。而国际贸易结算中心若能建立和运营,则能改变目前我国大量国际贸易由于金融环境的限制而不得不异地结算的问题。这不仅能提高上海在国际贸易方面的功能和效应,而且也可能成为世界各国在国际贸易中的一个重要结算平台,从而进一步提升上海在全球经济活动中的资源配置能力。

(三)同改善金融和贸易环境有关的政策

如上所述,要能真正建立起商品和资金的国际流转交易平台,还必须依赖于金融和贸易环境的改善。所以在自由贸易试验区的试点方案中,大量政策和改革措施是涉及金融和贸易环境改善的。

首先,在金融管理改革和金融国际化方面的几项重大举措将在很大程度上改善国际商品和资金流转交易的区域环境。如在风险可控的前提下,在自贸试验区试行"人民币资本项目可兑换、金融市场利率市场化、人民币跨境使用""探索面向国际的外汇管理改革试点,建立与自由贸易试验区相适应的外汇管理体制"以及"对符合条件的外资金融机构全面开放,支持在试验区内设立外资独资银行和中外合资银行"等。因为只有这些同商品和资金的国际流转交易有关的金融改革措施能够实现,才有可能促成国际结算中心等平台的建设,才有可能使跨国公司总部在上海的自贸试验区内真正实现"对外汇资金集中运营管理",也才可能为在自贸试验区内建设国际大宗商品贸易和资源配置的交易平台创造可行条件。

其次,在促使贸易便利化方面的许多政策必将有效地推动国际商品交易平台的建设。如货物可凭仓单"先入区,后报关""简化进出境备案清单,简化国际中转、集拼和分拨等业务进出境手续""实行进境检疫,适当放宽进出口检验""构建相对独立的货物贸易和服务贸易的分区管理措施""允许在特定区域设立保税展示交易平台"以及"加强电子账册管理,推动试验区内货物在各海关特殊监管区域之间和跨关区便捷流转"等。这将大大改善国际商品和服务贸易在进出关和进出境时的便利程度,从而也能降低跨国公司和其他国际贸易商的直接成本与间接成本,促使他们把上海作为开展国际贸易和进行商品交易流转的首选地之一。

最后,在自由贸易试验区内适度开放国内的金融市场也是推动资源配置平台建设的重要举措。自由贸易试验区的试点方案提出的"允许金融市场在试验区内建立面向国际的交易平台""逐步允许境外企业参与商品期货交易"等措施,将推动国内金融市场向全球开放,这对于促进资本在全球范围内流动、吸纳和有效配置全球资源是一个重大的推动。

(四)鼓励企业积极参与全球经济活动和利用全球资源的相关政策

要建设"平台经济"和全球资源配置中心,国内企业的国际化程度的提升也是很重要的。在自由贸易试验区的试点方案中,一部分政策主要针对此,如"鼓励企业统筹开展国际国内贸易,实现内外贸一体化发展""鼓励企业充分利用境内外两种资源、两个市场,实现跨境融资自由化;深化外债管理方式改革,促进跨境融资便利化"等。只有当国内的企业能够积极参与全球经济活动和充分利用境内外两种资源,才可能有更多的国际资源集中于自由贸易试验区,集中于上海。特别是中国拥有广大的腹地市场,作为"平台经济"城市的发展模式必然成为有效配置国内外(境内外)两种资源的枢纽和节点,而对于国内企业国际化程度的提升就是一种重要的依赖。

自由贸易试验区的试点方案还特别强调了"支持试验区内企业发展离岸业务"和"允许试验区内符合条件的中资银行开办离岸业务"。离岸业务(特别是离岸金融业务)的发展往往是"平台经济"和"全球城市"的重要标志。20世纪50年代,伦敦作为最大的美元离岸业务中心,促成了其成为著名的世界金融中心。香港从2003年开始逐步开展人民币的离岸金融业务,至2011年10月,人民币存款余额达6 185亿元,贷款余额为190亿元;贸易结算总额14 909亿元,发行人民币债券1 663亿元,成为人民币离岸业务中心。新加坡从20世纪60年代末逐步开展离岸金融业务,至今在存贷款、贸易结算、发行债券和吸引外国公司发行股票等离岸金融业务方面迅速发展,从而提高了东南亚及国际金融市场的影响力。因此,如果在自由贸易试验区中的企业离岸业务和银行离岸金融业务能得到迅速发展,则必将对上海成为真正意义上的国际金融中心和贸易中心,成为"平台经济"城市产生很大的推动作用。

(五)推动上海建设国际航运中心和国际枢纽港的有关政策

上海作为一个中国重要的港口城市,是其成为具有全球资源配置能力的"平台经济"城市的有利条件。然而在航运和港口业务方面的开放程度则会对其是否能成为真正意义上的国际枢纽港产生很大影响。其中,国际航运公司和国际船舶管理公司的港口注册登记率对港口的国际化程度具有重要的作用。自由贸易试验区的试点方案提出的"放宽中外合资、中外合作国际船舶运输企业的外资股比限制""允许设立外商独资国际船舶管理企业""简化国际船舶运输经营许可流程,形成高效率的船籍登记制度"以及"积极发展航运金融、国际船舶运输、国际船舶管理、国际航运经纪等产业"等政策,必将在吸引国际大型航运公司和国际船舶公司在上海港进行船籍登记方面起到很大的推动作用,若能成功落实,则能有力地助推上海国际航运中心和国际枢纽港的形成。

(六)促进现代服务业发展,建立高标准的国际化服务贸易平台的有关政策

如前所述,具有"平台经济"性质的"全球城市"往往是现代服务业最为发达的城市,因为服务业的发达能够有效地帮助跨国公司总部或地区总部实行对全球生产经营网络的控制以及进行全球资源的配置。而现代服务业的发达有赖于现代服务业的开放。在自由贸易试验区的试点方案中,对于服务业的开放是相当重要的一个部分,共列出了涉及 18 个行业的 23 项开放措施。除了前面已经提到的金融、航运等服务业的开放措施外,还对电信、律师、资信调查、人才中介、工程设计、建筑承包、旅游、文艺、娱乐、教育、医疗等领域提出不同程度的开放措施。试点方案还提出要"推动生物医药、软件信息、管理咨询、数据服务等外包业务发展""允许和支持各类融资租赁公司在试验区内设立项目子公司并开展境内外租赁服务""鼓励设立第三方检验鉴定机构,按照国际标准采信其检测结果";要求"加快对外文化贸易基地建设"。开放的力度虽然不是很大,但还是在一些方面有所突破。这些开放措施的落实,也将在很大程度上推动上海现代服务业和服务贸易的发展,为建设"平台经济"型城市创造更好的环境条件。

五、借自贸试验区的契机推进上海"平台经济"建设

以建设具有全球资源配置能力的国际经济中心、金融中心、贸易中心、航运中心为战略目标的上海,实际上就是将"平台经济"作为上海的经济发展模式。而正由于自由贸易试验区中的各项试点政策对于形成具有强大资源配置能力的"平台

经济"模式具有明显的推动力,所以上海一定要利用这一先试先行的契机,加快推进上海的平台经济建设。尽管自由贸易试验区仅限于28.87平方公里,目前尚处于试点阶段,但是上海市的政府、企业以及各行政管理部门还是应以积极、主动的态度,充分利用自由贸易试验区各项相关政策的影响力和扩散效应,推动上海"平台经济"的建设。

(一)努力创造条件,积极推进自由贸易试验区各项政策的落地实施

自由贸易试验区落地于上海,上海在其试验和运营中必将承担主要责任。因为是试点,所以目前自由试验区的各项政策都面临着进一步细化落实的问题,从自贸试验区现有的方案看,基本上可分为三种情况:一是政策已经比较明确可行,只需进行组织与操作层面上的细化落实即可(如货物贸易、企业备案、航运业务、对外投资服务等方面);二是政策已经明确,但在实施中还存在着需要进一步衔接和协调的问题(如服务业开放中行业内以及同相关管理部门之间的协调问题);三是政策只作原则性表述,尚需进一步研究和探索的问题(如金融业开放以及税收监管政策的进一步调整问题)。在现有试点方案中,多处用了"探索""研究""逐步"之类的词,说明试点仍然存在着诸多不确定因素和风险。而上海各有关部门应当在充分认识自由贸易试验区对上海实现自身经济发展战略目标之重要性的基础上,根据各项政策对上海建设"平台经济"的不同影响程度,有重点、有步骤地推进相关政策尽快落地实施,为此一方面要积极、主动地加强同各方面的沟通与协调;另一方面要勇于探索、敢于创新,在相关试点政策的原则下制定出加快落实的措施和方案。

(二)做好跟进规划,充分利用自由贸易试验区的辐射和扩散效应

自由贸易试验区同原综合保税区最大的区别在于其已突破单纯货物贸易的范畴,而在投资与服务贸易方面有了较大幅度的开放。而从服务业的特点来看,其市场范围是很难用"封关"的措施来加以限制的(如律师、医疗、旅游、教育培训和跨境电子商务等)。同时,试点方案还规定"试验区内企业原则上不受地域限制,可到区外再投资或开展业务"。这就意味着自由贸易试验区在市场和空间上的扩散效应不可能仅限于28平方公里范围之内,而会在全市范围甚至更大范围内进行扩散。试验区内企业的一些分支机构也完全有可能延伸到区外。所以上海应当对自由贸易试验区这种辐射与扩散效应进行认真和全面的评估。首先要考虑到其机构和业务的扩散可能产生的对市场与空间的各类需求,通过准确预计,做好跟进规划;其次要考虑到这种辐射与扩散效应对上海总体或局部的经济社会发展所可能带来的积极和消极的影响,做好各种应对准备;更重要的是应主动利用这种"关不住"的辐射和扩散效应,积极推进区外有利于"平台经济"建设的各项工作。

（三）深化体制改革，大力推动自由贸易试验区内外体制机制同步创新

自由贸易试验区的一项重要任务是按照国际化、法制化的要求，进行行政管理体制的改革，以适应高标准的国际投资和贸易规则体系。毫无疑问，进行这项改革的目的，就是进一步提高对包括各主要跨国公司地区总部在内的外国投资者的吸引力，以增强试验区对全球资源的配置能力。而建设具有全球资源配置能力的"平台经济"同时也是上海经济发展的战略目标，所以要提升全上海（而不仅仅是试验区）对跨国公司地区总部及资源配置中心的吸引力。这种行政管理体制的改革肯定不能仅限于28平方公里，而应当在一切可能的情况下在全市范围内同步进行。事实上对于行政管理体制的改革，地方政府是拥有相应权限的，何况自贸试验区中的许多行政管理改革，中央也是委托上海市政府设计和推行的，同时上海浦东新区更是国务院所批准的综合配套改革示范区。所以上海完全有条件在其权限范围内借助自贸试验区试点的推动，加快行政管理体制和其他经济管理体制的同步改革。因此，上海市政府部门应当对照自由贸易试验区建设中对行政管理体制改革所提出的各种需要，发现目前体制中所存在的各种问题，下定决心，克服困难，主动改革，积极创新，以使整个上海都能率先形成最有利于吸引各跨国公司地区总部及其资源配置中心集聚的体制环境。

（四）积极做好准备，努力争取自由贸易试验区模式同城率先复制

国务院批准上海先行"自由贸易试验区"的建设，就是希望通过试点形成"可复制、可推广"的经验，也就是说，试点的目的还是进行复制和推广。方案也明确了"根据先试先行推进情况以及产业发展和辐射带动需要，逐步拓展实施范围和试点政策范围，形成与上海四个中心建设的联动机制"。这意味着，在试点顺利的情况下，上海完全有可能对自由贸易试验区的相关机制和政策进行同城率先复制，这为上海建设"平台经济"发展模式不仅是相当有利的，而且是必需的。作为"平台经济"城市，拥有多个享有特殊政策的自由贸易园区是很正常的，如新加坡就有8个类似的自由贸易园区。上海应当及早规划，确定对自贸区进行同城复制的区域，并着手进行规划与配套建设，以便在条件成熟时对自贸区的功能与政策率先进行同城复制。从目前来看，至少有两个区域是很适宜进行自贸区功能复制与扩展的：一是临港新城，由于紧邻自贸试验区中的洋山港综合保税区，且距市中心较远，若能在条件成熟时作为自贸试验区扩区的空间则是比较合适的；二是虹桥商务区，这是紧邻虹桥交通枢纽的一个新兴商务区，有较好的系统规划和预期的商务效应，也可以作为自贸试验区扩区的预选之地。上海若能以此为目标，积极规划和准备，就能为在适当的时候申请扩区创造有利条件。

（五）推进区域联动，充分发挥自由贸易试验区对长三角经济发展的带动效应

从国际上已有的"平台经济"城市的经验来看，那些具有"平台经济"特征的国际城市（全球城市）同其毗邻的周边城市有着强大的内在联系，形成了所谓的全球城市区域（周振华，2006）。这是由于具有"平台经济"性质的全球城市往往会表现出产业链的系统性和层次性组合。处于产业链各环节的公司间有着相当密切的经济联系和联动效应，但这些不同的公司对于空间布局的要求则会因其业务特征和市场特征的差异而有所不同，不一定会集中在主要城市，这就形成了在主要的全球城市周边的广泛布局，从而构成所谓的"全球城市区域"。上海如果发展成一个具有"平台经济"特征的全球城市的话，则其产业链的系统布局肯定会向周边延伸，从而使长三角也会发展成一个"全球城市区域"，所以在上海建设"自由贸易试验区"的过程中，也必须充分关注区内企业的产业链形态及其空间布局的需求，积极推动整个"长三角"地区的区域联动，利用长三角各城市和地区的综合优势，提升和稳固上海"全球城市"的地位，强化其"平台经济"的功能。

（此文发表于《外国经济与管理》2013 年第 12 期）

消费行为篇

～～～～～～～～

     商业（特别是零售商业）是直接面对消费者的，所以商业研究离不开对消费者及其消费行为的研究。本人对中国消费者特定的消费行为进行过长期的观察和研究，并形成了自己的一些独特的理论观点。这里可介绍一下其中比较有代表性的。

     早在20世纪90年代初，我国的消费市场刚开始由普遍的供不应求转向供求平衡和局部的供过于求时，本人就提出了对消费行为进行研究和引导的重要性。1992年发表了《试论消费者行为的策划和引导》一文，认为由于消费者的行为会受到社会环境众多因素的影响，所以政府和企业可以通过对影响消费行为的主要社会因素的调控来改变和引导消费行为。这对于我国正由计划经济向市场经济转型的过程中，政府如何利用经济手段而不是行政手段来调控市场，管理经济具有一定的指导意义。

     21世纪初，我国消费市场已日趋成熟，消费者行为也产生了一些值得注意的规律。如在周末和节假日所形成的消费高潮引起了商业界和相关学者们的关注，"假日经济"现象引起了广泛的讨论。当时学界也有不同的观点，一种认为，"假日经济"是商家必须把握的机会，也是推动消费增长所值得关注的切入点；另一种观点则认为，"假日经济"只是一种虚幻的繁荣，是平日购买力在时空的转移，对消费的整体增长作用不大，不该将其作为推动消费的"救命稻草"。为此，《文汇报》还专门开辟了一个专栏，让不同的观点进行交互争辩。本人在此专栏中发表了《"假日经济"是篇大文章》的观点，阐述了"假日经济"有可能成为消费增长推动力的理由。主要认为节假日的消费包含着很多平时消费中所没有的内容及其影响因素，因此节假日的消费绝不是平日购买力的转移，而是消费的增量。政府和企业应当抓住"假日经济"的契机，创造更多的假日供给，以推动消费快速增长。同时，在接受《解放日报》记者的采访时，本人更进一步明确了"休闲消费""即兴消费""礼品消费"是不同于平时消费的"假日经济"独特消费内容,要搞好"假日经济"就必须在这三方面做足文章。在此基础上,我在 2004 年又发表了一篇文章《休闲商业:新一轮商业发展的支撑和动力》,把"休闲消费"划分为家庭型、交友型、观光型、商务型、知识型、创意型等多种类型,希望商业部门能根据不同类型的休闲消费需要来发展"休闲商业",从而促进消费不断增长。

我在对中国消费市场的研究中发现一个重要规律,即我国消费市场有明显的周期性波动的特点,而这正是由于我国消费者收入水平普遍不高,而对于家庭耐用消费品的消费却都有着相似的目标。为了达到这种刚性的消费目标,他们就会采用"积累,消费,再积累,再消费"的循环模式。而在二十世纪八九十年代家庭收入水平都差不多的情况下,消费市场上就呈现出明显的周期性波动现象,即当某一种耐用消费品出现集中购买热潮时,消费会急剧上升。而当大家又开始新的积累时,消费又会出现明显下降。据此,在 1999 年全国消费十分疲软的情况下,我曾对《解放日报》记者说,这是由于消费市场正处于"积累期",2003—2005 年,消费仍然会出现高潮。后来《解放日报》就以《走近 2003 年》为题发表了对我的专访。果然,在汽车、住房等大额刚需消费的推动下,2003 年以后,我国的消费市场又出现了明显的上扬。2007 年,在一次全国性的研讨会上,我提交了这篇题为《中国市场消费行为特征对消费周期性波动的影响》的文章,用翔实的数据论证了我国消费市场周期性波动的现象及其原因。当 2010 年以后我国消费市场又出现疲软不振的现象,中央要求积极启动内需,推动消费增长时,本人又将抓住"大额刚需"、激发消费"热点"作为启动国内消费市场抓手的观点提了出来。2016 年发表的《关注消费动向,启动消费热点》和 2018 年发表的《关注"大额刚性消费"的下一个热点》都表达了这方面的观点,并指出"家庭智能化"以及"家庭服务社会化"等新的大额刚性需求可能会成为新时期新的消费热点,如果能积极开发、努力推广,就可能使我国的消费出现新的增长。

试论消费者行为的策划和引导

消费行为历来被视为一种非可控因素。消费者的需求欲望、购买动机和购买行为受到各种环境因素和个人心理特征的影响,五花八门,变幻莫测。然而作为人类生产活动的最终目的和经济循环过程的重要转折点,消费行为对企业经营活动乃至社会经济发展却有着至关重要的影响。因此,长期以来,从企业经营者到政府决策部门都在试图对消费行为的变化趋势和变化规律进行预测和把握,以便从企业经营决策和政府经济规划的不同角度对消费者的消费行为进行适应和控制。

然而,至今无论从企业或政府的角度,对消费行为的适应和控制仍处于一种被动的状态,仅强调在调查研究的基础上去预测消费行为的变化趋势,然后通过调整自身行为去加以适应。虽然政府也采取了某些控制和调节消费行为的行政措施和经济手段,但都是从平衡供求的目的出发,从外在的角度对消费行为进行调控。在这样的情况下,由于消费行为的自发性和盲目性很强,变动规律很难准确把握,因而往往会由于风云突变而使企业和国家蒙受重大的经济损失(中国 20 世纪 80 年代中消费市场的几次大波动足以证明这一点)。而单纯依靠外在的措施对消费行为加以控制,不仅会使正常的消费行为受到抑制,而且会因为控制措施本身成为影响消费行为的强大外来因素而导致消费行为的更大波动(我国一度对彩电征收消费税所导致的负效应即为一例)。所以为了促使社会经济生活的正常发展和掌握市场经营活动的主动权,无论是政府部门还是企业都应当摆脱仅仅对自由发展的消费行为进行追随的被动局面,加强对消费行为的策划和引导,变非可控因素为可控因素,增加企业经营和经济管理的主动权。从政府部门的角度讲,加强对消费行为的策划和引导,就可以从总体上把握消费行为的发展趋势和速度,就可能从国家和地方的实际情况出发,合理地配置资源和调整产业结构,促使经济的稳步发展和人民生活水平的逐渐提高,就可能最大限度地克服由于消费行为的盲目发展而对社会经济造成的不良影响。从企业的角度讲,加强对消费行为的策划和引导,就可以有效地把市场的潜在需求转化为企业的市场机会,就能把握市场经营的主动权,充分发挥企业自身的经营优势,获取良好的经济效益。

对消费行为进行策划和引导的可能性是存在的。因为尽管消费行为从表面上看是一种最不易控制的个人行为,但其本质易受各种社会环境因素的影响,从而产生消费行为的两重性。它既是一种个人行为,又是一种社会行为,具体表现为消费需求上的自然性和社会性与消费动机上的自发性和触发性并存。人们的各种消费需求都基于一定的生理或心理的自然欲望。由于各人的生理或心理特征不同,因而在消费需求上存在很大的差异。社会环境(如商业信息、消费观念、消费习俗、消费流行等)又在很大程度上对人们的消费需求的形成和发展产生影响,对生理或心理的自然欲望具有导向作用,从而使自然欲望产生的自发消费动机在各种社会环境因素的触发和诱导之下发生转变。如原来想买一双新皮鞋的顾客在广告的促动之下可能会转向购买一双高级运动鞋。消费行为的两重性说明了各种社会环境因素对消费行为的形成和发展具有重要的影响,只要能准确地把握这些社会环境因素的影响方式和影响程度,就可能通过对这些社会因素的控制和调整来实现对消费行为的驾驭和引导。直接影响消费行为的社会环境因素主要有:

(1)商品和商品信息。人们的消费需求可通过不同的方式来满足,而商品则是满足需求的具体形式。需求又可能导致商品的产生,而新的商品再次引发新的需求,如新产品的发明和上市,就可能引导消费行为的更新。人们想要获得满足需要的各种商品,首先要了解商品信息。人们接触到的商品信息是进行消费行为决策的主要依据。因此,根据企业的经营发展目标,及时产出新的商品并有效地传播各种商业信息,就能对消费行为进行驾驭和引导。

(2)消费观念。人们的消费行为是受观念支配的。消费的价值观念、消费的等级观念、消费的时效观念的差异,都会使不同的消费者在同时同地对同一种商品产生不同的消费行为。观念是一种后天的行为,是在各种社会因素的促动和影响下形成的,具有相当大的可塑性。所以通过企业的主动行为去促使消费者消费观念的形成和转移,就可能对消费行为进行有效的驾驭和引导。

(3)消费习俗。对人们的消费观念影响较大的社会因素是消费习俗。传统的消费习俗会使某一地区的消费行为形成一种定势。而消费习俗本身是该地区社会观念的集中体现,也会在新的社会观念强有力的冲击下发生改变。主动推广一些新的社会观念就可能促使消费习俗得到相应的改变,这样可能驾驭和引导消费行为朝新的方向发展。

(4)消费流行。消费流行是一段时期内某种消费行为集中而突出的表现。它往往是人们在从众心理的驱使下追随社会潮流的结果。只要能把握影响人们心理的社会潮流的源头,就可能通过不断地"创造流行",对消费行为加以驾驭和引导。

　　了解了影响消费行为的各种社会环境因素,通过一定的策划,将它们综合利用起来,按策划者的意图对消费行为发生各种程度的影响,就能变被动为主动,引导消费行为朝有利于社会经济或企业经营的方向发展。

　　消费行为的策划和引导就是从政府的经济发展目标或企业的经营目标出发,根据资源条件和市场状况,对消费行为的发展趋势和发展速度进行设计和规划,并努力通过对各种社会因素的控制和调整来引导消费行为按既定的目标和规划发展。

　　消费行为的策划和引导工作主要包括:消费行为期望发展目标的确定、消费行为影响因素的分析和组合、消费行为引导手段的选择以及消费行为引导方案的设计和实施。

　　消费行为期望发展目标的确定是指对未来一段时期内消费行为的发展状态进行符合实际和符合逻辑的理想设计,以作为政府部门或企业引导消费行为的基本依据。从政府角度讲,一般表现为对人们未来的消费规模、消费结构、消费模式的预见和构想,并以此确定社会消费行为发展的总趋势和总目标。如我国政府就曾对未来达到小康水平的消费状况作一定的构想;从企业的角度讲,则致力于对目标市场消费者未来某些潜在需求的满足方式和满足程度进行预见和构想,并使之同本企业的发展目标和发展能力相一致。消费行为期望发展目标的确定,对于引导消费行为按政府或企业的愿望发展是很重要的,它决定了消费行为的引导方向和引导手段。

　　消费行为影响因素的分析和组合是在消费行为期望发展目标既定的前提下,对影响这一目标实现的各种社会环境因素进行甄别和评价的过程。在不同的时间和场合,对于不同类型的消费行为,各种社会因素的影响程度是不一样的。因此,只有对影响各种特定的消费行为的各种因素进行全面分析,才能确定哪些是最关键的影响因素,通过对这些因素的排列和组合,就能反映出引导消费行为的最佳角度和有效途径。

　　消费行为引导手段的选择必须有利于对各种主要影响因素的启动和期望目标的实现。从政府的角度讲,政策的颁布、货币的发行、利率的调整、税负的增减以及宣传舆论的作用,都能对消费行为产生影响;从企业的角度讲,产品的开发、价格的变化、渠道的调整、广告及其他促销手段的运用也能对消费行为产生影响。因此,各种引导手段能否见效,必须看其是否因人因地因时对引导手段认真地加以选择,才能引导消费行为向理想的目标发展。

　　消费行为引导方案的设计和实施是在以上三个步骤的基础上对消费行为的策划引导工作进行系统规划和具体落实。其具体做法是根据消费行为的期望发展目标,把引导消费行为的工作分为若干个阶段,并对各种引导消费行为的手段加以适当组合,使其形成对消费行为的发展逐步推进,最终实现期望发展目标的综合效应。消费行为引导方案的确立是消费行为策划的具体成果,它应当集科学性和艺术性于一体,以期灵活、有效地促进消费行为的健康发展。

从政府和企业两个不同的角度看,对消费行为的策划和引导存在着不同的目的和手段,这两方面有时是一致的,有时是矛盾的。一般而言,政府从社会经济发展的整体利益出发,而企业则多从自身的经营效益出发,两者协调不好,就可能使消费行为的发展出现偏差。这就要求政府部门在对消费行为进行策划和引导时应考虑对企业行为的调整;而企业在进行消费行为的策划和引导时则应把政府行为也看作一个重要的环境因素,这样才能减少两者之间的矛盾,而更多地趋向一致。

我国在加快改革步伐、促进经济发展的过程中明智地选择了发展社会主义市场经济的道路。这就意味着要更多地利用经济手段对社会经济活动加以调整,同时也意味着企业将拥有更多的市场经营活动的主动权。在这样的形势下,提出对消费行为的策划和引导工作的重视无疑比以往任何时候都具有更重要的现实意义,它将使我们各级政府部门的决策者和企业的经营者在市场活动中变得更成熟。

(此文发表于《外国经济与管理》1992 年第 11 期)

即兴休闲　礼尚往来

——节假日消费市场的主要特征

今年国庆,不负商家们的企盼,消费市场是一片兴旺景象。且不说主要商业街人流如潮,连一些平时门可罗雀的支路岔道上的商店也迎来了不少客流。虽然说节假日市场的旺盛是久而有之的现象,但是由于同目前平日市场的疲软状况形成了极大的反差,所以对于节假日市场旺盛的原因,就引起了商家和专家们的关注。

从环境条件分析,城市格局的变化是使节假日消费高潮凸显的重要原因。近几年的市政动迁,使大批居民从市中心搬迁到城市边缘,商业区与居住区相分离的状况日益明显。在这种状态下,"有闲"是引发消费的重要条件,消费者必须有足够的时间来解决居住区同商业区之间的空间距离问题,才能进行充分的购物消费。而只有节假日才可能使大多数居民拥有足够的"空闲"来满足逛街购物、休闲娱乐之需要。这就是为什么一些主要的商业街或商业中心,"双休日"的营业额往往是平日的1倍以上的重要原因。

从消费群体分析,"单元家庭"(指典型的三口之家)是节假日消费的主力群体。20世纪90年代以来,随着城市住房条件的改善,"单元结构"家庭的比例明显上升。而"单元家庭"具有年轻活跃、机动性强等特点,节假日中举家外出休闲娱乐的欲望十分强烈,从而也是引发节假日消费热潮的重要原因。除此之外,大批外来"打工族"利用节假日结伴逛街、购物娱乐,也已成为值得关注的新生消费群体。

从消费内容分析,"休闲消费""即兴消费"和"礼品消费"成为节假日消费的主要热点。"休闲消费"主要体现在对餐饮、文化、娱乐等方面的消费上,这在节假日的消费比重中占了很大的一块。同时具有吸引力的商业街文化也是吸引休闲消费群体的重要因素,今年"南京路步行街"所引发的轰动效应就充分说明了这一点。"即兴消费"是指在观光游览时临时激发的购买欲望。这往往受到商品本身和环境因素两方面的影响,应时商品的组织和节庆气氛的营造是诱发"即兴消费"的重要措施。"礼品消费"是节假日消费的重头戏,利用节假日走亲访友的习俗,使得各种礼品在节假日中拥有很大的市场,问题是如何使礼品能更适应各种不同的市场群体之需要,体现出一定的差异性,也许能使礼品消费更具有适应性,同时也就能进一步扩大其市场。

根据以上分析,笔者认为,对于节假日市场,商家们应有更深入的研究,并能有针对性地进行策划,至少在以下几方面能做得更好一些:

(1)针对"家庭休闲型"消费成为主力群体的特点,开拓和发展以"单元家庭"为主要对象的消费内容和促销宣传;

(2)积极营造商业街文化和商店文化,创造出富有吸引力的商业文化氛围,使之成为吸引消费者的重要力量;

(3)努力开发货源,针对消费需求的变化和发展,组织应时商品,特别对于中低价位的即兴商品,应不断出新,以最大限度地诱发"即兴消费";

(4)对于礼品市场应做进一步的调查细分,根据不同类型的需要,形成不同的礼品组合,并进行包装和宣传,以使礼品消费更切合消费者的实际需要;

(5)从政府角度和企业角度都应重视节假日市场的开发,其中应包括在适宜的季节增加新的节假日和对节假休息日适当地集中归并,以进一步开发节假日市场。

(此文发表于《文汇报》1999 年 10 月 8 日)

"假日经济"是篇大文章

作为一个新事物,"假日消费"是否存在明显不同于平日的高潮？我的回答是肯定的。事实上,这个现象从 20 世纪 90 年代中期开始出现,到目前已相当突出。以上海为例,全市全年商业零售总额的 50％以上是在 114 个国定假日中实现的。对商业企业来说,这意味着 1/3 不到的时间里做了 1/2 多的生意。根据我们的调查,上海南京路、淮海路、徐家汇等繁华商业街区双休日的客流量比平时多出 1—2.5 倍。

"假日消费"的勃兴主要有以下几方面的因素:第一,居民收入水平的普遍提高使家庭可任意支配的收入大大增加;第二,城市单元结构家庭的大量出现增强了消费的机动性,这是休闲型消费的社会因素;第三,国定节假日的增加使人们可以支配的消费时间得到拓展;第四,20 世纪 90 年代我国大城市外来人口的迅速增多,使单身青年越来越成为消费市场中的一支重要力量。对这部分平时工作繁忙且对城市环境熟悉程度有限的人来说,主要的购物基本上安排在节假日。此外,随着旅游业的发展,各地观光游客数量的上升也是"假日消费"中不可忽视的主体之一。

这一现象导致的一个最直接结果是,零售商业在节假日与平时之间出现越来越大的落差。在上海,一些大型零售商业企业节假日期间的零售额是平时的 3 倍,最高时达到 5 倍！而且这种落差还在继续扩大。毫无疑问,这给商家提出了一个全新的课题。

我认为,要做好"假日经济"这篇文章,关键在于摸清"假日消费"的特定消费群体是由哪些人组成的,以及他们的消费动机。这一点,前文实际上已经做了相当具体的分析。需要指出的是,从这些特定消费群体身上,我们可以得出结论:"假日消费"存在着很强的随机和即兴成分,消费者往往并无确定的购买意向,他们的消费行为在很大程度上受商品、服务本身的吸引乃至周边氛围的引导。由此我们可以进一步勾勒出"假日消费"可能出现的热点轮廓——食品,餐饮,旅游商品,图书、音像等文化产品,时装、包袋等时尚用品,以及各种个性化的娱乐休闲服务。由此可以看出,中国的零售商业和制造业应当及时作出积极的调整,以适应"假日消费"的这种特性。政府和社会则应围绕这一新趋势,适时地出台一些新政策、提倡一些新观念。

必须看到,到目前为止,我们的节假日消费市场还只是初露端倪,并未真正成熟,它一方面蕴含着巨大的潜力有待开发,另一方面也可能因不恰当的政策和经营方式而受到挫伤。今天,我们之所以把它当作一个重要课题来研究,其迫切的现实意义就在于,以这把"钥匙"打开市场,有可能成为我国扩大内需、启动消费的捷径之一,从而能对相对过剩状态下的经济发展起到很大的促进作用。

(此文发表于《文汇报》2000 年 1 月 17 日)

论"假日经济"的理性回归

连续几年的节假日消费高潮使"假日经济"成为人们关注的热点。不管人们对其持肯定还是否定的态度,"假日经济"仍然以其十分显著的特征在每一个长假日甚至双休日表现出来。笔者曾多次强调"假日经济"是一种值得十分重视的现象,因为它是随着人们收入水平的提高和社会环境的变化所出现的必然的消费发展趋势。它是人们由基本的"生存型消费"向"享受型消费"发展的市场表现。注意"假日经济"的基本特征和发展趋势,将有利于工商企业及时地改变经营策略,提高经营效益,同时也能使消费者不断发展的消费需求得到更好的满足。

从 2000 年的国庆假期开始,"假日经济"似乎出现了一些新的变化,其主要表现为假日旅游的热潮有所减退,不像预期的那样火爆。今年元旦假期也出现了同样的状况,春节假期旅游市场的预期也不很旺。于是又有人提出"假日经济"是否会昙花一现的问题。笔者认为,这些现象的出现,并不能说明"假日经济"的衰退,而只是说明"假日经济"在市场调节的作用下正在趋向理性、趋向成熟。

同其他消费现象一样,假日消费也有着其基本动因,并以此动因作为进行消费行为决策的主要标准。笔者曾经指出,假日消费实质上是一种"休闲消费"。消费者在假日中的消费主要追求有新意、有情调、轻松愉快并具有一定的象征意义。在开始阶段,新鲜刺激往往是引发消费行为的首要动因,而当这一动因所引发的消费却带来了不轻松和不愉快的代价时,以休闲为主要目的的消费者就不能不考虑转向其他方式的消费。就拿这两年的假日旅游状况来看,受长假和各旅行社大力宣传所刺激的消费者,蜂拥至各主要的旅游胜地,付出很大代价却换来一身疲惫和不少遗憾,这怎么能不给他们自己和周围的人带来"前车之鉴"呢?假日旅游热的减退当然有多方面的原因,但消费者在市场作用下的自我调整不能不说是其中的重要原因之一。假日旅游市场所出现的变化正是"假日经济"趋于理性化的一种表现,这种现象将来还可能出现在其他假日消费领域。

随着节假日放长假成为一种稳定的现象及假日消费理性化程度的提高,未来

"假日经济"可能会向消费行为的多元化、多变化和个性化的趋势发展。"多元化"即消费者的度假方式及消费内容将不再是赶时髦、追热点,而是逐步按照自己的需求和能力来进行不同的选择;"多变化"即假日消费的形式和内容每年或每个节日都会有较大的差别,企业和消费者会共同创造新的节日气氛;"个性化"即消费者将会以形成自己所独有的假日消费方式为追求,而不再满足于传统的和大众化的消费方式。但这绝不意味着"假日经济"的消失,因为"假日经济"的基本特征(喜庆性、休闲性、即兴性、耗时性)不可能消失,只能说明"假日经济"会以更为理性的方式成为中国市场经济活动不可缺少的重要组成部分。

根据"假日经济"趋于理性化的发展趋势,笔者认为,工商企业应当积极调整经营策略,予以适应。

首先,企业应当在深入研究假日消费的基本动因和主要需求的基础上进一步开拓创新,开发出更多更新的假日消费方式和消费内容,努力做到年年出新、节节不同。

其次,企业应当对节假日的消费群体进一步加以细分,寻求特定的假日消费群体,有针对性地设计假日消费的方式和内容,在特定的目标市场中建立自己的竞争优势,并应在合理调配资源的基础上努力做到"一对一"的个性化营销,以最大限度地满足顾客的假日消费需求。

再次,企业应当充分发现和发挥自己的资源优势,通过创新开发和包装宣传,在消费者的心目中形成企业的鲜明特色,这样才能在"假日经济"趋向理性的情况下仍然保持自己在假日市场上的竞争优势。

最后,企业应当根据"假日经济"的特点,重新调整企业的组织形态和作业时间,以合理组织企业的资源,适应"假日经济"条件下的市场特征。

"假日经济"正在走向理性,企业更应保持理性经营,才能在新的市场环境中把握住更多的机会。

(此文发表于《解放日报》2001 年 1 月 22 日)

都市化消费的基本特征及发展趋势

当我们热烈讨论人均 GDP 达到 3 000－4 000 美元时的消费趋向时,当我们密切关注日益红火的"假日经济"的消费特点时,以致我们开始直面"后三产"等新的概念与提法时,一个消费经济学领域的新的主题正在悄悄形成,那就是"都市化消费"的概念与特征。此主题之所以"新",是因为它不同于我们以前所一直讨论的消费的城乡差异,它研究的是在城镇消费中的一个特殊领域,那就是大都市的消费特征及其发展规律。

"都市化消费"形成的前提当然是大都市的形成。随着一个国家和地区经济发展总体水平的提高及对外经济交往的日益频繁,一些经济功能强大、集散作用明显、人口流动性强的繁华都市必然会形成。其不同于那些区域性很强且相对封闭的一般城镇,而是极具开放性的现代化、国际化大城市。有的经济学家对于这种类型的城市又做了更细的划分,把它们分为全国城市、国际城市和世界城市。这种划分主要依据大城市的经济、政治、文化功能的辐射力和影响力。全国城市是指在经济、政治、文化功能方面对全国具有影响的城市;国际城市则是指"具有国际区域性多功能的中心城市或在政治、经济、文化等某方面具有重要的国际功能的城市",如旧金山、首尔、大阪、香港、阿姆斯特丹等;世界城市是最高等级的国际城市,"它们是在新的国际劳动分工中具有全球协调和控制功能的综合性中心城市,如纽约、伦敦、东京"。目前在我国,除香港之外,实际上还没有真正意义上的国际城市。我们所说的"大都市",主要还是指在全国的政治、经济、文化活动中具有重大影响的,在对外合作交往方面发挥重要作用的,人口集聚度高、流动性强的全国性中心城市,如北京、上海、广州等。从这一个角度去研究"都市化消费",就避免了仅仅从人口多少和购买力水平高低的角度研究"都市化消费"的片面性,而更多地注意到城市功能的变化和差异对都市化消费特征形成的影响。

从大都市的形成及其性质可以看出,对"都市化消费"的研究,并不是研究城市和农村消费之间的差异,而主要是研究大都市与一般城镇消费所不同的特征,从我国主要大都市 20 世纪 90 年代以来消费发展变化的状况来看,以下一些特征是值得注意的。

一、大都市消费结构超前性变化

大都市经济高集聚化和高能级化使都市居民的收入水平大幅度上升。至 2000 年,我国特大城市人均年收入已达 8 427.48 元人民币,比 1995 年增长 57.67%(同期全国城镇居民人均年收入只增长 47.31%)。2000 年,特大城市的人均年收入比同期全国城镇居民人均年收入高 33.4%,其中,上海比全国平均水平高 86.6%,北京比全国平均水平高 64.8%。收入水平的提高,使得大都市居民的消费结构发生了明显的变化。据国家统计局公布的最新数字,我国城镇居民目前的恩格尔系数已下降到 37.9%。以上海为例,1999 年同 1997 年相比,食品消费的比重略有上升,衣着消费的比重基本不变。而居民耐用消费品的支出增长了 61.8%,交通与通信的支出增长了 39%,文化娱乐和教育的支出增长了 32%,住房的支出增长了 33.9%,医疗保健的支出增长了 93.1%,家务服务的支出增长了 26.5%,在外就餐的支出增长了 29.5%。这些衣食之外开支增长的幅度均明显高于全国城镇居民同类消费开支增长的幅度,体现了大都市消费结构变化的超前性。[①]

二、大都市功能性消费迅速发展

所谓"都市功能性消费",是指因大都市特有的经济、政治、文化功能而引起的消费行为。如大都市经济中心的功能,使其集聚了一大批跨国公司和贸易机构,大量的交易活动在此发生,从而必然会引发一系列商务性的消费行为。各种办公、通信及会议用品的需求量会大量上升,与之相关的配套服务的需求也会不断增加,甚至由于频繁的商务性交往活动还会带动宾馆、餐饮、娱乐业的迅猛发展;大都市政治中心的功能,又会引发很多政务性消费行为的产生,日常文件的印发传递,重要会议和重大政治、外交活动的举行都会推动一些特定消费行为的产生和发展;大都市信息中心的功能更使得信息的传播和消费成为"都市化消费"的重要内容,报刊、书籍、电子出版物以及其他各种信息传播手段的集中,必然会使大都市的信息消费量远远超过一般的中小城市;大都市文化中心的功能,使得许多地区性、全国性乃至国际性的重大文化活动都会在都市内举行,如各种类型的电影节、电视节、戏剧节、艺术节等,不仅能促进都市文化消费的发展,而且也会因其强大的人群集聚效

---

① 数据来源:根据《中国统计年鉴》(2000 年,2001 年)相关数据推算。

应而带动其他消费行为的发展。因此,对大都市消费行为的研究和开发,绝对不能只将眼光局限在城市居民的生活性消费领域,而应当十分关注各种都市功能性消费行为,这样才可能对大都市的消费特征做出全面评价。

三、大都市节假日消费日益凸显

近年来所引人关注的"假日经济"现象实际上是"都市化消费"重要特征的体现,它反映了都市生活所特有的节奏感。大都市紧张、繁忙的工作节奏,使人们在平时无暇进行"休闲型"的消费,有时连正常的消费也会受到抑制(如不少年轻的白领人士都不吃早餐);大都市已经形成的"商住分离"现象,使许多都市居民平时也难得有机会到中心商业区购物休闲;大都市所特有的繁华景象和深厚的文化底蕴,对全国各地的旅游者也有极大的吸引力。这一切都使得节假日成为都市居民及外来人员集中消费的时间。据有关方面统计,上海等大都市周末"双休日"的消费品零售额约为一周消费品零售额的 50%,全年节假日的消费品零售额也占全年消费品零售额的 50%,餐饮、娱乐、旅游、休闲等消费更是集中在节假日。可以预见,随着大都市现代化和国际化程度的进一步提高,"假日经济"现象会更加明显,节假日消费热潮会进一步凸显。

四、大都市消费效率性诉求上升

所谓消费的效率性诉求,是相对于消费的效益性诉求而言的,即消费者在关注消费的效用和质量的同时更关注消费的便捷性和快速性。快节奏的都市工作与生活,使人们更重视消费的时间成本和精力成本,消费省时间甚至出钱买时间的情况在都市化消费中屡见不鲜。其典型的表现之一是快餐业的迅速发展。据统计,全国快餐业的营业额已占餐饮业总营业额的 1/4。上海的中式快餐"新亚大包"一举成功,台式的"永和豆浆"也很受欢迎,都是由于其消费方式适应了大都市的快节奏生活。有关部门的调查数据表明,经济发达、收入水准较高的城市居民光顾快餐店的比例相对较高,如深圳、福州、厦门三地的快餐渗透率分别高达 79.1%、77.7% 和 76.8%,列全国前三位。在餐饮业方面,"送餐业"的发展也是消费效率性诉求的产物。一个电话就能送餐上门,不仅解决了一些家庭忙于一日三餐的烦恼,而且也能节省企业单位庞大的后勤建设开支;快递业的红火,也是由于高节奏的都市生活所致,其使得都市中物资和信息的传递变得极为便利;雇用保姆和钟点工,同样是都市人为了高效利用时间的消费行为。据统计,"九五"期间,全国城镇居民家庭服务消费增长迅速,2000 年比 1995 年翻了一番,其中增长最快的是保姆费用,5 年中增长 172.2%。[1]

五、大都市消费区域性差异明显

现代化大都市的重要特征之一是功能的多元化,从而使都市内部各种功能出现了区域性的相对集中,这一方面是由于政府规划所致,另一方面也是由于各类企业自身发展的需要。于是一些比较成熟的大都市,会形成一个个不同的功能区域,如金融区、商业区、商务区、文教区、旅游区、娱乐区以及不同层次的居住区等。这些不同的功能区域所集聚的人群性质肯定也有差别,从而使都市化消费呈现出明显的区域化特征。如上海的南京东路和豫园商城集中了大量国内外的旅游者;衡山路成为白领阶层和年轻人的休闲场所;淮海路成为上海本地消费群体所青睐的购物场所;新客站地区则集中了大量的过往旅客,成为门户型的商业中心,从而就要求大都市的商业布局必须同消费的区域性差异相适应,体现出明显的区域功能特征。

六、大都市流动性消费结构复杂

大都市的经济、政治、文化中心地位,使都市人口的流动性十分明显。如上海除 1 300 万户籍人口之外,还有 300 万—400 万的流动人口,他们也成为上海市场重要的消费群体之一。实际上对大都市流动性消费的研究也不能停留在一个层次上,而应当对流动人口的性质及其消费行为进行一定的细分。目前,大都市的流动人口大体上可分为两个部分四种类型:第一个部分为临时过往人员,其中包括前来都市从事商务、事务活动的人员以及旅游观光人群;第二部分为长期滞留人员,主要是指在都市内从事一定的工作的非户籍人口,其中又可分为通过招聘、邀请而来的国内外高知识人群和大批从农村及贫困地区进城的打工人员。应当看到,这些不同的流动人群所产生的消费内容和消费行为是有很大区别的。对于第一部分人员,具有纪念意义和地方色彩的旅游纪念品与土特产品是他们最青睐的,而旅游观光者相对于商务活动人员来说,对各类服务的需要又显得更为突出;对于第二部分人员来说,消费行为的本地化倾向就会比较明显,但是由于是非户籍人员,所以稳定性仍然比较差。即使是添置耐用消费品和生活用品,往往也不会做长期打算,其中不少人可能会成为都市内租赁业和二手市场的主要消费群体。根据高低两种不同层次滞留人员的类型,在消费的内容和档次上也会拉开很大差距,如"高级打工仔"(高知识阶层的滞留人员)消费潜力较大,电脑、书刊、娱乐场所以及租赁公寓会

成为他们的主要消费内容；"一般打工仔"（外来民工以及简单就业人员）消费的潜力较小，廉价服装、旧家具和旧耐用消费品以及盒饭快餐等则会成为他们的主要消费内容。注意，对大都市流动性消费的细化研究，也是进行"都市化消费"市场开发和拓展的重要方面。

七、大都市消费存在的各种限制条件

在"都市化消费"的特征中，除研究其特定的内容和行为之外，还必须看到其所存在的各种特定的消费限制，这样才能准确把握大都市消费的发展方向，如大都市拥挤的交通状况，就对家庭轿车的消费带来了一定的限制；大都市过于繁华嘈杂的环境条件，就对"静养型"消费带来了限制；大都市密集的居住环境对那些容易造成噪声、强光以及其他环境污染的消费行为带来了限制；大都市统一的市容要求和发展规划也对都市内各种消费产业的布局和建设提出了限制条件。总之，在大都市进行消费或从事消费产业，同一般城市相比，可能更要"循规蹈矩"一点，其消费内容也需要更多地考虑同都市化环境之间的适应性。

从对"都市化消费"主要特征的研究中我们可以发现，一方面，"都市化消费"是随着大都市经济、政治、文化特征的形成而自然发展起来的一种消费现象；另一方面，也存在着在大都市的建设和发展过程中，对于"都市化消费"发展的适应和引导问题。目前，上海作为一个现代化、国际化的大都市，各种"都市化消费"现象已经出现，但是从流通产业和服务产业的规划和布局来看，还难以同"都市化消费"的发展相适应。其中缺憾比较大的是：对都市功能性消费的满足程度还比较低，为国际商务活动提供服务的现代服务业还不发达，对大型国际活动所需的配套服务体系还不完善；对都市化消费的效率性诉求的满足程度也不高，以提高消费效率为主的流通产业和服务产业还不健全，如送餐业、快递业、家政服务业及私人事务代理业都还处于低层次的水平；都市化消费的区域性布局差异尚不明显，各区在商业发展中很少研究本区域的功能特征，仍喜欢走雷同化的发展道路；对各种不同层次和类型的流动性消费的适应性仍很差，缺乏有特色和吸引力的旅游纪念品，缺乏为外来人员提供系统服务的企业和机构，与流动性消费相适应的租赁业和二手货市场也很少见。上海在商业和服务业的发展方向上，恐怕不能只考虑在设施建设上的国际化水平，更应当重视同现代化、国际化大都市相适应的"都市化消费"服务体系的整体建设。

在"都市化消费"的未来发展趋势上，笔者认为有三个方向是需要认真研究的：

一是必须从"都市圈"的角度规划大都市的消费产业发展方向。随着大都市由单体城市向"都市圈"（如长江三角洲地区就可能形成以上海为中心的"大都市圈"）

的发展，"都市化消费"的延伸性必然会导致消费的功能性差异更加明显，而相互的关联程度则会越来越高。因此，目前像上海这样的大城市在进行商业规划时必须着眼于未来"都市圈"的功能分布，与之相适应地进行商业和服务业的布局。

二是必须高度重视与"都市化消费"发展相适应的"后三产"的规划与发展。所谓"后三产"，主要是指满足人们"休闲""知识""社交"和各种"自我实现"需要的娱乐、健身、教育、益智、体验、传播等产业以及为之服务的中介、代理、咨询、服务等产业。随着"都市化消费"程度的提高，人们在这些方面的需要会成为主要的需要（诺贝尔经济学奖得主罗伯特·福格尔认为，到2040年，人们将把4/5的时间花在闲暇上）。因此有计划地发展"后三产"、适时地进行消费产业的转型是"都市化消费"前瞻性的需要。

三是必须密切关注"都市化消费"发展中的各种潜在的限制因素。"都市化消费"发展存在着一种难以避免的矛盾，即众多人口的集中消费，有时会对环境形成各种不利的影响，往往会出现一种需求的满足产生对另一种需求的抑制；一部分人的需求满足可能会损害另一部分人的利益，因此在发展"都市化消费"的过程中必须关注其可能带来的负面影响，积极采取有效的措施予以克服，其中也包括对某些消费的发展进行必要的限制，这样才能保证"都市化消费"的健康发展。

（此文发表于《国际商业技术》2001年第5期）

休闲商业:新一轮商业发展的支撑和动力

　　休闲产业作为 21 世纪一个富有时代感的亮点,已越来越受到全世界学术界和实业界的关注。美国《时代》杂志认为,至 2015 年前后,发达国家将进入"休闲时代"。权威人士预测,届时提供休闲消费的产业将在美国的国民生产总值中占据一半的份额。在中国,尽管总体经济发展水平不高,但进入 21 世纪后,休闲消费的上升势头同样很猛。2003 年,中国城镇居民的人均消费支出中食品、衣着、家庭设备等基本生活消费的支出仅比 1995 年分别增长了 36.9%、33.2%和 38%,而教育文化娱乐消费的支出则是 1995 年的 2.8 倍。上海作为中国经济最为发达的地区,休闲消费的发展势头更为引人注目。2003 年,上海城镇居民在教育文化娱乐方面的人均消费支出为 1 834 元,是 1995 年的 3.6 倍。其中,单纯用于文化娱乐消费的支出增长更快,差不多是 1995 年的 5.4 倍! 而同期用于食品、衣着、家庭设备等基本生活消费的开支则分别只增长了 31%、34%和 24%。

　　休闲消费在上海这样的大都市得到迅猛的发展同其人均收入水平的提高和消费层次的变化密切相关。2003 年,上海的人均年收入已达到 14 867 元,大多数居民的基本生活消费需求已经充分满足,于是大量可任意支配收入自然就会趋向于满足更高层次的精神消费需要。这就必然会导致对物质商品购买增长的趋缓和对精神商品(包括休闲商品)购买增长的加速。"花钱买欢乐""花钱买氛围""花钱买悠闲"已成为相当部分上海市民的生活观和消费观,从而推动了上海休闲消费的快速增长。

　　从上海商业发展的角度来看,整个 20 世纪 90 年代的大规模商业改造,已使上海的商业面貌发生了根本的改变,各类商业设施无论从规模和质量上都已接近发达国家的水平,相对于上海现有的购买力水平来说略显饱和,从而也导致上海的商业竞争日趋激烈,从商业设施等"硬件"的发展空间来看已经不大,但从增加商业的文化内涵和满足精神需要的角度来看却仍有很大空间,从而使商家们不约而同地将眼光转向这一空间的开发,其中最主要的就是融购物、休闲、娱乐、学习于一体的

"休闲商业"。

"休闲商业"面对的是以追求精神为主要目的,而不是以购买商品为主要目的的消费群体。因此,"休闲商业"十分重视环境、气氛、服务内容和文化主题的营造,强调顾客在消费过程中的观赏性、联想性、体验性和参与性。由于人们精神消费的需要会受到年龄、职业、经历、性格、情绪甚至气候等各种因素的影响,个性化程度会更强,所以"休闲商业"也就有了更多差异化发展的空间。以上海为例,目前的休闲消费就有许多不同的类型:

(1)"家庭型"休闲消费,主要是以家庭度假型消费为特征,一般会以逛商店、看电影、游公园、品小吃以及参加各种大型娱乐活动为主要形式。

(2)"交友型"休闲消费,主要是以同学、同事、邻居、朋友等社交圈的聚会为特征,一般会以结伴逛街、饭店聚餐、歌厅娱乐、咖吧叙谈甚至野营郊游为主要形式。

(3)"观光型"休闲消费,主要以外地或外国旅游者的观光游览为主要特征,一般会以在主要景点参观游览、吃饭品茶、参加各种娱乐活动为主要形式,有时也包括本地市民到新建成的城市建筑或景观参观游览等活动。

(4)"商务型"休闲消费,以企业等机构或部门招待客户、洽谈生意、交流情况为主要特征的休闲消费,这实际上是一种在"休闲"的氛围之下并不真正轻松的"休闲消费",一般以咖吧叙谈、饭店聚餐、洗脚沐浴以及娱乐场所参加活动等为主要形式。

(5)"知识型"休闲消费,以好学人群或有特定技艺的人群追求知识、交流技艺为特征的休闲消费,一般会以书店看书、图书馆阅览、参观展览以及在固定场所和固定地点交流技艺为主要形式。

(6)"创意性"休闲消费,是一种最具时代潮流的休闲消费方式,其主要是以艺术、媒体、广告、咨询、策划、设计等行业的专业人士借某一休闲场所的宽松氛围,碰撞思路、激发灵感、形成创意为特征的休闲消费,一般会以咖吧、茶室、餐厅、会所、健身房等休闲场所为地点,也会有餐饮、洗浴、游览、竞技等活动形式。

针对特定的休闲消费需要,发展各种类型的休闲商业,应当成为上海新一轮商业发展的支撑和动力,这不仅是因为以购物为主的商业发展在上海已经受到一定的限制,而且休闲商业的发展空间还比较大;也不仅是因为上海的消费水平及其发展趋势已开始步入休闲消费时代,而且由于上海在发展休闲商业方面客观上还具有很好的资源条件。

首先,上海拥有一大批文化素养较高的消费群体。数十所高等院校和研究机构的教师、学生和研究人员,数百家中外大公司的白领雇员,一大批在华工作学习的外籍人士,将会构成休闲商业的主力消费群体。

其次,上海是一个流动性很强的商业都市,每年数百万国内外旅客因各种目的汇聚上海,使上海成为全国乃至世界经济文化的交流中心。各方面的人群都希望能在上海找到适当的环境和氛围相互沟通、相互汲取,他们将会是推动上海休闲商业发展的重要力量。

最后,上海是一个拥有深厚文化底蕴的历史城市。数百年来,中西方文化在上海的碰撞和交融给上海留下了一批富有魅力的建筑、遗址和故事,这些文化遗产本身就极具休闲商业价值,只要有心开发、精心打造,就可适应不断增长的休闲消费需要。

上海自20世纪90年代以来在商业的变革与发展中大体上已经过了两个重要阶段:第一轮发展以商业设施的大规模改造为主要特征,使上海商业的面貌有了极大的改观;第二轮发展以商业业态的大幅度更新为主要特征,使上海商业的功能有了很大的增强。这两轮发展已使上海消费者购买商品的需求得到了比较充分的满足。那么新一轮商业发展的特征就很可能会以消费需求全方位的满足为主要目标,休闲商业必将会在新一轮商业发展中成为重要的支撑与动力。充分利用各种有利资源积极开发休闲商业,应成为上海商界共同努力的方向。

（此文发表于《上海商报》2004 年 11 月 30 日）

中国市场消费行为特征对消费周期性波动的影响

一、导言

从 20 世纪 80 年代开始,中国的消费市场出现明显的波动状况。社会消费品零售总额与居民消费总额的增长幅度起伏很大,且波动的周期性特征十分明显。中国消费市场的这种变化状况已引起不少经济学家的注意,并对其展开了研究,但现有研究比较多的是站在经济学的角度去寻求其变化的原因及其对宏观经济的影响,较少有基于中国消费者行为特征来对其进行解释的。而实际上中国消费市场的变化受消费者行为和政策环境因素的影响是很大的。本文试图从中国消费者行为特征的角度来分析和研究中国消费市场所出现的周期性变化,以探索这种消费市场的周期性波动是否会形成一种规律,今后又会出现怎样的一种变化趋势。

二、中国消费市场的周期性波动状态分析

根据统计资料分析,从 20 世纪 80 年代初至今,中国消费市场已经历了两轮较为明显的波动周期:第一轮是 1981—1990 年,在 1985 年和 1988 年形成过两个高峰,社会消费品零售总额的增长幅度分别高达 27.5% 和 27.8%,居民消费总额的增长幅度分别高达 24.9% 和 28.0%;谷底在 1990 年,社会消费品零售总额的增长幅度为 2.5%,居民消费总额的增长幅度为 6.9%(尽管其间消费增长变化中出现过两个高峰,但是这两个高峰之间社会消费品零售总额和居民消费总额仍保持两位数的较快增长幅度,所以可将其看成是同一波动周期)。第二轮是 1991—1999 年,峰值在 1994 年,社会消费品零售总额的增长幅度高达 30.5%,居民消费总额的增长幅度高达 32.7%;谷底在 1999 年,社会消费品零售总额的增长幅度为 6.8%,居民消费总额的增长幅度为 5.9%。一个波动周期的长度约为 8—9 年,峰值年份基本上在中间,显得颇有规则(见图 1)。

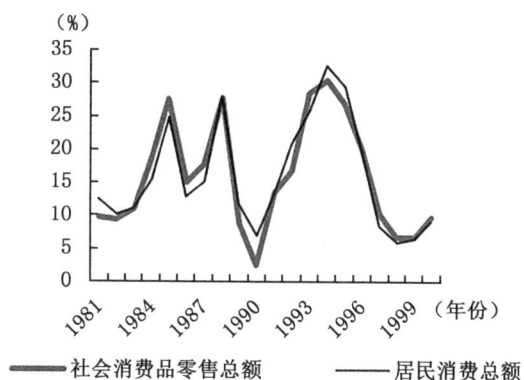

图 1　中国消费市场周期性波动状况

(一)物价变动对消费市场波动的影响

上述所描述的消费市场波动状况尚未考虑物价变动的因素。那么,如果扣除物价波动的因素,消费市场的波动状况是否仍然存在呢? 表 1 分别列出了不考虑物价因素和扣除物价影响因素后社会消费品零售总额和居民消费总额增幅的变动状况。

表 1　　　　　　　　物价变动对中国消费市场波动的影响　　　　　　单位:%

项目 年份	零售总额 增长幅度	扣除物价因素 后零售总额 增幅	居民消费总额 增长幅度	扣除物价因素 后居民消费 增幅
1981	9.8	7.2	12.4	9.6
1982	9.4	7.3	10.1	8.0
1983	10.9	9.2	11	8.8
1984	18.5	15.3	15.5	12.4
1985	27.5	17.2	24.9	14.3
1986	15	8.5	12.8	5.9
1987	17.6	9.6	15.2	7.4
1988	27.8	7.9	28	7.8
1989	8.9	−7.6	11.7	−5.4
1990	2.5	0.3	6.9	3.7
1991	13.4	10.2	13.2	9.5
1992	16.8	10.8	20.8	13.5
1993	13.4	0.1	25.9	9.7

项目 年份	零售总额 增长幅度	扣除物价因素 后零售总额 增幅	居民消费总额 增长幅度	扣除物价因素 后居民消费 增幅
1994	30.5	7.2	32.7	6.9
1995	26.8	10.4	29.5	10.6
1996	20.1	13.2	19.3	10.2
1997	10.2	9.3	8.4	5.5
1998	6.8	9.6	5.9	6.8
1999	6.8	10.1	6.5	8.0
2000	9.7	11.4	9.1	8.6
2001	10.1	11	7.3	6.3

资料来源:根据历年《中国统计年鉴》推算。

从表1中可以看出,扣除了物价变动的因素以后,社会消费品零售总额增幅和居民消费总额增幅的变动幅度和周期都出现了一些不同。如波峰和谷底的年份略有变化(前后差一两年),扣除物价因素后的波动幅度也略显平缓。但是周期性波动的状况仍然十分明显,而且波动的周期长度也差不多(零售总额的第一轮波峰在1985年,增幅为17.2%,谷底在1989年,增幅为-7.6%;第二轮波峰在1996年,增幅为13.2%,谷底在1997年,增幅为9.3%。居民消费总额的第一轮波峰在1985年,增幅为14.3%,谷底在1989年,增幅为-5.4%;第二轮波峰在1992年,增幅为13.5%,谷底在1997年,增幅为5.5%)(分别见图2和图3)。由此可见,物价变动并不是形成中国消费市场周期性波动的主要因素。

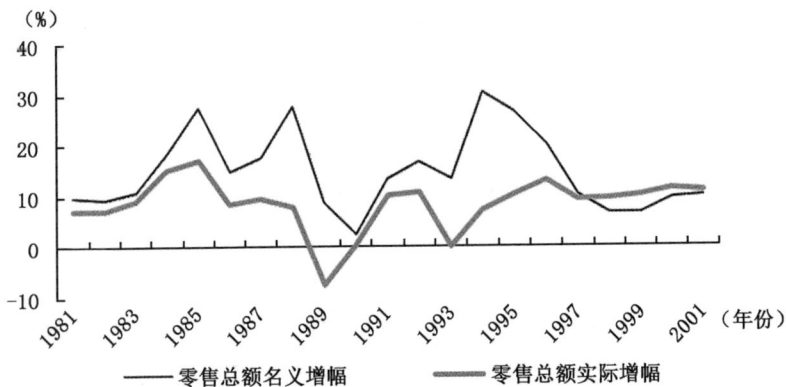

资料来源:根据历年《中国统计年鉴》推算。

图2 社会消费品零售总额的变动

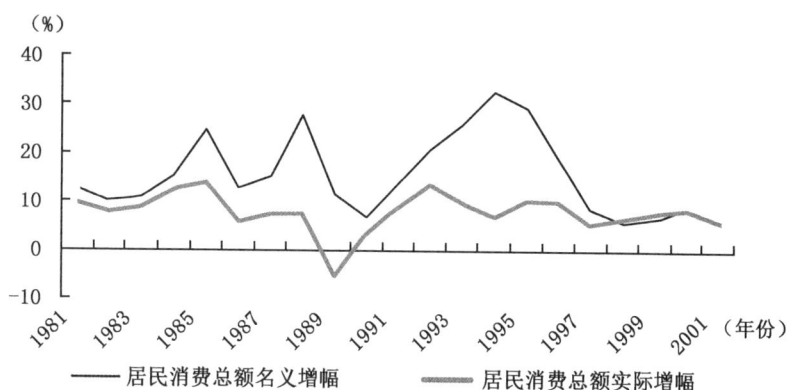

图 3　居民消费总额的变动

资料来源:根据历年《中国统计年鉴》推算。

(二)收入变动对消费市场波动的影响

从一般的认识而言,收入是影响消费的一个重要因素。那么,中国所出现的消费市场周期性波动现象是否由于中国居民的收入变化所引起的呢? 确实,20 世纪 80 年代至 90 年代,中国居民的收入发生了重大变化,也出现过一定程度的波动(见表 2),然而,收入的波动与消费市场的波动是否存在相关性呢?

表 2　　　　　　　中国居民收入增长与消费市场波动　　　　　单位:%

年份 项目	城镇居民收入增长幅度	农村居民收入增长幅度	零售总额增长幅度	居民消费总额增长幅度
1981	2.2	15.4	9.8	12.4
1982	4.9	19.9	9.4	10.1
1983	3.9	14.2	10.3	11
1984	12.2	13.6	18.5	15.5
1985	1.1	7.8	27.5	24.9
1986	13.9	3.2	15	12.8
1987	2.2	5.2	17.6	15.2
1988	−2.4	6.4	27.8	28
1989	0.1	−1.6	8.9	11.7
1990	8.5	1.8	2.5	6.9
1991	7.2	2.0	13.4	13.2

续表

年份 \ 项目	城镇居民收入增长幅度	农村居民收入增长幅度	零售总额增长幅度	居民消费总额增长幅度
1992	9.7	5.9	16.8	20.8
1993	9.5	3.2	13.4	25.9
1994	8.5	5.0	30.5	32.7
1995	4.9	5.3	26.8	29.5
1996	3.9	9.0	20.1	19.3
1997	3.4	4.6	10.2	8.4
1998	5.8	4.3	6.8	5.9
1999	9.3	3.8	6.8	6.5
2000	6.4	2.1	9.7	9.1
2001	8.5	4.2	10.1	7

资料来源:根据历年《中国统计年鉴》推算。

从表 2 中可以看出,无论是社会消费品零售总额还是居民消费总额的增幅波动,都与居民人均收入的增幅变化不存在某种相关性。以此表的数据所形成的曲线图(见图 4)更清晰地表明了居民收入的变化曲线同消费市场的波动曲线很不一致,从而说明了中国消费市场所出现的周期性波动并非主要是由于居民收入的变化而引起的。

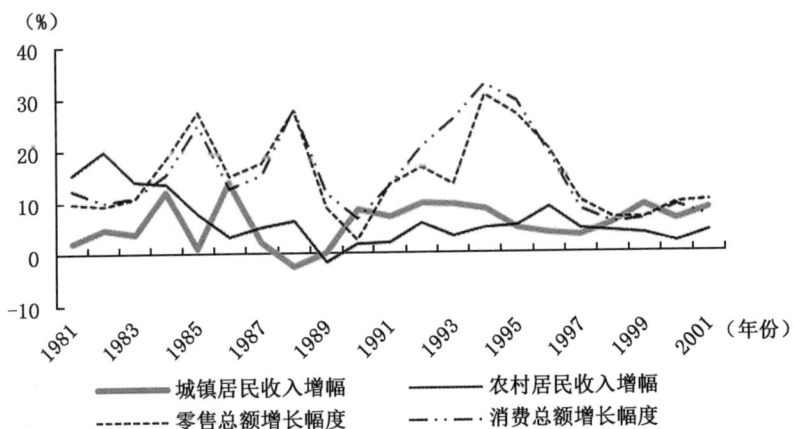

图 4　居民收入变化与消费市场变化的比较

三、消费行为特征对中国消费市场波动影响的"因果链"

如果说传统经济学理论所认为的对消费市场影响最大的物价和收入这两个因素被事实证明对中国消费市场的周期性波动现象的形成不存在显著影响的话，那么到底是什么因素导致中国的消费市场会出现如此有规律的周期性波动现象呢？一个可能的原因就是由中国消费市场特定的消费者行为特征所引起的。正如熊彼特在评价凯恩斯的传统消费理论时所指出的，"以过去一直在进行的，现在仍在进行的消费函数的研究为例，没有一个当之无愧的理论家会接受这样的假设，即消费支出仅仅与收入有关……我们是否应当稳健一点，把收入以外的自变量考虑进去呢？"[①]事实上，已有不少中国学者对中国消费者行为特征对消费市场波动的影响进行过研究。一些研究表明，"排浪式"消费现象（丁俊发，1992）；"阶段性""积累型"消费特征（余永定、李军，2000；丁延生，2000；匡国建，2002；尉高师、雷明国，2003）；收入预期不确定性而导致的"预防性储蓄"现象（孙凤，2001；吴良国，2006）等中国市场所特有的消费行为特征都是导致中国消费市场周期性波动的重要原因。我们在分析中国消费市场的周期性波动现象时必须认真研究中国市场所特有的这些消费行为特征。

从已有研究成果和对一些统计数据的分析中，我们认为中国的消费者行为特征对中国消费市场周期波动的影响可表现为一条明显的因果链（见图5）：一方面是由于长期的低收入水平和刚性的高消费目标而导致明显的"积累型"消费行为特征，另一方面是由于长期的收入平均化和普遍存在的同质化消费倾向而导致的"排浪式"消费行为特征。这两个主要的消费行为特征促使中国消费市场（特别是在二十世纪八九十年代中的）周期性波动现象的出现。

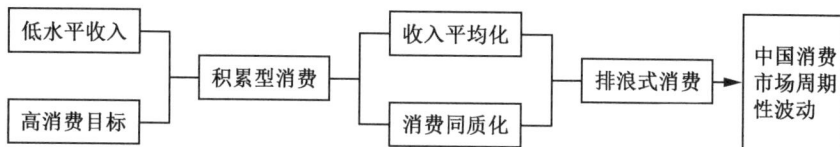

图5　中国消费市场周期性波动的"因果链"

中国消费市场"积累型"消费的特征主要是由"低消费水平"基础上的"高消费目标"所导致的。作为一个发展中大国，尽管经济综合实力较强，但人均收入水平却一直不高。直到2005年，中国城镇居民的年人均可支配收入刚刚达到10 493

① 埃斯本·安德森：《约瑟夫·熊彼特》（中译本），华夏出版社2012年1月版。

元,农村居民的年人均纯收入只有 3 255 元。在 1985 年,这两个数字分别为 739 元和 397 元;在 1995 年,这两个数字则分别为 4 283 元和 1 578 元。然而,在 1985 年前后,一台 14 英寸彩电的价格约为 1 000 元;在 1995 年前后,一台空调的价格约为 5 000 元;而在 2005 年,一辆微型汽车的价位至少也在 5 万元左右。也就是说,大多数居民的全年可支配收入,还不够他们添置一件他们所需要的家庭耐用消费品。但是,同低收入水平相对应的则是中国消费者居高不下的消费目标。传统的消费观念使大多数中国家庭把添置家产放在了生活的主要目标上,具有很强显示性的家用电器、汽车、住房等商品的获取成为很多人一生奋斗所追求的目标。除此之外,子女教育、结婚、养老等可能发生的大额支出,也都在大多数家庭的中长期消费支出预算之中。特别是 20 世纪 90 年代之后,一部分"先富起来"人群的高消费示范效应在中国特有的"攀比性"消费心理的推动之下得以扩展,从而进一步提升了中国消费者的消费目标。但是,在即期购买能力不足的情况之下,中国人不会像西方人那样采用贷款预支的方式进行消费,他们所选择的就是"积累"购买力,以较长时间的"省吃俭用"来实现期望中的"大额刚性支出"(尉高师、雷国鸣,2003),于是,在中国消费者的消费行为中就出现了明显的购买力"积累期"和"释放期"交替出现的现象(晁钢令,1999),这是导致中国消费市场周期性波动的主要原因。

　　然而,只有在大多数消费者的购买力"积累期"和"释放期"相对集中的情况下,才有可能形成消费市场明显的周期性波动。导致这种相对集中现象出现的主要原因就是中国消费者"收入的平均化"和"消费的同质化"。20 世纪 80 年代以前,中国居民的收入水平处于一种高度的平均化状态,这种现象几乎一直持续到 80 年代后期,从而导致大多数家庭的购买力水平基本上也是差不多的。同时由于中国传统的"攀比性"的消费心理以及计划经济条件下"分配型"消费模式的影响,大多数家庭的消费目标也极其类似。对他们所想实现的"同质化"的消费目标,在实现的时间和方式上自然也就相对一致,从而就导致"排浪式"消费的现象,反映在市场上表现为在某一段时期内(通常表现为消费市场的高潮期)某一类或某几类耐用消费品的销售就会十分旺盛,从而成为推动社会消费品零售总额增长的主要支撑。而当这些支撑零售总额高速增长的因素一旦消失(如处于购买力"积累期"的时候),社会消费品零售总额的增长幅度就会跌入低谷,中国消费市场周期性波动的现象也就由此产生(见图 6)。

　　从图 6 可以看到,中国城镇居民拥有家用电器的高峰期十分集中,主要是在 20 世纪 80 年代的中后期,在 90 年代中期也有一定的上升,而家用电脑、移动电话和家用汽车的消费高峰则主要出现在 2002－2003 年,其波动形态同社会消费品零售总额的波动形态十分相似。因此我们可以认为,家用电器等家庭耐用消费品阶段

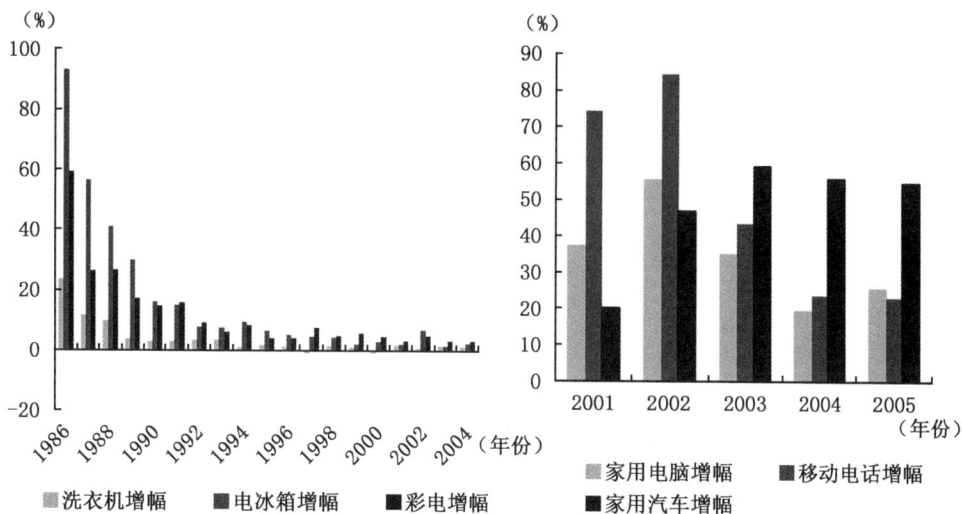

资料来源:根据历年《中国统计年鉴》推算。

图6　中国城镇居民每百户家庭耐用消费品拥有量增长幅度

性的集中购买是导致中国消费市场周期性波动的主要原因。

在对20世纪80年代和90年代中国消费市场波动高峰的原因分析中,我们还发现一些消费的环境因素(特别是政策因素)对于消费市场的波动也有着重要的影响,会推动或改变消费市场的波动状态。例如,1987—1988年社会消费品零售总额增长幅度的再度拉升(见图1),一方面是由于当时物价上涨过快,导致市场上出现过一轮抢购风潮,零售额增幅出现异动;另一方面则是由于1987年开始对彩色电视机取消票证限制,敞开供应,从而使原来因票证限制而被抑制的购买力得以释放。又例如,20世纪90年代中期,中国各主要城市开始了大规模的市政改造和市政建设,导致大批城市中心区域的居民向城乡接合部迁移(仅上海市,迁移人口就达几十万)。大批人口迁移而促使住房相关类产品和家用电器的消费急剧上升,从而推动这一时期社会消费品零售总额急速上升。这种以政策干预为主的消费环境因素的变化,在尚处于经济制度转轨时期的中国来讲,还会经常出现。我们在以下对中国消费市场未来变化趋势的分析中仍会充分注意到这一点。

四、中国消费市场周期性波动现象还会延续吗?

根据我们对中国消费市场周期性波动因素的分析,我们认为,只要对大件耐用消费品的"积累型""阶段性""同质化"消费等基本消费特征仍然存在,中国消费市场的周期性波动现象必然会得到延续。这从2000年以后中国消费市场的进一步变化中可以看得很清楚(见图 7)。

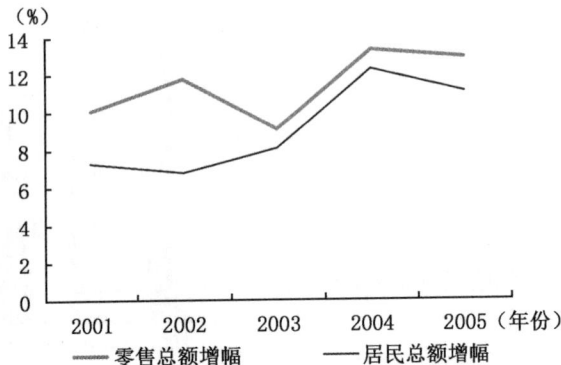

资料来源:根据历年《中国统计年鉴》推算。

图 7　2000 年后中国消费市场波动状况

从图 7 中可以看到,自 2000 年后中国的消费市场又逐步走出低谷,在 2003—2004 年间形成高峰,开始了新一轮的波动周期。而支撑这一轮消费高潮的主体消费品是住房、家用汽车和个人通信设备。上海市的统计资料表明,2003 年 9.1% 的社会消费品零售总额增长幅度中,仅家用汽车、通信设备及住房相关类产品所推动的增幅就高达 4.6%,贡献率在 50% 以上。新一轮购买力释放的现象显而易见。

然而,我们也可以看到,2000 年以后中国消费市场的波动幅度明显趋缓,不像二十世纪八九十年代那样大起大落。根据所得到的 2006 年社会消费品零售总额的预计数,仍然会保持在两位数以上,并未出现明显的下滑,这说明尽管中国消费市场的波动现象今后仍可能长期存在,但其波动的幅度和周期形态可能会有较大的变化。这又与中国消费行为特征所出现的一些新变化以及对其产生影响的一些环境因素的变化有关。

(一)收入平均化的情况已不复存在,购买力集中释放的现象会有所改变

进入 20 世纪 90 年代以后,中国居民的收入差异开始出现,收入的等级层次日益明显,层级之间的差距也在不断扩大,从而使中国居民的购买力水平出现明显差异。尽管"攀比性""同质化"消费的现象仍然存在,但对于同一价位水平的耐用消费品而言,购买力积累期的长短会很不一样,从而会使购买力集中释放的现象在一定程度上得到改变。

(二)年轻一代的消费观念发生变化,"积累型"消费的特征也会发生改变

中国年轻一代的消费群体对西方的消费观念比较容易接受,又处于一个"收入平均化"状态已经得到改变的社会环境之中,消费的个性化倾向也比较明显。其

"积累型"消费的观念不如他们的前辈们那样强烈,甚至愿意接受"借贷型"消费的观念。当这一代人逐步发展到社会的消费主体时,就有可能导致中国消费市场周期性波动的一些基本因素得以改变,从而使中国消费市场的波动幅度和周期形态也会发生改变。

(三)政府强有力的宏观调控政策,会改变消费市场的周期性波动形态

消费市场的波动幅度过大,与宏观经济稳定持续发展的理想目标是相悖的,所以政府部门就会采取一定的政策干预措施来对消费行为进行调整。只要调整的切入点准确、力度到位,政策调整的效果是会比较明显的。例如,从 2005 年开始,政府就采取了一系列的强硬政策,对中国房地产市场的过热现象实施调整,这在一定程度上抑制了房地产市场的过度消费,从而也使得一部分原本有可能在此期间集中释放的购买力延期释放。同时,政府又着力推行各项以缩小贫富差距为目标的政策,努力提高低收入人群的收入水平,从而也可能使相当一部分中国居民的购买力积累期得以缩短,提前释放。这样就有可能使未来一段时期内(2007－2010 年)的中国消费市场不会像前两个周期一样出现明显的下滑和低谷,而主要呈现为一种相对平缓的波动曲线。

五、结论

通过以上分析,我们可以得出以下一些结论:

(1)中国消费市场周期性波动的现象是存在的,而中国消费市场的行为特征是影响消费市场波动的主要因素。

(2)影响中国消费市场波动的主要行为特征是"积累型"消费和"排浪式"消费。而这两个特征则主要是由中国消费者的低收入水平和高消费目标,以及收入的平均化和消费的同质化等现象所导致的,从而形成了中国消费市场周期性波动的因果链。

(3)推动中国消费市场消费高潮形成的主要是家庭耐用消费品的集中购买,其会导致所积累的购买力在短时期内集中释放。

(4)随着中国消费群体收入状况和消费观念的变化,中国消费市场周期性波动的幅度和形态有可能发生改变。但由于"积累型""阶段性""同质化"的消费特征在大多数中国消费者中还会长期存在,所以中国消费市场周期性波动的现象也会长期存在。

(此文为 2007 年研讨会论文)

关注消费动向，启动消费热点

近来有不少人同我讨论，实体商业的不景气是否由于受到了网上购物的大力冲击。我的回答是，网上购物的冲击是一个重要原因，但不是主要原因。目前市场普遍疲软的主要原因还是由于缺乏具有拉动性的消费热点。换言之，企图通过发展互联网商业来推动市场消费快速增长恐怕是一个难以实现的梦想。

只要认真分析一下就能发现，市场不景气的状况不仅表现在实体商业上，同样也表现在互联网商业上。从统计数据看，排除网上购物初期非正常的波动因素，2006 年以后，网上购物年增长幅度最高的是 2008 年（128％），之后增幅就以每年 10 个百分点的速率逐年下滑，至 2015 年增幅仅为 33％。对比一下，其同社会消费品零售总额的下降趋势几乎完全一致。社会消费品零售总额也是在 2008 年增长幅度达到高峰（21.6％），之后开始逐年下滑，至 2015 年增幅下降至 10.7％，这说明网上购物的发展并不可能改变市场疲软的趋势，反而会随着市场的不景气而放慢增速。

另一个重要依据是，从近 30 多年我国社会消费品零售总额增长波动的状况来看，真正出现大幅增长的时期都能找到明显的消费热点拉动，而在缺乏消费热点的时期，社会消费品零售总额的增长幅度基本上都是徘徊在 9％－13％之间（见图 1）。

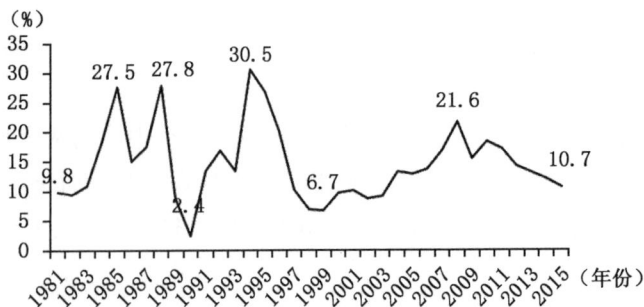

图 1 社会消费品零售总额历年增幅

　　我们可以看到,从 20 世纪 80 年代初至 90 年代末,曾出现过两波明显的社会消费品零售总额增长高峰:第一波是在 80 年代中期,社会消费品零售总额年增长幅度高达 28%。有关资料显示,引发这一轮消费高潮的热点就是家用电器的集中购买热潮。80 年代中期,居民家庭收入普遍提高,再加上 1986 年左右家用电器购买票证的取消,从而引发对洗衣机、彩电、冰箱等家用电器的购买热潮,推动了市场消费形成一个增长高峰。第二波是在 90 年代中期,1994 年社会消费品零售总额的增长幅度高达 30%。分析一下当时的市场背景,除家用电器进入更新高峰的原因之外,最主要的原因是随着城市土地流转政策的放开,全国各大城市都开展了大规模的城市基本建设。盖高楼、建高架、挖地铁,有的还大兴土木,建设所谓的市民广场。而伴随着市政建设高峰的到来,市中心的居民不得不进行大规模的动迁。大动迁必然会引发对住房装潢以及家用电器方面大量的消费需求,从而构成 90 年代中期的消费热点。

　　进入 21 世纪以后,是否仍然存在推动市场的消费热点呢?当然是有的,主要是汽车、住房和电子信息产品,其事实上也推动了社会消费品零售总额增长幅度从 2000 年之后逐步上扬(从 1999 年的 6.7% 到 2008 年的 21.6%)。只是这一波增长速度不是那样快,增幅不是那样大,原因是一方面随着居民家庭收入差距的拉大,对大额消费品的购买时间不再那样集中;另一方面则是对于住房和汽车消费政府在政策上的调整与遏制。从住房来讲,随着消费热点的到来和投资者的推动,房价快速上涨,遏制了一部分消费需求的实现。政府不断出台的打压政策,又使得消费者对房价前景难以判断,而出现观望现象,这都使得相当部分准备投向住房消费的购买力出现积压,不能释放。在汽车消费方面也由于增长速度过快,超出了城市道路建设可承受的压力,而不得不采取类似对汽车牌照进行摇号和拍卖的限制措施,从而也遏制了汽车消费的进一步快速增长。特别是到 2008 年以后这些政策的市场效应进一步显现,再加上电子信息产品的购买热潮也已基本过去,整个市场由于缺乏新的消费热点拉动,消费增长的速度必然逐步趋缓。

　　目前来看,要想重新利用上述三个消费热点来启动消费市场,除非政府政策有所改变,否则希望不大。而且由于住房和汽车对许多家庭来讲属于“刚性消费”,其准备投入这两方面的购买力是会被“冻结”的,所以对于现有消费市场的增长就会雪上加霜。而想要在近期推动消费市场出现新的增长,可能要重新认真地分析和评估居民的消费需求,去挖掘和营造新的消费热点,才有可能使我们的消费市场出现新的增长。我们在研究中发现,以下三个方面可能是可以发掘和寻找的方向。

一、高端消费市场

如上所述,居民日常消费是一种相对平稳的常态,不可能使消费市场产生大幅的波动,也不可能在短期内使消费市场快速增长。因此,我们只能寄希望于日常消费之外的消费热点予以拉动。而这种消费热点最有可能体现在两个方面:一方面是大额刚性消费品。这对于所有居民家庭都会发生,包括低收入家庭,有时为了满足这些需求,甚至会通过借贷等手段予以实现(如家电和住房)。另一方面则是享乐奢侈性消费。这种消费由于具有象征意义,所以很容易受外在刺激而被激发。但这部分消费可能发生在高收入的居民家庭。目前来看,当前具有代表性的大额刚性消费由于受到政策和购买力的限制,难以很快启动。所以我们就应当把眼光聚焦到高端消费市场,设法通过对享乐奢侈性消费的推动和满足,来促使消费快速增长。

事实上,我国目前存在着大量的享乐奢侈性消费需求。各方面的报道都指出,中国消费者已经成了全球奢侈品消费的第一大户。据商务部统计,2015 年中国消费者奢侈品消费达到 1 168 亿美元,约合 7 400 多亿元人民币,全球占比为 46%。但其中约 78% 的消费发生在境外,约有 910 亿美元,折合人民币 5 770 多亿元,相当于全国社会消费品零售总额的 2%。这一可观的消费额未能计入我国的消费数据。客观上讲,中国目前已有相当一部分居民家庭具有享乐奢侈性消费的能力。摩根士丹利预测,在未来的 5—10 年内,中国的中等收入家庭将达 1 亿,户均拥有资产 62 万元人民币。波士顿咨询公司在《中国新一代消费推动力》报告中称,中国的富裕家庭在未来 5 年的消费预计将占中国总消费的 35% 和全球总消费的 5%,所以将目光聚焦到高端消费市场,启动享乐奢侈性的消费热点。

启动享乐奢侈性消费热点必须解决这样一些问题:一是观念要更新。不能再把享乐奢侈性消费看成一种腐朽的生活方式,在意识形态上进行排斥。而应当看到,这是随着人民生活水平提高而自然增长的一种合理的消费需求。二是对于进口奢侈品的价格要合理控制,通过调整关税、开免税店、跨境直购等方式降低国内市场进口奢侈品的市场价格。三是改善对高端消费人群的至尊服务,如通过会员俱乐部、VIP 待遇等具有身份象征意义的方式来强化其荣耀感,以刺激其增加消费和持续消费。四是要积极开发对高端人群的服务类消费,包括高级管家、休闲度假、高端保健医疗等,以充分激发他们的消费欲望。

二、家庭智能化消费市场

人们一直期待家庭电气化实现之后家庭消费会朝什么方向发展?最近一系列创新产品的问世和展示,能使我们逐步预感到,家庭智能化消费可能是家庭消费发展的一个重要方向，也可能成为一个新的消费热点。现代电子技术的发展已经催生一系列智能产品的问世，能随时监察人的生理健康状况、记录人体育锻炼效果的智能穿戴产品；能远程监控家庭门窗、设施安全的智能防护设备；能提供部分家庭服务功能的家用机器人；以及可以无人驾驶的汽车；等等，已在近几年的多个智能家居展览会中亮相。实际上，随着生活水平和购买能力的提高，人们对家庭智能化的要求会越来越多、越来越高。从自身的家务替代、健康监测、娱乐休闲、休息催眠到对老人和孩子的安全保护、全天候照料，直至家庭自动照明、温控、湿控、空气净化等。只要产品实用可靠、价格合理，肯定会受消费者的欢迎甚至追捧，甚至有可能形成消费高峰。

家庭智能化消费从产品问世，到被消费者普遍采纳，再到形成消费高峰会有一个过程。从现有市场状况来看，我们当然希望这个过程尽可能短，这就需要进一步促进围绕家庭智能化消费的产品创新研发和品质提升，合理控制成本并降低价格，还要通过积极的推广宣传，形成现代化的家庭消费理念，以及进行家庭智能化消费的系统设计和服务，就有可能使这一消费热点尽快形成。

三、老年服务消费市场

中国已迅速进入"老龄化"社会，至 2015 年，65 岁以上的老年人占人口总量的比重已高达 10.5%，而其中 80 岁以上的老人也已有 2 339 万人，差不多每年增加 100 万左右。赋闲在家的老人具有其特定的商品和服务需求，从而将构成一个可观的消费市场。老年人不仅规模宏大，而且具有相当的购买能力。2010 年以后退休的老人群体基本上都是所谓的"老三届"。这些人中间相当部分人在我国改革开放以后事业成功，收入丰厚，而且知识水平较高，消费观念较新，在家居装潢、休闲娱乐、旅游观光、社交聚会、艺术鉴赏以及各种新知识的学习吸纳方面有着浓厚的兴趣，只要适度引导，就会形成巨大的市场。另外，高龄老人则在健康保养、生活辅助、照顾护理方面也有很大的需求。预计至 2025 年之前的这段时间，中国的老人群体的增长速度是历史上最为迅猛的，规模也是最大的，完全有可能形成一个对整个消费市场具有拉动性的特定市场。

相比而言，国内各相关行业对老年市场的关注度是很不够的，缺乏专门针对老年人的产品和服务创新，对老年人的高品质的养老护理机构也十分匮乏。老年人的衣、食、住、行、娱、游、护等方面经常会产生不少问题。要将老年市场作为一个消费热点来开发，首先就应当认真研究他们的各种特定需求，并积极地开发各种有针对性的产品和服务；同时要进行积极的宣传和引导，改变老年人保守的消费观念，鼓励他们多消费，以提高自身的生活质量，这样才能在我国老年群体的高峰期营造出一个老年产品和服务的消费热点。

尽管对于当前消费市场疲软的原因,理论界有许多分析,如收入水平普遍较低、贫富差距过于悬殊、消费观念比较保守等。这些都没有错,但是缺乏周期性的消费热点推动肯定是一个重要原因,因此必须高度重视、深度挖掘、积极引导、合理开发,才能使我国的消费市场逐步走出低谷。

(此文发表于《国际商业技术》2016 年第 6 期)

关注"大额刚性消费"的下一个热点

消费是人民对美好生活需要的直接体现。日前,中共中央、国务院印发《关于完善促进消费体制机制进一步激发居民消费潜力的若干意见》,要求"顺应居民消费升级趋势,努力增加高品质产品和服务供给"。2017 年,中国的人均 GDP 已超过 8 900 美元,达到中等收入国家的水平。根据国家统计局公布的数据,城镇居民的人均可支配收入已达到 36 396 元,是 2000 年的 5.8 倍、2010 年的 1.9 倍,为生活品质的提升奠定了基础。

一、为什么要关注"大额刚性消费"需求变化

高品质的生活需求必然引发消费内容的升级。然而哪些消费内容的升级对整个消费市场的复苏更具有拉动力呢?笔者认为,必须高度关注中国居民家庭大额刚性消费产品的升级方向。何谓"大额刚性消费"?顾名思义,就是指同居民家庭日常生活密切相关甚至必不可缺的大件耐用消费产品,如在二十世纪八九十年代进入我国居民家庭的各类家用电器以及 21 世纪初成为我国城镇居民家庭主要"烧钱"热点的住房、汽车和信息产品等。为什么要关注"大额刚性消费"需求的变化?一方面,从中国广大居民长期形成的消费观念来看,无论其收入水平有多大程度的提高,"把钱用在刀刃上"的传统消费观念仍然很难改变。人们为了建设美好的家庭生活,实现家庭基础设施的升级换代,甚至不惜用抑制日常消费的方式来完成其对"大额刚性消费"的购买力积累。因此,只有在"大额刚性消费"产品方面有重大的突破性创新,并使其成为广大居民家庭的追逐目标,我国居民的购买力才有可能得到最大限度的释放。另一方面,从 20 世纪 80 年代以来我国消费市场的数据来看,只有当"大额刚性产品"的消费成为热点时,各类消费指标才会出现大幅度的增长,消费对经济增长的基础性作用才会充分显现,这是一般的小额日常消费所不可能产生的能量。

二、家庭智能产品的消费可能是主要热点方向

那么,什么才可能成为我国居民家庭"大额刚性消费"的下一个热点方向呢?笔者认为,家庭智能产品的消费可能是一个主要的热点方向。目前来看,家庭智能产品的开发和应用已初露端倪。在近期举办的多个人工智能展览会上,各种智能家居产品已抢人耳目。家务机器人、教育机器人、家庭护理机器人等纷纷亮相。但为什么这些家庭智能产品并未引发消费热潮呢?笔者认为,关键是尚未针对家庭真正的"刚性需求",只有将家庭智能产品的开发重点转移到对家庭现有"刚需"产品的升级换代上来,形成对家庭现有各类耐用消费品(包括汽车)的功效明显的智能化改造和升级,产生强烈的"替代效应",家庭智能化消费热潮才可能真正到来;同时对新的智能化"刚需产品"的开发和推广也是一个方向,如智能穿戴产品、安保产品、健康护理产品等,并需要进行积极的知识普及和消费引导。

三、个性化、体验化、知识化已成为新消费理念

高品质的生活也将促使消费理念和消费模式的转变。笔者发现,"个性化""体验化"和"知识化"已成为我国中高端消费群体的新的消费理念,并影响着他们的消费行为。追求价值认同和个性张扬的消费理念使得年轻的消费群体更偏好选择新颖、独特,并与自身性格特征相一致的产品和服务,一些"网红"产品的热销正反映了这种趋势。消费环境与过程的体验往往使消费者有比买到心仪的商品更为强烈的获得感。新落户上海的星巴克烘焙工坊门口的排队长龙和盒马鲜生的市场得宠,实际上都展现了消费体验效应的吸引力。现代高科技的创新产品和服务使顾客在购买和消费的过程中不断地获得新知识的冲击和熏陶。在消费中学习、在学习中消费已成为现代消费的一种新模式。获得新的知识、享受新的体验也成为高品质生活的追求和重要组成部分。为此,针对"三化"理念,积极创新产品和服务,就有可能推动我国消费市场持续快速增长,使人们追求高品质生活的愿望更快更好地得到满足。

(此文发表于 2018 年 10 月 17 日《文汇报》)

怎样看"冰墩墩"带来的市场和商机

2022 年春节期间在我国举办的冬奥会不仅在全国掀起一场冰雪运动的热浪，还带来了一个冬奥会吉祥物"冰墩墩"的销售热潮。据有关方面报道，仅官方旗舰店的月销售量已超过 4 万件，"冰墩墩一墩难求"已成为国内外各大媒体的热点新闻。在当前我国消费市场还相当疲软的情况下，"冰墩墩"所带来的市场现象说明了什么？

首先我们看到的当然是"衍生商品"市场的开发。所谓"衍生商品"即由主体消费或重大活动所带来的衍生产品，通常以主体消费或重大活动的标志物为代表，如北京故宫博物院的各种文物仿制品和带有文物标志的商品；带有世博会吉祥物标志的各种商品；等等。实际上，所有主体消费和重大活动都可能产生"衍生商品"，但是"衍生商品"市场能否开发成功则主要取决于三个方面：一是主体消费或活动本身的影响力；二是标志物的艺术感染力；三是积极的舆论宣传和营销推广。"冰墩墩"的热销当然是因为在这三方面都具有强大的优势，然而给我们的启示是：衍生商品市场是一个不可忽略的巨大市场，只要能从这三方面着手精心策划，认真实施，就可能吸引可观的购买力。

其次我们看到了文化的消费价值。在我们关注如何推动消费增长的视野中，我们已经发现了消费者对精神体验和文化消费的巨大需求。在物质需求已经得到比较充分满足的情况下，人们对于精神和文化方面的需求会不断增长。除对文艺演出、艺术展览、娱乐活动等文化活动本身的需求之外，在物质产品上或购买过程中加入各种文化要素也会引发一些新的消费欲望。最近不少商场和购物中心所开发的一些艺术氛围和文化场景，满足了消费者的精神体验，使之成为消费者趋之若鹜的"打卡地"，推动了商品的销售就是一例。然而，"冰墩墩"告诉我们的则是如何将文化要素融入物质产品中去，从而扩大物质产品的消费市场，这更是我们要认真思考和努力创新的。

再次是如何将一时的市场热潮转化为长远的品牌效应。从已有的"衍生商品"

的市场案例来看,大多具有很强的时效性。就如当年世博会的"福娃"一样,预计随着北京冬奥会的闭幕,"冰墩墩"衍生商品的销售热潮也会逐渐降温直至退出市场,但也有些"衍生商品"却有着很强的生命力。如迪士尼乐园的各种卡通形象所开发的"衍生商品"在市场上盛销不衰,甚至已成为许多商品的品牌。而在我国,类似的"衍生商品"及其品牌效应好像还未曾见到,这就给了我们很大的想象空间。当然首先要使某种主体消费或重大活动能成为长期存在并具有重大影响的事件(我国不是没有,如故宫和兵马俑),然后要使其标志物和衍生品具有很强的艺术感染力,再就是要面对最为广大的市场群体,这就要考虑标志物同各种商品的融合度以及市场推广能力。相信我国的企业家和设计师们也会在不久的将来开发出类似"迪士尼"的中国品牌。

最后我们可从"冰墩墩"现象延伸开来谈一谈"概念消费"的问题。为什么物质产品上的文化要素会成为人们的一种消费需求?这就是由于人们的消费需求是多层次和多元化的,如购买一个包包,可以是为了放置物品,也可以是为了美观装饰,甚至有可能为了价值炫耀或社交融合。在进行包包的营销推广时,若不能针对消费者的相应需求,就可能产生适得其反的效果。而能针对消费者相应需求所设计和推广的产品,则可能销量大增。所以有人说,消费者购买的实际上不是一件商品,而是一个"概念":一个可满足某种需要的"概念",商品只是这种概念的附属品。小小的"冰墩墩"能在市场上被炒到几倍的价格,不能不说有很强的"概念消费"成分,这就给我们当前消费品创新设计和拉动消费市场带来了启示。如何从更宽的视野和更深的层次中挖掘消费品创新设计的源泉,如何根据消费者的各种需求从不同的角度去打造商品和服务的概念,可能是当前推动消费市场不断扩大和上升的重要途径之一。

（此文发表于《文汇报》2022 年 2 月 17 日）

上海商业篇

上海是中国最大的国际化大都市,自1841年开埠以来,商贸活动就十分繁荣,是名副其实的国际商贸中心。据史料记载,1938年上海主要商业街的格局基本形成,当时上海的百货商店就有1 000多家。上海百年以上的著名商号有数百家,大多皆起源于19世纪末20世纪初上海近代商业发展时期。20世纪90年代开始,上海率先进行了大规模的市政建设和商业改造,零售商业的营业面积由90年代初的400多万平方米快速增长到21世纪初的4 000多万平方米,目前已超过7 500多万平方米。连锁超市、大卖场、购物中心、奥特莱斯等现代商业业态都是首先出现在上海。上海也是国外(境外)商业首先进入的城市。全球340多家跨境零售企业中已有180多家入驻上海,集聚度高达55.3%,仅次于迪拜。目前,上海正在进行现代化的国际消费中心城市建设。

本人始终关注并积极参与了上海商业建设和发展的过程,在一些商业改革和发展的关键节点,通过认真研究分析,都提出了自己的观点和建议。该篇中的论文比较系统地反映了自己在上海商业发展中的一些原创性思维。

在20世纪90年代上海商业大规模改造和建设的过程中,由于规划滞后,各利益主体诉求不一,曾出现过一些同上海城市形态和市场实际情况不相吻合的现象,主要表现为规模增长过快、形式功能雷同,从而导致投资效益下降,商业发展在结构上不尽合理的情况。本人的多篇论文分析了这些现象的弊端,并提出了自己的建议。1994年发表的《上海零售商业改造应有全局观念》一文就是针对当时上海商业改造中所出现的这些问题,提出了商业的改造与发展应贯彻"从需求出发,按区域定位,综合配套,相互衔接"的原则。之后,多篇文章都强调了上海零售商业的规划布局必须根据区域功能、交通条件和已有的资源条件而进行的思想,批评了不顾区域功能和消费群体特征,只是按行政区划进行攀比性规划与发展的错误思想和做法。特别是在2004年发表的《上海零售商业布局调整应创新》一文中,明确提出了上海零售商业布局"一个原则,两种模式,三个层面,四大依据"的战略思想,即零售商业布局同区域市场特征相适应的原则;"广域型"商圈和"局域型"商圈两种模式;"中心商业圈""特色商业圈"和"居民消费圈"三个层面;同时要充分考虑"区域人口和购买力水平""区域功能和社群特征""交通条件和客流流向"以及"同其他区域市场的关系"四个方面。这一战略思想在后来上海的商业布局规划实践中都得到了很好的验证。

随着上海城区面积的扩展和郊区新城镇的发展,市郊商业的发展提上了议事日程。本人还同商业主管部门一起对市郊城镇商业进行过全面调查。对此本人也用论文的方式表达了自己的意见。在 2004 年发表的《上海商业发展如何迈向新的台阶》《上海零售商业布局调整应创新》以及 2007 年发表的《如何面对上海商业发展中的新变化》等文章都提到市郊商业发展的依据、类型和布局等问题。特别是 2004 年发表的《市郊购物中心——能否成为新的发展方向》一文较早地提出了在市郊交通枢纽地区建立独立的大型购物中心的思想,并根据当时的实际情况,具体地将青浦的"方家窑"(也称"赵巷")、南汇的"航头"等地区推荐为可建设市郊大型购物中心的理想位置。后来,上海百联集团在赵巷建了第一个位处市郊的大型"奥特莱斯"购物中心,取得了良好的市场效益,也开了市郊大型购物中心建设的先河。

建设国际贸易中心是上海既定的发展战略目标之一,之后上海又提出了建设国际消费中心城市的战略目标。虽然上海在历史上已是我国最重要的国际商贸中心,但同目前一些主要国际商贸中心相比还是有一定差距的,所以必须找到差距,确定目标,扬长避短,继续努力。在此期间,本人曾先后主持过上海国际贸易中心建设和上海国际消费中心城市建设的相关项目研究,在此基础上也发表了一系列的论文。2001 年发表的《确立上海国际商贸中心地位的条件和措施》一文在全面分析了上海建设国际商贸中心的自身条件及与国内外主要城市比较的基础上,提出了"成为真正的国际枢纽港""成为有影响力的国际交易市场""成为全球主要跨国公司的集聚地"三个国际商贸中心的建设目标。在后来上海建设具有全球影响力的国际大都市的战略规划中,这三个目标都成为主要的目标。2010 年在《科学发展》杂志上发表的《上海加快推进国际贸易中心建设的战略思考》一文是在本人主持的同一主题的上海市政府决策咨询研究项目的基础上写的。当时全球正处于由美国次贷危机而引发的金融危机的冲击之下,而上海则即将举办世博会,在建设国际贸易中心方面面临着各种机遇和挑战。文章在深入分析了内外环境条件的基础上提出了上海建设国际贸易中心的战略目标,即"高度国际化""对国内外市场具有强大的集聚力和辐射力"

"在国际上具有竞争力和影响力",并主张着力打造"贸易主体系统""交易平台系统""展览展销系统""贸易辅助系统""贸易管理系统"五大系统,还提出了7个方面的具体推进措施。这篇文章对之后上海国际贸易中心建设的各项政策的制定是有一定的影响力的。

建设有影响力的国际商贸中心关键是要能成为各类大宗商品物资的交易平台,具有强大的货源和市场控制能力,衔接国内外两大市场。为此,本人多次发文强调了这一点。2005年撰写发表的《建设国际贸易中心必须振兴上海批发商业》一文强调了国际贸易中心城市必须具有对商品资源的强大"集聚力、流通力、辐射力"。因此,上海必须通过推动各类大宗商品的批发交易而形成对全国乃至全球的流通影响力。文中分析了当时上海批发交易功能弱化的现象和原因,并希望通过强化批发交易功能而使上海成为"衔接国内外两大市场的中心环节,成为全国流通能力最强的交易平台"。2010年发表的《控制网络,建立平台,提升上海商贸竞争力》一文更是进一步指出,缺乏具有资源和网络控制能力的商贸主体、缺乏具有强大集聚和辐射能力的交易市场与交易平台、缺乏对全球商业信息具有集聚和分享能力的商务信息集成商是上海难以形成商贸集聚力、流通力和辐射力的主要原因,也是上海建设国际贸易中心的主要障碍。2013年9月,中央在上海浦东正式建立"中国(上海)自由贸易试验区",为上海国际贸易中心的建设创造了前所未有的良好条件。本人通过对"自由贸易区"各项政策的研究,撰写并发表了《自由贸易试验区与"平台经济"城市》一文,提出上海应当充分利用"自由贸易区"的各项先行先试政策,增强对全球资源的配置能力,成为"平台经济"城市。实际上,真正的国际商贸中心的经济发展模式应当就是"平台经济"的发展模式。

2017年,李强到上海担任市委书记。当年12月,他提出了上海要打造"上海服务、上海制造、上海购物、上海文化"四大品牌的战略思想,实际上就是想要树立上海这个城市的特色形象。其中"上海购物"的提出,说明了商业繁荣应当是上海的主要形象特征之一。本人在2017年发表的《魔都之魂是怎样炼成的——上海近代商业发展对城市精神文化之推动》一文中曾经指出"以商兴市的上海近代城市发展历程,使上海具有了其富有特色且魅力无穷的城市形象和城市精神"。然而,在新的时代背景下"上海购物"的城市品牌形象内涵应当是什么呢?本人于2018年1月在《文汇报》上发表了《"上海购物"如何演绎新时代的品牌故事》一文,对其进行了阐述。文章指出,"上海购物"的品牌形象内涵可归结为四个关键词,即全球、时尚、高端、诚信。所谓"全球",是指上海应当成为我国全球商品集聚度最高的城市;所谓"时尚",是指上海应在全国消费发展趋势上具有引领性;所谓"高端",是指上海除满足一般的日常生活需求之外,更应当注重去满足更高层面的消费需求,以适应消费升级的趋势;所谓"诚信",是指上海必须在建立商业诚信环境方面率先示范。总之,要形成上海在商业领域独特且领先的品质内涵和形象特征,才能真正打响"上海购物"之品牌。

从世界各主要国际消费中心城市来看,几乎都有一些具有全球影响力的本地设计师品牌产品为支撑,而且往往是在某一产品领域形成了难以替代的独特优势,从而吸引了世界各地的消费者纷至沓来。所以,上海要成为对国内外消费者真正具有强大吸引力的国际消费中心城市,也应在某些领域打造出一批具有全球影响力的本地设计师品牌。本人2022年1月在《文汇报》上发表的《消费品创新设计上海应成策源地》一文集中表达了这一思想。而在2005年发表的另一篇文章《上海品牌发展的战略构想》中,本人也曾指出"当某种产业的名牌产品在某一地区(或城市)形成相对集聚时,就有可能产生'原产地效应',即当人们提及某种产业或某种产品时,首先就会联想到某一地区(或城市)"。那篇文章还对上海如何形成某一方面的产业优势、打造上海城市形象品牌进行了详细的阐述。

2018年,上海提出了建设国际消费中心城市的战略目标。围绕这一目标,本人在2019年主持了上海"十四五"规划前期研究的项目,主题就是《"十四五"期间,打响"上海购物"品牌,加快上海国际消费中心城市建设的目标和战略举措研究》。研究报告在设立了40多项国际消费中心城市的评价指标并同世界上主要的国际消费中心城市进行比较的基础上,分析了上海存在的差距和问题,提出了上海建设国际消费中心城市的战略目标、行动方案和各项举措。报告指出,所谓"国际消费中心城市"应当是"能集聚高品质商品和服务资源,能吸引国内外高层次消费群体,具有很强的流动性、创新性和引领性的全球城市"。而在商业方面的"集客效应""示范效应"和"引领效应"应当是国际消费中心城市的基本特征。这也是上海建设国际消费中心城市的努力方向。

在2010年左右,本人还对上海服务业发展的问题进行过专题研究,并发表过几篇相关文章,其中比较有代表性的是2010年发表的《上海加快发展服务业的战略思考》和《寻求新的增长点 推进上海服务业加速发展》。这两篇文章不仅指出了上海在发展服务业方面的主要问题和"瓶颈"以及推进思路,还提出了要利用上海的特定优势,在教育、医疗以及文化等领域推进服务业发展的战略构想。

上海零售商业改造应有全局观念

近几年,上海零售商业的改造取得了很大进展。以"三街一场"为中心的零售商业改造使上海商业街市的面貌发生了很大变化,充分显示了上海这一国际大都市和商贸购物中心的现代化建设步伐。然而,一些令人担忧的问题也正在引起人们的注意。其中最主要的是零售商业的改造中改造目标的片面性和改造规划的非整体性。在改造目标上片面追求豪华、高级、上档次,在改造规划上则以地区或部门为界,各搞一套,互不协调,从而使整个上海的零售商业发展有可能脱离市场的实际情况、背离发展的客观规律、影响社会效益和经济效益,出现事与愿违的后果。

笔者认为,在上海零售商业的改造过程中,应当学习和借鉴世界上各主要大都市建设和发展的经验,树立全市一盘棋的指导思想,同城市发展的总体规划结合在一起,根据市场实际,统筹规划,加强协调,具体来讲,应贯彻从需求出发、按区域定位、综合配套、相互衔接的原则。

一、从需求出发

零售商业是直接面对消费的,所以零售商业的发展和改造只有坚持从消费需求实际出发,同消费需求发展同步,才可能取得相应的社会效益和经济效益。上海零售商业的发展和改造必须以分析上海当前和未来的消费需求特征为前提。在相当长的一段时期内,上海的消费需求主要可分为四种类型:一是基本生活需求。其购买主体是本市的居民,购买地点一般在生活区附近,购买时间是经常的、频繁的、稳定的,购买要求是方便、廉价、实用。二是一般消费需求,即服装或耐用消费品等需求。其购买主体基本上也是本市居民,购买地点在商业街或区域性商业中心,购买时间有间隔性、季节性,并集中于节假日,购买要求是优质、实惠、价格合理。三是旅游购物需求。其购买主体是全国各地包括海外国外来沪旅游或工作的人员(每年要达几千万),购买地点大多在传统的著名商业街,购买时间也有明显的淡旺季,购买要求是名牌、货全、服务周到。四是炫耀享受需求。其购买主体是少数致富大户、海外归国人员或在沪工作的高收入阶层,购买地点希望是能体现身份购买要求,是高档地段的高档消费场所,豪华,与众不同。这四种类型的消费需求在购买目的、方式、场所及要求上存在着明显的差异,这一方面体现了上海作为一个国际大都市的基本特征,另一方面也要求上海零售商业的发展与改造必须与之相适应。从不同类型消费需求的购买行为特征出发,对上海零售商业的发展与改造进行总体规划,也许是比较科学的。

二、按区域定位

目前上海零售商业的改造是从一些主要商业街的改造启动的。也许是由于这个原因,所以在一些零售商业的改造规划中,比较侧重于研究某条街或某个点的布局与定位问题。若从实施步骤来讲,这样的研究无可非议,但若从城市零售商业改造的整体规划来看,这样做就有些问题了,因为一个城市零售商业的布局是有明显的区域性的,这从世界各主要大都市的零售商业发展经验中可得到证明。只有首先明确了城市零售商业的区域分布状况及各区域的基本特征,才可能对处于该区域中的某条街或某个点的功能定位作出决策。同时必须明确,零售商业的区域分布特征并不是主观意志的产物,而是在长期的商品交换活动中通过市场集聚效应而逐步形成的。若无环境条件的重大改变,则所形成的区域特征也很难改变。因此,在进行零售商业发展与改造的总体规划时,不能不注意零售商业分布的传统特征和历史条件,如南京东路的客流量中外地游客要占70%以上,这一特征主要是由于历史原因所造成的,不能因主观愿望而立刻改变。影响零售商业区域分布的另一个重要因素是区域功能。居住区、游览区、文化区、金融区和商务区的功能差别使处于各区域中的消费群体特征会有明显差异,从而也导致零售商业呈现出不同的区域特征。区域功能的改变也会引起零售商业区域特征的改变,如上海新客站的建成和启用,就使得新客站地区成了一个新的商业中心。此外,交通条件等环境因素的变化也会影响零售商业的区域分布,如地铁一旦开通,对地铁沿线,特别是淮海路商业街的影响将会是很大的。然而,对上游零售商业的发展和改造实行区域定位,归根结底还是应从消费需求出发,因为各种影响因素总是首先作用于消费需求,然后才反映为零售商业的区域特征的。从上海目前的消费需求出发,零售商业将可能形成四种主要的购物区域,那就是基本生活用品采购区域、一般消费品采购区域、旅游购物区域和高档消费区域。

基本生活用品采购区域是指居民区周围的商业群体,以经营基本日用消费品为主,主要是为了满足本市居民的基本生活需求,分布面很广。一般消费品采购区域是指一些主要商业街和区域性的商业群体,以经营各种百货、服装、文化用品和耐用消费品为主,主要的购买对象是本市的工薪阶层或中等收入阶层,经营特色应主要适应本市居民的消费偏好。这样的区域在全市应当分布均匀。旅游购物区域是指中外游客比较集中的旅游景点和商业中心区域。其购买对象虽然也包括本市居民,但主要是海内外的游客,因此不仅在经营品种上应量大面广,而且在经营特色上也应适应各地顾客的消费偏好。高档消费区域是指主要以满足炫耀享受性需求的高收入阶层的特定消费区域,以高档商店和高档消费场所的集中为特征。经营的商品应当是高档、名牌,价格昂贵,购物环境应能体现出购买者的身份和气派。这样的区域不会很多,但在上海这样的国际大都市中应当有。

从上海零售商业的发展目标来看,今后这种区域分布的特征将会越来越明显,而绝不会是没有差异的杂乱分布。若不考虑这种区域分布的发展趋势,盲目地进行零售商业的改造,则必将会导致社会效益和经济效益的下降。因此在进行零售商业改造的过程中,我国必须根据传统特征、区域功能和各种环境条件,实事求是地进行区域定位,并以此作为区域内零售商业改造的指导思想。

三、综合配套

由于无论是哪个层次或哪种类型的消费群体在消费需求方面都是全方位的,所以在各种类型的购物区域中,零售商业的经营门类、经营形式和经营规模应当相互配套,这也是在上海零售商业改造中必须引起注意的一个问题。在同一购物区域内,除了一般商品的供应外,还应考虑同此类消费群体相适应的饮食、服务、娱乐、休息等方面条件的提供,使消费者的需求能得到全方位的满足,这将有助于零售商业社会效益和经济效益的提高。例如,上海目前有些已经建立的高档商店,由于周围缺乏同层次的其他消费设施的配套,因此难以对高层次的消费者产生强大的吸引力,从而导致这些高档商店经济效益下降,并进而导致经营档次下降。若能在这些高档商店周围发展一批同样高档的餐馆、酒吧、网球场、俱乐部和夜总会,并配置停车场,形成一个综合性的高档消费区,则可能会吸引一批高层次的消费者,从而也就可能使高档商店的经济效益得到保证。在同一购物区域中,综合商店和专业商店应当配套,大中小商店应当并存,以满足消费者不同的消费偏好和购物习惯。在区域定位的前提下,区域内各商店对自己的经营特色也应实行定位,以体现自己的个性特征。在目前的零售商业改造中所出现的追求大型、豪华,以致造成综合百货大楼鳞次栉比的现象实在是不可取,因为这不仅可能导致一批具有传统经营特色的商店消失,而且会由于同类型大型综合商店的剧增所导致的购买力分流,使得各商店的经济效益普遍下降。有人预言"国有批发商业的悲剧,不久将会在零售商业重演",这恐怕不能算是危言耸听。

四、相互衔接

由于管理体制方面的原因,上海零售商业的改造现在主要是以各区县的规划和改造为主,这就产生了在改造过程中如何相互衔接的问题。城市是一个有机的整体。若各区县在零售商业改造的过程中过多地考虑自身的利益,而不注意相互之间的配套和衔接,就有可能影响城市整体功能的发挥。因此,各区县和各系统在零售商业的发展与改造方面应当注意相互之间的衔接,市政府有关部门也应当加强总体协调。相互衔接主要体现在两个方面:一是改造规划的衔接,即在零售商业的区域分布、功能特点和购买力分配等问题上有一个共识。竞争应表现在商业企业之间,而不应表现在地区或系统之间。各区县和各系统之间应当多强调配合与协调。二是交界地区的衔接,即对各区县交界地区零售商业的发展与改造更应注意相互之间的衔接,在必要的情况下,应当进行共同规划、联合开发,以达到优势互补、合理过渡之目的。应当明确一个观念,以上所提到的购物区域同行政区域在地理界限上并不是完全一致的。零售商业的发展与改造规划必须从购物区域的概念而不是从行政区域的概念出发。

在讨论上海零售商业的发展与改造问题上,一些偏见也是必须予以纠正的:

一谓"中心商业区零售商业经营档次应当比较高"。这种看法其实并不正确。城市中心商业区实际上是指城市中零售商业最为集中、市面最为繁华、客流量最大的地区。而中心商业区之所以繁华,恰恰是由于其在经营门类、经营档次和经营方式上能适应大多数消费者的需求。而大多数消费者的购买力水平不可能是很高的。所以一般中心商业区零售商业的经营档次都是以中档为主,但在经营品种和经营特色方面则比较齐全。从这个意义上说,上海的南京路可能会成为全上海乃至全国最繁华的商业街,但不应当也不可能成为最高档的商业街。

二谓"考虑到黄金地段的级差效益,不应在黄金地段保留小型商店"。这实际上忽略了"黄金地段"何以成为"黄金地段"。其实,一些"黄金地段"的形成,正是由于其集中了大批传统的特色商店,从而对消费者形成了强大的吸引力。而大多数特色商店都是一些规模较小的专业商店,其专业特色决定了不能以大型商厦的方式来开展经营。相反,如果硬把这些特色商店改造成综合经营的大型商厦,则最终可能导致"黄金地段"经营特色的消失,对消费者失去吸引力,"黄金地段"的效应也就必然会受到影响。

总之,只有统观全局,从消费需求出发,实事求是地对上海零售商业的发展和改造进行总体规划,上海零售商业才可能得到健康发展。

(此文发表于《财经研究》1994 年第 6 期)

上海百货业如何在调整中求发展

上海的百货业在商业发展中有着举足轻重的地位,历来是上海零售商业发展的主体和标志。20世纪90年代初开始的大规模商业改造首先是从商业开始的。短短的几年时间,5 000平方米以上的大商厦就从2家发展到100多家,成为上海城市面貌大变样的主要标志之一。即使是在超市、专卖店等各种业态蓬勃发展的今天,上海各大百货商店的营业额仍占社会消费品零售总额的32%,在各种业态中居领先地位。可以预料,在上海城市中心集聚化状态不发生根本改变的情况下,上海百货业在上海商业中的地位也不会有很大的改变。

然而,正如大家所看到的,上海的百货商业近几年在发展中也遇到了很大的困难。在上海现有的408家百货商店中,属大型商厦的约有53家。这53家大商厦中,去年1—4月份,亏损面高达40%,有八九家百货商厦已经关门或者转业。因此,商界和学术界的一些人士已开始对上海百货业的发展表示悲观,甚至引经据典地认为,百货业的衰退已是一种必然趋势。笔者认为,对上海百货业的发展趋势应当实事求是地进行分析,过于悲观是没有道理的。

从世界范围来看,百货业在20世纪80年代以后确实有一种衰退之势,但是这同发达国家中城市的形态和性质所发生的特定变化直接有关,其主要表现为三方面的特征:

一是商业区与居住区高度分离,城市"空心化"程度极为严重。西方发达国家从50年代开始,随着城市级差地租效应的增强,住宅区向市郊集中的趋势越来越明显。经过三四十年的变迁,商业区同居住区已经高度分离,从而因市中心人口锐减,导致集中在市中心的百货业出现衰退。然而上海虽然从90年代起随着市政动迁和商业改造也开始出现了居民向市郊接合部迁移的趋势,但这一现象并未立刻导致商住区域的高度分离。据统计,目前上海市中心的黄浦、卢湾、静安、南市、虹口、闸北六个区的总人口仍达300万左右,占全市总人口的23%;黄浦、卢湾、静安等区的人口密度仍远远高于其他各区。而且在未来几年中,市中心人口下降的速度将明显减缓,所以城市"空心化"的状态并不十分严重。

二是随着交通方式和零售业态的改变,商业"离心化"趋势十分明显。汽车已成为发达国家中的普及型交通工具,加上地铁网络的成熟,远距离"封闭式"交通已成为发达国家城市交通的基本特征。这种交通方式使步行逛街购物的机会大大减少,而与之相适应的是拥有庞大停车场的 GMS 以及分散于居民区或交通要道的大型超市。这就导致城市商业的中心集聚化程度大大下降、"离心化"趋势日益明显,从而使百货业面临极为不利的环境条件。然而从上海目前的情况来看,这种"离心化"的状态并未真正形成,这不仅是由于交通条件尚未达到发达国家的水平,而且是由于上海人的购物习惯不可能一下子改变。因此,到市中心的百货店看看逛逛的"逛街式"购物仍是上海市民的一大乐趣,城市商业的中心集聚化程度相当高。

三是发达国家商品标准化、规模化的程度大大提高。大多数商品在品质上的保证率很高,购买同样的商品在地区上的差异性很小,加上邮购和网上销售的发展,所以很多商品不一定要到百货商店亲自挑选,这也是西方百货业出现衰退趋势的重要原因之一。而上海目前商品品质的标准化和规范化程度还很差,消费者购物的风险感很强。对于选购性的商品,往往总是一定要亲自"店跑三家",所以百货商店仍然会成为消费者选购商品的主要场所。

那么为什么这几年上海的百货业在经营上会发生那么大的困难呢?笔者认为主要有以下一些原因。

首先,进入 20 世纪 90 年代以来,商业零售业态出现多元化发展的趋势。超市、大卖场、专卖店等纷纷出现,它们同上海城市形态的发展变化相适应,客观上对购买力形成了很大的分流。因此,虽然目前上海的城市形态变化还不至于导致百货业明显衰退,但确实上海已对传统百货业构成了很大的威胁。而 90 年代以后,在上海零售商业的改造与发展中,百货商店的发展又占据主要地位,从而使零售商业的业态结构出现了明显的不平衡,于是面对市场相对疲软的环境,百货业便首当其冲地陷入了困境。

其次,相当部分新建立的百货商店,在选址、规模和经营定位方面缺乏科学的规划,从而违背了百货商店建设发展的客观规律,这也是导致经营不善的重要原因。如在选址上,百货商店的市口效应十分重要,应当建设在人流集聚性较强的中心路口(我们称其为"点"上),而不宜建设在客源难以驻留的一般路段(我们称其为"线"上)。目前有不少百货商店就是建在"线"上而不是"点"上,从而使得顾客"过门而不入";从百货商店是以满足顾客购买选购性商品的需要出发,其规模应当比较大,营业面积一般应在两万平方米以上,这样才能使各种商品得到充分的展示,顾客能够广泛地进行挑选。而目前大多数新建的百货商店,只有几千平方米,不是商品种类太少,就是花式品种不全,顾客挑选余地不大,从而也就失去了吸引力。不少百货商店不考虑自己所处的区域性质和面对的顾客群体,盲目地进行经营定位,也使得商品货不对路、价位不如人意,从而经营效益很差。

最后,产品更新缓慢、货源极其匮乏,也是百货业举步维艰的重要因素。目前我国的轻纺工业产品设计创新技术薄弱,产品品种单一,更新十分缓慢,加上对国外产品的进口又受到政策和关税的限制,所以缺乏大量富有吸引力的产品充实柜台。据有关方面指出,世界上目前有各种消费工业品十三四万种,而在我们的柜台和货架上,最多只有三四万种,于是就造成各家百货商店经营商品雷同、经营缺乏特色的现象,使消费者产生了"走一家等于走百家"的感觉,这也使得相当部分的百货商店无人问津。而且大多数百货商店采购力量薄弱,缺乏自营能力,使货源匮乏的问题显得更加突出。

以上的分析说明了上海百货业的发展并非没有前景,但是由于这几年在规划上的不当和经营方面的问题,使百货业面临相当严峻的困难局面。摆脱这一困难的唯一措施就是进行调整,即对上海目前的百货业进行大幅度的调整,使之真正适应城市形态的变化和当前的市场特征。笔者通过对上海百货业发展现状的调查和对一些成功经验的总结后认为,上海目前的数百家百货商店将会发生分化,将来有可能朝几个不同的方向发展。

第一,少数实力强大、经营优势明显的大型百货商店将进一步向规模化、集约化发展,逐渐通过联合、兼并、连锁等方式,形成超大型的百货企业集团。国外的商业发展历程证明,百货业最终能在激烈的市场上保留一席之地,主要是依托几家超大型的百货企业集团。它们以强大的规模优势抗御超市等新型零售业态的进攻,巩固了自己的地位。上海的超市经过七八年的发展,已经走上联合发展的道路,几家超市巨人已崭露头角,显示了其规模化、集约化的优势。而上海的百货业通过这几年的激励竞争,也已使得少数实力强劲的企业凸显出来。这些企业若能进一步有计划地进行规模扩张,则必然会成为上海乃至全国百货业的支柱。问题是在目前的情况下,扩张不能单纯依靠增加新的投资,而应当主要依靠联合与兼并。在这一方面,有必要打破市区之间、区区之间的行政界限和利益束缚,促使有发展前景的大型百货企业能顺利地进行规模扩张,建立起上海新一代的百货巨人。

第二,部分硬件设施先进,经营能力较强,又具有某些方面的货源优势的企业可向大类专业店或系列百货店转型。大类专业店或系列百货店的主要优势是在某一类商品中实行专业经营,可在有限的范围内丰富某类商品的花色品种,充分满足消费者的挑战欲望;而且可因在某类(或某系列)商品上的高度集聚效应而形成企业的经营特色。如前所述,一批营业面积只在 5 000 平方米左右的百货商店经营百货实际上是没有优势的,难以在门类上和品种上使消费者感到满意。但若转向大类专业店或系列百货店,则会显得比较适宜。大类专业的确定可从不同的角度考虑,如从商品系列的角度考虑,可开设专门的家居用品、文化用品、旅游用品、卧室用品等商店;从市场系列角度考虑,可开设专门的儿童用品商店、职业妇女用品商店、主妇商店以及教师商店等;从年龄层次系列考虑,则可开设青少年用品商店、老年用品商店等。规模较大而专业系列商品容量不足的商店,也可以考虑分楼面设置几个不同的专业系列商场。即使在这种情况下,也应尽可能考虑几种专业系列商品之间是否有一定的相关性。

第三,大多数市口较差、经营能力又不强的百货商店,可以考虑向市场化发展,即采用固定场租费、收缴定额税的方式吸引生产企业或个体工商业主经营,形成"店中店"式的各类专业市场。由于生产者与个体工商业主在经营上比较灵活,或拥有一定的货源与市场优势,所以往往有可能达到较好的经营效益,而原店主的经营风险则会大大减少。而且这种"店中店"的经营方式在目前又比较受广大消费者的欢迎,所以将一批经营不善的百货商店改建为专业市场不失为一种有效的途径。

上海百货业的调整和发展工作是一项系统工程,每家商店每个公司在确定自己的调整和发展方向时必须十分谨慎,不仅应对自己的现状和特征进行正确的评价,而且应当通过与同类商店的比较来明确自己的市场地位,在调整过程中则应充分考虑到资源、市口、市场和竞争等各种影响因素,并以通过调整,使商店和商场的经营效益有明显提高为基本目标。相信上海的百货业通过科学的调整和重组,一定会重新焕发青春。

(此文发表于《上海商业》1999 年第 1 期)

上海商业发展如何迈向新的台阶

20世纪90年代以来，上海商业经历了一个高速增长的时期。从数据上看，现在的社会消费品零售总额差不多是90年代初期的三到四倍，人均商业营业面积比90年代初期翻了一倍多。从形态上看，传统的市中心商业经过脱胎换骨的改造，已呈现出现代化的繁荣景象，同时又形成了徐家汇、南京西路"金三角"、卢湾区"新天地"等具有标志的新型商业中心；从经营方式上看，国际上已有的各种商业业态差不多都已在上海出现，并深刻地影响着上海市民的消费生活。起源于上海的连锁商业更是发展迅猛，至2003年底，全市的连锁经营网点已达7 609家，涉及69类业态和业种，并向全国迅速发展和渗透。市外连锁经营的网点总数已达3 000多家，遍布全国20多个省市。无论从哪个角度看，上海商业仍然在全国保持着领先地位。

然而，对上海商业发展现状的正确评价，涉及对上海商业进一步发展方向的认识。如果单从满足上海现有市场需求的角度看，上海商业的质与量可以说是已经到位，甚至可以说已经出现了过热和饱和的倾向。但是如果跳出纯商业的角度，从上海这一国际大都市建设与发展的目标去看，上海商业的发展恐怕还是任重而道远的。

笔者曾在一篇文章中指出：商业毕竟只是城市功能的一个组成部分，城市功能的变化必然会导致城市商业也发生相应的变化；而城市功能的完善，也必须依赖城市商业的相应发展。因此，当我们讨论上海商业新一轮发展方向的时候，绝不能脱离上海城市功能的基本定位和上海城市建设的发展目标。

什么是上海的城市功能定位和发展目标？这一点早已确立，那就是把上海建成全国的经济中心、金融中心、贸易中心和航运中心。"四个中心"的建设目标意味着上海的城市功能必须突出两个基本特点：一是"领先"；二是"辐射"。上海在现代城市基本功能的建设上必须保持在全国的领先地位。不能领先，何为"中心"！上海的城市功能必须辐射全国、影响全国，必须能为全国的经济与社会发展作出特殊的贡献。

以上海城市发展的这一既定目标来评价上海商业的发展现状,我们就会发现,上海商业对于形成上海特定的城市功能的作用发挥得还是很不够的。

首先是上海"云集万商,辐射全国"的贸易中心功能尚未形成。至今为止,上海还未能在某几类甚至某一类商品上成为人所公知的全国性交易中心,更未能成为衔接国内外两大市场的中心环节,未能使国内外的商品和服务贸易在上海形成一定的集聚效应和辐射效应。

其次是上海作为全国购物中心的地位也未形成。上海商业从经营形式到商品种类都同全国各地的主要城市有很大的类同性,从而难以对全国各地的购买力产生强大的吸引力。有人做过比较,外地游客在上海的人均购物消费只有560元人民币,而外地游客在香港的人均购物消费则高达7 000多港元。上海要成为全国的"购物天堂"确实还有很大的距离。

再次是上海前阶段的商业发展主要集中于600多平方公里的市中心区域,而另外5 000多平方公里的郊区商业发展却仍然十分滞后。这同上海城市化程度不断提高,市郊已成为上海城市新一轮发展的重点和热点的趋势不相匹配。

复次是上海20世纪90年代超常发展的部分商业业态目前已出现退化现象。上海在新型商业业态发展中的示范效应也相应减弱,面临着商业业态进一步更新与发展的任务。

最后是上海商业向全国发展的进度仍然十分缓慢,从本质上看主要是缺乏能为全国提供有效的商业服务的差异性优势,同时也由于在向全国进行商业拓展的过程中缺乏经营管理模式上的领先性和示范性,不能对当地的政府、企业和市场形成强大的说服力。

因此上海商业要能真正成为实现上海"四个中心"功能定位目标的重要推动力量和构成要素,就必须进行新一轮更新和发展,这样才能够迈上一个新的台阶。上海商业新一轮发展的目标应当是:使上海商业能真正成为全国乃至国际贸易中心,成为对国内外游客产生强大吸引力的购物天堂,成为推动全国商业现代化的主要动力源。为实现这一目标,上海商业的发展应当在以下几个方面有所突破:

一、强化城市的交易功能,形成最好的交易平台

上海能不能真正成为全国乃至国际贸易中心,关键在于能否强化上海这一城市的交易功能。从历史的角度看,上海的交易功能是很强大的,这也是上海为什么能成为中国最大的经济城市的主要原因。而当时上海交易功能的形成和增强,主要取决于两个原因:一个原因是其优越的地理位置。上海位于中国漫长海岸线的中部,又扼中国"黄金水道"长江的入海口,为经商必由之路;另一个原因则是由于其当时曾为世界各列强分而据之,从而成为一个最为自由的贸易港口。这说明一个城市交易功能的增强客观上取决于良好的地理位置,主观上则取决于能否形成自由、宽松的交易环境。

如今的上海,地理位置的优势依然存在,所缺的则是自由、宽松的交易环境。上海新一轮商业发展的目标能否实现,一定程度上取决于上海交易环境的改善。我们并不主张超越法律和道德的界限来扩大贸易的自由度,但有一点必须有所改变,即形成市场交易环境的各级有关政府部门,其工作的要旨应当从以"监管"为主转变为以"服务"为主;工作的主要目的应当是推动市场的发展,而不是对其加以限制。上海的市场能否活跃起来、上海的交易功能能否迅速增强,应当是评判上海各级政府工作绩效的首要标准。要使上海成为国际贸易中心,首先应使其成为国际采购中心,即能促使国内外主要企业的大宗采购业务都能到上海。只有抓住了"买家",才能吸引"卖家"。而吸引采购的最佳方法就是举办会展。各种会展集中展示了行业内的最新产品和最新技术,自然会对采购者产生强大的吸引力。上海经过近几年的建设,会展条件有了很大的改善,应当在新一轮的发展中注重发展会展的规模与特色,使上海成为全国最有影响力的会展中心,并应设立一些优势产业的常年展示馆成展示厅,使国内外主要买家在开展采购业务时将上海作为首选目标和必到之地。要吸引国内外的跨国公司和大型企业集团,将其采购中心移至上海。上海若能在新一轮的商业发展中确立起全国乃至国际采购中心的地位,其贸易中心的地位也就必然能够形成。

二、吸引最好的中介代理,抓住交易的关键环节

在现代商务活动中,尽管企业间直接贸易的比重在不断扩大,但各种中介代理机构仍然发挥着主要的作用,特别是跨国和跨地区的大宗贸易活动,仍然离不开贸易商的中介作用。所以说贸易中介代理机构仍是市场交易活动的关键环节。从一定程度上讲,主要的中介代理机构在什么地方集聚,什么地方就会成为理所当然的贸易中心。因此要实现上海商业新一轮的发展目标,就必须在吸引国内外主要中介代理商方面有所突破。我国加入 WTO 后商贸业即将对外全面开放,不少人对商业开放度的迅速扩大表示担忧。笔者认为这种担忧是不必要的。相反,只有将世界上最强的中介代理商引进上海,上海才能真正成为全国最有优势的国际贸易中心。从这个意义上讲,即使因此挤垮了几家国有贸易公司,让出了一部分市场,只要贸易中心的地位能真正形成,还是值得的。

吸引最强的贸易中介代理机构,除在政策上创造各种有利条件之外,关键还在于上海能否在硬件和软件的建设上有利于交易效率的提高。如交易、通信及物流条件的改善,海关通关速度的加快,金融结算便利性的提高以及各种贸易服务功能的增强,都决定了国内外主要贸易中介代理机构是否愿意选择上海作为它们的立足之地。所以上海新一轮的商业发展,必须由以商贸业自身的改造为重点转向以对商贸活动环境的改造为重点,只有这样,才能真正集聚万商、繁荣市场。

三、根据不同的区域功能,调整零售商业的布局

在上海前十年的零售商业发展过程中,我们看到了一种同质布局的现象,即偌大个上海,各区域零售商业发展的形式和途径是相当雷同的。几个主要的商业中心都建起了豪华的百货商店;市中心的几个区都斥巨资修建了休闲街;即将兴建的一些城市副中心,都打出了"第二个徐家汇"的旗号。这种同质布局、攀比发展的现象是同上海城市功能结构的变化很不协调的。通过十多年的城市建设,上海已经形成了功能差异十分明显的不同区域,如黄浦江两岸的金融区,陆家嘴和虹桥地区的商务区,五角场周边的高教文化区,豫园、龙华、东方明珠等地的旅游区,新客站等地的交通枢纽区以及各种不同层次和不同文化特征的居住区。不同功能的区域必然集聚不同类型的消费群体。零售商业若不加区别地同质布局,则必然会产生同区域市场不相适应的情况,从而导致零售商业经营效益的下降,城市商业的形象也会因此变得平乏无味。

因此上海在新一轮的商业发展中,一定要根据不同区域的功能特征,对零售商业的布局进行调整。一方面,政府对新开发的商业项目应进行积极引导,使其经营规模和形式能同区域功能特征保持一致;另一方面,要对现有的商业布局状况进行调查,对其中不合理的项目应分析原因,讲清道理,促进他们主动进行调整;金融部门也应加强对大的商业投资项目贷款的前置论证,使上海零售商业的发展和布局能同上海城市功能结构变化相适应,使上海的商业面貌更加丰富多彩,使消费群体的需求得到更大程度的满足。

四、分析市郊的消费流向,规划市郊的购物中心

前十年上海零售商业的发展主要集中在市中心区域 600 平方公里的范围之内,市郊商业的发展十分缓慢。其主要原因是:上海城市的人口集聚度仍然很高,市中心同郊区的人口密度落差很大,市郊快速公共交通网络尚未形成,人口向外扩散的速度仍比较慢。商业是跟着人走的,人集中在市中心,商业自然也就集中在市中心。然而,目前的情况已经在发生一些变化:市中心的房地产价格越来越高,土地的级差效应开始体现,不久的将来,人口向市郊扩散的趋势会越来越明显;通往

市郊的几个主要公共交通工程都已起步,不久市郊的公共交通网络即将形成,这将使人口向市郊扩散的速度会进一步加快。加上上海的城市发展规划中,除了正在进行大规模改造的"一城九镇"以外,还将在市郊地区建设起两到三个人口达100万左右的卫星城市。市郊商业的市场正在形成和扩大。

上海市中心区域的商业规模已经趋于饱和,市场的发展潜力也已十分有限,零售商业发展如果仍限于市中心的范围之内,很有可能会造成投资效益递减。因此,上海新一轮的零售商业发展应该将发展的重点转向市郊,形成市郊地区的新型商业中心。市郊型商业中心的发展可能会有两个途径:一是依托现有的中心城镇发展城镇零售商业,并增强其对周边的辐射效应,形成区域型的商业中心,但这种做法可能难以形成市郊商业中心的全新特色,难以产生对周边购买力的强大吸引力;另一种途径就是仿照国外市郊大型购物中心的模式,在上海市郊建设几个集购物、餐饮、娱乐、休闲于一体的大型综合购物中心。它们并不坐落在现有城镇之中,而主要分布在快速交通干道附近,以周边多个城镇乃至市郊的购买力对其进行支撑。要使这一途径得以成功,关键是要准确把握市郊各城镇和居民的消费流向,并依此规划出几个市郊的消费圈,然后根据消费圈的市场容量和流向特征来规划大型购买中心的布局;同时对购物中心的设计一定要有鲜明的特色,并强化其休闲、娱乐功能,以使其成为市郊居民乃至市区家庭和外地顾客的度假休闲之地。

五、培育引进标志性企业,形成上海商业的基本特色

一个城市的商业发展是否有影响,不仅在于其整体的规模和质量,更重要的是要有富有特色和竞争力的标志性企业。二十世纪四五十年代的上海,如果没有四大公司,也就不会有上海商业的繁华和超前;南京东路当时之所以能成为中华第一街,也并非仅仅因为其建筑华丽,而是由于其集聚了70多家著名的特色商店。所以说,标志性企业的形成和集聚,是上海成为贸易中心和购物天堂的重要因素。

上海近几年的商业改造尽管在形态和外观上发生了巨大的改变,展示了现代化的商业形象,但是商业的品牌优势却在弱化。许多传统的名牌商店,由于其特色的消失或不再适应已经变化了的市场而销声匿迹或名存实亡。现有的几家著名的商业公司,大多是由于其规模强大,而并非以特色取胜。然而上海要能真正实现新一轮的商业发展目标,标志性的商业企业是不可或缺的要素。标志性企业的产生,一方面有赖于现有商业企业的特色再造或对传统优势的挖掘;另一方面则有赖于对国外(或海外)著名商业企业的引进,要努力让国外著名的商业跨国公司或名牌企业把它们的"旗舰店"开在上海。有了一大批著名的商业企业在上海的集聚,它们就有可能成为上海现代商业的形象与标志,就有可能促使上海成为真正的贸易

中心和购物天堂。

六、加速商业的现代化进程，保持上海商业的领先优势

现代商业的发展是以高新技术的运用为依托的。信息技术在商业领域的普遍运用，先进商业设施的更新与改造，供应链以及金卡工程的建设与普及，不仅可能提高商业企业的经营管理水平，同时也能使顾客感到更加方便和满意。上海要实现新一轮的商业发展目标，就必须加快上海商业现代化的进程。

要实现上海商业的现代化，目前仍需克服一些主要障碍：一是观念障碍，认为不运用高新技术和设备照样做生意，不愿意在提高商业现代化水平方面进行过多的投资；二是资本障碍，一些商业企业愿意进行现代化的改造，但苦于没有足够的资金和实力；三是技术和人才障碍，目前上海商业企业的人才素质普遍不高，对现代化的商业运作方式一时还难以适应。

因此，要想保持上海商业在全国的领先优势，就必须转变观念，对上海商业的现代化问题引起高度重视；要合理配置企业的资源，加大对商业现代化的投入；同时要加强对商业部门或企业的人才培养，建立起一支推动商业现代化进程的骨干力量。

上海曾经是"冒险家的乐园"。从新的角度去理解，即上海是一个最能给人以想象空间，同时也最能吸引各种新生事物的城市。我们只有以创新的精神和改革的勇气来面对新一轮的商业发展，才能推动上海商业迈上一个新的台阶。

（此文发表于《上海商业》2004 年第 4 期）

上海零售商业布局调整应创新

一、现状分析

20 世纪 90 年代以来,上海零售商业进行了大规模的改造,总量急剧增加,层次不断提高,形态发生了根本的变化。然而,在零售商业的布局规划方面仍存在着以下一些问题:

(一)只注重空间上的平面均衡发展,而忽略市场上的区域功能差异

无论是 90 年代中期提出的"四街四城"的零售商业布局规划,还是近期提出的四个城市副中心的布局规划,都是只考虑了上海城市商业在空间位置上的平面均衡发展。强调"东西南北中",谁都不落空,而忽略了零售市场实际上是会受到其所在区域的功能特征影响的。一个城市分别会形成金融区、商务区、商业区、旅游区、娱乐区、文化区、居住区以及交通枢纽区等不同功能的区域,其集聚的人群性质是很不一样的,所以在不同区域中所进行的零售商业布局规划也应当有很大差别。但是在现有的零售商业布局规划中并没有强调这一点,包括 2001 年 7 月上海市质量技术监督局发布的"商业分级设置规范"地方标准中,也只是按"广域型""超广域型"的标准来进行不同区域的商业定位,同样未涉及区域的功能性质。

(二)只关注市中心区域的零售商业布局,而忽略市郊区域的零售商业规划

到目前为止,上海零售商业布局规划的重点还是集中在市中心的区域范围之中,未能对市郊区域的零售商业发展提出过任何指导性的意见。尽管郊区的各区政府也曾对其中心城镇做过一些区域性的商业规划,但主要也是局限在城区范围之中,未能对整个区县的零售商业发展提出新的设想。这相对于上海郊区房地产发展布局的现状以及郊区零售市场快速增长的现状而言显得相当滞后。

(三)区域市场零售商业的发展规划同质性、攀比性很强,忽略同市场相适应的特色创新

各区政府所做的区域市场零售商业发展规划同质性、攀比性十分明显。区域

性商业中心几乎都以购物中心或现代化百货商厦为标志,许多区都想建设类似衡山路、"新天地"式的文化休闲街;所开设的商店无论是在外观形态还是商品结构上都大同小异,从而使上海零售市场的竞争越来越激烈、投资效益也越来越低。

二、市场背景

商业的发展和城市的发展之间存在着一种天然的联系。城市功能的变迁、城市形态结构的变化都会导致城市商业发生相应的变化。事实上,从 20 世纪 90 年代中期开始,上海的城市形态就发生了很大的变化。

(一)随着城市土地资源的重新开发和第三产业的迅速崛起,上海开始出现不同产业在不同区域一定程度上的集聚

如以对外贸易机构的相对集中为特征的虹桥商务区,以各种金融机构的集聚为特征的外滩和陆家嘴金融区,以高新技术产业的集聚为特征的张江和漕河泾开发区,以旅游观光客流集中为特征的豫园和东方明珠游览区,以高等院校的集聚为特征的五角场和松江大学园区等。产业的相对集聚客观上导致各区域人群和客流的差异开始扩大,从而要求各区域的商业布局应当同本区域的市场与客流特征相一致。

(二)随着市中心大规模的市政改造和城乡结合部房地产的开发,大批居民开始由市中心向城市边缘地区扩散,城市的人口分布状况出现了很大变化

根据有关统计资料,1997—2002 年的 5 年中,市中心黄浦区、卢湾区、静安区的人口分别下降了 11.7%、11.2%和 12.7%,而位于城乡接合部的宝山区、闵行区、嘉定区和浦东新区的人口则分别上升 13.7%、24.9%、6.2%和 12.7%。随着居民向城乡接合部的外迁,商住分离的状况日益明显,商业的布局自然也应随之调整。

(三)20 世纪 90 年代以来,上海的市政交通建设发展很快,高架路、轨道交通和省际高速公路的网络体系正在构成

城市交通网络体系的变化,对于人群与客流的集聚和流向会产生很大的影响。在其影响下,一些传统的商业中心会因此衰落,而一些新兴的商业中心则会因此崛起。随着市政交通建设的进一步发展,这样的变化还将不断地产生。上海零售商业的布局不能不考虑这样的一种背景。

(四)上海市郊的居民消费水平也在不断上升,近几年的消费品零售总额增长速度很快,市场的发展潜力很大

2003 年,上海的十个市郊区县共实现社会消费品零售总额 1 043.16 亿元,为上海社会消费品零售总额的 47%,比上年增长 19.03%,远远高于全市社会消费品零售总额 9.1%的增长幅度。其中,金山区、嘉定区、闵行区、青浦区、奉贤区、宝山区、南汇区、松江区的零售额增幅都在 15%以上。郊区零售市场的快速增长要求对上海市郊地区零售商业的发展与布局规划引起足够的重视。

三、零售商业布局调整的总体思路

根据以上分析,我们认为,上海零售商业在新一轮发展的市场布局方面必须强调"一个原则,两种模式,三个层面,四大依据"。

(一)一个原则

即零售商业的布局同区域市场的特征相适应的原则,必须改变不顾区域市场的顾客特征,盲目攀比,同质竞争的现象。在进行零售商业的布局调整和规划时,应当认真开展市场调查,明确所在区域的功能性质与市场地位,在零售商业的总量规模、业种业态结构以及功能特色等方面适应区域市场的实际需要和基本特征。

(二)两种模式

是指所构成的零售商圈基本上形成两种模式:一种为"广域型"的,即其所面对的市场比较广泛,并不局限于其所在区域的顾客群体。市中心的南京路、淮海路、徐家汇等中心商业圈就属于这样一种模式。将来在市郊地区也可能会出现一些同国外已有类型差不多的大型综合性购物中心(shopping-mall),以其规模和特色吸引大批的顾客前往,而形成新的"广域型"零售商圈。另一种为"局域型"的,即其主要面对所在区域的顾客群体,市场覆盖面比较有限。"局域型"商圈并不仅指面对居民的社区商业,而且包括面对办公楼顾客、学校园区顾客、生产企业顾客以及交通枢纽集散型顾客等特定区域的商圈。"广域型"模式的零售商圈同"局域型"模式的零售商圈的最大区别在于商圈内实际顾客中本区域顾客所占的比重,若本区域顾客的比重占大多数,则一般应为"局域型"的零售商圈;反之,则为"广域型"的零售商圈。

(三)三个层面

即上海零售商业从基本性质上来划分,将主要构成"中心商业圈""特色商业圈"和"居民消费圈"三个层面。"中心商业圈"主要是指广域型的综合性零售商圈,是城市中的核心商圈,主要以购物中心、百货商厦、各类专业专卖店以及餐饮娱乐设施的高度集聚为特征,面对的是以综合性购物、休闲、娱乐为目的的顾客群体;"特色商业圈"主要是指适应某一区域的功能特征,而形成与之相配套的商业业种业态相对集聚的零售商圈。"特色商业圈"可以是"广域型"的,如上海豫园商城就是一个以民俗旅游购物为特色的广域型"特色商业圈";也可以是"局域型"的,如上海虹桥商业圈就是一个主要以满足周边办公楼商务群体需要为特征的局域型"特色商业圈"。"居民消费圈"则是指主要以满足居民的消费需要为目的的零售商业圈,其可以包括覆盖面较广的社区商圈,也包括覆盖面较小的街坊商圈。将零售商圈划分为"中心商业圈""特色商业圈""居民消费圈"三个层面将在很大程度上改变单纯在空间上追求平衡发展的零售商业布局思路,而强调按照城市形态的变化和区域功能的特征来进行零售商业的布局。

(四)四大依据

即指上海零售商业的布局必须依据区域市场的人口与购买力水平、区域市场顾客的种类和性质、区域位置、交通和客流规律以及同其他区域市场的关系四个重要方面。人口与购买力水平是商业定位的基本依据,不用作进一步的解释;区域市场顾客的种类和性质主要是由区域功能特征所决定的,前面也已作过分析;而区域位置、交通和客流规律对于零售商业的布局定位同样是十分重要的,其决定了零售商圈的主要顾客来源和所能覆盖的市场范围;同其他区域市场的关系主要是指其他零售商圈同本商圈是否存在市场覆盖面的交叉和重合,以及同本商圈竞争强度的大小。

四、上海零售商业布局调整的预期设想

在市场经济条件下,城市零售商业的布局是不应当单纯依靠行政的方式来加以调控的,而主要应当依靠商家对于市场经营实际利益的判断来进行调节。即使是规划,也只能起一种导向作用。所以说我们只能对上海零售商业的布局调整进行一定的预期,提出一些理想化的布局调整方案。

(一)市中心区域的零售商业布局

市中心区域的零售商业经过十多年的改造与发展,基本上接近饱和,下一步的发展主要是属于调整性的发展,即有进有退,有上有下。我们分别从"中心商业圈""特色商业圈"和"居民消费圈"三个层面来加以描述:

1. 中心商业圈

根据对"中心商业圈"的概念界定,我们又可将其分为全市性的中心商业圈和区域性的中心商业圈两种,它们同样是具有"广域型"的市场辐射能力的综合性购物商圈。所不同的是,前者的市场辐射面很广,能集聚全市乃至外地的客流;后者的市场辐射面较窄,主要以集聚某一较大区域范围内的客流为主。

在可以预见的期间内,能成为全市性中心商业圈的零售商圈并不多,估计不会超过5个,那就是南京东路商圈、南京西路商圈、淮海路商圈、徐家汇商圈和浦东张杨路商圈。这几大商圈以其传统的影响、优越的区位或强大的魅力吸引着各方的客流。从土地资源、交通条件、历史底蕴或区位优势等角度来看,近期内市中心区域不大可能再形成与这五大商圈具有同样影响力的新的全市性的中心商业圈。

上海市区目前能称之为"区域性中心商业圈"的零售商圈主要有五角场商圈、四川北路商圈、提篮桥商圈、曹家渡商圈、中山公园商圈、打浦桥商圈和老西门商圈。这些零售商圈或是因其传统的影响力,或是由于交通条件所构成的区位优势,使其目前对于较大区域范围内的顾客形成了一定的吸引力,从而能成为市场覆盖面比较大的区域性中心商业圈。但是其市场覆盖面仍然有限,无法同全市性的中心商业圈相提并论。在这些区域性中心商业圈中,一部分随着交通条件的进一步改善,或因其同邻近商圈的市场重合度不大,将会得到进一步的发展和完善,而成为影响力更大的区域性中心商业圈,如五角场商圈;还有一部分则会由于交通条件的改变,或同邻近商圈的市场重合度过大,最终退化为居民消费圈,如老西门商圈、打浦桥商圈、曹家渡商圈等。目前,随着地铁一号线的延伸以及市区北部大量居民的集聚,在闸北区中部大宁路一带将有可能形成一个新的区域性中心商业圈,成为北部地区客流的主要集聚地。

2. 特色商业圈

特色商业圈主要是指以满足特定的区域市场顾客群体而形成的商业集群,这是在前一阶段上海零售商业布局中考虑得最为欠缺的部分。目前,上海比较成形的"特色商业圈"主要有豫园旅游购物商圈、新客站不夜城交通枢纽商圈、东方明珠旅游休闲商圈、虹桥商务区商圈、衡山路文化休闲商圈、新天地休闲娱乐商圈等。上海将来根据城市形态的进一步变化和对一些特定功能区域商业配套的进一步完善,还可能形成一些新的"特色商业圈",如陆家嘴的竹园金融商贸区商圈、上海南站的交通枢纽区商圈、新江湾城的大学园区商圈等。对"特色商业圈"的规划布局一定要同区域功能与区域市场的特征相一致,而不能按照一般"中心商业圈"的模式来进行商业配置。

3. 居民消费圈

居民消费圈是一个涵盖面较大的零售商圈的概念,主要可包含:商业集聚度较强的社区商业中心,以满足居住区居民日常生活需求的居住区商业中心,以及成散点式分布的居住区商业网点等。这里主要描述商业集聚度较高的社区商业中心。目前,在上海市区比较有影响的居民消费圈主要有天山路商圈、梅陇路商圈、田林路商圈、中原路商圈、友谊路商圈、控江路商圈、金沙江路商圈、古北商圈、彭浦商圈、曲阳商圈以及浦东的昌里路商圈、塘桥商圈、金桥商圈等;将来在一些新开发的居民集聚区还会形成一些现代化程度较高的新型居民消费圈,如浦东的联洋社区商业中心等。作为社区商业中心层面的居民消费区将主要以大型综合超市或社区购物中心等主体商业设施为支撑,并配置各类专业专卖店以及餐饮、服务、休闲、娱乐设施。上海在新一轮的商业建设中应当十分重视社区商业中心的建设,选择一些具有规模和层次的成熟居民区,进行示范性社区商业中心的规划和建设。

(二)市郊区域的零售商业布局

近几年上海零售商业的规划与发展主要集中在市中心区域600多平方公里的范围之内,而对于市郊区域5 000多平方公里的商业并未有任何总体上的布局规划。鉴于目前市中心商业发展的空间已经十分有限,郊区的零售市场规模却在不断地扩大,因此很有必要对市郊区域零售商业的发展与布局进行系统和全面的规划,以对市郊区域零售商业的发展加以引导。

根据上海市郊区域未来的形态发展和零售商业布局的一般规律,将来市郊区域零售商业的布局将主要表现为四个层次:一是新城区商业中心;二是城镇商业中心;三是乡村商业网点;四是市郊独立的大型购物中心。

1. 城镇商业中心和乡村商业网点

城镇商业中心即为现有郊区各中心城镇中的零售商业设施,主要由一两个大卖场、几家中型百货商店或购物中心、部分专业专卖店以及一系列超市、便利店和餐饮娱乐设施所构成;乡村商业网点则是指分布在广大乡村地区的以满足日常生活所需的各类商业设施。这两个层次的零售商业都属于居民消费圈的范畴,目前主要是根据各城镇和乡村居民消费水平的提高,进行一些层次上的提升和形态上的改造。规划主体应当是各区县及所在中心城镇,这里且不作详述。

2. 新城区商业中心

提出新城区商业中心的概念是鉴于在上海的城市发展规划中,拟在目前上海的市郊地区形成3至4个较大规模的新城,如以嘉定区安亭为中心的汽车城、松江区的松江新城以及南汇芦潮港地区的海港新城等,每个新城的规划人口都达百万以上。这些新城的建设必然会拥有规模较大的商业中心,其不仅能满足新城区内居民的购物与服务需求,而且也会对周边地区的市场产生较强的辐射作用。所以说新城区商业中心将不是一般城镇商业中心的概念,不属于"居民消费圈",而是典型的"区域性中心商业圈"。新城区商业中心的商业业种业态将比较齐全,会有两三个大型综合性购物中心和现代百货商店,会形成比较繁华的商业街区,会有各种层次、种类繁多的专业店和专卖店,其商业布局应当按照一般中型城市的模式来进行设计。新城区商业中心一旦建成,其就可能成为对周围中小城镇及乡村地区客流具有强大吸引力的区域性中心商业圈。从目前上海郊区的发展规划来看,"嘉定—安亭"新城、松江新城、海港新城会首先成为这样的一种"新城区商业中心"。其中,由于汽车制造与贸易产业的集聚和F1赛场的建成,"嘉定—安亭"新城的商业配置还可能有其独有的特色,从而成为上海郊区的一个"特色商业圈"。

3. 市郊独立的大型购物中心

市郊独立的大型购物中心是指建于市外主要交通干道(或交通枢纽)周边的大

型综合性休闲购物中心。它一般不依托任何城镇或大型居民聚居区,而独立设置在某一地区,主要依靠周边多个城镇的居民购买力来加以支撑。若在商品或休闲娱乐方面具有某种特色并产生很大的吸引力,其市场的辐射力就会更强。在欧美国家,此类购物中心十分普遍,一是因为它有很大的停车场,对于驾车购物的群体很有吸引力;二是因为其所处位置的地价十分便宜,从而因其经营成本很低,商品的价格就会比较便宜;三是由于其购物、休闲、餐饮、娱乐功能十分齐全,环境也十分舒适,所以对有意休闲购物的现代人群会产生很强的吸引力。此类大型购物中心的设立一般要符合周边人群的流向规律,应位于大多数客流的必经之地。因此,在上海市郊区域,目前比较适宜建立这种独立的大型购物中心的地区主要有:

(1)沪青平公路旁的"方家窑"一带。此处为嘉松公路、沪青平公路和沪青平高速公路的交汇点,北上嘉定、南下松江、西去青浦,此处是必经之地,周边房地产开发十分密集,故是设立独立的大型购物中心的理想位置,其可覆盖青浦及松江北部的消费圈。

(2)金山亭林镇以北地区。此处为车亭、亭枫、大亭、亭卫四条公路的交会之处,北越松浦大桥,可进市区,南下金山石化总厂,西去枫泾,东达奉贤,实属四通八达的交通要道。附近除金山石化之外并无大型商业中心,故也是设立独立的大型购物中心的理想位置,其可覆盖上海南部郊区的消费圈。

(3)南汇航头镇附近。此处为沪南公路拐角之处,又同航南公路相交于此,也是一个重要的枢纽地区,北进市区、东达南汇、南下奉贤,可覆盖南汇和奉贤两县的东部客流,距离市区和未来的海港新城都有相当的距离,自然也可成为设立大型购物中心的理想位置。

(4)奉贤西渡镇以北地区。此处位于沪杭公路与莘奉金高速公路之侧,大叶公路横贯而过,北越奉浦大桥,可达市区,南可下奉贤县城。在此设立独立的大型购物中心,可覆盖奉贤以北及闵行以南的消费圈。

独立的大型购物中心必须以三大优势来吸引顾客,那就是:①低廉的商品价格。除了利用地价低廉的优势外,在货源上也要想办法,如果能将"国际名牌直销店"(outlets)引入其中,那就会产生很强的吸引力。②齐全的消费功能。大型购物中心主要应当是满足人们休闲购物需要的,除购物之外,餐饮、娱乐及各种休闲设施应该相当齐备,使人们愿意花费一整天的时间在其中度假休闲。③舒适的服务环境。大型购物中心不同于大卖场,其环境设施应当十分舒适,应有庞大的停车场、宽敞的休闲空间、柔美的音乐灯光和便利的服务设施。尽管在郊外,但进入购物中心就能让人们感觉如在市中心的豪华商场,这样才能对人们产生巨大的吸引力。

(此文发表于《上海商业》2004 年第 7 期)

市郊购物中心——能否成为新的发展方向

　　大型综合性购物中心已成为上海等大城市的重要零售业态。这些集购物、餐饮、娱乐、休闲等功能于一体的大型商业集群已在一定程度上取代了传统的百货商店,成为现代城市居民,特别是中青年消费群体的主要购物场所和休闲场所。从上海目前购物中心发展的情况来看,大致有以下一些特点:

　　一是发展迅速。自 20 世纪 90 年代末"友谊南方商城""港汇广场"等现代化大型购物中心建成以来,短短的五六年时间,建成开业的 5 万平方米以上的大型购物中心已有 8 家,在建和拟建的大型购物中心还有 15 家(据 2004 年上海商业发展报告)。

　　二是布局集中。已建和在建的大型购物中心布局主要集中于市区。已开业的 8 家大型购物中心,有 7 家是在市中心商业繁华地区;在建和拟建的大型购物中心 80% 以上也是集中在市区。

　　三是类型不一。上海已有的大型购物中心,根据其所处的位置及所面对的主要市场群体来看,大体上可分为三种:(1)购物主导型的购物中心,一般是以大型百货商店为主体,进行多功能的扩展和延伸而形成的,如梅龙镇广场、九百城市广场以及正在扩建改造的新世界综合消费圈,大多位于市中心商业繁华地段,主要满足人们在舒适的氛围中选购商品的需要。(2)休闲主导型的购物中心,各种功能比较齐全,餐饮、休闲、娱乐项目十分丰富,主要满足人们度假休闲的需要,并非以专程购物的消费群体为主要市场。正大广场、港汇广场等就属于这一类购物中心。(3)社区型的购物中心,主要以满足周边居住区的消费群体休闲购物之需要,一般位于大型居住区的中间或附近,如友谊南方商场就属于典型的社区型购物中心。

　　大型综合性购物中心的发展符合城市消费市场的发展规律。一方面,随着人们收入水平的不断提高,对生活质量的要求也会不断提高。从购物的要求来看,已不再局限于能够买到自己所需要的商品,同时也对购物的环境气氛提出了较高的要求。环境舒适优雅、服务功能齐全的大型综合性购物中心自然就比传统的百货商店对顾客更具有吸引力。另一方面,随着节假日的增多和"假日消费"成为城市消费市场的一种时尚,人们度假休闲的需求开始不断上升。集购物、餐饮、娱乐、休闲功能于一体的大型综合性购物中心恰恰满足了城市居民度假休闲的需求,从而能成为人们度假休闲的主要去处之一。所以说,在上海这样的现代化大都市中发展大型综合性购物中心,应当是一个不容置疑的方向。

对于目前大型购物中心是否过多的问题,考虑到城市的发展和购买力水平的变数较大,尚不能轻易下结论。但是对于目前已建、在建、拟建的大型购物中心绝大多数集中在市区这一现象,却是应当引起注意的,这可能会对整个城市形态与功能的协调发展带来不利影响。

首先,市中心原有商业就已经十分繁荣,一些主要的商业街(如南京东路、淮海路、豫园商城等),购物、娱乐、休闲的功能也比较齐全,其功能的综合性同大型购物中心差不多,可称其为"露天的(shopping mall)"。在这样的商业繁华地区再去大拆大建,反而有可能破坏原有商业功能的协调与平衡,造成小范围内商业体量的激增,超出顾客的实际需要以及体力精力的极限,从而难以达到预期的效益。

其次,市中心地区的土地价值很高。建设大型综合性购物中心势必要增加大量投资,为了回收和弥补成本,不得不一味追求新建大型购物中心的高档品位,结果使一些新建的大型购物中心脱离了市场消费的实际水平,曲高和寡,生意冷清,也背离了大型购物中心以满足大众消费群体购物休闲需要为主的本质特征。目前一些在建的市中心大型购物中心都打出了"引进国际顶级品牌"的招商口号,这种不符合市场实际消费水平的做法是令人担忧的。

再次,随着市区居民大量迁移至城市边缘地区以及家庭轿车的日益增加,人们前往大型购物中心的交通与停车问题显得越来越突出。国外的大型购物中心一般都配有大型的停车场,但上海目前已开业的大型购物中心停车场的配置都是远远不够的。市中心土地珍贵,不可能再扩建更多的停车场,从而必然会对市区内大型购物中心的建设形成"瓶颈"障碍。

最后,由于市区土地珍贵,所以大型购物中心不得不向多层建筑发展。从零售商业的一般规律来看,层级过多过高的购物中心,其商业效应必然递减,而且各种休闲娱乐项目也难以配置(如按消防条例规定,三层楼以上就不宜设置大型娱乐场所),这也使得市区的一些大型购物中心休闲娱乐的氛围难以形成,大多只是一种扩大了的百货商店。

事实上,大型综合性购物中心从其一开始就是建设在远离市中心的郊外的。这是由于二十世纪五六十年代美国许多城市的土地价格上升,从而使居民和一些企业向郊区搬迁。同时汽车成为普遍的交通工具后,对"一站式"购物的要求也开始上升。市中心严重的交通拥堵也促使人们希望到郊区寻找更多宽敞的活动空间。于是一些精明的房产投资商,就在土地价廉的郊区圈买大块土地,建设起环境舒适、功能齐全、价格低廉的大型购物中心,所以就使得大型购物中心具有规模庞大、功能齐全,并配置有足够的停车空间这样一些基本特征。虽然从 20 世纪 70 年代开始,为了缓解美国各主要城市所出现的"空心化"现象,一部分大型购物中心开始进入市区,但大多数仍然分布在郊区的主要交通干道周边。

我国城市的大型综合性购物中心主要集中在市中心,是有其客观原因的:一是由于城市人口的集聚度很高,而郊区人口相对稀少,目前郊区市场的规模有限;二是由于家庭轿车的普及率还不高,到远离市区的购物中心购物休闲的人群可能不会很多;三是目前建设大型购物中心的资金大量依靠吸引外来投资,而市中心区域对投资者的吸引力相对较大。

然而,从发展的角度来看,以上这些情况正在悄悄地发生着变化。如上海的人口分布正在出现向市郊转移的倾向。根据有关统计资料,从 1997－2002 年的 5 年中,市中心黄浦区、卢湾区、静安区的人口分别下降了 11.7％、11.2％和 12.7％;而位于城乡结合部的宝山区、闵行区、嘉定区和浦东新区的人口则分别上升了 13.7％、24.9％、6.2％和 12.7％。同时,上海市郊区的购买力水平也在不断上升,零售市场的发展潜力越来越大。如 2003 年上海的 10 个市郊区县共实现社会消费品零售总额 1 043.16 亿元,占上海全市社会消费品零售总额的 47％,比上年增长 19.03％,远远高于全市社会消费品零售总额的 9.1％的增长幅度。而且上海家庭轿车的普及率也在不断提高,2003 年全市轿车的销售量达 7.11 万辆,比上年增长 30％,这些情况都使得大型购物中心集中于市区的理由变得越来越弱。人们不能不关注,市郊大型综合购物中心的建设是否会成为上海购物中心发展的一个重要方向。

从国外的经验来看,市郊独立的大型购物中心通常建于市外主要交通干道(或交通枢纽)周边,一般不依托任何城镇。原因是单靠某一城镇是不足以支撑购物中心所需要的购买力的,而必须依靠周边多个城镇的居民购买力来加以支撑。同时,市郊大型购物中心的选址一般应位于大多数客流的必经之地,并符合周边人群的流向规律,这样才能使购物中心具有较强的市场辐射能力。以美国的"安大略米尔斯"购物中心为例,其辐射范围达方圆 160 公里,其中 56％的顾客分布于方圆 32 公里的范围之内。

随着上海城市人口向市郊迁移的趋势日益明显,家庭轿车的拥有率越来越高,以及轨道交通网络向市郊地区的不断延伸,市郊大型购物中心的建设必然会引起投资者的关注。从区位选择来看,沪青平公路旁的"方家窑"一带、南汇的航头镇附近、金山的亭林镇以北以及奉贤的西渡镇附近都是可以考虑的理想场所,因为这些地区都处于交通干道的枢纽地带,客流量很大,周边房地产开发密集,距市中心及郊区主要城镇都有相当的距离,土地价格相对比较便宜,符合市郊独立的大型购物中心的一般选址要求。只要能够精心规划、精心打造,就有可能形成强大的引客效应。

在无大量居民的市郊地区投资建设大型购物中心确有一定的风险。因此,市郊独立的大型购物中心不能是目前市区内已有购物中心的模式照搬,而必须在经营的商品上有一定的特色,并在休闲娱乐功能上大做文章,使其成为能吸引人们专程前往的度假休闲场所,具体而言,必须以三大优势来吸引顾客,那就是:

(1)低廉的商品价格。除了利用地价低廉的优势外,在货源上也要想办法。如果能将具有很强价格优势的"国际名牌直销店"引入其中,就会产生很强的吸引力。

(2)齐全的消费功能。大型购物中心主要应当是为满足人们休闲购物需要的,除购物之外,餐饮、娱乐及各种休闲设施应该相当齐备,使人们愿意花费一整天的时间在其中度假休闲,如美国有些大型的购物中心,甚至还包含一个美丽的主题公园。

(3)舒适的服务环境。大型购物中心不同于大卖场,其环境设施应当十分舒适,应有庞大的停车场、宽敞的休闲空间、柔美的音乐灯光和便利的服务设施。尽管在郊外,进入购物中心就能让人们感觉如在市中心的豪华商场,这样才能对人们产生巨大的吸引力。

当人们厌倦了都市中心的喧嚣和嘈杂,力图摆脱拥堵不堪的狭小空间时,市郊宽敞、舒适且富有特色的大型购物中心也许能成为他们休闲度假的理想选择,这应当成为上海商业新一轮发展的一大亮点。

(此文发表于《国际商业技术》2004 年第 5 期)

如何面对上海商业发展中的新变化

21世纪已经过去了六个年头,我们处在一个新的变革时期,上海的人均GDP超过了8 000美元;加入WTO的"保护期"已经结束;建立和谐社会的各项政策措施正在落实;迎接"世博会"的各项筹备工作已进入实质性的阶段。这些环境因素的变化对上海的商业发展带来了巨大的影响,上海商业进入了一个新的发展阶段。

首先,上海居民的消费水平普遍提高,消费欲望十分强烈。2006年,上海社会消费品零售总额的增长幅度多年以来第一次超过了全国的平均水平。各层次人群的消费额都普遍上升。2005年,上海高收入家庭的人均消费支出比上年增长了8%,而低收入家庭的人均消费支出更比上年增长了15%。国际名牌产品已纳入越来越多的消费者的视线。一项调查表明,约有90%以上的年轻人能够接受单件商品在4 000元左右,年总支出在20 000元左右的国际名牌商品的消费。今年10月份所举办的第二届上海国际顶级私人物品展(又称"上海奢侈品展")中,4天居然成交5亿元,令业内人士大跌眼镜。可以认为,随着人均GDP超过5 000美元,上海的消费水平已经跃上了一个新的台阶。

其次,上海商业的发展热点已渐渐由市中心区转向郊区。5 000平方公里的郊区已成为国内外商业投资者所关注的焦点。近几年,上海市郊大多数社区的社会消费品零售总额的增长幅度都高于全市的平均水平。有关部门预计,2007年与2005年相比,市中心各区商业零售面积增幅在50%以上的只有一个区,而市郊各区中增幅超过50%的至少有4个区,有的甚至会增加一倍多。上海最大的商业集团百联集团已进入郊区各地开辟市场,其速度之快、规模之大是前所未有的。位于青浦赵巷的"奥特莱斯"品牌直销广场自开张以来,业绩喜人,最多一天销售额超过500万元。去年以来市区两级政府对郊区各城镇的商业发展给予了极大的关注,已经制订出详尽的发展规划,有的已正式投入实施。可以认定,未来5年,郊区商业的发展速度会大大超过中心城区。

最后,各种商业业态的发展前景也发生了很大的变化。除了大卖场仍在各类业态中占据明显的领先优势之外(但随着大卖场不断增多,分布过于密集,其单体的销售利润都开始下降),前几年被普遍认为已进入衰退时期的百货商店也已"柳暗花明",出现明显的上升势头。上海一些主要的百货商店和购物中心销售日益旺盛。2005 年,上海百货业零售总额达 500 亿元,占社会消费品零售总额的 17%。上海百货商店销售趋旺的一个重要原因是一些主要百货商店经营结构的调整。它们积极引进国外的著名品牌商品,提升经营档次,吸引高层次的消费群体和时尚消费群体,从而与大卖场、专业超市等其他商业业态拉开了差距,增强了自身的竞争力,也反映了随着上海消费水平的提高,消费的层次已经拉开,出现了一种消费取向"两极分化"的趋势。在上海居民的消费行为中,"显示性消费"和"日常性消费"的价值取向出现分离。在一般的日常消费中,人们仍然会遵循节俭的传统,价格相对低廉的大卖场和折扣店会成为他们的首选;而在服装、皮鞋、箱包、化妆品、首饰以及室内装饰用品等"显示性"消费品上,人们却会将品牌和档次作为其重要的选择标准,从而就使得百货商店成为上海市民愿意光顾的主要场所,反映了各种业态经过前一阶段的混战,阵线已逐步明朗,大家已找到各自的市场,即将进入一个协同发展的时期。

然而,在上海商业开始迈入一个新的阶段的同时,我们还是看到了一些不容忽视的问题。

一是商业零售面积总量的增长仍处于一种失控的状态。2005 年,全市的商业零售面积已经突破 3 000 万平方米。根据各区县现有的商业发展规划,预计到 2010 年,全市的商业零售面积有可能接近 5 000 万平方米。其发展速度远远超出了上海社会消费品零售总额增长的速度,即超出了上海市场购买力水平的发展速度。商业设施供需失衡的现象必然会导致商铺经营效益的下降。2005 年与 1997 年相比,每平方米的年社会消费品零售额已从 1.48 万元下降到 0.97 万元,单位面积销售额已下降了 1/3。若不采取有效手段加以控制,商业投资效益的下降、土地和房产资源的浪费将是十分严重的问题。

二是商业房产已开始成为一种市场化的投资品种,从而使商业房产的开发陷入了一种很不正常的"怪圈"。一些商业房产的开发商,通过概念包装和宣传,将较好市口的商业房产分割出售,吸引市场投资者购买牟利。购买者(投资者)大多并非专业的商业经营者,而是将商铺任意招租甚至多层转租,从而使很多商业房产根本无法根据区域规划和市场实际状况来进行统一定位和科学运营,从而造成市面环境混乱、经营效益低下甚至商铺大量空置。这种现象若不有效加以制止,则将会对上海商业的发展带来一种"积重难返"的隐患。

三是大型商业设施发展过猛,一些地区大中小型商业企业结构失衡,对市场消费和自主就业等问题造成了不和谐的影响因素。20 世纪 90 年代后期,大卖场、综合性购物中心等大型商业设施在上海迅猛发展。至今为止,超过万米以上的大卖场已达 130 多家,而且布局相当密集。一些地区 3 公里范围之内就有 6－7 个大卖场。由于大卖场品种丰富、价格低廉,有很强的竞争性,所以对中小商业企业的发展打击很大,通常是"开出一家(大卖场),死掉一批(小商店)"。而从繁荣社区商业、方便消费以及扶持中小企业、扩大就业的角度来讲,这种大中小商业企业结构失衡的现象并非好事,特别在一些郊区新城,正处于商业的调整和发展阶段,一开始就出现结构失衡的现象,对今后的健康发展将会造成十分不利的影响。

面对上海商业所面临的新变化和新问题,我们认为新的一年乃至整个"十一五"期间,政府主管部门和商业企业应积极、主动地调整观念和行为,共同促使上海商业健康发展,使之能始终保持在全国的领先地位,为全国的商业发展做出表率,具体而言,应重点抓好以下几个方面:

第一,重视对上海经济环境和市场变化相关因素的研究,使上海商业发展有明确的目标和市场基础。为此必须重视对上海商业信息库的建设和完善,其中包括对消费市场、生产资料市场以及服务市场等主要市场的历史数据、即时数据和预测数据的搜集和分析,以全面掌握这些商业市场基础信息的显著现状、变化与发展趋势;同时也包括对各类商业设施、商业企业以及相关流通渠道信息的全面掌握与分析,以及时了解各种商业资源的存量、增量与配置状况;还应当对各种大类商品的供应和销售信息及时予以把握,以密切关注上海商业市场的发展与变化动态。为此我们认为,有必要在政府的支持下建立起一个科学的、权威的、覆盖全社会的商业信息系统,以为政府制定相关政策和企业的经营决策提供有效的帮助。

第二,采取积极有效的措施,严格控制商业房产投资恶性膨胀。特别是对城市功能和形态发展具有重要影响的市口和地块,政府相关部门一定要掌握有效的调控权。城市商业要进一步调整与发展,必须进行科学规划和全面论证。规划部门在做商业发展规划的时候一定要充分听取经济主管部门和有关专家的意见。规划一旦制订,就必须严格实施,同时还要注意到商业发展规划的实施步骤与环境和市场变化过程协调,以保证商业项目的建设同市场需求的发展相一致。

第三,应当尽快制定有关法规和政策,有效保护中小商业企业的利益,限制大型商业设施的过快发展和恶性竞争,给中小商业企业留出生存和发展空间;要对商业资源进行合理配置,以尽可能保证上海商业市场和谐协调发展;同时要策划建立中小商业企业的联合体或协作组织,尽可能通过联合经营或连锁经营的方式来增强自身的竞争力。

第四,关注上海商业向郊区延伸发展的必然趋势,抓紧研究上海郊区商业市场的特征以及郊区商业发展的新模式。除按照已有的新城、新市镇、乡村三级行政体系来考虑商业的布局与发展之外,特别要关注郊区独立购物中心的建设。这种独立购物中心往往不是建立在任何市镇和人口集聚区,而建立在主要的公路枢纽或交通便捷处,依靠周边几个市镇和乡村的购买力进行支撑。这种购物中心也许会像国外一样,成为未来上海郊区商业的一种标志性的形态。现在,有必要对设立这种购物中心的选址和布局加以研究,以在上海郊区商业的发展模式方面有所突破。

（此文发表于《上海商业》2007 年第 1 期）

确立上海国际商贸中心地位的条件和措施

　　确立上海国际商贸中心的地位,是实现将上海建设成国际经济、金融和贸易中心之一宏伟战略目标的重要方面。只有这一地位确立,才能真正显示出上海在推动全国经济发展中的核心作用,才能体现出上海作为一个国际化大都市的基本形象,也才能促使上海的产业结构和经济功能发生根本的变化。

　　然而,国际商贸中心地位的确立并不是轻而易举的。从目前国内外的情况来看,上海不经过一定努力、不通过一番竞争,恐怕难以顺理成章地成为国际贸易中心。就国内而言,沿海的一些重要口岸,特别是香港等地,作为商贸中心的优势比较明显;周边地区,韩国和日本的一些沿海城市也具备国际商贸中心的基本条件。相比之下,上海在不少方面仍有差距,不管从进出口总额还是市场集聚度来看,都还难以占据"中心"位置。上海要真正确立国际商贸中心的地位,至少应当在三个方面有所表现:一是口岸进出口总量应有明显提高,且相当部分应为全国各地通过上海口岸进出口的商品或国际转口商品,使上海真正成为衔接国内外市场的枢纽港;二是应当有几种标志性商品以上海为主要的交易中心,其交易量和交易价格足以对全国市场产生重要影响;三是应当能成为国内外著名大公司的集聚地,成为它们的区域总部或销售总部的首选地区。上海只有审时度势,从现有条件出发,充分发挥自身优势,创造条件,弥补各种不足,提高综合竞争能力,才有可能最终确立国际商贸中心之地位。

　　从建立国际商贸中心的角度来看,上海目前的条件到底如何呢? 我们试从以下几个方面来进行分析。

　　从区位条件看,上海位于中国漫长海岸线的中部,扼据长江黄金水道的入海口,对内对外的辐射条件十分优越。可以说,作为国际商贸中心,上海在地理位置上是首屈一指的。

　　从历史条件看,从 20 世纪 30 年代以来,上海就一直是世界各国投资者和实业家所关注的"冒险家的乐园",是中国最主要的进出口口岸之一,曾集中了众多国际著名的跨国公司,具有国际商贸中心的基本素质。

从政策条件看,从 90 年代以来中国政府就把对外开放的重点放在上海浦东的开发和开放以及建设"三个中心"的战略目标的确定上,说明了中央把上海建设成中国通往国际市场的主要门户的决心。上海在建设国际商贸中心的过程中,肯定能得到中央政府的大力支持。

然而,事实上,上海目前商贸中心的地位并未真正确立,其进出口贸易额只占全国进出口贸易总额的 10%,且大多为本地的出口产品或供应本地市场的进口商品,转口贸易的比重很低,甚至上海市场供应的不少进口商品还都是从国内其他城市调入的;在上海尚不能成为全国性交易中心的标志性商品;跨国公司的集聚度也远不如中国香港、日本等地。为什么占据着优越的地理位置和传统优势的上海仍然很难确立其国际贸易中心的地位呢? 认真分析一下,不难看出,主要是由于观念、设施、体制和人才方面的不适应。

首先,计划经济的观念对上海各方面影响很深,削弱了上海对内对外的市场开拓能力。20 世纪 50 年代以来,上海一直是计划经济控制最为严密的地方,企业的市场经营活动受到各种环境因素的制约。改革开放以后,上海在市场经营活动,特别是进出口贸易方面的条条框框仍然不少,一般企业难以自主灵活地开展市场经营活动。相比于国内其他地区,上海的企业严重缺乏活力,从而使国内外企业感到进入上海市场开展经营活动的障碍太多、成本太高,于是就转向其他地区和市场,这就是为什么上海难以使其市场集聚能力同其优越的地理位置相一致的主要原因之一。曾经有人拿浦东新区同深圳特区进行比较,感到浦东新区市场化和国际化的程度远不如深圳。同样是中央鼓励开发开放的试验区,为什么会有这样的差别? 就是由于深圳背靠的是市场经济最为发达的香港,而浦东面对的则是计划控制最为严密的上海。

其次,缺乏现代化的物流设施也是影响上海难以成为国际商贸中心的重要原因。从世界各地贸易中心的形成和发展历史来看,能成为商贸中心的城市大多是国际枢纽港,具有先进完备的物流设施。而上海长期以来一直没有适应国际大宗贸易所需要的深水港,国际机场的吞吐能力也十分有限,城市内部及向外辐射的物流系统很不完善,至今为止,也没有一个像样的物流中心(或物流团地),这些都制约了上海对内对外商贸功能的发挥。上海目前仍不处于国际货运主航线的节点,在很大程度上也是受限于上海落后的港口条件和物流设施。上海在这一方面若不迅速加以改变是很难确立其国际商贸中心的地位的。

再次,内外贸分割和区域本位主义的流通管理体制也是影响上海国际商贸中心地位确立的原因之一。内外贸分为两个相互独立的系统,是我国在计划经济条件下为实施国内市场和国际市场分别运行所形成的传统管理体制,这在当时对维护国内市场的稳定和提高对外贸易的效益是十分必要的。然而当一个城市要发展为国际商贸中心时,该地区企业的国际化程度必然会有很大提高,内外贸一体化必将会成为主要的趋势。在这种情况下,如果仍然在管理体制上实行内外贸分管、各成系统、独立运行,将不利于国内外市场的衔接,从而使企业的商贸活动受到一定的制约。此外,作为国际商贸中心,政府和企业都应当最大限度地放弃区域本位的概念。例如,老是以"打出去"的思想去开拓全国市场,其结果必然是给人家"挡回来"。而只有积极发展跨区域的合作,才能真正发挥出"中心"的集聚优势。

最后,缺乏高水平、国际化的商贸人才,也是制约上海成为国际商贸中心的重要原因。长期的计划经济体制,使上海商贸企业业务人员的经营能力发生退化。不管是内贸企业还是外贸企业,由于长期处于垄断经营的状态,加上总体上的供不应求,使企业的经营人员习惯于"等客上门",严重缺乏市场开拓意识和开发市场能力。改革开放以后,国有商贸企业由于自身经营能力不强,又缺乏提高经营水平的自觉性和积极性,于是干脆将所拥有的商贸资源(商业设施或经营权限)转移给私营业主或生产企业,搞所谓的"招商""联营",实际上是将商贸资源出租,而放弃自身的经营,这样更导致具有丰富市场经验的商贸经营人才严重短缺。然而没有一批善于在复杂的市场环境中把握机会,灵活开展商贸经营活动的人才,也就难以使上海成为沟通四海客商、云集五洲巨贾的商贸中心。

因此,上海要真正实现建设国际商贸中心的战略目标,就必须在以下几个方面统筹规划,积极推进,努力采取各种有效措施。

第一,通过大力宣传教育活动,促使上海的政府部门和企业界在观念上发生重大转变。

需要转变的观念之一:必须彻底打破狭隘的区域本位观念,明确上海是全国的上海,上海应当代表全国的利益。上海是全国乃至世界的市场,上海的市场在全国乃至全世界。消除了区域本位观念的企业,才能真正从跨区域乃至跨国企业的角度去思考问题。消除了区域本位观念的地区,才有可能成为真正的市场化、国际化的商贸中心。

需要转变的观念之二:必须从计划经济的传统思想的束缚中彻底摆脱出来,进一步减少政府对企业经营活动的直接干预,逐步取消对内外贸活动的各种不必要的限制;根本改变系统或部门对企业的直接控制,在对商贸活动的管理上尽可能通过社会职能机构实施行为管理和法规管理,而不是通过企业的上级主管部门进行封闭的主体管理,以在最大限度上提高上海地区内外贸易的自由度。

需要转变的观念之三:必须使企业经营管理人员普遍确立现代营销观念,真正做到以市场需求为中心开展企业经营活动,以企业长期可持续发展为战略目标,注重对企业经营资源的合理组合,重视对市场的调查研究以及对市场机会的寻求和把握,提高市场竞争意识及主动开拓市场的积极性和进取心。

第二,进行产业结构的全面调整,使上海的城市功能发生根本的变化。

进一步发展金融、商贸、现代服务以及信息咨询等第三产业,逐步压缩基础工业和加工业的比重,使上海的城市功能从生产型功能为主,转变为以开发型、流通型和集散型功能为主。在生产方面,应着重提高创新能力和设计开发能力,将产品的加工制造活动逐步向其他地区转移,形成两头(设计开发、市场销售)在上海,中间(加工生产)在内地甚至在国外的格局。

第三,加速现代物流设施和物流系统的建设,进一步提高上海的市场辐射能力。

上海应当抓紧进行深水港、航空港和陆上交通枢纽的建设,进行现代化物流中心(或物流团地)的建设;应认真规划,形成完善的、高效的、内外辐射力很强的物流网络,特别要努力建设起海上运输同横跨我国的大陆桥运输线相衔接的枢纽工程,以确立上海在国际上的枢纽港地位。

第四,积极引进国内外的著名企业进驻上海,同时努力培育跨地区的大型企业集团。

要把国际最著名的跨国公司和大型企业(只要是进入中国市场的)的地区总部或销售总部引入上海,同时也要争取使国内著名企业的销售总部甚至公司总部引入上海。要做到这一点,除了提供良好的硬件设施和配套服务外,主要还是要形成良好的市场环境,能为入驻企业提供良好的商业机会,使上海重新成为"冒险家的乐园",这样才能使上海更具有吸引力。而上海自身也应当积极培育跨区域的大型企业集团,形成同国际大企业的抗衡能力。

第五,加强标志性产品的市场培育,提高上海的市场集聚度。

上海应当在具有优势的(生产优势或市场优势)的产品中,选出一些标志性产品,进行积极的市场培育,提高其在国内或亚太地区的市场集聚度,形成一些标志性产品的交易中心和信息中心,以建立贸易中心的市场基础。目前利用上海在国际展览展示方面的优势,导向性地定期举行所选择的重点产品(如汽车、轻工产品等)的国际性展览展示,可能是形成市场的有效举措。

第六,加快信息系统建设,努力完善现代信息港功能。

在信息技术高速发展的今天,贸易中心必须首先是一个信息中心。上海在信息中心建设的硬件和软件方面应当努力达到国际的一流水准。这里除了自身的研制开发外,比较快速有效的做法是积极引进国外成功的信息公司或网络公司或同它们进行主动合作,在必要的情况下,可采取"以市场换技术"、加速上海现代化信息港和信息中心的建设。

　　第七,大力培养高素质的商贸人才,提高上海商贸企业的经营水平。

　　如前所述,高素质的商贸人才是建设国际商贸中心的重要条件。上海目前高素质的商贸人才十分缺乏,应当根据商贸活动高速发展的需要,通过院校培养、社会培训、实践锻炼和积极引进等多种途径集聚起一大批有能力在国内外商贸活动中把握机会、周密策划、有效运作的高素质的商贸人才队伍。这里必须指出的是对商贸人才培养工作的重视,首先取决于对提高企业自营能力的重视,从根本上改变"在商不经商"的畸形现象,才有可能使商贸人才的素质得到不断提高。

（此文发表于《国际商业技术》2001 年第 2 期）

建设国际贸易中心必须振兴上海批发商业

一、批发商业对于形成贸易中心至关重要

一个地区或一个城市能否称为贸易中心主要看其是否具有比其他地区更为强大的商品集散周转能力,通常主要表现为三方面的能力:集聚力、流通力和辐射力。集聚力是指能否吸引各种主要的商品及贸易商集聚本地;流通力则是看在当地实现商品贸易量的大小;辐射力是指当地的贸易活动所涉及的地域范围(如区域范围、全国范围还是全球范围)。而只有批发商业的发达和集聚,才可能形成这样的能力。上海在历史上占据了中国不可否认的贸易中心地位,就是由于其有全国最发达的批发商业。在二十世纪五六十年代,上海是当时中国为数不多的日用工业品生产基地之一,从而也是批发商业最为集聚的城市之一。在上海设有百货、文化、纺织、针织、五金交电、石油等中央级的采购供应站,每年都各有十多亿至数十亿的批发交易额。上海所生产的日用工业品80%供应到全国各地,上海商品在全国的市场占有率达到20%以上。上海也是中国最主要的商品进出口口岸之一,许多国外的工业品主要经过上海的贸易和批发企业进入中国,销往各地。

上海的批发商业在当时能如此兴盛的原因主要是两个:一是由于计划流通体制把上海放在了日用工业品供应基地的特殊地位,在日用工业品经营上是垄断的,因此批发商业在上海的集聚和兴盛也就不言而喻;二是由于当时全国大多数地区的工业化水平不高,没有能力生产高质量的日用工业品,对日用工业品需求的满足主要依靠上海等生产供应基地,从而也使得上海的批发商业具有了极强的市场辐射能力。而20世纪80年代以后,计划流通体制被彻底打破,全国各地的工业化水平也普遍提高。上海所提供的日用工业品各地大多能自行生产和供应,上海商业的市场辐射能力受到很大限制,日用工业品在全国的市场占有率大幅下降,批发商业也因此受到很大影响。原有的采购供应站和批发商业企业日益萎缩,甚至解体。一些同市场体制相适应的批发贸易形式(如商品交易市场等)在上海的发展速度相

对较慢,成功概率不高,从而相对于迅猛发展的零售商业而言,上海的批发商业在总体上有所萎缩(见表1)。虽然上海在强化流通功能、确立贸易中心地位方面也有过不少积极的举措,但由于在批发商业的发展方面缺乏必要的力量集聚和功能提升,从而就使得上海在全国的贸易中心地位受到挑战。因此,上海要重塑贸易中心的形象,进而建设国际贸易中心,就必须十分重视上海批发商业的振兴与发展。

表1　　　　　　　　上海批发贸易占商品销售总额比重的变化

年　　份	商品销售总额 (亿元)	批发贸易总额 (亿元)	批发占销售总额的 比重(%)
1990	1 305.41	1 039.74	79.6
1991	1 708.52	1 408.26	82.4
1992	1 802.53	1 440.50	79.9
1993	2 310.51	1 807.03	78.2
1994	2 832.04	2 201.68	77.7
1995	3 015.41	2 222.29	73.7
1996	3 361.34	2 417.52	71.9
1997	3 604.27	2 531.98	70.2
1998	3 700.29	2 510.24	67.8
1999	3 882.13	2 607.89	67.2
2000	4 103.43	2 735.24	66.7
2001	4 572.68	3 089.86	67.6
2002	5 021.35	3 411.74	67.9
2003	5 555.30	3 565.06	64.2

资料来源:《上海统计年鉴》。

二、批发商业的类型界定

从理论上讲,批发就是将商品购进并用于转卖或生产性消费的行为,所以批发商业的内涵是十分广泛的。在 20 世纪 80 年代之前,由于我国的计划流通体制对所有的批发业务都实施了国有批发商业企业的垄断性经营,所以我们习惯上对批发商业的认识局限于国有商业系统批发企业的经销和代理行为。然而,从 80 年代后期开始,随着计划流通体制的解体,国有商业系统的垄断性经营被打破,各行各业及各种所有制的企业都介入了批发业务,并衍生出各种各样的批发形态,所以只有对上海目前所具有的各种批发形态及其结构进行全面梳理,才可能对上海批发商业现状有一个准确的认识,也才能知道应当从哪里着手去推进上海批发商业的进一步发展。

自 20 世纪 90 年代以来的十多年中,上海批发商业的形态发生了很大的变化,批发贸易以各种各样的形态发展,大体上可归纳为以下几种类型:

(一)代理型批发

代理型批发主要是指传统的经销代理商,以转卖或代理销售生产厂商的产品为基本特征,在实际经营中又可以分为两种:一种是以行业批发为特征,对某一大类商品,不分厂家和品牌,全都经营;另一种则是品牌代理商,专为某一厂商或品牌代理销售业务。计划经济时代,由于市场商品十分短缺,对品牌的选择性不强,所以国有批发商业基本上都是从事行业性的批发业务,对该行业生产的所有企业都实行"统购包销"。20 世纪 90 年代以来,随着市场状况的变化,品牌代理商则在代理型批发中占了主要地位。由于有些品牌代理商是从原工业系统的销售公司转化而来,所以在目前上海的批发商业统计中,也许未将它们包含在内。

(二)展示型批发

泛指在固定的场所由生产厂商或经销代理商进行商品和服务的展示,并同客户进行现场交易的批发形态,主要有交易市场和展览展销两种形式,前者场所稳定,常年经营;后者则表现为短时期的集中交易。展示型批发由于场所集中、品种繁多,可供客户进行充分的比较选择,所以很受采购商的欢迎,近年来发展很快,已成为批发商业中的一种主要形态,对批发商业的发展具有很强的推动力。如从 20 世纪 90 年代开始在上海创办的华东进出口商品交易会(简称"华交会"),已连续举办了 14 届,参展企业已由最初的 600 多家发展到现在的 3 000 多家,成交额也从最初的 10 亿美元到现在的 26 亿美元,已成为上海批发贸易中的一项标志性活动。除此之外,上海其他各类会展也在迅速发展。据统计,20 世纪 90 年代以来,上海全国性和国际性的会展数量以每年近 20% 的速度递增。2003 年,上海会展的交易额达 550 亿元,会展直接收入达 18 亿元,占全国总量的 45%。同展览展销相比,上海交易市场的发展相对滞后,至 2004 年 6 月,上海亿元以上交易市场的数量为 67 家,在全国各省市中排在第 15 位,在四个直辖市中排名第三。2004 年上半年的交易额为 1 042 亿元,在全国各省市中排名第四。

(三)配送型批发

这是指以物流配送中心的形式开展批发贸易的形态。这些物流配送中心并不是某一企业系统内的配送中心,而是面对社会广大客户群体开展批发和配送业务的企业。配送型批发商拥有充沛的货源渠道和完善的储运设施,并拥有一大批稳定的客户群体,可按照客户的需要,将其所采购的商品分时分批地均衡发送到指定的地点,有的还具有对商品的深度加工能力。如上海食品集团的"天天配送中心"就是经营肉类制品批发配送业务的批发商,在接受了各连锁超市公司的订货之后,每天将新鲜加工的肉类制品及时地送到各超市的货架上;上海富尔网络公司的"易购365"连锁网络,也是通过向2 000多家"易购365"便利门店配送商品来开展其批发业务的。在生产资料的批发方面,专为各生产企业配送原料、耗材和零部件的社会化配送中心也已出现。配送型批发不仅能为客户提供全方位的服务,而且还能通过客户网络的建设来稳定自己的市场,是现代批发商业发展的一种重要形态。在物流业比较发达的日本,已出现许多以物流配送中心为"外壳"的大型批发流通中心,在日本批发商业的发展中起到了重要的作用。

(四)订单型批发

这是指以接受客户的订单,代为其实行采购或派发加工业务的批发形态。这些批发企业并不是首先拥有商品再去寻找客户,而是首先获得客户订单再去寻找货源,实际上是在帮助客户实施采购业务,所以也称其为"采购代理商"。上海已成为世界各地大公司的主要采购地。据调查,70%的境外采购商认为上海具备成为跨国采购中心的优势条件,已有三四十家跨国采购机构在上海设立了分支机构。据有关方面预计,到2010年跨国公司通过在上海长三角地区的采购可能达到500亿美元。国内各地企业通过上海进行生产资料和消费品的采购订货的需求量也在不断增加。因此,进一步发展"订单型"的批发贸易,以致进一步推动上海成为国内外企业的"订单中心",也是促使上海成为国际贸易中心的重要方面。

(五)行商型(推销型)批发

随着中小企业的大量出现,一些中小企业因其产品的竞争力不强,也缺乏进入主要批发流通体系的经济实力,所以就采用了组织推销队伍或雇用推销人员到各零售商店上门推销的批发形式。所推销批发的产品有消费品,也有生产资料。产品的价格都比较低廉,很受一些讲究成本的中小零售商的欢迎。虽然这不属于主流批发形态,但由于中小企业量大面广,总量也不在少数,当然,其中难免也有一些假冒伪劣、偷税漏税现象。因此,对行商型批发的统计与管理,也将成为上海批发商业发展中的一个重要问题。

(六)电子商务批发

随着信息技术的发展,电子商务已进入上海的批发领域,网上的批发业务有了迅速的增长。2002年的统计结果显示,上海电子商务的交易额已达254亿元,比上年增长了80%。电子商务性的批发业务实际上主要是技术手段的改变,从交易主体看,仍然不外是生产厂商、经销代理商以及其他各种类型的批发商。但是由于电子商务批发在运营规则和配套措施上同传统的批发交易活动有很大不同,所以也可将其归为一种新型的批发形态,在上海新一轮的商业发展中必须予以高度重视。

长期以来,我们习惯以行业系统的归属来对批发商业的性质进行区分,从而有了所谓的"系统内"和"系统外"商业的说法。而在经济体制已经发生重大变革的今天,这种传统的界定方法让我们对上海批发商业的发展状况无法有一个全面的认识。而对批发商业根据其形态进行上述分类,则可使我们对上海批发商业现状的认识更加全面,同时也可使我们在考虑如何推动上海批发商业的进一步发展时找到比较有效的切入点。

三、上海批发商业的发展战略

无论是从上海在全国的特殊经济地位,还是从上海"四个中心"的建设目标来看,上海的商业必须体现出其在衔接国内外两大市场和促进全国流通发展中的重要作用,因为上海商业肯定不能只是一种"区域型"商业,而必须是对国内外市场具有强大辐射能力的"全国型"商业,甚至是"全球型"商业。加强上海商业的集聚和辐射能力应当是上海新一轮商业发展的主要目标。从形成"全国型"乃至"全球型"的城市商业功能的角度出发,强化批发贸易功能毫无疑问应当成为上海商业发展的重要方面。上海批发商业新一轮发展的基本战略目标应当是:使上海成为衔接国内外两大市场的中心环节,成为全国流通能力最强的交易平台,即上海的批发贸易功能不能仅仅局限于为满足上海市场的需要向外采购商品,或将上海生产的产品批发出去,而应当将全国乃至世界各地企业的大量采购和销售业务集中到上海来进行,这就需要上海批发商业的建设应当在创造流通能力最强的交易平台上下功夫。

从现代商业活动的特征来看,形成强大的流通能力的前提是信息的集聚。只有买卖双方都能在某一地点顺利地实现供求信息的交流,流通才能真正实现。所以现代会展业的发展往往是强化流通功能的重要前提。上海要成为流通力最强的交易平台,首先应成为集聚度最高的展示中心。如果能让全国乃至世界各地一部分最好、最新、最具吸引力的商品和服务首先在上海进行展示和亮相,那么就有可能使上海成为全国乃至世界各地商界的注目焦点,进而使上海成为全球主要的订单中心和采购中心之一。因此,上海在批发商业的新一轮发展中必须把形成集聚度最高的展示中心作为强化上海流通功能和形成国内外交易平台的主要抓手。

从产品和行业的角度看,主要以上海为交易平台实施采购和贸易的商品应当同上海的产业特色和资源优势相一致。上海肯定不会发展成像义乌那样的小商品贸易中心,在推进上海批发、采购贸易发展的过程中也应当准确定位,有所为有所不为。根据上海目前的产业特色与资源优势,我们认为上海发展批发贸易的重点可放在:汽车(包括二手车)及零配件、中高档服装(特别是时装)、通信器材设备、医药及医疗器械、黄金珠宝首饰、名牌钟表眼镜、艺术品以及各类服务贸易(包括技术贸易、信息服务、影视传播、建筑设计和管理咨询等),以使上海的批发贸易也能形成自身的独特优势。

从近几年的统计数据来看,上海批发贸易的增长幅度除少数年份外,基本上都在5%以下,近5年的年均递增幅度也只有7%左右。然而,这里面既有上海流通功能弱化的因素,也可能存在统计上未能概全的原因。所以今后几年,一方面要采取各种措施推进上海批发贸易加速发展,另一方面也要改进对全社会批发贸易活动的统计方法,使上海批发贸易的实际状况能够得到更为准确的反应。考虑到目前全国和上海的经济发展正处于上升阶段,未来3至5年上海的商品销售总额的增长幅度可能会比较大。若以年均增长11%的速度计算,至2010年,上海的商品销售总额有可能突破1万亿元大关,预计达到11 500亿元。若以当年的社会消费品零售总额为4 300亿元计算,那么批发贸易总额应该达到7 200亿元,占商品销售总额的比重将保持在63%以上。

四、推进上海批发商业发展的主要措施

要促使上海批发商业新一轮发展的战略目标得以实现,应在以下几个方面进一步做出努力:

(一)突出会展特色,形成采购中心

要使上海成为国际贸易中心,首先应使其成为国际采购中心,即能促使国内外主要企业的大宗采购业务都能到上海。只有抓住了"买家",才能吸引来"卖家"。而吸引采购的最佳方法就是举办会展。各种会展集中展示了行业内的最新产品和最新技术,自然会对采购者产生强大的吸引力。上海经过近几年的建设,会展条件有了很大的改善,应当在新一轮商业的发展中,注重发展会展的规模与特色,使其成为全国最有影响力的会展中心;并应设立一些优势产业的常年展示馆或展示厅,精心组织好诸如"华交会"这样一种具有标志意义的商品交易会,使其成为全国最有影响力的国际商品展示交易活动。此外,上海应当充分利用"世博会"的契机及后续效应,争取将"世博会"场馆发展为上海的常年国际会展中心;并可考虑在"世博局"下设立专门的会展企业(甚至是会展集团),具体来实施运作,使会展业真正成为推动上海贸易中心建设的前导,使国内外主要买家在开展采购业务时将上海作为首选目标和必到之地,要吸引国内外的跨国公司和大型企业集团,将其采购中心移至上海。上海若能确立起全国乃至国际采购中心的地位,则其批发贸易的发展速度一定会大大加快。

（二）改善商务环境,吸引中介代理

在现代商务活动中,尽管企业间直接贸易的比重在不断扩大,但各种中介代理机构仍然发挥着主要的作用,特别是跨国和跨地区的大宗贸易活动,仍然离不开贸易商的中介作用。所以说贸易中介代理机构仍是市场交易活动的关键环节。从一定程度上讲,主要的中介代理机构在什么地方集聚,什么地方就会成为理所当然的贸易中心。因此,要实现上海商业新一轮的发展目标,就必须在吸引国内外主要中介代理商方面有所突破。我国加入 WTO 后商贸业即将对外全面开放,不少人对商业开放度的迅速扩大表示担忧。我们认为这种担忧是不必要的。相反,只有将世界上最强的中介代理商引进上海,上海才能真正成为全国最有优势的国际贸易中心。吸引最强的贸易中介代理机构,除了在政策上创造各种有利条件之外,关键还在于上海能否在硬件和软件的建设上有利于交易效率的提高。如交易、通信及物流条件的改善;海关通关速度的加快;金融结算便利性的提高;以及各种贸易服务功能的增强,都决定了国内外主要贸易中介代理机构是否愿意选择上海作为它们的立足之地。所以上海在推进批发商业新一轮发展的过程中必须在强调商贸业自身改造的同时加强对上海商贸活动环境的改造,只有这样,才能真正集聚万商,繁荣市场。

（三）扶持整顿规范,发展交易市场

各种类型的批发交易市场是推动批发贸易发展的重要方面,上海在这方面的发展显得相对滞后。因此上海在批发商业的新一轮发展中,应当重视对大型批发交易市场的建设与扶持,以期形成一批在全国具有影响力的特色市场群体。首先应当考虑对上海目前已有的批发交易市场进行一定的梳理,选择规模较大、管理较好、发展前景可观的交易市场进行积极的扶持,促使其进一步扩大规模、提高层级、规范管理,使其成为上海具有标志性的批发交易市场。在必要的情况下,上海可以就近选择合适地点,扩建或重建交易市场,优化市场环境,使这些具有良好发展前景的交易市场条件更加优越,功能更加完善;对目前批发交易市场比较集中的闵行、普陀、嘉定等地区,除对市场本身进一步加以改造与扩建之外,还应当对其周边环境(如道路、停车场、配套设施等)加以规划和建设,将一批市场串联在一起,形成一个市场区域,以谋求资源共享、整体发展、完善功能、扩大影响,争取在三五年时间内,在上海形成三四个高标准的"市场集聚区",成为上海批发商业发展的重要组成部分。同时上海应根据自身的资源优势和功能特征,发展一些具有明显特色的专业批发市场,如二手车交易市场、医药及医疗器械批发交易市场、花卉批发交易市场、工艺品批发交易市场和玩具批发交易市场等,争取做出规模、做出特色,在全国占据领先地位。

（四）内外贸一体，理顺批发体系

上海要强化商品的流通功能，形成最好的交易平台，还必须注意内外贸之间的有机结合，因为加入WTO以后，国内市场国际化的局面将更加明显，在市场上已很难将商品及企业活动的国内还是国际属性分得那么清楚，所以在批发贸易领域，越来越强调内外贸一体化。而在目前上海内外贸体制是分离的，在引进国外著名品牌与企业以及将上海发展为国际采购中心的过程中，内外贸管理体制的分离往往会使得很多机会由于体制和程序的问题而丧失，企业也会由于对外经贸活动的多头管理而造成很多的麻烦。因此，根据上海国内外市场一体化程度越来越高的发展趋势，应当尽快将内外贸管理体制一体化的问题提上议事日程，以推动上海建设国际贸易中心的目标顺利实现。

（五）抓住采样"结点"，完善批发统计

批发商业新一轮发展战略的规划应当建立在对批发商业发展现状全面了解的基础之上。然而由于目前在对上海批发商业相关信息的收集和统计上还缺乏对应的口径和相应的方法，所以对批发商业发展状况的了解还是很不全面的，未来也难以对其发展动向加以监测和分析，这对准确制定上海批发商业的发展战略规划是很不利的，因此必须尽快建立起对上海批发商业相关信息的收集和统计系统，其中最主要的是确定批发商业的分布状况及类别归属。从上海的现实情况来看，按行政系统的归属来进行信息采样还是最为可行的，但是必须在各系统统计内容的要求上明确对批发贸易的统计。此外，对于分散游离于系统之外的批发商业也应当通过相关的社会职能部门或行业协会设立明确的采样"结点"，以保证批发商业的统计信息不致疏漏。明确批发商业的内涵界定，并设计出覆盖全社会的批发商业信息的统计"结点"应成为推动上海商业进一步发展的一项重要工作。

（此文发表于《上海商业》2005年第3期）

上海加快推进国际贸易中心建设的战略思考

一、上海加快国际贸易中心建设的必要性与迫切性

多年来,上海在致力于国际经济中心、国际金融中心、国际贸易中心和国际航运中心的建设上取得了很大的进展,然而"四个中心"建设的成效则有一定的差异。其中,国际航运中心的建设成效最为明显。通过洋山深水港等标志性项目的建成和启用,货物吞吐量和集装箱吞吐量急剧上升。至 2008 年,上海港的货物吞吐量已达 5.82 亿吨,为 2000 年的近 3 倍,连续四年保持全球第一;集装箱吞吐量达到 2 800 万国际标准箱,为 2000 年的 5 倍,名列全球第二。国际金融中心的建设也初见端倪,至 2008 年,全市共有各类金融机构 689 家。其中,经营性外资金融机构有 165 家,外资银行及财务公司有 93 家。国际主要的银行和金融机构大多已进入上海。上海还拥有包括证券、期货、黄金以及各种外币市场在内的完整的金融市场体系,集聚效应十分明显。中国人民银行也在沪设立了上海总部,为上海国际金融中心的建设提供了条件。

相比而言,上海在国际贸易中心的建设方面则有所滞后,其主要表现为:商品进出口总额虽然有较快的增长(2000 年以来年均增长约 25%),但是近几年来,相对于全国国际贸易总量及国内其他一些地区而言,增长却相对缓慢。统计数据表明,自 2004 年以来,上海进出口总额占全国进出口总额的比重逐年下降,已由 2004 年的 13.8% 下降到 2008 年的 12.6%。而且,从 2003 年开始,江苏省的进出口总额就开始超越上海,使上海的进出口总额从全国的第二位下降为第三位,并一直延续至今。国内贸易方面,上海传统的优势地位也开始动摇。2008 年,上海社会消费品零售总额在全国主要大城市中始终占据的龙头老大地位第一次被北京所超越,上海社会消费品零售总额占全国的比重也在逐年下降,已从 2000 年的 4.8% 下降为 2008 年的 4.2%;商品销售总额和批发总额也由 2005 年的全国第一下降为 2007 年的全国第三。在商品交易市场方面,尽管从成交额上看上海还处于相对领

先的地位,但是若从市场类型看,上海则主要是依托了钢材交易市场的支撑,上海几个主要钢材及有色金属交易市场的交易额就占了上海商品交易市场总交易额的53.4%(2007年);进入全国前100强的上海交易市场中几乎全部是钢材或有色金属交易市场,若剔除了钢材交易市场,上海在商品交易市场的发展上则是相对落后的。由此可见,近几年来上海国际贸易中心的地位不仅没有得到加强,而且还有所削弱,这不能不引起我们的高度关注。

无论从理论还是实践的角度来看,加快上海国际贸易中心建设的战略意义和现实意义都是十分重大的。

首先,上海所确定的"四个中心"的发展战略目标是一个有机整体。国际经济中心地位必须依靠国际贸易中心、金融中心、航运中心的形成和发展才能得以真正确立,而其中国际贸易中心的形成和发展则起着核心与先导作用。因为对于社会经济活动而言,主要表现为商流、物流、货币流、信息流等社会经济要素的循环运动,而其中以商品的交易活动为内涵的"商流"活动必然地成为引导其他经济要素流动的前提与核心,物流、货币流、信息流原则上都是围绕商流而运动的。商流活动的集聚才可能导致其他经济要素活动的集聚。前几年我们一直在为以金融服务、物流服务以及其他专业服务为代表的上海现代服务业功能难以向长三角地区以及全国各地扩散而感到困惑,实际上主要就是因为上海在国内外的贸易活动方面缺乏延伸度和扩展力,"商流"不通,其他各"流"何以能通?所以说,国际贸易中心建设的滞后,必然会成为上海现代服务业发展的"瓶颈",也必然会影响上海"四个中心"发展战略目标的实现。

其次,从上海的历史与环境条件来看,"贸易兴市"将是其自古至今的必然选择。上海地处长江入海口的滩涂之地,并无任何自然资源可以依托。历史上之所以能发展为一个大都市,就是由于其濒江临海,外通内连,各地与各国的商贾云集于此,从而贸易成市。之后轻纺工业的发展,也是由于其客观上已形成强大的贸易功能,便于原材料的采购与产品销售,从而工商联动、相互促进,才形成了中国历史上毫无争议的经济中心。历史发展至今,上海的自然环境条件并无大的改变。问题是改革开放以后,全国各地制造业、加工业蓬勃发展,计划经济赋予上海的某些垄断优势不复存在,而自然资源缺乏、土地与劳动力成本高昂的劣势则重新浮现。再加上各地区利益分割、区域保护等制度环境的影响,上海要确保其经济中心的地位实属不易。因此,强化贸易功能、重提"贸易兴市"将不得不成为我们的一种战略选择。加快推进上海国际贸易中心建设应当成为这一战略思想的体现。

最后,目前因全球金融危机而导致的恶劣经济环境也迫使上海必须尽快强化其贸易功能,以在市场与资源的争夺上赢得优势。金融危机对实体经济所形成的直接影响就是市场萎缩、产品销售困难,进而导致资金流转滞缓。对于有限市场的激烈争夺必然会成为危机阶段残酷而无奈的现实。然而,市场的开拓与竞争必须依赖强大的贸易与营销功能。所以,高效与完善的贸易制度体系,广达与通畅的贸易流通网络,良好与稳定的贸易伙伴关系,高素质、国际化的贸易人才队伍便成为强化贸易功能和抵御经济危机的依托要素。而这些要素也正是国际贸易中心形成和发展的基本要素。所以,只要正确地加以引导,由这一场金融危机所带来的外部市场压力,就有可能转变成推进上海国际贸易中心建设的强大动力。上海应当抓住这一时机,把加快推进上海国际贸易中心建设的各项工作落到实处。

二、对国际贸易中心内涵的认识

国际贸易中心原本应当是一个明确的概念,只是由于近来不同部门和不同人士出于自身的某种需要,对它进行了各种不同角度的解释,从而引起概念和内涵上的混乱。如到底是指"国际"的"贸易中心",还是指"国际贸易"的"中心"? 按前者的认识,它是一个贸易辐射力和影响力的概念,自然包含外贸与内贸在内的所有贸易活动;而按后者的理解,则是贸易性质或类型的概念,自然只是针对外贸活动而言。然而从"国际贸易中心"作为上海的发展战略目标的角度来看,其理所当然地应取前者的认识。它指的是:上海应当发展成为一个高度国际化的贸易中心城市。

在"贸易"的内涵上目前也有各种不同的理解,归纳起来,主要有三种理解、四种解释。

一是认为主要是指货物贸易及其相关的辅助活动;

二是认为现代贸易活动应当是一个广泛的概念,不仅包含货物贸易,也应当包含服务贸易、技术贸易、产权贸易以及文化体育贸易等各种贸易活动在内;

三是从目前世界上因跨国公司经营方式转变而带来的贸易形式变化的角度,认为现代贸易活动在很大程度上是基于跨国公司在全球范围的资源配置,所以国际贸易中心首先应当成为资源配置中心。

对于第三种理解,也有两种不同的解释:一种是将资源配置活动主要看作跨国公司内部的产业链整合,从而就产生了上游产业与下游产业之间、原材料供应地与加工地之间、加工地与销售地之间的贸易活动。于是能否成为国际贸易中心,关键就在于能否将这些跨国公司的资源配置中心集聚到区域中来。另一种则是指对大量订单分拨企业的吸纳与集聚。所谓订单分拨企业,主要是指能从资源配置型的跨国公司获取大量订单,但自身并不从事生产和加工业务的中介型企业。它们会将所获得的订单再分发到适当的地区去进行加工或实施采购,从而也形成了大量的贸易活动。目前在我国的香港地区就集聚了大量此种类型的订单分拨企业。

对于上海要建设的国际贸易中心,必须对其"贸易"的内涵有一个明确的界定,否则就很难对其发展目标、管理体系、推进政策等进行具体的规划和实际的操作。我们认为从上海"四个中心"发展战略目标的整体性以及上海目前的现实条件来看,应当首先将国际贸易中心的内涵限定在以货物贸易为主的范围之内,即暂且不考虑将广义的贸易活动包含在内。理由如下:

(1)上海的发展战略目标是"四个中心"的整合,而广义的贸易活动实际上也就包含了金融与航运方面的贸易活动,所以在金融中心和航运中心已经作为战略目标组成部分的前提下,"贸易中心"的内涵不宜过于宽泛。

(2)广义的贸易活动涉及的系统与部门很多,甚至包含几乎所有的经济活动与部分的社会活动,而建设"国际贸易中心"的战略实施最终是要通过具体部门去推动的。所以若将其内涵过于扩大,必将面临政策制定和实施推动上的困难。

(3)至于"资源配置中心"的内涵是可以接受的,但其与"以货物贸易为主"的内涵并不矛盾。因为无论是企业内部产业链的资源配置还是订单分拨企业所进行的资源配置所引发的贸易活动,大多仍表现为货物贸易,只不过是贸易主体上的特定性而已。

因此,我们认为对于上海所建设的国际贸易中心的内涵,可以做这样一种归纳:以货物贸易为主,具有国际化水准,并对国内外市场具有强大的集聚力和辐射力的核心交易市场。

这一内涵的描述至少包含这样几个要件:

首先限定为"以货物贸易为主",主要表现为货物贸易及其相关辅助活动的高度集聚;

其次要求"对国内外市场具有强大的集聚力和辐射力",体现了国际贸易中心必须内外贸一体化,以及对其规模和能量上的要求;

再次强调"具有国际化水准",即作为国际贸易中心必须具备符合现代贸易活动所需要的,达到国际水准的设备、人员、管理以及其他环境条件;

最后将其定义为"核心交易市场",一方面强调了其中心地位,另一方面指出,所谓的"国际贸易中心",从本质和形态上讲,仍然表现为集聚了各类交易活动的市场。

三、上海国际贸易中心建设中存在的主要问题及原因

改革开放以来,上海在促进国内外贸易发展方面也曾做过很多努力,特别是将"国际贸易中心"的建设列为上海发展战略目标之一后更是采取过不少相应的推进措施。在对外贸易方面,20 世纪 80 年代上海就建立了外贸功能相对集聚的虹桥

经济技术开发区,形成了集涉外展览、展销、商务、商业及其他相关服务功能于一体的外贸活动中心,为促进上海对外贸易的加速发展和能级提升发挥了重要的作用。90年代,经国务院批准,上海又建立了外高桥保税区,利用其特定的有利条件,积极引入国外贸易公司,促进国内外两大市场互通,并开始建立一批以资源配置功能为特征的跨国公司区域性营运中心,为上海国际贸易中心功能的形成起了重要的推动作用。2001年,上海与德国汉诺威等著名展览公司联合建造的新国际博览中心开业,更是为上海国际贸易中心功能的强化增添了动力。在内贸方面,上海不仅通过大规模的零售商业改造及对国外商业资本和著名品牌的积极引入,提升了上海零售商业的档次和形象,吸引了国内外广大的消费者;而且还通过连锁经营、管理输出等方式积极向全国市场延伸和拓展,增强了上海的内贸辐射能力;同时还形成了诸如上海轻纺市场等一批相对集聚的商品交易市场群体,为上海贸易功能的提升和强化发挥了作用。正是由于这些努力,才使上海在全国商贸活动中长期保持了相对的领先地位。

但是如前所述,相对于国际贸易中心的战略目标,上海仍有很大差距。在贸易流通量、市场集聚度方面上海的优势并不十分明显,近年来还有所削弱。上海更缺乏资源配置型企业的高度集聚。相对国际金融中心和国际航运中心的建设而言,上海在国际贸易中心的建设方面确实是滞后的。根据我们的研究,上海在国际贸易中心建设中所存在的问题主要表现为以下几个方面:

(一)上海尚未形成真正具有集聚力和辐射力的网络核心优势

贸易活动的基本要求是渠道网络的广达和通畅。作为贸易中心,其必然是对广达通畅的渠道网络具有实际控制能力的网络核心节点。在传统的贸易活动中,主要是面对面的实物交易,对交通运输条件的依赖性很强,一些水陆交通的枢纽地区往往就自然成为网络节点,形成了贸易中心。上海在历史上之所以能成为贸易中心城市,就是由于其濒江临海,地处中国黄金海岸线的中部,独据交通便利之区位优势。然而,现代贸易活动大多依靠信息网络来进行,并可实现高度的商物分流和远程交易,对交通运输条件的依赖性大大下降,而对信息网络和客户关系的依赖性则大大增强。然而自从计划流通体制被打破以后,上海商贸流通企业在重新开拓和建立全国流通网络方面举步维艰,收效甚微;在信息网络和远程交易技术方面也不具有领先优势。于是,当上海传统的地理区位优势逐步弱化,而在信息网络和客户关系方面的优势又尚未建立的情况下,国内外企业就没有理由一定要通过上海来开展商品交易活动,上海贸易中心的地位自然会被动摇。

(二)上海尚未成为内外贸一体化,并具有广泛的资源配置能力的贸易主体

广达通畅的渠道网络体系必然建立在企业经营活动的基础之上,即一个区域能否成为流通网络的核心节点,关键就在于该区域中是否集聚了一批拥有广泛的渠道网络控制能力的企业或企业集团。作为国际贸易中心来讲,更强调这些作为贸易主体的企业或企业集团能否实现内外贸一体化,能否对国内外的市场网络实施有效衔接,顺利通达。而上海由于长期以来内外贸体制分割,几个大的商贸流通企业,如百联集团、东方国际集团、兰生集团等在贸易功能上都有所短缺。百联集团虽然有在国内市场的渠道网络体系,但在对外贸易功能方面却十分薄弱;兰生集团与东方国际集团虽然有很强的外贸功能和广泛的国际客户网络,但对于国内市场的渠道网络却缺乏控制能力。没有通达国内外市场的贸易能力和网络控制能力,在当前的市场环境条件下,自然也就不会有强大的竞争力。如果说内地的企业对上海有所期望的话,则可能就是希望通过上海这个国际化程度较高的城市,为它们搭起通往国际市场的桥梁。但如果它们在这里找不到真正可以依托和信赖的贸易伙伴,那么它们凭什么一定要通过上海来完成它们的产品销售或货物采购?同样,当国外的企业想要进入中国市场时,它们也希望其贸易伙伴能帮助它们将产品迅速地向全国推进,否则它们也会十分失望。所以,若不能形成或集聚一批内外贸一体化、通达国际和国内两大市场的贸易主体,上海要想成为国际贸易中心则可能是一句空话。

(三)上海尚未形成某些专业产品具有影响力的中心市场或核心交易平台

从国际经验来看,成为国际贸易中心的城市在贸易功能方面既有综合型的(如纽约、东京),也有专业型的(如巴黎的时装、化妆品交易;比利时的钻石交易;等等)。就我国来讲,义乌的小商品交易市场、郑州的粮食交易市场等也无可争议地使它们占据了某一专业领域的贸易中心地位。而上海目前虽然也有一些专业产品在市场交易活动中相对比较突出(如钢材、黄金饰品等),但都还未形成在这些专业产品领域的中心交易市场或核心交易平台,从而也就不能对上海国际贸易中心地位的确立给予有力的推动。而一个个具有影响力的专业产品中心交易市场的存在,也是形成国际贸易中心的基础和前提。

上海在国际贸易中心建设中存在的这些主要问题源于主观和客观两方面原因。

先从客观上讲,全国各地在市场上的相互分割、自我保护,必然对商贸流通网络的延伸与扩展形成障碍。我国目前财政经济体制所造成的区域经济封闭割裂的现象是一个长期未能解决的难点问题,而这一问题的直接影响就是各地市场的相互分割与自我保护。根据经济发展的客观要求,资源应当通过市场机制的作用而实行合理配置。按照这个原则,各地区应当根据本地区的资源优势,有所为有所不为。经济效能应当在全国各地区分工协作的基础上达到最优。其前提则是全国必须形成没有任何壁垒与障碍的统一市场。而在目前的体制环境下,这一点却很难做到。所以尽管上海在商贸活动的运行和管理上具有较强的优势,各地区却不一定愿意与之合作;相反,宁愿另起炉灶,另搞一套(尽管在成本与效益上可能会差得多)。这就是上海想要建立起通达全国的商贸流通网络却很难如愿的重要原因。

而从主观角度分析则有以下三方面的原因:

其一,上海商贸企业在经营管理方面并未建立起不可替代的特色优势。从经济学理论上讲,只有形成某些方面的垄断优势,才能使各方与之合作的意愿上升(甚至是屈从)。在计划经济条件下,上海的商贸业具有这种垄断优势,而那是计划经济体制所赋予的,现在当然不可能存在。那么新的垄断优势是否可能形成,又来自哪里呢? 市场营销学理论及国外成功企业的实践经验告诉我们,企业不可替代的经营特色将可能使企业在相关的领域中形成局部垄断。我们可以看到,我国各地的高星级宾馆大多是由国外著名的宾馆管理集团在经营;国外著名的零售大卖场在全国各地畅通无阻;肯德基和麦当劳遍布我国的大中城市,究其原因,就是由于它们那种独特的、标准化的经营管理模式形成了一种不可替代的垄断优势。上海的零售商业企业在 20 世纪 90 年代末也曾形成过一轮向全国拓展的高潮,曾在全国各地建立了 300 多家零售机构,然而没过几年,全部打道回府。现在看来,其中一个重要原因,就是缺乏独特的、具有优势的、标准化的经营管理模式。你能做到的,别人也能做到,人家为什么一定要同你合作呢? 由此可见,在商贸领域要形成强大的集聚力和辐射力,关键还是要看核心区域本身的质量,而区域内商贸企业的经营特色则是提升核心质量的关键。

其二,内外贸在体制上的分立造成了国内外市场流通网络的脱节。如前所述,缺乏内外贸一体化的贸易主体是影响上海成为国际贸易中心的问题之一,而造成这一问题的主要原因就是长期以来上海在内外贸管理体制上的分立。内外贸分立起始于计划经济时代,那是由于计划经济时代我国的国内市场高度封闭,对外贸易的权限高度集中,内贸企业原则上是不能涉足外贸的。而在我国改革开放三十年后的今天,国内市场已高度开放,但我们国有企业内外贸系统仍然是相互分立的,从而仍保持了内贸企业不涉足外贸、外贸企业不重视内贸的客观现象。特别是上海一直到 2007 年在行政管理体制上仍维持着内外贸管理机构分立的状态,内外贸企业之间的沟通和协调变得更加困难,更不用说建立起内外贸一体化的商贸流通企业。内外贸不能实现一体化经营,就很难实现国内外市场网络的有效衔接,商贸流通企业的竞争力必然下降,这对上海国际贸易中心的建设势必造成不利影响。

其三,从政府管理部门到企业的管理层仍存在着浓厚的区域利益导向观念。要想成为国际贸易中心,就必须在观念上跳出狭隘的区域经济思维模式,而要从国内外整体市场要素配置的角度去思考自身的地位和做出相应的决策。长期以来,上海政府主管部门以及主要商贸企业更多的还是站在区域利益的角度，以区域性企业的身份在考虑问题和制定政策。如在考虑如何建立全国商贸流通网络时，经常会讲的一句话是如何"打出去"，即将其他地区的相关部门和企业看成竞争对手。相关的政策与策略自然也是基于这样的指导思想而制定的。且不知，既然你有"打出去"的政策，对方自然也就会有将你"挡回来"的政策。基于竞争而不是基于合作的思维方式和相应的政策与策略必然不利于加强区域间的合作，不利于建立起广达和通畅的商贸流通网络。

四、上海建设国际贸易中心的战略思路

上海建设国际贸易中心作为上海经济发展总体战略的组成部分自然是不可动摇的。我们需要研究的是上海建设国际贸易中心的战略目标和系统框架。

(一)战略目标

我们认为，上海国际贸易中心建设的战略目标可以表述为：经过5至10年的努力，将上海建设成高度国际化的、对国内外市场具有强大集聚力和辐射力的并在国际上具有竞争力和影响力的主要国际贸易中心城市之一。对这一战略目标的解析是：

1. 上海国际贸易中心必须是"高度国际化"的

其主要表现为：贸易主体的国际化，国际上主要的商贸流通企业大多进入上海设立其总部或分支机构，更多的跨国公司将其实施资源配置功能的营运中心设置在上海；贸易流程的国际化，在上海开展贸易活动的流程尽可能实行国际接轨，充分体现高效、便利、安全、透明；贸易技术的国际化，尽可能采用国际上最先进的网络技术和其他贸易辅助设施，并能同发达国家的贸易辅助设施实行对接；贸易信息的国际化，在上海必须能随时了解到世界上各类市场的动态变化，并能随时发布与贸易活动相关的信息。

2. 上海国际贸易中心必须能"对国内外市场具有强大的集聚力和辐射力"，这是国际贸易中心的功能体现和地位保证

其主要表现为：具有总部集聚的功能，其不仅要能够吸纳更多的国外主要商贸公司和跨国公司营运中心进入，而且要能够吸引国内各地区主要商贸企业的营运机构及主要制造企业的销售总部和采购中心进入；具有核心交易平台的功能，其不仅表现为能成为一部分专业产品的中心交易市场，更表现为能成为大量国内外贸易合同的签单中心以及订单分拨中心，甚至有可能成为一些重点产品的价格调节中心；具有购物天堂的功能，其表现为拥有最为良好的购物环境，最多最新的国内外著名品牌以及最有吸引力的名街、名店和特色商圈，从而使国内外顾客能够纷至沓来。

3. 上海作为国际贸易中心城市应当"在国际上具有竞争力和影响力"，这涉及

上海国际贸易中心的层次定位问题

从国际贸易中心层次看,实际上可形成三种不同层次:一是口岸型的国际贸易中心,即作为中国的一个国际化程度最高、对国内外市场辐射能力最强的贸易口岸城市,承担着衔接国内外两大市场的主要任务。在这一层面上,上海应主要予以对标竞争的是国内其他一些贸易量较大的口岸城市,如香港、广州、青岛、宁波等。二是区域性的国际贸易中心,即成为东亚地区最有影响力的国际贸易中心。在此层面,上海应予以对标竞争的则是日本的东京、大阪,韩国的首尔,新加坡以及我国台湾的台北、高雄等东亚已有的国际贸易中心城市。三是全球性的国际贸易中心,即成为在全球范围有影响的国际贸易中心。在这一层面上,上海应予以对标竞争的则应当是美国的纽约、法国的巴黎、英国的伦敦等全球著名的国际贸易中心城市。

从上海目前的现实出发,我们认为这应当是一个循序渐进的过程:首先上海应当成为中国贸易能量最大的口岸型国际贸易中心;其次再努力成为东亚地区有影响的区域性国际贸易中心;最后则应当将成为全球有影响的国际贸易中心作为其终极目标,而在 5 至 10 年的战略规划期内,则应当将成为区域性国际贸易中心作为努力目标。

(二)系统框架

上海作为国际贸易中心应当由一系列的功能子系统所构成,其主要包括:

1. 贸易主体系统

即由一批实力强大、功能完善、经营灵活的商贸企业群体集聚而成,其中主要可分为三种类型:一是能真正实现内外贸一体化,具有很强的网络控制能力的国内商贸企业集团;二是国外主要商贸企业的区域总部、采购中心、配送中心以及跨国公司的营运中心;三是一批以订单吸纳和分拨为主要业务的中介型企业。这将构成国际贸易中心的主要支柱。

2. 交易平台系统

即由一批交易量大、辐射面广、功能完善、管理先进的专业交易市场或交易机构集聚而成,其中也可分为两类:一是依托上海已有的资源或传统优势所形成的某些专业产品的中心交易市场;二是主要以信息发布、网络交易为主,并实行会员制运作模式的现货或期货交易所。这将构成国际贸易中心的基础平台。

3. 展览展销系统

即由各种层次较高、影响力大、稳定性强的国际大型展览会、展销会集聚而成,其中主要应吸引国际上最有影响的展览公司和展览活动进入上海,并形成几个影响力大的定期展览活动,每年在上海举行;同时应根据上海的资源和条件,设立某些专业产品或技术的常年展示厅,能随时展示和反映国内外在该领域最新的研究成果和新产品,以促成技术转让和产品交易。这将形成国际贸易中心的活力源泉。

4. 贸易辅助系统

即由各种高效率、多功能并相互有机衔接的贸易服务机构和服务设施所构成,其中包括诸如商检、报关、货运代理、货款结算、货币兑换以及商务会议、商务通信等一系列贸易辅助活动,都必须按国际贸易中心建设的要求予以改善、规范、提升能级;同时包括信息网络系统、越洋会议系统、现代化办公设施、现代化交易市场、现代化会展中心以及商贸集聚区等硬件设施,也必须按照国际贸易中心建设的要求进行统一规划,逐步予以更新和改造。这是建设国际贸易中心必不可少的环境条件。

5. 贸易管理系统

即由不同层次的政府管理机构和管理部门所构成。面对上海建设国际贸易中心的战略需要,上海各级政府应当考虑的问题主要是:对于贸易管理机构进行必要的调整,并加强各管理部门和层次之间的协调,减少对各种商贸活动的障碍,增加促进商贸活动的动力;整理和修订商贸管理方面的相关政策法规,根据建设国际贸易中心战略目标的需要,对相关的政策法规进行必要的删减、修订和新建,以确保政策法规能成为引导和促进国际商贸中心建设的动力,而不是阻力;积极向中央有关部门争取更多的有利于国际贸易中心建设的政策,能在上海地区先行先试,其中包括诸如设立自由贸易港、增设免税商店等政策。良好的管理体制和管理系统是加快推进上海国际贸易中心建设的基本保证。

这五大系统有机整合构成了上海国际贸易中心建设的整体框架。从中可看到,形成这五大系统的基本要素为:国内外商贸企业、交易市场及展览展销的运行机构、贸易辅助机构及相关企业、各级政府相关管理部门和管理机构,再加上与之相关的各系统或专业的行业协会。这些基本要素的素质与活力决定了上海建设国际贸易中心战略目标实现的可能与速度,因此必须对其发展高度关注。同时若将国际贸易中心看成一个大系统,则其能否形成和发挥应有的功能,还取决于其与国际金融中心、国际航运中心等大系统之间的协调与配合,以及对上海及国内外经济和社会发展大环境的适应。这就是我们对上海国际贸易中心系统框架的分析和描述。

五、上海建设国际贸易中心的推进措施

上海建设真正意义上的国际贸易中心将是一项浩大的工程,需要从政府到企业,以致全社会各方面共同努力。从操作层面讲,我们认为必须从以下几方面着手:

（一）推动国有商贸企业集团进行资源重组，组建若干个内贸一体化的大型贸易集团，形成支撑上海国际贸易中心建设的骨干力量

如前所述，国有大型商贸企业集团的内外贸分立导致国内外市场网络难以衔接，从而使上海的贸易优势无法建立。所以相应的对策就应当突破内外贸分立的界限，首先对百联集团、东方国际集团这样一些具有代表性的大型商贸集团进行改组，通过国有企业内部资源整合或通过吸纳外部资源的方式，对其贸易功能的"短腿"实施弥补，使其真正形成内外通达的市场网络控制能力。

（二）积极鼓励经营管理能力强、品牌优势明显的商贸企业建立具有经营特色和标准化的管理模式，依托自身优势，实施跨区域合作，同全国各地的商贸企业联手建立广泛通达的市场流通网络

我国在国际贸易方面对外商最大的吸引力就是拥有广大的腹地市场，而广泛通达的市场网络则是商贸企业不可或缺的无形资产，所以上海的商贸企业若能建立和控制这种市场流通网络，将对上海国际贸易中心的形成增添必要的资源。而能顺利地实现跨区域合作，建立市场流通网络的前提则是商贸企业自身的特色优势和保持这种特色优势的标准化管理模式，所以这应当成为准备进行市场开拓和延伸的上海商贸企业必须加以努力的目标。

（三）放松管制，进一步吸引更多的国内外商贸企业和跨国公司的营运中心进入上海

如前所述，国内外主要的商贸企业和跨国公司的营运中心集聚上海，将是推动上海国际贸易中心建设的重要条件。而这些商贸企业和营运中心能否进入，除经营成本、交通条件、商务氛围等环境因素之外，很重要的就是在政策方面相对有利。上海外高桥保税区在仅有十多平方公里的区域范围内引入了 5 000 多家国内外贸易公司、82 家跨国公司营运中心，就是依托其保税区的特殊政策。当然上海不可能全部实施保税区的政策，但是进行一定的政策梳理，同国内其他地区进行一定的政策对标，还是有可能在政策方面找到进一步放松管制的余地的，同时还要进一步研究对上海已有的一些特殊政策如何用好用足，以对主要的贸易企业和跨国公司产生更大的吸引力。

（四）充分利用上海现有的资源优势，重点培育和扶持一批高水准的专业产品中心交易市场

从国外一些贸易中心城市的情况来看，并非在各种产品贸易方面都处于中心地位，但必然会在某一些产品的贸易中处于领先或中心地位。所以上海在国际贸易中心的建设中也必须在成为某些标志性产品的核心交易平台上下功夫，而其具体则体现为能否形成这些专业产品的中心交易市场。所谓中心交易市场，不仅表现为交易量的庞大和辐射区域的广泛,还应当具有一定的创新引导和价格示范的功能。上海从目前的情况来看,至少在钢材、汽车、黄金珠宝、工艺品、时装以及医疗设备等专业产品方面有可能形成这样的中心交易市场;从政府角度来讲,则应当积极进行规划与扶植,其中包括选择合适的地点建设高水准的标志性中心交易市场,如在嘉定汽车城或沪太路一带建立汽车中心交易市场,在豫园商城周边建立黄金珠宝及工艺品中心交易市场,在逸仙路、大柏树一带建立钢材中心交易市场等。

(五)进一步强化上海在展览展示方面的功能,努力形成展览展示方面的标志性特色

高频率、大规模的展览展示以及展销活动是国际贸易中心的主要标志,上海在这一方面已经开始形成一定的优势。而提升和强化这一优势的措施主要在两个方面:一是建设若干常年展览馆或展示厅。上海应当建设一个综合性的和若干专业性的常年展览馆或展示厅,目前可建议的是建立一个国内新产品与高新技术展览馆,由政府投资、免费参展,以体现我国在科技创新和产品创新方面的最高水平,从而使上海占领这一展示窗口的高地;另外还可以考虑建立中小企业新产品展示馆,以帮助中小企业开拓合作与销售渠道。世博会园区在世博后应考虑能成为常年展览展示中心的首选之地。二是要吸引国际上重大的展览展示活动进入上海,并将其中若干具有代表性的展览展示活动稳定在上海,组织每年或隔年的定期展览,成为上海具有标志性的展览展示活动。

(六)进一步推进贸易辅助机构和贸易服务设施的改进与改良

其中重点是尽可能建立"一门式"服务、"一次性"完成的贸易流程管理系统,增加贸易活动的便利性和透明度;同时对于各类贸易企业的办公场所、通信设施、生活设施以及其他配套设施应尽可能做到配套齐全、层次多样、成本低廉;积极发展各种服务于商贸活动的"外包"型服务企业,并对其加强监管,促使其提高服务质量。

(七)对政府管理机构的功能设置进行必要调整,以适应上海国际贸易中心建设的需要

从政府管理的角度来看,目前对于形成国际贸易中心各主要功能系统在管理上仍存在职能分散、协调困难的问题。我们的建议是:首先应当将贸易主体系统、交易平台系统、展览展示系统的主要管理职能纳入商务委员会的职能范畴,并对内部管理机构进行适当的调整;在商务委员会内部也要打破内外贸系统分立的传统格局,而根据各功能系统的要求来实施管理职能的调整。各委办局必须以加快国际贸易中心建设的战略目标为出发点,加强在相关管理工作方面的沟通与协调,减少摩擦,提高效率,以形成统一、协调的政府形象。

(此文发表于《科学发展》2010 年第 3 期)

控制网络，建立平台，提升上海的商贸竞争力

世博会后的上海开始展望更加辉煌的未来，"十二五"期间能否确立上海国际贸易中心的地位，将是上海经济与社会发展中的一件大事。从"四个中心"发展战略的整体角度去看，国际贸易中心的建设将是巩固与推动国际金融中心和航运中心持续发展和不断提升的主要动力源；从某种程度上讲，上海若不能成为中国实际意义上的贸易中心，其金融中心和航运中心的地位也难以得到稳固与提升。然而，上海商贸发展的现状不容乐观。统计数字反映，上海的商贸竞争力正在趋于弱化。

从限额以上批发零售企业的商品销售总额来看，从 2007 年开始，上海就失去了始终保持的领先地位；2009 年，在全国各省市中仍低于北京，位居第二。同北京相比，相差 3 160 亿元，而在 2007 年这一差距仅为 926 亿元。上海商品销售总额在全国的占比也由 2007 年的 15.4％下降到 2009 年的 11.7％。

从上海的商品出口额来看，在全国也仅排第三，不仅落后于广东，也落后于江苏。上海商品出口额在全国的占比仅为 11.8％。2004 年，同第二位江苏省的差距为 16 个百分点，2009 年则扩大为 29 个百分点。以江、浙、沪三地来进行比较，2005年上海商品销售额在三地商品销售总额中的占比为 44.4％，2009 年已下降为39.2％；2005 年上海批发销售额在三地批发销售总额中的占比为 46.3％，2009 年也已下降为 40.8％。

上海批发交易市场的发展更为落后。批发交易市场的成交额在全国的占比仅为 8％，在江、浙、沪三地的占比也仅为 19％，而且其中差不多一半以上主要是钢铁及有色金属交易，消费品批发交易市场的发展更为薄弱。

这些数据反映了上海在大宗商品批发交易方面的优势地位正在逐步下降，也就是说，商贸的总体竞争力正在不断弱化，这同上海想要确立国际贸易中心地位的战略目标无疑是相悖的。

上海的商贸竞争力为何会下降？究其根本，是在于缺乏对国内外商贸网络的控制能力，即缺乏对商贸流通的上游资源与下游顾客的控制能力。无论是一个城

市还是一个企业,要想成为某一产业或多个产业的贸易中心,必须具有这种网络控制能力。恩格斯早在分析英国如何成为当时的国际经济中心和贸易中心时就曾指出:"在发现美洲之前,各个国家,甚至欧洲,彼此还很少来往。整个来说,贸易所占的地位很不显著。只是在找到通往东印度的新航线之后和在美洲开辟了对欧洲商业民族有利的广阔活动场所之后,英国才开始越来越把贸易集中在自己的手里,这就使得其它欧洲国家不得不日益紧密地向其靠拢。"①版产业营销学方面的著名学者 E. R. 柯力也曾指出:"分销渠道代表着一种重要的公司义务的承诺,同时也代表着构成这种基本组织的一系列政策和实践活动的承诺。这些政策和实践编织成一个巨大的长期关系网。"这种分销网络"……是一种关键性的外部资源。它的建立通常需要若干年,并且不是轻易可以改变的。它的重要性不亚于其他关键性的内部资源",这些都说明了一个城市或一个企业要想成为市场商贸活动的中心,就必须具有对市场商贸网络的控制能力,成为大规模的市场交易活动的核心与节点。上海在历史上无疑是具有这方面的能力的。首先是由于其特定的区位条件,位居长江出海口和中国海岸线的中部,在以实物贸易为主的时代,这种区位优势使其客观上具备了贸易中心的先天条件。计划经济时代,上海又是计划商品供应的主要货源基地和我国的主要商品进出口岸,其贸易中心的地位得到了进一步强化。而如今这些优势正在逐步消失。交易方式的变化和交通条件的变化,使得地理上的区位条件已不再那么重要。全国各省市工业化程度的不断提高,使上海的货源基地优势不复存在。而上海并未根据市场环境和商贸条件的变化及时改变自己对市场网络的控制方式,对国内外商贸网络的控制能力逐步下降,其商贸竞争力必然也就会逐步下降。

上海为什么缺乏对市场网络的控制能力? 从表象看,主要有以下一些原因:

首先,上海缺乏对货源和市场(特别是区域市场乃至全国市场)具有强大控制能力的商贸主体。以上海最大的百货经营企业为例,自行采购和经销的自营类商品只占全部销售额的 5.5%,而欧美和日本百货经营企业的自营比重一般都在 60% 以上,个别企业(如西尔斯)的自营比例甚至高达 90% 以上。原因是我们的百货企业缺乏经验丰富和熟悉市场的采购人员和买手,所以根本谈不上对优质货源的控制能力。上海最大的百货经营企业在市外的网点数只有五六家,也根本谈不上对市场网络的控制能力。上海缺乏诸如沃尔玛、家乐福、国美、苏宁以及阿里巴巴等对货源和市场网络控制能力较强的商贸主体。就是北京的王府井百货也在全

---

①　恩格斯:《在伦敦德意志工人教育协会的演说记录》,《马克思恩格斯全集》,第 42 卷,人民出版社1956 年 12 月版,第 471 页。

国各主要城市成功开设了 20 家大型门店,相比之下,上海商贸主体对商品资源和
市场网络的控制能力相形见绌。缺乏强有力的商贸主体是上海难以确立贸易中心
地位的重要原因。

其次,上海缺乏具有强大集聚与扩散能力的核心交易市场。如前所述,上海在
批发交易市场的发展上是比较落后的,特别是在消费品的交易市场发展上更为落
后。虽然期货交易所、黄金交易所等都在上海,但并未真正在这些产品上发挥核心
交易市场的作用,不具备对行业内交易的强大的集聚与扩散能力。一些发展时间
较长、具有一定规模的批发交易市场,如曹安轻纺市场、豫园小商品市场、七浦路服
装市场、九亭综合批发交易市场等则一直未得到真正扶持与发展,至今仍停留在初
级交易市场的水平。缺乏在某些产品或行业方面的交易集聚、价格发现、信息发布
的核心交易平台,也就难以形成真正意义上的贸易中心。

最后,上海缺乏能及时搜集发布各类贸易信息的商务信息提供商。在世界上
一些能成为国际贸易中心的城市,大多集聚了一些具有强大的商贸信息搜集、加
工、发布能力的商务信息提供商,如纽约的彭博通讯社、伦敦的路透社、东京的日经
通讯社等。它们对于全球商务信息及时权威的发布和提供,使这些城市自然地成
为全世界商务人士关注的焦点,从而也就促使这些城市能成为名副其实的国际贸
易中心。而上海目前尚未形成这种类型的商务信息提供商,从而也就不具备对于
全国乃至全球商贸和商务信息的集聚、整理和发布的能力。不能成为商贸和商务
信息集聚的中心就很难成为真正意义上的贸易中心。

从最简单的道理讲,一个城市要能够成为国际贸易中心,关键在于能否对进入
市场的买方和卖方形成强大的吸引力,使他们都能关注你,并愿意集聚于此开展交
易。而对于买方的吸引力来自能获得所需的商品资源,而对卖方的吸引力来自能
找到大量的市场。此外,对双方共同的吸引力则是相对较低的商务成本,由此构成
了对贸易中心城市最为基本的要求(见图 1),也是提高城市商贸竞争力之关键。

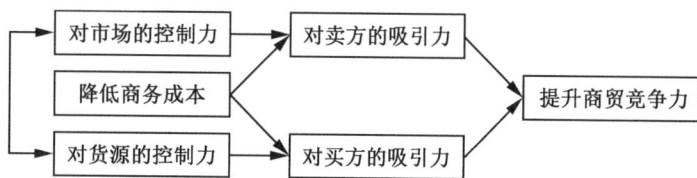

图 1

从更深的层次分析,上海之所以缺乏控制力强的商贸主体、集聚力强的交易平
台、权威性强的商务信息提供商,主要是在体制和观念上存在着一些障碍,表现为

以下几点：

（1）由于体制和商务成本的原因，阻碍了具有强大的网络控制能力的商贸主体集聚上海。从体制的角度讲，我国的政策对于批发行业的对外开放始终持谨慎态度，上海是在2001年才成立第一家中外合资批发企业的，至今为止，外资主要的批发型企业基本上也未进驻上海。对内而言，商贸企业的体制性重组也仅限于本区域范围之内，跨地区的联合与重组也从未真正实现过，从而就使得上海难以集聚实力强大的商贸主体，更难形成向内和向外两方面的辐射能力。另外，由于商务成本过高，外地一些民营的商贸机构也难以落户上海。没有大量的经营能力和网络控制能力强的商贸主体集聚上海，上海对海内外市场网络的控制能力自然就很弱。

（2）上海主要的商贸企业对于建立全国市场网络的意识和能力都不是很强，从而在全国市场拓展中屡屡受挫。上海在计划经济时期曾拥有覆盖全国广大地区商品流通的渠道和网络，在计划经济解体后对于这些渠道和网络的控制能力自然消失。然而，要争取成为国际贸易中心又必须重新建立起覆盖面广泛的市场网络体系，当然不可能再靠计划和政策来保证对于这种网络的建设与控制能力，而只能依靠上海主要商贸企业自身的努力去实现。然而在较长的一个时期中，上海主要商贸企业在向全国拓展、建立覆盖面广的市场网络体系的意识并不强烈，而将主要精力放在上海零售业的更新与发展上，在对全国市场拓展方面缺乏总体战略和具体规划，随意性较强，更缺乏必要的干部与人才储备，从而在全国拓展中屡屡失败，至今未能建立起覆盖全国的市场网络体系，更谈不上对全国市场网络的控制能力。

（3）对上海批发交易市场的发展认识混乱，缺乏通过发展市场来建立和控制市场网络的主动性和积极性。在我国现阶段，有形市场对于买卖双方的集聚乃至稳定的市场网络的建设与控制还是发挥着重要作用的，江浙闽粤的市场发展历程已充分说明了这一点。然而上海各级政府部门对于批发交易市场的建设与发展热情好像都不很高，总有一些人认为上海不应当发展这样一些初级市场性质的批发交易市场，甚至对已有的批发交易市场纷纷提出迁移、关停的政策与方案，更不用说对一些已具规模，并维系庞大的市场网络的批发交易市场进行扶持、改造和提升。所以上海除了钢铁交易市场之外，尚未真正具有网络集聚和市场影响能力的核心交易市场和交易平台。且不知，取消和关停了一个具有规模的批发交易市场，实际上就是放弃了一个以其为纽带的庞大的市场网络，这与上海发展国际贸易中心的战略思想实际上是相悖的。

（4）因政府管理部门的权力分割，使上海的商流、物流、信息流一体化整合能力较差，难以形成合力。商贸活动是一个完整的系统，需要商流、物流、信息流的协调配合。"三流"整合得越好，流通的成本就越低。上海在这三方面个别优势都是很

明显的，但是由于商流、物流、信息流的管理分属于商务委、经信委等四五个政府主
管部门管理，缺乏一种整体协调的机制与平台，从而各自的优势很难得到发挥，从
而导致上海在商贸活动方面的整体优势也会随之下降。因此，上海要真正确立国
际贸易中心的地位，形成集聚海内外客商、引领国内外贸易的强大能力，必须进一
步进行体制与机制的改革、观念与政策的更新、资源与能力的整合，达到对市场交
易网络有效控制、对市场交易活动积极影响之目标，具体而言，应当着重推进以下
几方面的工作：

第一，积极培育和引进具有资源及网络控制能力的核心商贸主体。如上所述，
要确立国际贸易中心的地位，关键需形成对商品资源和市场网络的控制能力，这样
才能形成对买方和卖方的吸引力。而这种控制能力必须体现在商贸经营主体身
上。所以上海必须加强对强势商贸主体的培育与引进。对于上海现有的主要商贸
企业应当促使它们改变经营理念，把发展和建设跨区域的市场流通网络作为其主
要的战略目标和任务，认真规划，扎实推进，形成对国内外市场网络的控制能力；同
时要改变观念、消除障碍、创造条件，积极引进国内外具有资源和网络控制能力的
商贸主体进入上海，真正形成万商云集之势。

第二，积极扶持具有网络集聚能力的交易平台（包括优势明显的有形交易市场
和网上交易平台）稳步发展。对上海目前具有较大规模的有形交易市场不要轻易
迁移和关停，而应当进行全面梳理。对于确有稳定的客户资源和市场网络，并具有
良好的发展前景的有形市场，要积极扶持其健康发展。相关政府部门甚至应当划
出一定的土地，提升和改善市场的硬件建设，增加市场的综合功能，使其成为在某
些行业中拥有市场影响力和价格形成机制的核心交易平台；充分利用上海的现有
资源优势，重点培育和扶植一批高水准的专业产品中心交易市场。如在钢材、汽
车、黄金珠宝、工艺品、时装以及医疗设备等上海具有优势的行业产品方面最有可
能形成对全国具有影响的中心交易市场；同时要积极培育和发展功能强大的网上
交易平台，形成网上网下联动的市场交易网络，这也是上海确立国际贸易中心地位
的必由之路。

第三，积极培育发展具有强大的信息搜集、加工和发布能力的商务信息集成商
和提供商。这样的商务信息集成商的存在，是上海能够成为国内外商家为之瞩目
的贸易中心的重要条件之一。因此，上海应该努力塑造一两个独立的，跨媒体、跨
地区、跨部门，多元投资，市场化运作的商务信息集成商和提供商。从国外的经验
来看，这样的商务信息提供商大多是以新闻媒体为主体发展起来的。所以上海也
应当首先依托三大主要传媒集团组成联合筹备机构开始运作，并获得统计局、经信
委、商务委、金融办、财政局等部门的配合与支持，同时要争取国家相关部门的参与

和支持,加强同国外有关机构和部门的联络,以努力塑造一个具有国际水准的商务信息提供商,为上海成为真正意义上的国际贸易中心创造条件。

第四,进行一定程度的体制改革,目标是形成对上海商流、物流、信息流资源的有效整合能力,提高商贸效率,降低商贸成本。商流、物流、信息流的有效整合是上海发挥优势、促进贸易中心建设的重要前提。鉴于目前管理分散、协调不力的现状,上海有必要进行一定的体制改革,首先,要实施统一规划,将商流、物流、信息流的协调运作纳入一个总体规划之中,并以此为依据,再由相关管理部门制定落实规划,以保证规划的协调性和一致性;其次,利用已有的一些"三流合一"的网络平台,提升建设为行业内乃至全市范围的"三流"资源整合平台,从技术上使"三流整合"成为可能;最后,加强企业间的分工与协作,改变大而全、小而全的功能布局与资源配置,在专业化的基础上强化合作的便利性和灵活性,从而使上海成为商贸流通效率最高、商贸运行成本最低的城市,形成有利于国际贸易中心建设的良好基础和条件。

（此文发表于《上海商业》2010 年第 12 期）

魔都之魂是怎样炼成的

——上海近代商业发展对城市精神文化之推动

　　2003 年上海市精神文明建设工作会议在全市性大讨论的基础上正式将上海的城市精神确定为"海纳百川,追求卓越",在 2007 年上海市第九次党代会上,时任上海市委书记习近平同志又提出"开明睿智,大气谦和"的表述,从而使上海的城市精神正式确定为"海纳百川,追求卓越,开明睿智,大气谦和"十六个字。这一表述形象而深刻地反映了上海这座超大型全球城市的社会形态和人文精神。然而推动这一特征鲜明的城市精神形成的巨大动力之一就是上海商业的繁荣与发展。正是商业的集聚和运营,才使上海有了"海纳百川"之形态;正是商业的竞争与筛选,才使上海有了"追求卓越"之动力;正是商业的理性与智慧,才使上海有了"开明睿智"之内涵;正是商业的合作与共赢,才使上海有了"大气谦和"之气度。正如一个美国人霍塞当年在他的一本书里所说的"这座城市不靠皇帝,也不靠官吏,而只靠她的商业力量逐渐发展了起来"。确实,上海这座城市因商而兴、因商而立、因商而盛。本文就想从上海近代商业发展的角度来证实一下"商乃沪之魂"。

　　上海优越的地理位置决定了它具有"海纳百川"的天然优势。上海处于中国漫长海岸线的中心、黄金水道长江的出海口,从而使得其不仅具有辐射海外的强大能力,又拥有连接内陆腹地的良好条件。上海"开埠"之前,由于封建王朝长期闭关锁国,使上海的这一优势条件无从发挥,直至 19 世纪 40 年代初,仍还是个仅有 10 多万人的小县城。虽然当时的上海已是"江海之通津,东南之都会",但从其商贸活动的体量来看,仍无法同广州等对外开放度较高的地区相比(广州当时是清政府所钦定的唯一对外开放之口岸)。鸦片战争之后,中英签订了《南京条约》,之后又签订了《五口通商章程》,将广州、福州、厦门、宁波、上海正式对外开放。这些条约从政治上讲都是丧权辱国的不平等条约,但客观上却为上海商业的繁荣发展乃至最终成为国内的商贸中心创造了前所未有的历史条件。很快,世界各国的商人和投资者纷纷涌向这块中国最具有吸引力的土地,上海的商贸业因此而得到了迅猛的发展。仅以上海口岸同广州口岸对英国的进出口贸易额的变化来看(见表1和表2)。1844年,上海口岸从英国进口的贸易额占全国的比重仅为12.5%,而到1855年占比就高达87.8%;向英国出口的贸易额,1844年广州是上海的7.7倍,而到1855年上海则是广州的6.8倍。很明显,上海开埠以后因其优越的地理环境条件,吸引了大量的国外商家在此从事商业活动,很快便超越广州,成为中国的贸易中心。

表1	上海从英进口全国占比
年份	进口占全国的比重(%)
1844	12.5
1845	30.0
1853	59.7
1855	87.8

表2	上海和广州向英出口比较	
年份	上海出口比	广州出口比
1844	1	7.7
1845	1	4.6
1853	1.7	1
1855	6.8	1

上海开埠后近代商业的发展,主要是依靠大量洋货的进口,并通过上海向内地扩散。由于当时中国的工业极不发达,由英、美、日等工业化发达国家输入的大量商品无论从功能和品质上对中国消费者都很有吸引力,从而使经营洋货的商业活动异常活跃,从而也促使上海成为衔接国内外两大市场的重要枢纽。像洋布、五金、西药、百货等主要商品都形成了在上海进口集散、向全国批发销售的格局。大量外地的客商还在上海建立了"申庄",专门从事商品的采购和贩运活动。以洋布批发为例,至1913年,上海专门从事进口洋布原件批发的企业多达100多家。上海转销内地各埠的本色、白色洋布约占进口总量的80%以上。此外,诸如卷烟、肥皂、化妆品、胶鞋、电灯电器等进口工业品也大量经由上海销往全国各地。同时,全国各地的农副土特产品也大量经由上海口岸出口到世界各地。

由于上海已成为衔接国内外市场的贸易中心,从而也吸引了全国各地聪明、睿智的商人集聚上海。当时在上海经商的各地商人有来自浙江、江苏、广东、福建、安徽、四川、湖北、湖南等地,其中为数最多的是毗邻上海的宁波商人,旅沪经商者达数万人。其次是广东商人,他们依托最早的洋货进口口岸之优势,将上海作为其主要的埠际贩运的中转地。各地商帮集聚,为打破行业和地域界限,更好地协作经商,互利互惠,还于1902年建立了我国第一个商会组织——上海商业会议公所。该组织共有各帮董事70余人,其中,宁波帮人数最多,其次为广东、福建、江苏、安徽等,覆盖20多个行业,是一个真正的"海纳百川"的商业组织。在上海经商的成功人士也大多来自全国各地。如上海五金商业的创始人叶澄衷即为浙江镇海人,他于1862年在虹口区百老汇路(今大名路)开了第一家五金器材专业商店,由此起家,后又投资火油、火柴、钢铁等行业,成为上海有名的五金大王、火油大王,江南首富。上海名人虞洽卿是浙江慈溪人，早年为上海瑞康颜料行的股东，后进德商鲁麟洋行做买办，1903年独资开设通惠银号，发起组织四明银行；1920年发起建立中国第一家证券期货交易所——物品交易所，成为著名的银行家和社会闻人。上海总商会会长、著名实业家朱葆三是浙江定海人。南京路上著名的四大百货公司的创办人则都为广东籍商人，如先施公司的创办人马应彪是广东中山人；永安公司的创办人郭乐也是广东中山市的旅澳华侨；新新公司的创办人李敏周、刘锡基都是广东香山人；大新公司的创办人蔡昌也是广东香山人。海纳百川的商业氛围使上海完全没有歧视排外，由于地域隔离的社会陋习，而成为群雄集聚、公平竞争的"冒险家乐园"。在这片土地上，只有敢于"追求卓越"、不畏艰险的人才能获得事业的成功和丰厚的回报。

　　近代商业的发展也是上海由一个小县城发展为一个大都市的主要推动力。在上海开埠之前，上海只是个方圆2平方公里、人口10多万的小县城。商业基本上都集中在城厢内及东门南门外沿江一带。城外基本上还都是一片空白。口岸通商之后，首先由英国驻沪领事巴甫尔提出，为避免"华洋摩擦"而要求在城外租地造房，实行"华洋分居"。后经与当时的上海道台宫慕久议定，划出城北洋泾浜（延安路）以北、界路（河南路）以东、李家庄（北京路）以南的区域为英租界，以后又向西不断扩张。继后法美两国也仿而效之，设立了法租界和美租界。租界设立后，由于建筑规划有序，道路平整宽阔，不仅有大量外侨入住，也吸引了大量本国居民。至20世纪初，租界人口已逾60多万，从而使商业中心也由老城厢向租界转移。大量中外商人纷纷在租界内投资开店，一些原在老城厢内和周围的老字号商店也开始向租界内迁移或开设分号。如原开在小东门外的宝大祥、协大祥、信大祥都先后迁入租界营业。著名的吴良材眼镜店也到南京路开设总店。一些外地的著名品牌商家，如天津的盛锡福帽庄、苏州的采芝斋食品店等也到上海租界内开店发展。上海租界内的商业日益繁华。据1906年的统计，当时租界内已有名号的商店为3 177家，涉及52个行业。其中，英租界有1 885家、美租界679家、法租界384家、公共租界229家。租界地区已成为上海最为繁荣的商业中心。之后，近代百货商店的开设，特别是南京路上四大百货大楼的兴建和开张，更使上海"十里洋场"的商业氛围愈加浓厚。商贸业的发展必然带动与之相关的服务业的发展，金融业、保险业、餐饮业、娱乐业、宾馆住宿业、法务理财业以及房地产业也相继迅猛发展。至20世纪30年代，上海已成为世界闻名的东方大都市。

　　以商兴市的上海近代城市发展历程，使上海具有了其富有特色且魅力无穷的城市形象和城市精神，被誉为"东方魔都"。而商业所具有的"开放、竞争、创新、包容"之特有文化是促使上海这一魔都精神得以形成的主要动力。

　　首先,只有"开放"才可能有万商云集的商业氛围,才可能有琳琅满目的全球商品,才可能有海纳百川的文化交融。上海之所以能成为当时中国最大的国际商贸中心,除其良好的自然环境之外,"五口通商"之后开放度的不断扩大,以及建立租界之后营商环境的自由化、国际化程度不断提高是十分重要的原因。当然当时的开放是在帝国主义武力逼迫之下被动开放的,而今天在国力强盛的情况下,我们更需要以全球战略思想为主导主动开放。

　　其次,只有"竞争"才可能优胜劣汰,才可能形成追求卓越的商业生态。上海近代商业的发展过程就是一个以适应市场为准则的择优汰劣的过程,从而为上海留下了一批品质优秀的商业老字号企业和开明睿智的商业企业家人才,更重要的是形成了以市场为主导的公平竞争的商业游戏规则。如当时西药业发展迅速,从1918－1920年增加了89家,使上海西药店的总数达到90多家。但其中竞争激烈,开歇频繁,到1927年,只剩下78家。1920年,上海物品交易所成立以后,各类交易所也纷纷成立,到1921年底就多达112家,但后经激烈的竞争淘汰,最后也只剩下6家。

　　再次,只有"创新"才可能在竞争中得以生存,只有"创新"才可能促使上海商业不断进化、不断提升,成为对海内外消费者具有吸引力的消费天堂。近代上海商业的发展过程中充满了商业企业家的创新智慧和创新实践。如当时在国外洋货压境的情况下,一些中小商店就实施"错位经营",调整商品结构,专卖适应中低消费层次顾客的价廉物美的商品,取得了良好的业绩。而各大百货公司则各出奇招,营造特色,吸引消费者。如先施公司的屋顶花园、永安公司的天韵楼娱乐场、新新公司的"玻璃广播电台"、大新公司的自动扶梯等,都产生了很强的引客效应。集购物、餐饮、娱乐、休闲、住宿于一体的综合服务功能在当时的四大百货公司中已经得到了体现。当时为了争夺客源,一些大型商业企业还创新了"凭折赊账"的信用促销手段,在市区范围内免费送货上门,并发行礼券。商业的创新思维也促进了城市的创新意识,从而使上海成为一个能让人不断感到惊喜的魔都城市。

　　最后,只有"包容"才能形成良好的商业竞合关系,才能形成大气谦和的上海都市气质。上海近代商业企业家大多重视合作,讲究互利,遵守规则,乐于行善,使上海商界有一种"儒雅"的氛围。如当时成立的我国第一个商会组织"上海商业会议公所"(后改称"上海商务总会")在其章程中就明确了三条宗旨:"联络同业,启发智识,以开通商智""调查商业,研究商学,备商部咨询、会众讨论""维持公益,改正行规,调息纷难,代诉冤抑,以和协商情",反映了当时上海商界的共同心愿和良好素养。只有这种精神的代代传承,才有了我们这个城市"开明睿智,大气谦和"的精神文化。

　　　　　　　　　　　　　　　　　　　　(此文发表于《上海商业》2017年第10期)

"上海购物"如何演绎新时代的品牌故事

　　无论是从历史的渊源还是现实的呈现来看,"上海购物"始终是上海这一国际大都市的形象标志之一。然而,在当今全国各大城市商业氛围大为改善、境内外网上购物急剧增长的情况下,上海要继续保持和发展其在购物消费方面的独特优势,使购物消费成为上海经济发展和城市建设的主要推动力之一,就必须重新审视新时代"上海购物"的内涵与外延,找到巩固和提升"上海购物"品牌形象的"瓶颈"与短板,然后倾全市之力,打造无可争议的"上海购物"全新品牌形象。

　　什么才是新时代"上海购物"的品牌内涵? 我们首先必须了解新时代消费需求的变化及国内外消费者对于上海消费供给的期望。

一、"三化"特征消费需求变化

　　根据我们的调研观察和行业专家们的研究成果,我们可以把新时代消费需求变化的特征归集为"三化",即多维化、个性化、层次化。所谓"多维化",是指当代消费者购物已不仅仅满足于商品的获得,同时会追求购物过程的体验,享受购物的氛围与环境,甚至会关注商品和品牌的象征意义。所以商品的多样性和集聚度是吸引顾客的重要条件。所谓"个性化",是指当代消费者再也不满足于大众化、同质化的流行型消费,而更追求能表现自我、与众不同的个性化消费。为此,新颖、独特的商品和服务往往更受欢迎。所谓"层级化",是指当代我国居民的消费正在不断升级,在丰衣足食的生存性需要得到满足的同时,已有相当一部分消费群体开始追求更高层次的消费满足。随着收入差距的拉开,消费的层级性日趋明显。相对于大众化、普适性的消费供给而言,对于中高层次的消费供给还是有所不足的。新时代的消费需求变化必然反映到国内外消费者对"上海购物"供给的期望上。他们希望上海能为他们提供最为丰富而且新颖、独特的商品,希望能在上海体验最为现代而且温馨怡人的购物环境,希望能在上海得到最为周到并且便捷、安全的消费服务。总之,他们会期望在上海能见到与这个时代和这个国际化大都市相匹配的新型商业氛围。

二、四个关键词构建品牌内涵

从理论上讲,品牌的内涵应当是其内在与众不同的特色,是消费者心目中对该品牌的独特认知。所以打造"上海购物"品牌的目标并不仅仅是如何搞好上海商业,而是要对"上海购物"品牌所依托的一些主要要素进行准确定位、重点谋划、积极推进,最终在国内外消费者心目中建立起对上海这个国际消费城市的独特印象。基于此,我们认为新时代"上海购物"品牌的内涵可归结为四个关键词,即全球、时尚、高端、诚信。

1. 全球

"全球",即上海应当成为我国全球商品集聚度最高的城市。主要体现为全球著名品牌的区域总部、首店、旗舰店最多,国际品牌的区域及品类覆盖面最广,并能成为国际品牌商的主要新品发布地。因为全球商品的集聚度往往是一个国际化大都市消费的主要标志,自然也应当成为"上海购物"品牌的主要标志。从历史上看,上海从二十世纪二三十年代开始就已经成为我国全球商品最为集中的城市,之后虽因各种内外原因而有所起伏,但这一印象还是在全国消费者心目中有所留存。直至目前,上海仍是全球各国品牌商最愿意进入的地方,上海消费品进口总额已占全国进口总额的三成,是我国进口消费品最大的集散地。下一年由商务部组织的进口商品博览会又将在上海举办,将为全球商品在上海的进一步集聚创造有利的条件。所以将"全球"作为"上海购物"品牌的主要内涵之一是理所当然的。

2. 时尚

"时尚",时尚消费历来是引领消费的重要因素,也是消费趋势的风向标。当"80后""90后"成为市场消费主流群体后,时尚消费更是以前所未有的速度增长。据有关方面对网上消费的数据分析,2016年全球时尚消费总额达2.4万美元,而中国仅次于美国,居时尚消费的第二位。中国消费者在奢侈品消费方面的支出已超过5 000亿元,相当于全球奢侈品市场的1/3。然而从现代消费观念的角度看,时尚已不仅仅是指服装、皮具、化妆品之类时尚用品的新潮和流行,而应从广义上理解为在整个消费供给上的创新与领先。一个国际化的消费大都市必然应在消费发展趋势上具有引领性,如法国的巴黎、美国的纽约、阿联酋的迪拜和中国的香港。其不仅表现为商品的新颖独特,还表现为商业设施的亮丽夺目、商业业态技术的创新前卫以及商业文化的品位高尚,总之,能给国内外消费者以前所未有的消费体验。上海在时尚消费方面不仅有其历史的传承,而且正在通过国际时装周等各种高规格的商业活动予以推进。各种新建的购物中心也越来越体现出现代化的设计理念和人性化的结构布局。各种线上线下相融合的新型零售业态也已在上海纷纷落地。上海将"时尚"列为"上海购物"品牌的内涵之一应当是名副其实的。

3. 高端

"高端",消费的层级化主要表现为除满足一般的日常生活需求之外,还应当去满足更高层面的消费需求。随着消费的不断升级,消费的层次日趋丰富,消费层级也会有所拉大。而目前全国各地的商业为了适应这种消费升级,其商业供给也在不断调整,逐步升级。一般至中等层级的消费大多可以在本地得到满足。因此,上海若要在购物方面建立自己的独特优势,就必须强调"高端",因为上海具有其他地区可能所没有的市场和资源条件。有人可能会提出疑问,这是否意味着上海要排斥中低端消费?这实际上是一种误解。因为我们提"高端"是指上海购物品牌的内涵,也就是这一品牌的特色和重点,而不是上海商业的全部。以"高端"为"上海购物"的形象标志,并不排斥我们同样要做好中低层次的商业供给。然而将"高端"作为"上海购物"品牌的内涵之一,则可能在国内外消费者心目中建立起对上海这一国际消费大都市的独特印象,成为吸引国内外消费者的重要条件。

4. 诚信

"诚信",诚信历来是建立良好的商业信誉的立身之本。自古以来,"公平交易,童叟无欺"便是商家的聚客之道。为此在"上海购物"品牌的内涵中自然不可缺了诚信。从当代消费者对商业诚信的要求来看,"诚信"包含商品品质的稳定可靠、商品来源的安全可信、商品价格的真实合理、交易流程的公开透明、交易承诺的全面兑现、售后服务的快捷周全等;同时也要求能有社会化的商业诚信监督查询系统,以及对于商业诚信进行严格管控的法律和行政监管系统。商业诚信环境的优劣是一个城市能否建立起其良好的城市形象的重要方面,所以也必然是"上海购物"品牌的主要构成要素之一。上海在商业诚信方面有着良好的基础,长期以来市场的规范程度相对是比较高的;2016年又开通了商务诚信公众服务平台,形成了由"商务诚信标准""商务诚信指数""商务信用电子地图""商务诚信查询报告"等构成的综合商业信用评价体系,从而使上海商业诚信服务与管理迈上了一个新的台阶,也使"诚信"能够成为"上海购物"品牌的独特亮点。

三、打好五张牌扮靓"世界橱窗"

尽管上海在以上四个要素方面已有不凡的表现,但要最终在国内外消费者心目中确立"全球最受青睐的国际消费中心城市"之一的印象仍存在一定的差距,主要表现为商品供给仍不够丰富,同质化程度较高;商品价格仍相对偏高,不具有竞争力;商业服务体系仍不够完善,服务水平一般;缺乏国内外闻名的标志性商圈,商圈吸引力不强；大多商业经营模式和经营手段仍比较陈旧,体验性较差；商业营销手段简单重复,缺乏兴奋点和刺激度；等等。因此,要真正打响"上海购物"品牌,仍需要企业、政府和社会共同努力,进行全方位的策划设计,并努力付诸实践。我们认为以下几个方面是最为重要的：

首先,要进一步提高国际品牌商品的集聚度和首发率。这就需要鼓励主要的商业企业积极培养"买手"团队,增强自身的采购招商能力；同时要积极引入国际著名的贸易集成商和著名品牌的总部或地区总部；定期举办有影响力的国际商品博览会和交易会,创办具有国际影响力的购物狂欢活动,并逐渐形成自身的特色,让上海真正成为全国最为绚丽的"世界橱窗"。

其次,要在调查分析的基础上梳理出上海各类商品价格的实际水平,并进行国内外的横向比较,最好能形成上海商品的价格指数,在此基础上,制定相应的市场价格指导体系,并采取有效的价格调控手段,争取使上海的商品价格(特别是标志性的商品价格)能保持在一个具有竞争力的水平之上,同时要采取必要的管控措施,有效抑制价格虚高、价格欺诈以及其他不合法和不道德的定价行为。

再次,要认真规划和倾力打造具有国内外影响力的标志性商圈；要使这些标志性商圈市场定位明确,主题鲜明突出,商家布局合理,商圈环境优美,交通顺畅便利,并经常举办各类同主题相关的商业文化活动,积极开展有商圈特色的宣传和推广；要使这些具有影响力的标志性商圈成为"上海购物"的实体名片。

复次,要进一步推进各种新型零售业态与数据化、智能化商业技术的落地和应用；要通过这些新型的零售业态和商业技术增加消费者的体验感,提高商业的效率,降低商业的成本,使现代化、数据化、智能化成为"上海购物"品牌的有力支撑。

最后,要进一步强化商业诚信体系和安全体系的建设；要通过标准指标体系、公共信用平台、立法施政系统、监管执法队伍、投诉受理渠道、社会舆论监督等多方面的完善与协调,使上海真正成为购物最放心、消费最安全的城市,从而使"上海购物"品牌成为一块真正的金字招牌。

(此文发表于 2018 年 1 月 21 日《文汇报》)

加快上海国际消费中心城市建设

2018 年 4 月,中共上海市委办公厅、上海市人民政府办公厅颁布的《全力打响"上海购物"品牌,加快国际消费城市建设三年行动规划》指出,打响"上海购物"品牌的指导思想和工作目标就是"形成与卓越的全球城市定位相匹配的商业文明,建成具有全球影响力的国际消费城市"。从世界上各大著名的全球城市来看,无一不是一流的国际消费中心城市。商业是全球城市不可或缺的重要功能,所以上海要成为卓越的全球城市和现代化的国际大都市,就必须同时成为一个具有全球影响力的国际消费中心城市。

根据国内外已有的研究成果和对世界上典型的国际消费中心城市主要特征的研究,我们认为所谓的"国际消费中心城市"应当是"能集聚高品质商品和服务资源,能吸引国内外高层次消费群体,具有很强的流动性、创新性和引领性的全球城市"。在商业方面的"集客效应""示范效应"和"引领效应"应当是国际消费中心城市的基本特征。我们从"消费能级""消费能力""消费供给""消费环境"四个方面建立了由 14 个二级指标和 47 个三级指标所构成的"国际消费中心城市评价指标体系",将上海分别同纽约、伦敦、巴黎、东京等全球主要的国际消费中心城市进行了比较,得出结论:上海消费市场基础很好,潜力很大,但由于缺乏有自身特色的商品服务和商业经营,再加上关税过高等因素,消费市场的规模和效益都比较差。建设"具有全球影响力的国际消费城市"、打响"上海购物"品牌任重而道远。

我们对上海自"十三五"以来在建设国际消费城市方面所做的努力和成效进行了分析,认为自"十三五"以来,上海在增加商业投资,扩展商业设施;集聚优质商品,丰富市场供应;注重新品推介,引领时尚风潮;优化商业布局,打造特色商圈;发展电子商务,试水智慧零售;建立信用平台,改善商业环境等方面的成绩是显著的。但由于国内外市场环境条件存在着一些不利因素,加上上海商业发展在内涵质量提升方面也存在着一些问题,故在促进本地居民的消费和吸引国内外游客的消费方面效果仍不显著、效益仍不理想。社会消费品零售总额增长速度延续"十二五"

期间的下降趋势,仍在不断下降。"十三五"前三年的年均增长速度为8%,比"十二五"期间年均增长9.3%下降了1.3个百分点。居民消费倾向也有所下降,从2015年的69.7%下降到2018年的67.6%。国内外旅客在沪的购物欲望不强,消费水平也在下降。如国内旅游者的相关消费占上海社会消费品零售总额的比重已从2010年的28.1%下降到2018年的20.8%。

综观国内外宏观环境的变化和上海市场的实际情况,我们从主观和客观两个角度对上海消费市场增长不力的原因进行了分析,认为,从客观的角度讲,主要有两方面的原因:一是国内外经济增长速度放缓,从而使总体市场增长的压力加大。二是国内市场缺乏消费热点,缺少促进消费周期性增长的动力。而从主观角度讲,存在着六方面的主要原因:(1)商业企业缺乏自主经营观念,自采自营能力缺乏,不能向市场提供有特色、个性化的商品,难以适应迅速变化的市场。(2)严重缺乏具有全国乃至全球影响力的本地设计师商品及其品牌,更缺乏本地优质品牌在某一行业的集聚效应,从而就难以形成本地在某类消费品领域的特色优势。(3)由于税收和跨国企业差别定价等因素,主要进口商品同国外的价格差异比较大,缺乏市场竞争力。新进品牌市场认知度不足,难以迅速打开市场。(4)在商业规划方面,缺乏对各类消费阶层的细分和定位意识,缺乏对同上海城市地位相匹配的重点市场定位,从而难以摆脱同全国其他城市商业的同质化竞争。(5)传统商业主体转型缓慢,缺乏能同新的消费市场变化相适应的综合资源控制运用能力强的新型商业主体和企业家。(6)缺乏多行业融合的消费生态,顾客消费的体验度和满意度难以提高。

针对以上这些问题及其影响因素,根据中央对上海城市发展的基本要求和上海市委市政府的相应规划,我们认为,上海在制定"十四五"期间打响"上海购物"品牌、建设国际消费中心城市战略规划时的指导思想应该是:从中国的国情特点和上海的市情特征出发,对标世界主要的全球城市和国际消费中心城市,承续上海商业改革开放和创新发展的步伐,在充分关心和掌握国内外消费群体对上海市场的需求和期望的基础上更加注重内涵发展、更加注重品质提升、更加注重整体协调、更加注重经济效益。我们提出,"十四五"期间上海在打响"上海购物"品牌、建设国际消费中心城市方面的总体战略目标可表述为:通过五到十年的努力,将上海建设成集聚度高、创新力强、引领性好、贡献度大、特色明显且安全舒适的全球主要国际消费中心城市之一。

我们认为,由于主客观两方面的原因,同消费有关的各项指标近几年增长是缓慢的,然而目前同促进消费增长有关的一些因素正在得到改善。如果上海在"十四五"期间能够注重商业的内涵发展和经济效益的提升,各项相关的经济指标应当好于"十三五"期间。为此,我们对"十四五"期间上海建设国际消费中心城市的一些

相关经济指标进行了预测。预计至"十四五"期末:

商品销售额的年均增长率可达8%,商品销售额可达到20万亿元以上。社会消费品零售总额的年均增长率可达7.5%,社会消费品零售总额可超过2.1万亿元。商业增加值占GDP的比重将会稳中有升,可能达到14.5%—15%。实物商品网上交易额可达8 000亿元以上,网上商店零售额可达3 500亿元左右,占社会消费品零售总额的比重约为17%。

国内游客在上海的相关消费可超过5 000亿元,占零售额的比重可达到25%左右。境外游客相关消费占零售额的比重可达到5%左右。

我们认为,上海建设国际消费中心城市将是一个逐步提升、循序渐进的过程,可将其分为两个阶段:第一阶段,至"十四五"规划末期,即2025年,上海基本建成具有较强竞争力的国际消费中心城市,并在亚太地区,赶上日本和中国香港,处于领先地位。第二阶段,至2035年,上海确立具有全球影响力的主要国际消费中心城市之一的地位,可以同纽约、巴黎、伦敦等城市相比肩。

为实现以上建设目标,我们认为应当坚持立足自身、扬长避短、抓住重点、注重实效的原则,从以下一些方面去积极推进:

(1)促使商业回归本质,增强自行采购能力,扩大自主经营比重。

(2)促进本地设计师品牌建设,进一步提升品质,形成特色,扩大全球影响力。

(3)重视"老字号"品牌的内涵挖掘和创新传承,使"老字号"品牌特色内涵丰富,市场适应性增强。

(4)强化商业主管部门对消费品创新设计方面的管理职能,将对消费品创新设计和市场推广的管理、扶持和激励工作纳入商业主管部门的工作范畴。

(5)进一步加快对国外著名品牌首店和旗舰店的导入,同时重视新进品牌的认知宣传和市场培育工作,研究并建立新品导入的科学流程。

(6)加强市场调研,发现新的消费热点,积极推动家庭智能化等消费热点转化为消费热潮,并给予必要的政策扶持。

(7)进一步规划和推进地标性商圈建设,明确定位,强化特色,提升品质,扩大影响。

(8)进一步强化商旅文相结合的叠加效应,在已有的基础上重点打造几项具有全球影响力的商业文化活动,使其成为吸引国内外消费者的磁力源。

(9)进一步推动假日经济和夜间经济的发展,利用特定市场氛围的营造,促进消费不断提升。

(10)积极利用互联网和现代信息技术,加速智慧商圈生态系统的建设,增加消费者的便捷感和体验度。

（11）积极争取适度降低进口商品的相关税率，增加免税商店的数量和布局，扩大离境退税的试点，同时探索开设一些"保税陈列展销专卖店"，提高进口商品的境内交易量。

（12）进一步完善诚信体系建设，强化市场监督职能，全面提高服务质量，优化市场购物环境。

（此文为 2019 年 9 月研究报告摘要）

上海品牌发展的战略构想

一、品牌、名牌与原产地效应

品牌,从其原本意义上来讲,是产品或服务的一种标识,主要用于对不同企业生产和提供的产品或服务加以识别。当市场上同类产品越来越多的情况下,这一识别就变得越来越重要。国外从二十世纪五六十年代起,"指名购买"(即购买商品时必须首先进行品牌的选择)就成为一种普遍的现象。中国大约在 20 世纪 90 年代以后也出现了类似的状况。品牌要能真正发挥让顾客明确识别的作用,必须具有两个前提条件:一是品牌的唯一性,即同类产品不能有相同的品牌,甚至不应有十分类似的品牌;二是品牌的差异性,即冠以该品牌的产品和服务应当有独特的品质内涵,与同类产品或服务之间存在着某些方面的明显差异。这种品质内涵应当是在提及该品牌时首先被联想到的,是支撑品牌发展的主要要素。

并不是所有品牌都能成为名牌。我们通常所说的"名牌产品"实际上包含着三个重要标准:(1)产品的知名度,即市场上很多顾客知道这一产品;(2)产品的美誉度,即产品品质优良,为广大顾客所赞赏;(3)产品的竞争力,即与同类产品相比,该产品具有某种特色并在市场上长期处于领先地位。在这三个标准中,除第一个标准达到后一般不大会改变之外,后两个标准都可能随着市场的变化而变化。产品的品质是一个动态的概念,即使产品的品质本身没有发生变化,消费者的选择标准发生了变化,产品的市场美誉度也会发生变化。第三个标准的涉及面更广,因为影响企业竞争力的因素是多方面的,企业自身与经营环境的各种变化都可能给企业的市场竞争力带来影响。这说明"名牌产品"的概念是客观的,必须得到市场的认可;是动态的,会随着市场的变化而变化。因此,名牌产品只有与时俱进,不断根据市场环境的变化进行变革与创新,才能维持其"名牌产品"的市场地位。

当某种产业的名牌产品在某一地区(或城市)形成相对集聚时就有可能产生"原产地效应",即当人们提及某种产业或某种产品时首先就会联想到某一地区(或城市)。例如,由化妆品联想到法国,由手表联想到瑞士,由家电联想到日本。这种原产地效应的形成,将对该地区(或城市)的形象和竞争力产生重大的影响。这时,著名品牌就真正成了一个地区(或城市)的名片。

二、对上海品牌发展历史和现状的分析

上海历来是中国最大的经济城市,在 20 世纪中叶曾集中了一大批著名的商品和服务品牌;至 20 世纪 80 年代,全国的注册商标中,近 80% 是上海的。这些著名的商标与品牌中有相当部分是历史上传承下来的,如吴良材眼镜、亨得利钟表、正广和汽水、华生电风扇等。当时南京路上集中了 70 多家著名的特色商店,覆盖了服装、食品、日用品、工艺品、文化用品以及餐饮、娱乐等各行各业,有不少达百年以上的历史。也有一些是 50 年代以后随着上海轻纺工业的迅速发展而新产生的名牌,如凤凰、永久牌自行车,上海牌手表,红灯牌收音机,金星牌电视机,红双喜乒乓球,大白兔奶糖等。这些产品在全国供不应求,享有很好的声誉。当时上海产品在全国消费工业品市场中的份额高达 20% 以上。

当然,上海当时之所以能出现那么多名牌商品,有其客观的历史原因。首先是由于全国的工业化水平不高,当时能够大规模生产工业产品的就那么少数几个大城市,能提供的也只有少数几个品牌的产品,而且是普遍供不应求。几亿人就用那么几个品牌的产品,怎么会不出名呢? 而且由于经济上长期闭关自守,一般消费者根本不可能接触国外的商品,在没有比较的情况下自然只能"孤芳自赏"了。因此,上海在当时能成为名牌商品的集聚地并不能说明当时的工业化水平和开发创新能力比现在还强,只能说明环境的巨大变化对名牌产品的形成和发展提出了更高的要求。

20 世纪 80 年代后期开始,中国的经济环境发生了重大的变化,主要表现为:经济体制的改革使全国各省市发展地方经济的积极性空前高涨,从而使各地的工业化水平迅速提高,进入门槛较低的轻纺电子工业首先出现了迅猛的发展,涌现出一批富有竞争力的新兴企业和强势品牌;同时,我国的对外开放使越来越多的国外(和境外)产品开始进入中国市场,其在设计与质量方面的领先优势使我们的不少同类产品相形见绌。它们强大的广告攻势以及国内消费群体中客观存在的"崇洋心理"更使得上海的品牌面临着空前的压力。总之,从缺乏竞争到激烈竞争,这是上海品牌发展环境的主要变化,也是上海品牌优势不再的主要原因。

除了环境因素之外,上海企业在品牌维护、发展与创新方面的不力也是导致上海品牌优势开始下降的重要原因,主要表现为以下几个方面:

(一)不注重紧跟市场变化,及时进行产品结构与业务结构的调整,从而使一些

著名品牌因其产品与业务的市场衰退而随之衰退

20世纪80年代以后,随着人们消费水平的提高,消费结构发生了很大变化。一些传统消费品的市场开始萎缩,如收音机、收录机、缝纫机、自行车、电风扇、机械手表等。上海原来在这些产品上不乏有一些闻名全国甚至享誉海外的名牌。但是在市场出现变化甚至开始萎缩的情况下,这些企业并未及时根据市场发展的方向向相关领域发展,及时进行产品结构和业务结构的调整,其结果必然会使企业一蹶不振,品牌销声匿迹。

（二）不注意对名牌产品核心优势的保护与创新,从而使一些传统优势消失,对同类产品的竞争力下降

实际上,上海有不少传统名牌产品是有其特有的品质优势和技术优势的。如在钟表、眼镜、服装、餐饮、食品、医药、家具及工艺品等领域都有一些关键技术与核心优势。但由于这些关键技术与核心优势大多是以手工技术与名师效应为基础的,难以进行规模扩张,所以当面临以现代化、标准化、规模化生产为特征的国外（或境外）企业的竞争时,自然难以匹敌。而且,对于这些关键技术与核心优势本身缺乏有意识的保护和传承,更缺乏适应市场变化的不断创新,其中不少也已名存实亡。核心优势不再,名牌的基础也就不存在了。

（三）在企业体制改革的过程中缺乏对名牌的保护意识,从而使一部分著名品牌被人为封杀

20世纪90年代以后,上海企业出现了大量以重组与兼并为特征的改革,这些改革扩大了企业的规模,增强了企业的实力,自然无可非议。但是这些以行政推动为特征的重组与兼并,往往会出现几个著名品牌合为一个企业或企业集团的现象。重组后的企业叫什么名称、用什么品牌,往往会成为重组各方利益均衡的筹码,此时就可能出现采用其一,封杀其他甚至一个都不用的现象。于是不见了红灯、飞跃、凯歌,出现了上广电;三枪、菊花、海螺、民光等也全都塞进了龙头集团。这就使得一些名牌失去了广泛传播与自我扩张的前提和基础,做大做强必然成为一句空话。

（四）在合资、合作和引进国外技术时,缺乏品牌保护与建立自主品牌的意识,从而使国外先进技术难以成为支撑上海品牌发展的要素

改革开放以后,上海以合资、合作的方式积极引进外来资本和先进的技术设备,实现上海的产业升级和结构调整,然而在此过程中,往往忽略了对传统品牌的保护和自主品牌的建设。一些原来很有影响的品牌（如几个啤酒品牌）在合资中不仅未能很好地折算无形资产价值,而且马上被合资方封杀,从此销声匿迹;在引进国外技术的过程中,也未能坚持进行品牌转换,使用双方合资的新品牌,以期依托引进技术建立自主品牌,而是直接使用外资企业的原有品牌。结果,在国产率已经达到很高的情况下,仍然不得不用国外的品牌在市场上销售,从而使上海产业与技术的发展不能成为上海自主品牌发展的推动力。

（五）在上海产业结构的转换中,品牌战略意识不强,新兴产业的发展并未形成强大的品牌效应

事实上,从 20 世纪最后十年开始,上海已经进行了产业结构的调整与转换,在诸如钢铁、石化、汽车、电子信息、生物医药、装备工业、造船工业以及航天技术等领域取得了突破性的发展,从而使上海产业层次有了很大的提升。但是在这些新兴产业和支柱产业的发展中,却缺乏很好的品牌战略策划,于是产业发展的本身并未造就一批具有强大的影响力和震撼力的品牌,有些就是使用了区域色彩很强的企业名称(如宝钢),有些仍在使用国外的品牌(如汽车),有些根本没有品牌,所以就会在市场上出现这样一种令人费解的现象,上海的产业发展了,上海的品牌却衰落了。产业发展与品牌发展之间的脱节是上海必须正视的一个问题。

然而在中国已经进入市场经济环境,并已经开始逐步融入全球经济发展体系的今天,面对国内外在各个产业领域的激烈竞争,品牌对于确立上海产品(或服务)在国内外的市场地位,对于形成上海产业以及城市的核心竞争力,甚至对于改变上海未来的经济发展模式都是很重要的。

一些学者已开始注意国际上正在形成的产业"虚拟化"现象。产业"虚拟化"最初是在一些拥有强大的产品开发能力与优秀品牌资源的企业中出现的。它们以品牌特许和定牌监制的方式将产品的生产职能逐步向外转移,最后公司总部只承担战略规划、产品研发和分销网络控制的职能,于是产业就开始出现了"虚拟化"的现象。而拥有品牌资源和分销网络的母公司往往占有大部分的利润(有资料显示,品牌拥有者可获取全部利润的 80％)。当一个城市或地区拥有众多著名品牌时,其总体上的产业"虚拟化"程度也会不断提高,城市或地区经济也会因此得到迅速发展,区域竞争力也会因此而变得十分强大。目前一些发达国家和地区的产业虚拟化程度很高,因此其经济的强势地位十分明显;而发展中国家经济的发展速度之所以比较慢,缺乏著名品牌和创新能力,只能以发展加工型产业为主可能也是主要原因。由此我们可以看到,著名品牌对于一个地区经济的发展与竞争力的提升是何等重要。

上海在新一轮的经济发展中提出了"科教兴市"和"优先发展先进制造业、优先发展现代服务业"的总战略,就意味着上海在全国的经济发展中要继续保持其领先地位。而在各个领域发展和创建一批著名品牌,正是保持领先地位的显著标志和重要条件。

三、上海品牌发展战略的基本抉择

上海要实施其品牌发展战略,在一个基本问题上要统一认识,做出选择。目前对于上海如何推进品牌发展战略方面实际上存在着两种不同的观点和认识:一种认为上海目前确实存在着缺乏具有强大影响力和竞争力的著名品牌及相关产业,缺乏真正能形成"原产地效应"的产品或服务优势的问题,因此必须通过推进优势产业、产品或服务的发展,重新建立一批具有影响力和竞争力的自主品牌,使其成为上海城市核心竞争力的标志;另一种则认为上海城市的核心竞争力应体现在其"兼容并蓄、海纳百川"的特殊功能上,不必苛求自主品牌的创建和发展,而只要能将全国乃至世界的著名品牌的总部吸纳到上海来,或将主要的交易活动吸引到上海来,实现"总部经济"战略,上海的城市综合竞争力自然会得到提升。从某种意义上来讲,"上海"就是一个品牌,上海品牌发展战略的重点应放在如何做大做强"上海"这一品牌上。

这两种观点都有一定的道理,在国际上也都有成功的先例。以名牌产品及产业集聚为特征的经济中心城市有许多,无须列举;而以综合功能而称强的城市也有,如新加坡,自身并没有任何著名的品牌和产品,但由于其强大的贸易功能,也使其成为亚洲乃至世界重要的经济中心。然而,对于上海来讲,在品牌发展战略中到底应当侧重于哪一方面呢?

毋庸置疑,上海目前确实存在着城市总体形象的优势,不少外来投资者大多是冲着"上海"这一中国最发达的经济中心城市的地位而来。但是,若想凭借这一由特定历史条件而形成的城市形象,主要依靠吸引国内外著名品牌和著名企业集聚上海,通过发展"总部经济"来推进上海经济的发展,可能还存在着不少障碍:

其一,至少从近期来讲,支撑上海发展总部经济的一些基础条件还不成熟。一般而言,一个城市能吸引国内外著名企业集聚的基础条件主要表现为两个方面:从内部讲,拥有强大的金融功能、贸易功能和信息功能,能成为一个国家主要的金融中心、贸易中心和信息中心;从外部讲,投资者能将其看成是一个研发、贸易和区域拓展的主要基地,而不是一般的加工基地。但上海目前在成为中国真正的金融中心、贸易中心和信息中心方面还有距离。外部投资者从总体上看对中国的投资还主要在生产加工领域,距总部经济的要求也相差甚远。

其二,目前,中国的经济体制包括财税体制,实际上仍然是以地区为中心的。所以各地对于著名的品牌与企业的属地化问题十分重视,甚至寸步不让。有些地方的一些著名品牌企业的总部甚至还设在一些小县城内,但也难以转移。当地政府为政绩和税收的原因会想方设法将其留住。所以在这样的体制环境下,要想让一些著名的品牌和企业集聚上海,恐怕是很不容易的。

在上海目前一时还难以通过其综合功能优势来推进城市整体品牌形象进一步发展的情况下,依托本身的优势产业和优秀企业来推进品牌发展、以强化城市的核心竞争力可能会成为一种正确的选择。实际上,上海在历史上经济中心城市的形象和地位的形成,就是依托其自身的产业发展及领先优势。而目前要维护和发展这一形象和地位,也必须依托自身产业的进一步提升与发展。也就是说,优势产业和优秀企业是支撑"上海"这一品牌形象的基本品质内涵,而要提升"上海"的品牌形象,当然必须依赖于基本品质内涵的与时俱进、不断发展。

四、上海品牌发展的总体战略

在明确上海品牌发展战略的基本选择之后,我们可以确定推进上海品牌发展的总体战略为:以国际著名品牌为基准,以优势产业发展为依托,以城市核心竞争力提升为目标,全方位、多层次地推进上海自主品牌的快速发展,争取在五到十年的时间内,形成几个具有国际竞争能力的著名品牌,成为上海优势产业的形象标志;形成一批各个领域的优秀品牌,重现上海制造业和服务业的领先优势;形成促进品牌创新、成长、扩展、延伸的营运平台和管理机制,为上海品牌的发展创造良好的环境条件。

这一总体战略的内涵主要体现在以下五个方面:

(一)上海品牌发展战略的起点要高

其瞄准的应当是国际先进水平,应当创立的是能与国际跨国公司和著名品牌对话的优秀品牌,这样才能同上海的城市地位及其功能特征相匹配。因此,上海在发展一些优势产业的过程中,应当以国际上同类产业的领先者为基准,围绕如何克服差距、建立特色来制定自身的发展战略,以迅速提升产业能级,跻身世界先进行列。

(二)上海品牌发展战略必须依托优势产业

上海要形成自身的核心竞争力,关键是要在产业发展梯度上与全国其他城市拉开一定的差距。近十多年,上海经过产业结构的调整,已经形成了一批颇有竞争力的新兴产业和支柱产业,其同国际上产业发展的主流趋势基本一致,所以应当在此基础上抓住重点,积极推进,夯实基础,创建特色,以形成几个具有国际竞争能力的自主品牌,成为上海产业发展和经济发展的标志。从品牌影响力的角度来看,消费类产品的品牌影响力一般会比较大。因此,上海在发展优势产业的过程中应当有消费类的产品。上海在目前的优势产业中同消费关联度较大的应当是汽车与电子信息类产品,必须对其的自主品牌建设予以高度重视。

(三)上海品牌发展战略应当全方位、多层次

上海市是一个国际化大都市,经济发展的综合性较强,因此在推进品牌发展战略时,不仅要注意扶植重点产业和标志性品牌的发展,而且应当注意各个领域和各种产业的协调发展;要调动各方面的积极性,在各个层面努力推动优秀品牌的创建与发展;不仅要关注制造业品牌的培育与发展,更应关注服务业品牌的培育与发展。特别要注意金融业与流通业优秀品牌的创建,因为这些产业属于分销密集型产业,本土依赖性较强,相对于制造业而言,更容易形成相对竞争优势。

(四)上海品牌发展战略必须注重环境的营造

品牌的发展原本应当是企业的行为。从一个城市的角度讨论品牌的发展战略,更重要的是要为自主品牌的成长与发展营造一个良好的市场环境。因此,上海在品牌发展战略中,应当充分关注怎样才能使优秀的自主品牌脱颖而出;如何使它们能在市场中公平竞争,接受检验;如何使品牌资产真正能为市场所认同,使企业具有对品牌进行长期投资的积极性;以及如何通过规范的品牌交易,使品牌效应不断地扩展和延伸,并使品牌资产真正变现。

(五)上海品牌发展战略的最终目标是提升城市竞争力

毫无疑问,从政府的角度来推进品牌发展战略,不仅是为了促进产业的发展和经济的发展,更重要的是要增强城市的核心竞争力和综合竞争力,实现城市的发展目标。那么,上海的品牌发展就必须与上海城市的功能定位与中长期发展目标相一致。如果在城市的总体发展战略中存在阶段性目标和终极目标上的差异,从品牌发展战略而言,更应关注的是同终极目标的一致性。要十分重视"原产地效应"的营造,通过对上海标志性产业的品牌建设与发展,尽可能形成上海在这些产业中的"原产地效应"。即使暂时不能形成国际上的"原产地效应",至少也应形成在全国范围内的"原产地效应"。

五、上海实施品牌发展战略的主要对策

如前所述,品牌的发展原本应当是企业自身的行为,由企业根据自身的资源条件和市场环境条件来进行策划和运作。而当品牌的发展涉及一个城市的功能与地位时,政府就不得不予以关心了。但是政府决不能替代企业去做品牌策划与运作的具体事情,而只能站在政府的角度予以必要的促进和推动。那么,从政府的角度讲,在上海的品牌发展方面到底应当做哪些事情呢?我们认为主要应当抓好四个方面的工作,即"梳理资源,明确重点,提供平台,强化机制"。

(一)梳理资源

即全面梳理上海在品牌发展方面的有效资源,以明确各个层面上的不同发展

战略及发展重点。

根据品牌的基本构成要素来分析,上海的品牌资源主要是指两个方面:一个是指品质资源,或称"内涵资源",即有哪些产业、产品或服务已经或者有可能具有领先优势,能发展为具有竞争力的著名品牌,甚至能成为上海的标志性产业或标志性品牌;另一个是指商标资源,或称"形象资源",即有哪些商标和品牌(主要指自主品牌)已经在市场上拥有很大的知名度和影响力。两种构成要素相结合,即可将上海的主要产业和品牌归结为四种类型(见图1)。我们可将其分别称之为"明星类产业"(品质内涵好,且有品牌影响力);"潜质性产业"(品质内涵好,但无品牌影响力);"概念性产业"(品牌影响力大,但品质内涵一般或已退化);"弱势产业"(既无品质内涵,又无品牌影响力),然后分别制定不同的品牌发展战略。对于"明星类产业",当然应该积极加以扶植,使其能成为上海优势产业的标志;对于"潜质性产业",则应加强品牌的策划与宣传,扩大其品牌影响力;对于"概念性产业",则应重新评价其品牌的实际价值。对于那些在市场中仍有良好声誉和发展潜力的品牌,应当通过对其产品结构的调整,充实其品质内涵,使其重新焕发青春;而对于实际价值已经下降,甚至已属"夕阳产业"的品牌,则可视同"弱势产业",无须再进行过多的投入。

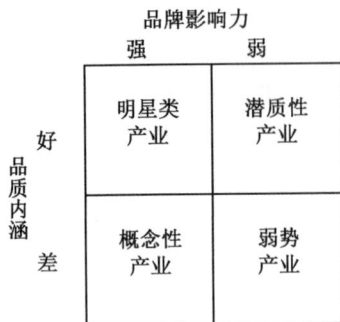

品牌影响力

	强	弱
好 品质内涵	明星类 产业	潜质性 产业
差	概念性 产业	弱势 产业

图1

(二)明确重点

即从政府的角度要明确运用公共资源加以支持和扶植的重点,同时充分调动各方面的资源和力量来推进上海品牌的发展。

为推进上海自主品牌的创建与发展,由于其事关城市形象与核心竞争力的提升,政府有必要动用一部分公共资源对于少数标志性产业的品牌发展予以推动和扶植。而这些需要重点加以扶植的产业、产品或服务必须是符合上海整体发展战略的,是同上海城市功能的定位相一致的。从目前的情况来看,汽车、钢铁、造船、航运、电子信息、生物医学及装备业等可以考虑纳入品牌创建与发展的重点扶植产业。

同时,上海应当努力推动一批具有品牌发展潜力的企业积极进行品牌的创建与发展;制定相关政策,鼓励它们进行产品结构调整、品牌策划运作、市场营销推广;动员社会各方面的力量,为提升这些品牌的品质内涵和扩大它们的市场影响而出谋划策,使尽可能多的优秀自主品牌能脱颖而出或重新焕发青春。其中,可考虑将一些目前经营情况较差、现有企业又难以调整经营的仍有较大影响的传统品牌拍卖,甚至低价置换给一些有能力经营的私营业主,争取将其重新做大做强。

通过各种有效方式对国外(或境外)的优秀品牌加以引进和嫁接,在保证我们对品牌拥有所有权的基本前提之下可采用直接收购国外(或境外)知名品牌;成立合资企业创建合资品牌(而不是直接使用外资品牌,如"上菱""福达"等都是合资品牌);利用"原产地效应"创建"联想品牌"(即在品牌名称上能使人们产生对原产地效应的联想,如"松本电器"等)的做法。对国外(或境外)品牌的引进和嫁接主要是为了迎合市场中客观存在的"崇洋心态"和"原产地效应"的影响,对于迅速推进一些企业的品牌发展具有良好的效果。

(三)提供平台

即为上海优势产业和优秀品牌的展示和推广提供各种平台,为它们迅速在国内外扩大市场和提升形象创造条件。

实际上,国内外许多城市在对其标志性产业和优秀品牌的形象展示方面都是狠下功夫的,在青岛有"海尔路",在合肥有"荣事达大道"和"美菱大道";香港的贸发局在推进本地企业和品牌的发展方面也提供了很多条件,如专门设立了常年的"香港新产品展示厅"。政府为优秀的自主品牌搭建平台对于品牌的发展具有重要的影响。

对于上海的优势产业和优秀品牌,上海政府有关部门应当将如何使其扩大在国内外的影响进行有意识的策划,其中包括让其在国内外重大展览会中亮相,参加国际上重要的商务活动和学术活动,安排同国际同业著名企业之间的沟通和交流,甚至包括安排这些企业的负责人参加相关的外事接待活动等,以形成这些产业或企业是上海产业发展标志的强烈印象。

世博会是展示国内优势产业和优势企业形象的重要平台,日本目前的一些著名企业就是凭借当年在日本举办的世博会来提升形象的。上海应当充分利用好上海2010年世博会这一契机,将上海的优势产业和著名品牌推向世界。这件事从现在起就要专项策划,做好准备。

上海的各项对外宣传活动和各种对外展示平台都应有上海优势产业和著名品牌的形象,其中包括在上海城市规划展览馆中应当设立对上海著名品牌进行推广和介绍的专门展厅。

应当看到,对上海标志性产业和优秀品牌进行展示和宣传,并不仅仅是一种商业行为,而是向国内外展示上海城市核心竞争力的方式和载体,所以不要将其看作是一种仅对企业有利的事情,将宣传成本全部转移至企业,必要时应有政府方面的相关投入。

(四)强化机制

即政府部门应当在形成促进自主品牌健康发展的环境条件和运作机制方面做出积极的努力。

自主品牌的创建与发展并不单纯是企业的行为,必须依靠各方面的共同努力。

一是必须建立公平竞争的市场环境。由于目前市场上客观存在着盲目崇洋的不正常心态,客观上造成对自主品牌不利的市场环境条件。政府部门应采取有效措施,将这种由不正常心态所造成的不利影响降到最低限度,如至少在政府采购或大型国有企业进行设备更新时,应要求在同等质量的条件下尽可能选用国产产品或上海产品,把这种意识培养起来,给上海自主品牌一个公平竞争的条件。

二是应当建立和完善品牌资产的评估组织和评估体系,真正将品牌资产作为一种可估量的无形资产列入企业资产的范畴。建立有一定权威性的社会化品牌地位评价机构(可以是公司、事务所,也可以是影响较大的媒体),在科学评价的基础上进行品牌的定期排名,以使其成为企业必须关注的重要问题。

三是在上海建立专门的品牌交易所或交易机构,也可在产权交易所中设立专门的品牌交易项目。鼓励各种类型的品牌经营公司或品牌经纪人开展品牌的交易、特许、代理经营的业务,包括吸引海外的品牌经纪商到上海来开展经营,以促使上海成为国内外优秀品牌的交易中心。

四是积极鼓励品牌的创意策划活动,经常举办各种类型的发布会、推广会和研讨会,形成全社会重视自主品牌建设、关注上海品牌发展、推进品牌运作策划的良好氛围。只有将全社会的资源和力量调动起来,上海的自主品牌才可能以最快的速度得到发展。

(此文发表于《国际商业技术》2005 年第 6 期)

消费品创新设计　上海应成策源地

　　上海曾经是我国消费品创新设计的主要策源地和供给地,涌现过许多名声遐迩的消费品品牌。但随着上海产业结构的调整,大量轻纺工业生产向外地转移,上海的这些品牌也就渐渐销声匿迹了。目前主流的看法是:这是上海产业结构的战略调整和升级,方向是正确的。上海不应当再保留劳动密集型和附加值低的轻纺产业,应当转向发展汽车、人工智能、生物医药等高端产业,提升上海的产业能级。我们基本赞同这一观点。但是当我们将大量消费品制造业向外转移的同时,是不是一定也要将这些消费品的创新设计能力及其长期所积累起来的品牌资源一并放弃呢? 这恐怕就值得商榷了。综观世界各主要国际消费中心城市,几乎都有一批全球闻名的消费品品牌延续至今,如巴黎的路易威登、香奈儿、爱马仕、迪奥;伦敦的乔治·阿玛尼、博柏利、登喜路;纽约的蔻驰、Donna Karan、DKNY;东京的东芝、索尼、卡西欧、资生堂等,这些数十年乃至上百年的消费品品牌并未由于其城市产业的不断升级而退出历史舞台。相反,它们在将这些产品的制造工厂转移到世界各地的同时,牢牢抓住了自身的创新设计能力和品牌运营能力,从而使这些品牌成为其城市形象的象征,成为其作为国际消费中心城市的主要支撑。

　　为此,我们认为上海要真正成为具有全球影响力的国际消费中心城市,就应当在进一步发展高端产业和先进制造业的同时积极扶植和打造一批能代表上海城市实力和文化的消费品品牌,大力培育和发展消费品的创新设计能力,使上海成为我国消费品创新设计的策源地,从而使上海国际消费中心城市的建设能拥有更为充实的内涵,这对于当前扩大内需、实现以国内大循环为主体的基本战略也是十分重要的。因此我们认为:

　　第一,上海应当确立在消费品领域培育一批在全国乃至全球具有影响力的上海品牌的目标。对于这些品牌的运作则主要采取公司总部、创新设计中心、品牌运营中心在上海,加工制造、营销推广、物流配送等则根据成本最优原则和市场布局的需要分布于全国各地,甚至世界各地的基本模式。

第二,上海应当首先考虑扶植和振兴一些具有独特内涵且市场适应性较好的"老字号"品牌。振兴"老字号"品牌首先要改良和丰富其内涵,即在传承其独特内涵的前提下要有创新,使其更符合当代消费者的需要。其次要准确定位,根据市场对该品牌的普遍认同,选择其所适应的市场,不能盲目拔高,也不要随意跨界。最后是要广泛宣传,动用我们所能利用的一切媒体对所扶持的"老字号"品牌进行集中宣传,并提高宣传的艺术和效果,以引发国内外消费者的关注和青睐。

第三,上海应当积极鼓励和支持在消费品领域的创新和设计。特别是在上海具有相对优势的智能家居、化妆品、时装服饰、金银首饰、家用纺织品以及特色食品餐饮等领域集聚创新设计团队,引进创新设计人才,不断推陈出新,引领行业潮流。上海除继续搞好每年的国际时装节,并不断扩大其在国际上的影响之外,还可考虑组织消费品领域的创新设计大赛,在适当的区域建设创新设计园区,并完善各种配套措施;应注意发现、扶持和引进大师级的创新设计人才,宣传树立其形象,甚至以其名字来命名品牌,以期在上海形成创新设计优秀人才云集的良好氛围。

第四,上海应当将科技创新同消费品设计创新相结合。上海在建设科技创新中心时应当把消费品的创新设计纳入其中,因为科技方面的创新与突破,最终是要转化为具有应用价值的产品成果的。我们可以将其应用于航天、航空、汽车、机器人、医药等高端领域的产品,也可将其应用于各类消费品。而正由于有最新的科学创新技术的支撑,消费品的创新设计也才能处于领先地位。所以上海在消费品的创新设计上应当充分利用其在科技创新方面的领先优势,适时地进行应用性转化,不断提高其在消费品领域的科技含量和品质功能。

第五,上海应当提倡优秀的消费品品牌企业坚持"守基业",而不"赶潮流"。品牌企业应当始终保持品牌的内涵特质,努力在主营业务和核心产品上不断创新、不断提升,要根据科技发展和市场变化与时俱进、稳步发展,而不能随波逐流,任意改变主营业务和投资方向,随意放弃核心技术和核心产品,更不能为了上市或融资,任意贴标签或炒概念,淡化品牌的本质内涵;要争取树立更多的百年企业和百年品牌。

(此文发表于 2022 年 1 月 26 日《文汇报》)

上海加快发展服务业的战略思考^①

2005 年中共中央六届五中全会在"十一五"规划的建议中指出,要"促进服务业加快发展""大城市要把发展服务业放在优先位置,有条件的要逐步形成服务经济为主的产业结构"。2008 年 7 月,中共上海市委领导指出:上海必须加快发展服务业,特别是现代服务业,率先形成服务经济为主的产业结构,在金融业、航运业、信息服务业、生产性服务业发展等方面取得突破。这说明从现在起十多年的时间里加快发展服务业,实现以服务经济为主的产业结构调整将会成为上海经济社会发展的基本战略和主要目标。

一、上海服务业发展的现状分析

上海并无独特而丰富的自然资源,但由于其临江濒海的特定地理位置,使其在历史上成为一个典型的贸易型城市。然而在二十世纪的五六十年代,由于国家经济战略的影响,才使上海由一个综合型的经济城市向主要工业城市转型,成为我国工业产品的主要制造地和供应地之一,服务业的发展则严重受阻。至 1960 年,上海第三产业(服务业)占生产总值的比重下降到 19.4%,而第二产业的比重则高达 77.9%。到改革开放之初的 1978 年,上海的第三产业比重仅为 18.6%,而第二产业的比重则高达 77.4%。

改革开放以后,市场经济的发展促使服务业市场需求增长,上海的服务业也开始迅速发展。至 1995 年,上海第三产业占生产总值的比重已回升至 40.2%,但仍然落后于第二产业 57.3%的份额。之后随着上海建设国际经济中心、金融中心、贸易中心战略目标的日益明确,服务业的发展速度进一步加快。至 1999 年,服务业的比重已上升到 49.6%,第一次超过了第二产业的比重;2000 年,第三产业的比重更高达 50.6%,超过地区生产总值的一半。然而,在进入 21 世纪的前五年中,由

---

① 本文的作者为晁钢令和叶巍岭。

于上海在总体发展战略上犹疑不决以及服务业发展在客观上遇到一定的障碍,第三产业的比重又在50%左右徘徊多年,还一度下降到48%以下。只是在近两年,随着上海进一步明确了率先形成以服务经济为主的产业结构之战略目标,服务业才出现了加速发展的趋势,占地区生产总值的比重在2008年达到53.7%,2009年上半年更是达到57.7%。从上海第三产业对地区生产总值增长的贡献率来看,2005年以后也有较快的增长。2005年上海第三产业的贡献率由上年的47.4%上升为51.6%,至2008年,第三产业的贡献率更高达61.6%。

然而,从率先形成以服务经济为主的产业结构的目标来看,上海还是很有差距的。不仅服务业(第三产业)占地区生产总值的比重(53.7%)和服务业就业职工人数的比重(2007年底为55.4%)都还未达到国际上公认的以服务经济为主的产业结构的60%的标准,而且同上海第二产业相比,近几年的发展速度也是相对比较慢的。统计数据显示,2001—2006年间,上海第三产业的增幅始终低于第二产业的增幅,也低于GDP的增幅,直至2007年以后才开始有所超越。

从国内比较的角度来看,同与上海最具有可比性的直辖市北京相比,在服务业的发展方面仍存在着较大的差距,而且近几年来差距还在不断扩大。2001年,上海同北京在第三产业的比重上相差10个百分点,至2008年,差距已扩大为20个百分点。北京服务业增加值的比重和就业职工人数的比重都已超过70%,服务业对地区生产总值增长的贡献率更是超过80%,从而使上海在率先形成以服务经济为主的产业结构的目标上面临严峻的挑战。

二、上海服务业发展的主要问题

(一)观念"瓶颈"

对形成以服务经济为主的产业结构的战略思想的重要性和迫切性认识不够。其中最主要的就是对于"以服务经济为主"和"两个优先发展"在认识上有所冲突。当然,各级领导和管理部门都不会否认"形成以服务经济为主的产业结构"的战略调整的必要性,但是在具体实施中,由于考虑到现阶段制造业对于上海GDP贡献的重要性和显现性,就会在"优先发展先进制造业"的口号下强调制造业与服务业并重发展。然而,在上海服务业发展基础相对薄弱、增长速度比较迟缓的情况下,"并重发展"的结果不可能形成"以服务经济为主的产业结构"。我们认为所谓的"先进制造业"也必须是在科技创新研发等服务支撑下发展起来的制造业,没有科学研究与自主创新,光是靠引进现成的技术和设备而发展的制造业称不上是"先进制造业",以单纯的订单加工为形式的制造业更谈不上是"先进制造业",这些都不应当成为优先发展的方向。从这个意义上讲,先进制造业的发展必须包含着现代服务业的渗透,所以"两个优先"的产业政策同形成以服务经济为主的产业结构的战略思想之间并无矛盾。而正确认识"两个优先"则是促使以服务经济为主的产业结构早日形成的重要前提。

(二)制度"瓶颈"

主要服务行业的高度垄断状况阻碍了上海服务业的快速增长,管理体制的"条块分割"阻碍了上海服务业的行业渗透与资源优化配置。上海在金融业、交通运输业、通信业以及医疗、教育、出版等领域的垄断状况十分严重。即使是竞争性本来应当比较高的零售商业,由于对零售商业赖以生存的"市口"土地资源为市区两级政府通过规划方式严格加以控制,再加上国有零售商业集团的悬殊优势,也使其成为一个垄断性很强的行业。主要服务行业的垄断问题并不完全是上海所造成的,有一些属于国家政策层面的问题。但是这些问题若不能最终解决,则对上海服务业的快速增长必然会形成障碍。此外,上海服务业管理上"条块分割"的现象比较严重。

(三)市场"瓶颈"

上海发展服务业需要庞大的市场需求为基础,但是目前对扩展市场空间的重视不够,尤其是缺乏以长三角为市场的区域性战略眼光和战略政策。毫无疑问,从上海服务业所拥有的资源条件来讲在全国是相当领先的,但是相对于资源而言,上海服务业的市场并未得到很好的拓展。上海一些主要服务行业的大部分业务仍然来自本地,很难向全国市场扩散。以金融业为例,调查结果显示,上海61%的金融机构的本地业务要占到50%以上,有4.2%的金融机构的业务全部来自上海。其中,银行业本地业务的比重最高,70%的银行本地业务的比重要占到70%以上。上海服务业市场拓展较慢,很大程度上来自长三角(特别是江浙两省)的竞争。

上海的服务业要向长三角地区进行拓展,并向全国其他地区延伸,关键取决于上海与长三角地区各省市能否有机联动、协调发展,目前来看这方面仍然存在不少障碍。首先在发展战略上,长三角地区各省,特别是江浙两省同上海的发展目标雷同。发展目标雷同必然导致相互之间的竞争,而不是合作,这就会使得上海服务业向外拓展比较困难。其次是上海在服务业发展的战略规划中主要是以本地市场为基础,缺乏以长三角为市场的区域性战略眼光和战略政策,所以在服务业向长三角拓展过程中缺乏战略上的总体指导和政府间的通盘协调。实际上,通过企业间的资本融合是比较容易突破区域间行政分割的障碍、实行自身的市场拓展的。而目前上海主要服务行业中的大企业在这方面的主动意识不强。

(四)人才"瓶颈"

上海服务业的人才总量不足,精英比例低,尚未形成服务业加速发展的人才优势;而且,服务业主体的创新意识不强,高端个性化营销能力弱,影响了上海服务业的快速发展。服务业的服务创新和能级提升关键在于服务业的人才优化,而上海在各主要服务行业中的人才总量和高端人才比例令人担忧。在上海的金融从业人员中能达到国际水准的高端金融人才不足一万。国际上公认的注册金融分析师在香港和新加坡都有上千人,而上海却只有几十名。在信息服务业方面,起关键作用的软件设计和管理人才也十分缺乏。既懂技术又懂管理的软件高级管理人才不到软件从业人员的5%,中级管理人才也只有12%。物流业方面,高级物流专业人才的缺口也达五六十万。高端专业人才的缺乏成为上海服务业加速发展的一大"瓶颈",不仅限制了各主要服务行业的规模扩张,而且限制了各主要服务行业的能级提升。

(五)环境"瓶颈"

上海在服务业发展的环境条件上还存在诸多不足。虽然从区位条件和历史资源的角度来看上海在发展服务业方面具有得天独厚的环境条件,但是随着经济、社会、科技、自然条件的变化,上海在发展服务业方面的一些环境优势正在弱化,而环境条件中的不足部分则在不断呈现。以金融中心的建设而言,虽然国务院已经明确了上海建设国际金融中心的战略目标,但是大多数银行的总部仍在北京,大量全国性的结算和清算业务也在北京,在上海的银行机构仍然主要是以地区性的业务为主。同业务相一致的交易信息基本上集中在北京,从而使北京成为各金融机构交易人员集聚并相互沟通的必然选择。而海外的金融活动信息则主要集中在香港,从而使紧邻香港的深圳成为另一个金融信息交流中心。上海在这样一种环境条件之下是很难成为真正意义上的国际金融中心的。以航运中心的建设而言,上海虽然有临江濒海的地理优势和洋山深水港等现代化的港口条件,但是高速公路的辐射能力却受到很大的制约,狭小的三角地带不利于货流的迅速集聚和疏散。浦东缺乏链接全国主要干线的铁路运输也将成为制约航运中心发展的一大"瓶颈"。

三、上海服务业发展的战略目标与战略重点

(一)上海服务业发展的战略目标

如果说"十一五"期间上海服务业的发展主要是追求速度与规模的话,"十二五"期间上海服务业的发展则应当将能级提升和系统优化作为主要的战略目标。上海在进一步推进服务业发展的过程中不仅要坚持"知识化、市场化、国际化、法制化"的原则,更要突出"系统优化"的指导思想。

我们认为,上海服务业新一轮发展的总体战略可表述为:以上海经济社会大系统的整体优化为前提,促进服务业系统功能的全面提升;坚持以国际化强化服务业要素,以市场化优化服务业结构,以法制化改善服务业环境;加速发展知识型服务业,以提升现代服务业的服务能级,大力发展生产性服务业,以同先进制造业相互支撑,积极扩展各种专业服务业以完善服务业的功能组合,继续调整和改造传统服务业以适应市场的发展变化,并以长三角区域系统一体化为目标,推进服务业的区域分工和要素整合。

这一对于上海服务业新阶段发展总体战略的表述体现了以下一些主要特点:

(1)将服务业的发展战略纳入上海经济社会发展的大系统中进行思考。这是因为服务业只是上海经济社会发展大系统中的一个子系统,按系统的思维方法,子系统的优化目标必须以其所属大系统的整体优化为前提;否则,即使从子系统的角度考虑是最优的,但因此而使大系统不能达到最优,子系统就必须加以调整,这就是所谓的"次优原则",所以在考虑上海服务业的发展目标时就必须以上海经济社会发展的整体优化为前提。

(2)将"国际化、市场化、法制化"同上海服务业系统发展的要素、结构、环境建设的目标结合起来,使"三化"的提法更具有科学性和整体性。"国际化、市场化、法制化"最早是在《上海加速发展现代服务业实施纲要》中提出来的,应当说是一种很不错的提法,比较准确地表述了推进上海服务业发展的目标与路径。但如果不用系统思维方式去整合,"三化"之间的有机联系就不够明确。所以在我们的表述中提出:以国际化强化要素、以市场化优化结构、以法制化改善环境,就是将系统优化中必须注意的要素,结构、环境之间关系的理论融合进来,从而将"三化"在推进上海服务业发展中的整体一致性反映出来。因为"国际化"的主要目的就是要引进国际上优质的服务资源和服务理念,其直接结果就是为了强化和提升上海服务业的系统要素;"市场化"的主要目的就是要打破垄断,强化市场对服务资源的配置能力,通过优胜劣汰,优化上海服务业的系统结构;而"法制化"的主要目的则是要完善上海服务市场的法制规范,形成公平竞争的市场环境。

(3)强调了重点发展知识型服务业、生产性服务业和专业服务业对上海服务业系统优化的主要效应。2005年《上海加速发展现代服务业实施纲要》就已经强调过要将知识型服务业、生产性服务业和专业服务业(当时称"功能型服务业")作为上海服务业的发展重点,但对其功能效应却没有明确的表述。而在我们的建议中则明确提出:以发展知识型服务业提高服务系统的服务能级,以发展生产性服务业强化与先进制造业相互支撑,以发展专业服务业来完善服务系统的功能组合,从而使重点推进的服务系统之发展目标更为明确,各侧重点所构成的整体效应更加完善。

(4)将"长三角区域系统一体化"列为上海服务业发展战略的重要目标。如前所述,服务业是一种市场依赖性很强的产业,没有庞大的市场支撑上海服务业是很难有持续快速的增长的。所以上海的服务业必须以长三角作为自己的主要市场进行积极拓展。然而长三角各省市作为独立的行政区域自然有其各自的利益目标和发展战略。若将长三角地区作为一个大系统,那么上海及各省市则都是子系统。如果能从长三角区域系统一体化的层面来考虑问题,就应当客观分析长三角各省市的资源要素和优势条件,从整个区域系统优化的目标出发,充分协商,科学论证,形成合理的区域分工,优化区域服务业的系统结构,使现有的服务资源通过优化组合产生更大的效用。

(二)上海服务业发展的战略重点

根据以上的战略目标,我们认为上海服务业发展的战略重点可从两方面表述:一是从服务业性质分类的角度,重点是推进生产性服务业和知识密集型服务业;二是从行业分类的角度,重点要推进优势强、贡献率高的支柱型服务业,如金融业、物流业、信息业、商贸业、旅游会展业和房地产业,以及上海有相对优势且市场有成长空间的服务业新增长点,如医疗、教育、传媒、出版、文艺、体育等行业。

1. 服务业性质角度的推进重点

生产性服务业是以提供中间服务,以满足企业和社会组织在其生产及社会活动中所产生的"中间性需求"的服务行业。以其为推进重点主要有三个理由:首先,国务院已正式明确上海要进行国际金融中心和国际航运中心的建设。从这两个中心本身的性质而言就属于生产性服务业的范畴,所以未来五年发展与"两个中心"建设相关的生产性服务业必然会成为上海经济建设的重要任务。其次,国务院在《意见》①中强调:要处理好加快发展现代服务业与发展先进制造业的关系,形成现代服务业与先进制造业相互支撑、相互带动的产业发展格局。而现代服务业与先进制造业"相互支撑、相互带动"的局面自然要通过生产性服务业的快速发展和有效运作才可能形成。最后,上海服务业的快速增长必须要在市场层面上有较大的拓展。而对于长三角地区乃至全国市场的拓展主要依托的也将是生产性服务业,因为只有上海拥有丰富资源的金融、物流、信息以及各种专业中介服务行业,才最有可能在长三角和全国市场形成相对优势,实现市场拓展之目标。

知识密集型服务业则主要是从服务业的知识和技术含量的角度考量的。服务行业的知识密集程度决定了该行业的服务能级和附加价值的高低。上海的企业运

---

① 国务院,《关于推进上海加快发展现代服务业和先进制造业,建设国际金融中心和国际航运中心的意见》,2009 年 3 月 25 日。

营成本是相对较高的,只有产出附加价值更高的企业才可能克服高成本的压力而形成足够的竞争力。所以上海在"十二五"期间应当重点扶植和推进具有较高附加价值的知识密集型服务业的发展;同时,上海的服务业要想在长三角和全国进行拓展,就必须形成一定的差异性优势。只有通过大力发展知识密集型服务业,才有可能形成上海与其他地区在服务能级上的落差,构成自身的差异性优势。最后,从长远来看,以服务经济为主的产业结构能否在上海真正形成还取决于上海能否大量集聚高端服务人才,而只有大力发展知识密集型服务业,才可能吸引大量的高端服务人才集聚上海。

2. 服务业行业角度的推进重点

从行业角度而言,上海服务业的发展应当重点抓好两头:一头是重点推进金融、物流、信息、商贸、旅游会展和房地产等支柱型服务业的发展;另一头则是重点推进医疗、教育、文艺、体育、传播、出版等新兴服务业的发展。

对于金融、物流、信息、商贸、旅游会展和房地产等支柱型服务业的界定实际上早在 2005 年《上海加速发展现代服务业实施纲要》中就加以明确了。至今为止,无论从贡献率还是标志性的角度,这六大行业仍然应当属于上海服务业的支柱型行业。这些服务业中的支柱行业基础稳定,成长性较好,并仍有较大的市场潜力,在上海服务业的新一轮发展中,自然要以它们为依托,构成服务业的主要价值源泉和形象标志。

除了大力发展和积极依托这些支柱型行业之外,上海还必须充分挖掘在服务业领域的优势资源,推动一批新兴服务业的快速发展,其中包括医疗、教育、文艺、体育、传播、出版等服务行业。

四、加快发展上海服务业的推进思路

上海要在现有的基础上加快服务业和现代服务业的发展,尽快形成以服务经济为主的产业结构,必须从各个方面给予有力的推动。我们拟从政府的层面和行业的层面分别提出相关的推进思路。

(一)政府层面的推进思路

从转变经济增长方式和调整产业结构的角度而言,政府必然会承担重要角色。政府应从政策层面对于上海服务业快速而健康的发展给予有力的支持,具体而言有以下一些建议:

1. 利用契机,争取更多政策

即应当充分利用国务院要求上海进行国际金融中心和国际贸易中心建设的契机,积极向中央争取更多有利于上海服务业发展的相关政策。例如,上海应当争取让各大银行的结算业务和清算业务尽可能向上海集中,相应地使上海能集聚更多的金融交易信息,从而使上海能真正成为国内外为之瞩目的国际金融中心。同时上海应当争取更多的金融产品的开发权,以活跃上海的金融业务;上海应争取对国际航运中心建设更为有利的长三角及华东地区的交通网络规划,使上海的路网变得更为通畅,港口的集散与辐射能力进一步增强;上海应积极争取"自由贸易区""免税商店"等有助于上海商贸功能提升的相关政策的落实;上海应认真梳理已有的各项税收政策,对不利于上海加速服务业发展和提升上海服务业竞争力的有关税收政策争取有所改变,或采取相应的变通措施,以增强上海在服务业的资源和人才方面的吸引力。

2. 放松管制,集聚优质资源

即要以市场化的方式尽可能打破服务业发展中一些不必要的垄断,吸引更多的民资和外资进入上海服务业的支柱行业和新兴行业,促使上海服务业的快速发展。例如,在金融业中要逐步鼓励民营非银行金融机构的建立和运营,甚至要考虑更多民营银行的准入与发展;要放宽政策,吸引更多外资的战略投资者进入金融企业,以改善我国金融企业的资本结构和运营机制;要制定相关政策,鼓励和吸引更多国际上著名的服务业跨国企业集团进入上海,特别是在国内还未有过新型服务业态的公司进入;在医疗、教育、传播、出版等新兴服务业中,要转变观念,消除进入障碍,在进一步扩大民间资本办医疗、办教育、办报纸刊物、办出版社的同时,应放开外资进入这些领域,允许有外资独资或控股的医院、学校、报社及出版机构。在传播和出版等比较敏感的领域,则可在进行一定政策限制(如限于商业或娱乐性领域)的前提下予以开放,而不要将门关得太死。

3. 综合协调,理顺管理体制

如前所述,上海服务业在管理体制方面仍存在一定的问题。由于服务业是一个极其宽泛的领域,涉及许多行业,所以政府的管理和指导也就分散于各个部门,特别是一些新兴服务行业的出现,更形成了相互交叉或难以明确归属的问题。我们认为解决这一问题的根本方法应当贯彻"一方负责,多方协调"的原则,即将某一行业交叉度较高的服务业(如网络运营、创意产业)等首先落实于某一政府主管部门负责,而在其他政府管理部门下属的行业中,也有类似的企业或业务,则应同样接受所落实的主管部门的管理和指导。政府部门之间则应积极配合,加强协调。目前已有主管部门却发现归属不当的,则应及时加以调整。此外,为了有效推进重点服务行业的发展,政府部门有必要成立专门的机构(如现代服务业发展推进委员会或办公室),从属于商务委等管理部门,专门研究对上海准备重点推进发展的服务行业的政策措施,统计和积累重点服务行业的相关数据,协调各部门之间在推进

重点服务业发展中所存在的一些问题;同时要认真研究和很好解决在上海服务业
发展中市区两级政府的责任和权力问题,坚决制止不利于服务业健康发展的区域
封锁及对公共资源的垄断问题。

4. 合理布局,推进重点建设

即要在空间范围内形成上海服务业的合理布局,并有重点地推进几个主要服
务业功能区的建设。我们建议将目前常用的"服务业集聚区"的提法改为"服务业
功能区"(或称"服务业功能集聚区")。理由是:现代化的大都市客观上会形成各种
不同的功能区域,这是由于在市场的作用下行业内企业自动集聚而形成的。这说
明具有相同或互补功能的企业客观上就有集聚发展的需要,所以服务业企业在空
间上的集聚是以特定的功能集聚为前提的,同时功能区的布局又是由城市形态发
展的自身规律所决定的。而且,单纯提"服务业集聚区",甚至用"HOPSTE"(宾馆、
办公楼、公园、商店、社交场所、公寓楼的集中地)的概念来对"服务业集聚区"进行
诠释,很容易为一些官员盲目"圈地"搞房地产开发提供理论依据,不仅对城市的发
展不利,甚至是有害的。目前而言,从全市的层面只要重点推进五六个"服务业功
能区"建设即可,其他的就由各区根据实际情况自行发展,市里不必直接参与规划。
这五六个"服务业功能区"包括:陆家嘴金融服务功能区、大虹桥国际商务功能区、
嘉定汽车服务功能区、宝山钢铁商贸功能区、张江信息服务功能区、洋山港航运物
流服务功能区等。将来有可能发展的另一个"服务业功能区"就是目前的世博会园
地,究竟会形成怎样的功能尚需研究待定。这些"服务业功能区"必须按国际先进
水平来建设,将来一定要在国内外享有盛誉,并处于领先水平。

5. 区域统筹,调整规划思路

即要从整个长三角区域协调发展的角度去思考和规划上海服务业的发展。通
过相互协调和统筹规划,实现区域内的合理分工,在服务业发展中突出各自的特
色,形成服务业在不同地区的发展梯度。上海首先应当对整个长三角地区服务业
的市场需求和发展潜力有一个基本判断,然后以整个长三角区域为目标,进行服务
业的中长期规划,认识各省市在服务业发展中的优势和弱点,并通过各省市政府间
的协调来实现在服务业发展方面的分工与合作。例如,可考虑上海港与宁波舟山
港之间的合作与联合问题,这两个在世界上都处于领先地位的大港一旦联合,其竞
争力将是无可比拟的,而且也可避免相互之间的竞争所带来的损失;又如江浙闽地
区大量的中小企业一旦得到上海金融业的大力支持,不仅它们能如虎添翼,上海的
金融业也能获得更大的市场。

(二)行业层面的推进思路

从上海服务业行业发展的角度而言,各行业都应采取积极的措施来推进本行

业服务能级的提升和运营规模的扩大。但本文仅从各行业的共性角度提出一些推进上海服务业行业发展的建议。

1. 由单纯的业务经营型向资源配置型转型

业务经营型就是指主要围绕所接受到的各项业务开展经营活动的传统经营模式;资源配置型则是指能够把握各方面的市场需求,控制一定范围的业务来源,并能控制实施各种业务经营的资源网络,从而能有效地将市场的业务需求和所控制的运营资源相匹配的经营模式。实行资源配置型的经营模式不仅能使相关的服务企业扩大自身的业务能力和市场规模,而且资源配置型企业的集聚,能促使上海在某一服务领域中心地位的形成和确立。上海一方面要积极引进国外和海外网络资源丰富的资源配置型企业进入上海,另一方面则要求各服务行业不仅在各种服务硬件设施上投资,更要注重在对国内外服务网络资源的控制能力上投资,这样才可能促使上海的服务业产生突破性的发展。

2. 积极开展各种服务项目的研发和创新

上海服务业的市场要得以拓展就必须提升上海服务业的能级,在区域间形成一定的梯度效应。而要做到这一点,除进一步增强对相关资源的控制能力之外,服务产品与服务项目的研发创新也是必不可少的。以金融业为例,各种金融产品和衍生产品的研究和开发将成为重点。若与国际航运中心的建设相配合,则大力开发航运金融业务就是一个重要的方向。据统计,全球每年与航运相关的金融交易规模高达几千亿美元,而上海目前在全球航运金融市场的份额不足 1%。在其他服务业方面也应当从市场特定需求的角度去创新产品。如在旅游行业除传统的旅游业态和旅游项目之外,还可以积极开发修学旅游、怀旧旅游、医疗保健旅游、美容健身旅游等新型的旅游业态和专项旅游项目。在社会服务方面则可积极发展各类高端服务项目以适应已经客观存在的高端服务需求,如可以发展私人律师、私人医生(或家庭医生)、私人理财顾问等社会服务机构。通过各服务行业产品的创新和研发,促使上海服务业的能级不断提升,从而形成市场拓展的能量和实力。

3. 扩大服务贸易,承接服务外包,推进服务输出

上海服务业市场的拓展还必须高度关注海外市场的开拓,在当前发达国家为降低运营成本,将大量服务需求的满足向发展中国家转移的情况下,应积极开展服务贸易,主动承接各种服务外包项目。相关行业应积极研究外包需求及其发展趋势,提升接受服务外包的能力;要重点发展国际离岸服务外包业务,形成内外一体化的服务贸易系统;要利用国际金融危机所造成的契机,积极开展对外服务投资,对于国外一些基础较好或具有战略意义的服务型项目,可通过参股、控股和全额收购的方式进行投资,以增强上海服务业的国外(海外)拓展能力;要培育一批具有自

主知识产权、自主品牌和高增值服务能力的服务外包企业,并打造以浦东新区为代表的国家级服务外包示范区,努力将上海建成全球服务外包的重要基地,并成为服务贸易的资源配置中心。

4. 加快高端服务人才引进和培养的步伐

服务业的能级提升关键在于服务业人才的能级提升。为此各主要行业应建立专门的人才导入基金,开通人才引进的绿色通道,为引进人才的工作和研究创造良好的环境,在引进人才的同时,还必须重视对本地服务行业人才的培训和提高。各重点服务行业必须建立完善的人才培养系统,保证在职业务培训的制度化和梯度化。政府部门应努力创造吸引人才和留住人才的良好社会环境,使上海对于服务业的高端人才能具有更为强大的吸引力。

5. 加强行业协会的建设,促进各服务行业自律自强

必须参照发达国家的经验,依靠各行业协会来对行业内的活动进行协调。行业协会的优势在于其能实现跨系统跨部门,有时甚至是跨地区的沟通与协调,可以通过行业自律的方法,对法律规范以外的行为进行伦理规范,进行全社会范围的行业统计和信息交流,从而克服目前以政府主管部门为主的行业管理所面临的一些困难。对于各服务行业的协会,要赋予其更多的权利与职能。原由政府主管部门负责的一些职能可转移到行业协会。在行业协会组建和完善的过程中,政府主要起推动作用,但不要直接参与,以免将行业协会搞成一个政府部门。行业协会应主要由行业内的大企业牵头组织,并可实行企业轮值,但一定要有常设的办事机构,以便能履行行业协会的日常职能。以行业协会为主,协调并推动各服务行业的发展,应当成为上海新一轮服务业发展的主要趋势。

（此文发表于《上海财经大学学报》2010 年第 2 期）

寻求新的增长点　推进上海服务业加速发展

　　2005年,在中共中央六届五中全会对"十一五"规划的建议中指出,要"促进服务业加快发展""大城市要把发展服务业放在优先位置,有条件的要逐步形成服务经济为主的产业结构"。2008年7月,中共上海市委领导指出:上海必须加快发展服务业特别是现代服务业,率先形成以服务经济为主的产业结构。

　　形成以服务经济为主的产业结构是经济发展到一定阶段,产业结构必然会发生的一种调整趋势。其一,由于经济发达的国家或地区随着产业的能级提升,对于科技研发、金融保险、商贸流通、人力资源与后勤保障等需求不断增加,从而促进了生产性服务业的快速发展;其二,由于随着人们经济收入的增长和生活水平的提高,在物质需求已得到比较充分满足的情况下,对服务类的需求以及精神文化类的需求不断增长,从而推进了相关服务业的迅速发展;其三,由于经济发达地区,特别是大城市的土地及其他经营成本的上升,迫使低附加值的加工业等逐步退出,而高附加值的服务业则大规模集聚。所以,是否形成以服务业为主的产业结构,也反映了一个国家或地区在全球经济或国民经济发展中的角色和地位。目前一些发达国家服务业的比重都已达到70%以上,其中一个重要原因就是它们的加工业已大量转移到经营成本较低的发展中国家,而在本国的产业则基本上是知识密集型的高附加值的服务产业。一些发达国家在人均GDP达到10 000美元时,服务业占GDP的比重都已接近或超过60%,形成了以服务经济为主的产业结构。如韩国自2000年起人均GDP开始稳定在10 000美元以上,服务业占GDP的比重就达到61.1%。上海从2008年开始,人均GDP就超过了10 000美元,但服务业占GDP的比重却仍然只有53.7%。从横向比较来看,北京服务业占GDP的比重和服务业就业人员的比重都已超过70%,率先形成了以服务经济为主的产业结构。同上海邻近的江浙两省相比,上海服务业的增长速度相对也是比较慢的。2000年,上海服务业(第三产业)的增加值占两省一市(苏、浙、沪)服务业增加值总量的比重为31.9%;到2009年,这一比重下降到28%。

如何加快推进上海服务业的发展,形成以服务经济为主的产业结构?多数人认为是应当充分发挥上海作为国际金融中心、航运中心、贸易中心的作用,通过增加金融、贸易、航运、物流、信息等生产性服务业的贡献来提升服务业在上海经济发展中的比重。然而,从近几年的努力来看,不容乐观。表1列出了近几年主要服务产业增加值对上海地区生产总值的贡献率。从表中可以看到,2008年同2001年相比,除信息传输、计算机和软件服务业(简称"信息服务业")的贡献率增长了1.1个百分点,交通仓储业基本持平外,金融保险业、批发零售业和房地产业则分别下降了2个百分点、0.7个百分点和1个百分点。这说明仅仅靠几个传统的服务业支柱产业来推进服务业的快速发展是不够的,难以在短期内大幅度提高服务业在GDP中的比重,形成以服务经济为主的产业结构。原因是上海这几个传统服务产业在市场拓展和业务增长方面都面临着较大的障碍。

表1　　　　　　　　主要服务产业对上海地区生产总值的贡献率　　　　　　单位:%

项目＼年份	2001	2002	2003	2004	2005	2006	2007	2008
金融保险业	12.5	10.8	10.0	9.9	7.4	8.0	9.9	10.5
批发零售业	9.9	9.8	9.1	8.2	9.2	9.0	8.8	9.2
交通仓储业	5.5	5.4	4.9	4.9	6.4	6.5	5.9	5.6
信息服务业	3.2	3.5	3.6	3.5	3.9	4.1	4.1	4.3
房地产业	6.4	6.9	7.4	8.3	7.4	6.6	6.6	5.4

注:根据《上海统计年鉴》相关数据计算。

从金融业的发展来看,若要有较快的增长,关键是要有更大的市场拓展。如果上海能成为真正意义上的国际金融中心,将大量的全国性或跨国界的结算业务集中于上海,就有可能大幅度地提高上海金融业的交易量和对GDP的贡献率;或者将其金融业务更广泛地渗透到整个长三角地区,也能达到相同的目的。然而,目前这两方面都不容易实现,前者由于各主要商业银行的总部都在北京,很难将大量全国性的结算业务移往上海;后者是由于长三角各省都制定了与上海相类同的服务业发展战略,而金融业都在其中占主要地位,从而不可能让上海金融业在这些地区有更多的渗透。2000年,江苏省金融业的增加值为上海的63%,浙江省金融业的增加值仅为上海的31%;而至2008年,江苏省金融业的增加值已超过上海3个百分点,为上海的103%;浙江省金融业的增加值同上海的比率也已上升到97%,相差无几。调查结果显示,上海61%的金融机构的本地业务比重占到50%以上,70%的银行的本地业务比重占到70%以上。因此,依托金融业推进上海服务业的加速发展难度较大。

从航运物流业的发展来看,尽管近几年随着洋山深水港的建成启用,上海货物的港口吞吐量大幅上升,已跃居世界第一大港。但是上海狭小的三角地带在形成港口向腹地的陆上辐射能力方面并不占优势,加上港口的转口运输比重较低,所以同周边地区相比,港口吞吐量的增长速度仍然不算很快。如浙江宁波—舟山港2000年的货物吞吐量仅为上海港的56%;而至2008年,宁波—舟山港的货物吞吐量就已超过上海港,为上海港货物吞吐量的102%。所以依托航运和物流业来推进上海服务业的加速发展也有难度。

从商贸流通业来看,由于目前各地的商业发展速度都很快,商业的品质也在不断提升,因而上海作为全国购物中心的地位面临着严峻的挑战。各地购买力的本地滞留使上海商贸流通业的增长速度也相对趋缓。同样与长三角的江、浙两省相比,2000年江苏省的社会消费品零售总额仅比上海多51%,浙江省的社会消费品零售总额也仅比上海多33%;而至2009年,江苏省的零售总额是上海的2.22倍,浙江省的零售总额也比上海多66%,这说明商贸流通业的相对优势在下降,难以对上海服务业的加速发展做出更大贡献。

所以上海要在新时期推进服务业的加速发展、形成以服务经济为主的产业结构,除了要进一步努力推进金融业、信息业、航运业、物流业、商贸业、房地产业等传统服务业的快速发展(这几个产业已被确定为上海发展服务业的支柱产业)之外,还必须关注其他一些具有较快成长性的新兴服务产业,努力推进它们加速发展,使它们成为上海服务业发展的新的增长点,其中可包括教育、医疗、文化产业和各种专业服务业。

上海的教育资源是相当丰富的,全市共拥有高等院校61所,高校专任教师3.69万人,师生比为1∶14;中等院校916所,中学专任教师5.98万人,师生比为1∶13;普通小学672所,小学教师4.1万人,师生比为1∶14。在高等院校和中等院校中,不乏一批在全国享有盛誉的名牌学校。全市共有3所高校列入"985"工程(全国共39所),10所高校列入"211工程"(全国共112所),并拥有一大批两院院士之类的优秀教学科研人才。近几年,教育行业的增加值在服务业中的比重都是在5.6%—5.8%之间,但是上海教育行业的市场潜力并未得到充分挖掘,主要表现为:市场准入性较差,国外资本和民营资本进入教育行业的难度依然较大;教育品种较少,大多仍然以学历性教育或学历性辅助教育为主,缺乏适应市场需要的各种技能型、兴趣型、发展型、定制型的教育产品和相应的教育机构,特别是缺乏对于国内外市场具有强大吸引力和集聚力的教育项目。

上海的医疗资源同样也十分丰富甚至具有相对优势。至2008年,上海共有卫生机构 2 809 个,其中,医院 301 家;卫生技术人员 12.77 万人,其中,医生 5.12 万人。每万人拥有 27 名医生,41 张医院床位。上海共有 34 家三级甲等医院,并且还有诸如上海肿瘤医院、上海五官科医院、上海肺科医院、东方肝胆外科医院等著名的特色专科医院。但上海医疗产业所发挥的效应和对服务业发展所产生的贡献则十分有限。目前上海包含医疗保健在内的"卫生、社会保障、福利"行业的增加值占服务业增加值的比重仅为 3%,占地区生产总值的比重仅为 1.6%,相对上海所拥有的资源而言实在是不相称的(全国 2006 年的相应指标是:占服务业的比重为 3.8%,占国内生产总值的比重为 1.5%),因此具有很大的发展潜力。

上海从二十世纪三四十年代开始就已成为全国著名的"文化之都",集中了许多海内外闻名的作家、画家、出版家和演艺人员。近年来,上海更是在文化产业方面进行了大量的投资。上海现有影剧院 172 个,演剧场 139 个,艺术表演团体 107 个,博物馆、纪念馆 110 个,公共图书馆 29 个,文化机构从业人员 25 万。各类体育场馆有 651 个,专职教练员和运动员有 2 100 多人;各种文化娱乐机构有 4 000 家左右,娱乐机构的从业人员有 5.8 万人,此外,还有新闻出版机构 14 107 家,从业人员 16.8 万人。不仅有上海大剧院、东方艺术中心这样一些具有世界水平的演艺场所,还出现了一大批文化、艺术、体育方面的经纪人和俱乐部。上海的传播、出版业也发展很快,积聚了一大批优质人才,涌现了一大批优秀作品。上海近年来已经塑造了上海旅游节、上海电影节、上海电视节等重要文化活动,在国内外享有盛誉。2008 年,上海文化服务业(含新闻、出版、文艺、娱乐等行业)的增加值达 478 亿元,占服务业增加值的 6.5%,占上海生产总值的 3.5%。事实上,由于历史形象和现实条件,上海在集聚优秀文化人才和开展高层次的国际交流方面还是很有优势的。

上海各种专业服务机构近年来也大幅增长。其中,律师事务所有 871 家,专职律师有 8 750 人;广告经营单位有 26 000 多家,其中,广告公司 16 000 多家,广告从业人员 8.2 万人。此外,上海在会计师事务所、专业咨询机构的发展方面也十分迅速。国际著名的四大会计师事务所总部都在上海,专业咨询机构达上万家。麦肯锡、柯尔尼、兰德、尼尔森、罗兰贝克、野村事务所等国际著名的咨询公司也都进入上海,从而使上海的专业服务业呈现了巨大的发展潜力。

如何推进上海这些新兴服务业的快速发展,使其成为上海服务业发展的新的增长点,笔者认为关键要从以下几个方面着手:

(1)在体制上争取进一步放松管制,吸引民营资本和国外资本更多地进入教育、医疗、文化等领域。我国在教育、医疗、文化等领域的管制历来是比较严的,近几年虽然有所放松,但放松的力度还不够大,特别是高等教育和医疗,基本上仍处于一种垄断的状态。这种情况就使得教育和医疗机构的运营机制比较僵化,难以适应多元化的市场需求。上海要在这些服务领域有较快的发展,就应当争取率先突破体制的障碍,进一步扩大民间资本办医疗、办教育、办报纸刊物、办出版社,同时还应当放开外资在这些领域的进入;允许有外资独资或控股的医院、学校、报社及出版机构。在传播和出版等比较敏感的领域,则可在进行一定政策限制(如限于商业或娱乐型领域)的前提下予以开放,但不要将门关太死。只有在一定程度上放松管制、打破垄断,才有可能形成一定的竞争机制,促使这些服务产业积极进取、加速发展,成为上海服务业发展的新支柱。

(2)教育、医疗、文化及专业服务业等新兴服务产业应主动适应市场需求,积极创新,开拓各种新的服务项目。如在教育领域,除进一步发展学历及各种补习项目之外,还应当积极发展各种适应市场需要的技能型、兴趣型、发展型、定制型的教育产品,甚至可考虑发展私人医生(或家庭医生)、私人律师、私人理财顾问等高端服务项目。其中特别应当注意挖掘上海在教育、医疗、文化以及律师、会计、设计、咨询等服务行业方面的特定优势,做一些外省市做不了的项目,这样才可能使这些服务产业的市场能够得到更大范围的拓展。

(3)注意在教育、医疗、文化及专业服务等领域培育几个具有全国或国际影响的著名品牌以及标志性企业,积累品牌资产。今后,上海还可以通过在全国各地发展分支机构甚至连锁加盟的方式扩大影响、扩大经营。如果在这些领域能够集聚一批著名品牌,就有可能使上海在其中某些领域形成一定的"原产地效应",从而为上海依托这些新兴服务产业加速服务业的发展起到有效的推动作用。

(4)在明确定位的基础上,积极制定相关政策,在教育、医疗、文化及专业服务产业及重点项目方面加快高端人才的引进步伐,形成人才高地。为此,应建立专门的人才导入基金,开通人才引进的绿色通道,为引进人才的工作和研究创造良好的环境,同时也应当建立必要的引进人才考核与竞争机制,促使他们不断努力,为上海服务业的发展做出更大的贡献,在引进人才的同时,还必须重视对这些新兴服务产业本地人才的培训和提高。建立完善的人才培养系统,保证在职业务培训的制度化和梯度化,以为这些服务产业发展为上海新的支柱性服务产业提供足够的资源保障。

(此文发表于《国际商业技术》2010年第4期)

打造一场"购物节"大戏　引燃消费热情

疫情之下,上海经济展现出坚强的韧劲。消费市场也在加快恢复,根据全市重点企业监测显示,3月零售额比2月大幅增长41.3%,其中,购物中心和餐饮行业日均营业额近一个月内分别回升35个百分点(恢复率达到56%)和29个百分点(恢复率达到78.1%)。通过举办"购物节"活动或许能够刺激市民因疫情而受到极大抑制的购物消费需求,进而掀起新一轮消费热潮,有力促进消费回补和需求强力释放。

"购物节"一般是指在某一特定的时间商业企业联合组织、共同参与的社会化集中促销活动,政府有关部门或行业组织有时也会参与组织或予以配合。在活动期间,主要是以各商业企业开展较大幅度的打折和优惠活动为主要内容,同时也有展览展销、新品发布、抽奖赠券以及各种文化娱乐活动相配合,从而形成全民狂欢、集中购物的热潮。国外比较有名的购物节有美国的"黑色星期五""超级星期六",以及俄罗斯的"网络星期一"等。我国各大城市也有不同的购物节,而阿里巴巴集团利用民间自发形成的11月11日"光棍节"的机会,开展了"双十一"网上购物节活动,产生了很大的影响,成为闻名中外的中国"购物节"的标志。上海原有的以线下促销活动为主的"上海购物节"起始于2007年,每年9月中下旬举行。这是一个嵌入在"上海旅游节"中的"节中节",主要是想借旅游节的人气和氛围,开展商旅文一体化的主题活动,以放大购物节的效应。正因为如此,其本身的影响力就减弱了(因即时媒体的主要关注度在旅游节),但购物的实际效应还是不错的。从已有"购物节"对市场销售的拉动效应来看还是比较明显的。2019年,"双十一"全国的网上成交额高达4 101亿元。线下商业企业也受益颇丰,据有关方面统计,2019年"双十一"期间,线下商业企业的客流增加了50%—60%。"上海购物节"的市场效应同样也很明显。2019年"上海购物节"期间,上海主要的百家商业企业营业收入高达188亿元,比上年同期增长了10.6%。

"购物节"一般都会同一些节日相联系,如国外的"黑色星期五""网络星期一"

都是在"感恩节"的前后,"上海购物节"也是在临近国庆节时举办。这是因为节假日往往是人们愿意购物的最佳时期。但也有人认为,每年的 5、6 月份和 9、10 月份是适合举办购物节的时期,因为一方面气候适宜,人们愿意上街购物;另一方面,正处于换季的时候,人们需要购买换季的服装和家居用品,商家也愿意甩卖即将过季的商品。本人曾多次提出,希望"上海购物节"和"上海旅游节"不要同时举办(在旅游节时也可组织各种促销活动,但不要以"购物节"命名),这样就可以提高"上海购物节"的影响力,同时也能为全年增加一个新的购物高潮。而时机的选择可以是12 月下旬,也可以是 5 月下旬。因为从历年数据看,这两段时间是人们购物欲望最高的时期。

当前正处于新冠疫情平缓,全国复工、复产、复市的转折时期,人们的购物消费欲望因疫情而造成的心理影响受到了很大的抑制,能否通过举办"购物节"的活动来刺激一下消费、拉动一下市场,形成"消费回补"效应,本人认为是可行的。但是由于改变"上海购物节"的举办时间是一件大事,不可能马上决定,所以建议可在今年 5 月中下旬举办一个以疫后消费回补为目的的主题"购物节"活动,以进一步推动市场复苏。主题可用"大地回春""五月红"等,也可在一定范围内征集相关主题。

此次购物节的举办同样应当是政府和企业联手,以策划一系列主题活动的形式开展。建议至少可举办以下几项主题活动:

(1)"购物节"开幕式。同历次"上海购物节"一样,在主要商圈举办隆重的"购物节"开幕式活动。而这次开幕式,要鲜明地表达出战胜疫情同时要复苏市场,振兴经济的主题,激励企业和消费者以行动来挽回疫情所造成的损失,获取抗疫战斗的全面胜利。

(2)慰问"白衣天使"活动。这次疫情中医护人员作出了重要贡献,被人们誉为"白衣天使"和"最可爱的人"。可在这次"购物节"中,组织部分商家面向全市的医护人员开展定向优惠销售活动,可用发放"优惠购物券"或凭医护证件享受大幅度优惠的做法,吸引广大医护人员前来购物和消费。

(3)儿童商品展示销售活动。以迎接"六一"儿童节为契机,开展各种各样的儿童用品展示销售活动,可组织集中的品牌展销会,也可在各大商场布置特定的展销场景,还可以组织各种互动性强的亲子游乐活动,以提高儿童商品的销售量。

(4)夏秋流行色发布活动。正值春夏换季时期,人们对换季商品(特别是时装服饰)的购买欲望很高。在此次"购物节"中,适时地举办夏秋流行色发布活动,将有效地带动流行服饰的销售;同时,也可同时举办上半年的时装设计展示活动,为换季商品的销售热潮推波助澜。

(5)"首店"品牌推广活动。这两年,上海大力引进国内外品牌的"首店"(在上海开的第一家店)。2019年,上海新开设的全国"首店"品牌有217家,全球"首店"品牌有20家,占全国的一半以上。然而,近几年新引进的许多"首店"品牌消费者并不熟悉,销售情况也不是很好。而"首店"经济正是上海打造"上海购物"品牌和建设国际消费中心城市的重要战略。所以可在此次"购物节"中,专门组织"首店"品牌的集中推广宣传活动,向消费者们介绍上海新引进的全国首店品牌,特别是全球首店品牌,让上海消费者能知晓和接受这些品牌。

(6)夜间经济复苏活动。至5月中下旬,若上海的疫情状况进一步好转、风险基本消除,则可考虑开展"夜上海"复苏活动。即时可在上海几个最有影响的夜市商圈(如新天地、老外街、丰盛里等)举办一些活动,以推动夜间经济的复苏;也可选择"购物节"中的一个周末(如开幕式当天),在上海的主要商圈延长商店营业时间至午夜,使"夜上海"的热闹气氛重现申城。

为促使"购物节"产生更好的市场效应,还应注意以下几个方面:

一是要商旅文相结合。在"购物节"期间,要充分利用商旅文相结合的方法扩大市场效应。各旅游区和主要景点要开展各种吸引游客的活动。在南京路世纪广场、新天地等处可组织各种演出活动,各商场、购物中心也可开展相应的文化艺术活动,通过文化和旅游活动带动更多的人气,扩大市场效应。

二是要线上线下交融共同推动消费高潮。在网上销售已经相当成熟普及的情况下,"购物节"必然是线上线下共同举办的活动。所以除了上海的各购物平台应同时开展相应的促销活动外,各有条件的商业企业或品牌商也应积极开展线上的促销推广活动。

三是要做好相应的配套服务工作。如在必要的情况下可适当延长轨道交通的运营时间;要组织好安全保卫工作,特别是要坚持做好卫生防疫的各项措施;要认真处理消费者投诉,完善企业和社会的售后服务体系,保护好消费者的合法权益。

(此文发表于2020年4月21日《文汇报》)

南京东路步行街"后街效应"呼之欲出

南京东路步行街东拓段近日正式"开街"引起了极大的轰动,这不仅是因为其打通了南京东路和外滩这两大上海最为著名的景区,为游客们提供了方便,形成了连续不断的旅游观光链,更是由于其为挖掘和开发南京东路东端淳厚的历史文化资源和潜在的商业价值提供了条件。在南京东路步行街的东拓段不仅有落成于1929年的世界闻名的和平饭店,还有开业于1902年上海最早的大型百货商店惠罗公司。它比著名的四大百货公司中最早建成的先施公司还要早15年。老上海人记忆犹新的"中央商场"形成于1945年,曾是许多上海人乐于前往的综合性平民百货商场。著名的德大西菜社就曾坐落于此,它同邻近的东海咖啡馆(开业于1934年)都曾是上海老一代文化人甜蜜的回忆,也是上海最早都市文明的象征。在东拓段成为步行街后,这些具有上海标志性的商业文化历史要素都可以得到充分的开发和利用。目前除了对东拓段的沿街商铺应当做进一步的梳理和调整,使其更符合商圈内顾客的需要,各具有同其环境氛围相一致的品位和形象之外,更应当注重对诸如中央商场、惠罗公司这些标志性商业文化遗产的整体规划和逐步调整,使它们能成为南京东路东段的主体支撑。然而,比南京东路东拓段本身的开发和振兴更有意义的则是其可能带来的巨大的"后街效应"。

一、世界著名商业街几乎都有"后街效应"

商业的"后街效应"一般是指由于主要商业街人流聚集和扩散而使其周边的街区也赋有一定的商业价值,通过适当地开发利用而形成的商业效应。世界上主要消费中心城市的著名商业街几乎都有这样的"后街效应",如巴黎香榭丽舍大街附近的马尔伯路、巴尔扎克路、乔治五世大街和蒙田大街;伦敦牛津街附近的摄政街、邦德街、萨维尔街;纽约第五大道周边的22条支马路;以及东京银座中央大道由1 600多家店铺所构成的"后街群"。这些"后街"同主要商业街互补互促、相辅相成,形成了完整的商业生态系统。从世界各主要消费城市的商业"后街"功能来看,往往有三种主要特征:一是更具有专类属性,往往是某一种类型的商业或文化功能集中于一个"后街",如美食街、酒吧街、制衣街、电子设备街或文化娱乐街,它们使主要商业街的某些功能在此得到进一步的细化,从而满足特定消费群体的需要。二是形成层级落差,他们可能聚集一些比主要商业街平均价位更低(或更高)的商家和商品,从而满足不同消费层次顾客的需要。三是形成群类聚集。一些"后街"商圈也会通过对某类人群(如年轻时尚顾客)所喜欢的商品、餐饮和文化娱乐设施的集聚,专门满足此类消费群体的需要。这样一些"后街群"以其更细化及更具有针对性的商业和文化集聚,使以主要商业街为主体的整体商圈变得更为丰满、更具活力,从而也就能产生更大的商业效应。

二、迅速扩展商业效应要精心策划,主动引流

南京东路步行街东拓段的"后街效应"应当讲是可以呼之欲出的。首先得益的应当是外滩沿街的商家。自 21 世纪初以来,外滩的一些著名建筑经过改造后变身为豪华的奢侈品商店和高档餐馆,但由于同人流聚集的主要商圈都有一段距离,所以客流不多,效益不好。如今步行街延伸到外滩,可以同外滩西侧的街区无缝衔接,就有可能为这些商店和餐馆带来更多的客流。其次,东拓段两侧支马路的商业效应有可能得到开发。我们可以看到山东路、山西路在原南京路步行街的带动下已经变得相当热闹。而东拓段两侧的江西路、河南路也有条件得到进一步的开发。最后是同南京路相邻的九江路、滇池路、天津路,由于南京东路成为步行街,从而成为机动车的主要通道,人气会因此增加,沿街的商业效应也必然会随之上升。同时我们还应注意到,南京东路东拓段同邻近其他主要商圈之间的呼应和联接。北面,"外滩源"圆明园路高端休闲商圈可通过四川南路与南京路步行街东拓段相连;南面,豫园商城旅游购物商圈则可通过河南路、江西路以及轨交 10 号线同南京路步行街东拓段相通。只要精心规划、合理布局、主动引流,就有可能使这几个主要商圈的客流实现互流互通,商业效应得以分享。

南京东路步行街东拓的商业效应要真正得到迅速扩展,还应当进一步做好以下一些事情:一是对各条"后街"的商业功能和服务类别应做进一步的分析归类,并引导其进一步分化和细化,形成一定的特色,而不要千篇一律或杂乱无章。二是对"主街"和"后街"间的人流动线要做进一步的观察和分析,以做好准确的商业布局规划,填漏补缺,因势利导,对客流形成较好的导向作用。三是做好跨街区(即前后门各临一条街)大商厦的后门立面形象的改善和提升,以为"后街"商业效应的形成创造良好的环境条件。

(此文发表于《文汇报》2020 年 9 月 17 日)

扩内需，浦东如何打造"典范引领"

日前发布的《中共中央国务院关于支持浦东新区高水平改革开放 打造社会主义现代化建设引领区的意见》（以下简称《意见》）中，有一条对于战略定位的表述，令人耳目一新——引领区要建设成为扩大国内需求的典范引领。

如何成为"典范引领"，《意见》提出了几条实施路径，包括着力创造高品质的产品和服务供给，不断提升专业化、品牌化、国际化水平，培育消费新模式新业态，引领带动国内消费升级需求，打造面向全球市场的新品首发地、引领消费潮流的风向标，建设国际消费中心。

就在《意见》全文发布的 4 天后，7 月 19 日，商务部宣布，经国务院批准，将在上海、北京、广州、天津、重庆率先开展国际消费中心城市培育建设。

为此，记者专访了上海财经大学商学院教授晁钢令，就引领区如何成为"典范引领"，助力上海国际消费中心城市建设等话题展开深入剖析。

一、何为"典范引领"

晁钢令表示，一方面，这说明在当前国内外形势下扩大内需已成为推动我国经济持续发展的主要抓手，中央对此十分重视，希望能有一些新的手段和方法来扩大国内需求；另一方面也说明中央认为浦东有这样的资源和条件，可以在扩大内需方面探索新路，做出典范。

具体来看何为"典范引领"，可以理解为在扩大国内需求、促进消费增长方面，产生对全国具有示范意义的新思路、新方法和新经验。同时，上海在建设卓越全球城市的进程中，国际消费中心城市的建设也是十分重要的一环，这使得引领区在这一方面的探索与创新对于全国和上海的经济社会发展都具有重要的战略意义。

"值得关注的是，文件特别强调，要通过'创造高品质产品和服务供给，提高供给质量'来扩大国内需求，这同以往主要强调从需求侧引导消费、扩大内需的做法有明显不同。"晁钢令说。

以往，全国各地主要都通过以降价让利为特征的大规模促销来推动消费。然而，再大力度的促销活动，若没有消费者满意的商品作为支撑，则效果始终有限。只有根据消费者的需要，通过提高消费供给质量，不断提供、更新消费者所喜欢的商品，才能从根本上扩大内需。此次《意见》中强调，要从提高供给质量的角度扩大内需、促进消费，就是要从一个新的维度来促进国内需求扩容与提质。

这也正是浦东需要探索、做出"典范"的层面。对于如何提高供给质量，晁钢令认为有两个角度可以切入。

一是消费内容的创新和提高。《意见》除了要求引领区持续打造新品首发地，引领消费潮流，还特别强调对于服务消费的供给和提升。"这也说明，现阶段虽然在商品消费方面，国内供大于求的情况比较明显，但在许多服务消费领域，比如医疗健康、养老托幼、家政服务，不仅供给尚有不足，质量也须提升。"

另一个角度是消费模式的提升。《意见》强调，要促进线上线下融合消费和智能型消费终端设施建设。"随着市场和科技的发展，消费新模式新业态的创新和替代将会越来越快。抓住潮流，把握先机，对于扩大内需将发挥重要引领作用。"只有掌握了高品质的消费供给，国内需求才能得到实质意义上的提质与扩容。

二、面向全球的新品首发

此次上海以引领区建设为契机，加快推进国际消费中心城市建设，消费资源、消费需求都具有领先优势的浦东，如何发挥好这一潜力，无疑彰显引领区的"功力"。

晁钢令指出，成为大量高品质品牌商品的首发地、引领消费潮流的风向标，是所有国际消费中心城市的主要特征。从数据来看，上海近年来在引进国际著名品牌首店、吸引新品首发方面已取得一定成果，每年都有数百家首店入驻，开展大量新品首发，仅2020年上海就引入各类首店909家。

"但必须注意，这次《意见》中提出的是，'打造面向全球市场的新品首发地'，这就是对引领区提出的更高要求。"近年来，在上海展开"全球首发"的品牌、产品比重并不算高，这也使得浦东接下来须从发挥消费引领作用着手，在引进更多"全球首发""亚太首发"的高品质国际品牌、商品方面下功夫，才能最终达到引领消费潮流风向标的高度。

晁钢令还特别指出，"面向全球市场的新品首发"，不仅仅是国外品牌，也应当包括上海本地具有全球影响力的品牌与商品。但从目前来看，上海本土具有全球影响力的消费品品牌数量有限。为此，他建议，浦东应当利用自身在科技创新人才集聚方面的优势，高度关注和引导高品质消费品的开发与创新。

《意见》提到，引领区要培育绿色健康的消费新模式，尤其要"推动线上线下融合消费双向提速"。晁钢令表示，在线购物和在线消费，是市场发展与科技进步下的必然产物，对消费有着很大的促进作用，可看作是消费模式和业态的创新，也是现代意义上的国际消费中心的一大重要标志。"线上线下融合消费"和"智能化消费终端"的目标就是使消费更加便利、满意和安全。

"这里要强调的是，随着科技发展和企业经营观念的转变，线上和线下的购物消费不再相互抵触，而是相互交融。"消费新模式和新业态正在向服务消费领域延伸，在线医疗、在线教育、在线文体活动等都需要在引领区进一步创新并加速发展。

浦东还应着力打造世界级的标志性商圈和特色商圈。晁钢令建议，陆家嘴可导入更多国际著名品牌店和百货店，增加现代化的文娱设施，使其成为真正意义上的世界级标志性商圈。迪士尼所在的国际旅游度假区，可进一步加强综合性消费功能，使浦东在上海国际消费中心城市建设中作出更大贡献。

三、打通国际国内两个市场

引领区战略定位提到了浦东要成为"全球资源配置的功能高地"，这关系到引领区如何助力国际国内两个市场、两种资源的打通。

对于这一更为宏大的命题，晁钢令表示，可从浦东应当如何助力上海打造双循环中心节点和战略链接切入，具体涉及两个方面：一是设立面向全球的资源交易平台；二是引进具有全球资源配置能力的跨国公司运营型总部。

从设置资源交易平台来看，浦东目前已具备一些这样功能的平台。但除了2018年投入运营的上海国际能源交易中心外，尚没有更多真正面向全球投资者的大宗商品交易平台。"只有更多这样的大宗商品交易平台建成，才能更好地促进国际国内两大市场的循环，对商品物资在全球的定价权具备影响力。"

从消费品领域来看，目前浦东设立的一些常年或临时展示交易平台，有利于商品资源在国内外市场的流通。"跨境购""跨境销"等线上平台也是促进两大市场循环流通的重要途径。

在总部经济方面，浦东显然已有不少跨国公司总部或地区总部进驻，但真正能有效实行全球资源配置的总部数量也并不算多。晁钢令建议，在引领区建设时，应当为跨国公司总部或地区总部的运营创造更有利的条件。如在自由贸易账户的运用、跨国公司"资金池"建设、投资便利性以及形成有竞争力的税负体系等方面，引领区应探索更多的政策支持，使跨国公司总部能为浦东乃至上海提升全球资源配置功能，发挥更大的促进作用。

与老百姓感受度更接近的层面，《意见》提出引领区要"培育打响上海服务、上海制造、上海购物、上海文化、上海旅游品牌"，给人们更多的期待。对此晁钢令表示，原来的上海"四大品牌"中，实则已包含旅游的相关内容。"此次对引领区提出的新要求，可理解为进一步强调'旅游'在上海国际消费中心城市建设中的作用。"

他表示，作为国际消费中心城市，吸引外来市场群体和购买力是十分重要的一环。他建议，应当重视对上海旅游资源的重新整合和充分利用，特别是对具有深厚海派文化底蕴的旅游资源，要进行深入挖掘和宣传，创新开发更多旅游文化衍生品，使旅游成为推动上海国际消费中心城市建设的又一重要动力。

（此文发表于《解放日报》2021 年 7 月 22 日）

加快上海社区综合商业服务系统建设

在上海全市静默抗击疫情的日子里,上海无数个居民社区成为疫情防控的重要战场。在实行封闭式管理的同时如何有效地保证居民的日常生活不受影响,成为各社区必须面对的重要问题。于是,组织配送生活物资、建立临时快递外卖接收点、组织社区团购、联系上门维修等以应对疫情而产生的服务措施纷纷出台,在冷酷的疫情面前形成了一幅幅温暖的画面。这一切主要依托上海极为完善的社区管理系统,同时也得到了近几年快速发展起来的网上商业平台系统的支持。当然如果没有上百万满腔热情、兢兢业业社区干部和志愿者的辛勤付出,这些服务也是很难到位的。

因此我们马上就会联想到在疫情之前反复讨论却始终未能很好解决的一些问题:网上购物的小区代收问题、孤寡老人的居家就餐问题、新建或偏远社区的商业服务配套问题以及老年人不会上网购物问题等。有些问题在疫情中依靠社区干部和志愿者的努力虽然得到了部分解决,但当我们看到小区门口临时搭建的接收快递外卖转送的大棚,看到挨家挨户送菜送餐的志愿者时,就会想到疫情过后大棚是否会拆,一切是否还会恢复常态。问题还是那些问题,会继续存在。所以我们建议政府有关部门应当密切关注在疫情中所形成的社区综合商业服务功能,研究其存在的必要性和可行性,从而把加快社区综合商业服务系统的建设提上议事日程。

一、建设社区综合商业服务系统的必要性

(一)网上购物发展的需要

随着网上商业的快速发展,网上购物必将成为居民们的重要生活方式。而目前网上购物存在的主要问题是配送和消费者的时间对接,虽然已有丰巢这样的快递柜可以临时存放,但还是会存在大件商品无法存放以及新鲜食品容易变质等问题。即使不是这次疫情,平时也会有公共卫生安全的隐患。此外,大量老年人不会使用网上购物功能,也使得他们的一些购物需求无法得到满足。

（二）社区商业服务功能健全的需要

随着市中心大量居民的外迁和大批规模化居民社区的建立，对同居民生活密切相关的商业服务配套始终是个问题。目前主要是采取开发商提供物业，各商业服务企业租赁经营的市场化方式。在企业经营效益的导向下，这是很难形成真正配套完善的商业服务功能的。特别在对老服务方面，目前主要还是依托社区组织进行公益化为主的服务，其品质的提升和持续性也存在问题，从而亟待有统筹规划的社区综合商业服务设施的出现。

（三）消费的便利性、服务性的好坏，也是提高消费欲望、扩大消费规模的重要因素

利用网络平台，并将其延伸至消费者的身边，就可能对扩大市场规模、促进消费增长产生深远的影响。

二、社区综合商业服务系统的理想模式

建议有条件的规模化居民社区（人口在 3 000—5 000 人以上）都能建立一个实体化的社区综合商业服务中心，其主要功能应包括：帮助居民进行网上代购或团购；接受快递代收保管和转送业务；设立或帮助联系家用电器、电子设备以及其他居民所需要的维修业务；进行家政服务人员或保洁人员的介绍；等等，有条件的情况下还可以配套一些咖啡厅、茶室及文化娱乐设施。

考虑到这些商业服务活动的经营效益和可持续性问题，建议可以由社区提供物业条件（一般新建社区都有社区活动中心或会所），而主要由连锁商业企业（如以连锁便利店为主体）作为他们的扩展业务来经营，在必要的情况下，也可由社区组织一部分志愿者参与相关的服务工作。由于物业的面积有限，其经营方式可参照国外一些"商品目录店"的做法，可有少量的商品实物陈列，但主要是展示可供商品和服务的目录，然后根据居民订货状况，组织货源供应。

组织消费合作社也是形成社区综合商业服务功能的有效做法，即由社区居民自愿组织以组团购物和互助服务为主的消费合作组织。社区管理部门给予物业及物资上的必要支持，以形成自身的社区综合商业服务系统。这种形式比较适应一些规模较小、消费层次较低的居民社区以及一些传统的居民社区。

三、对政府部门的政策建议

我们认为政府有关部门应当通过这次疫情中社区的需求和作用，充分认识到建设社区综合商业服务系统的重要性，而对上海加快建设社区综合商业服务系统予以重视并着手规划。

（1）通过深入调查研究,了解上海社区居民对商业服务的基本需求和满足程度,并进行适当的分类。

（2）鼓励和推动国有连锁商业企业积极参与社区综合商业服务系统的建设。

（3）对于参与建设社区商业服务系统的企业对于其相关业务部分减免税收和放宽其扩展性业务的审批。

（4）对于组织和参与社区综合商业服务中心建设的社区行政管理部门给予必要的经费支持和职务配置,并及时总结经验,树立典型,形成可以推广的模式。

社区是上海这个国际大都市的基础,也是城市经济活动的细胞。做好社区综合商业服务配套工作,不仅是政府为民服务的常态工作,也是为特殊情况下使民生得以保障的必要准备。我们希望能从这次疫情所形成的社区力量动员中看到契机,顺势而为,把上海的社区综合商业服务系统尽快完善。

（此文发表于《文汇报》2022 年 8 月 20 日）